2022

中国餐饮年度观察和大数据

中国商业联合会 | 美团 ◎ 著

图书在版编目（CIP）数据

中国餐饮年度观察和大数据 . 2022 / 中国商业联合会，美团著 . -- 北京 : 中国发展出版社，2022.7

ISBN 978-7-5177-1301-2

Ⅰ . ①中… Ⅱ . ①中… ②美… Ⅲ . ①饮食业—统计数据—中国— 2022 Ⅳ . ① F726.93

中国版本图书馆 CIP 数据核字（2022）第 101956 号

书　　名： 中国餐饮年度观察和大数据 2022
著作责任者： 中国商业联合会　美团
责 任 编 辑： 吴　佳
出 版 发 行： 中国发展出版社
联 系 地 址： 北京经济技术开发区荣华中路 22 号亦城财富中心 1 号楼 8 层（100176）
标 准 书 号： ISBN 978-7-5177-1301-2
经　销　者： 各地新华书店
印　刷　者： 北京盛通印刷股份有限公司
开　　本： 889mm × 1194mm　1/16
印　　张： 22
字　　数： 422 千字
版　　次： 2022 年 7 月第 1 版
印　　次： 2022 年 7 月第 1 次印刷
定　　价： 568.00 元
联 系 电 话：（010）68990625 68990692
购 书 热 线：（010）68990682 68990686
网 络 订 购： http://zgfzcbs.tmall.com
网 购 电 话：（010）68990639 88333349
本 社 网 址： http://www.develpress.com
电 子 邮 件： 15210957065@163.com

出品单位

中国商业联合会　美团

支持单位

中国烹饪协会　中国饭店协会　世界中餐业联合会

执行主编

柴　锐　张亦楠

编写组（按姓氏笔划顺序）

马　文　王　凯　王雅文　仇可欣　左燕燕　冯一萌

李默可　杨　汛　杨　奕　杨美艳　沈　凡　沈念祖

张　薇　陈薪宇　赵　力　秦　力　秦静怡　钱秋君

黄志勇　谭旭峰　魏　鸿

行业观察特邀专家

云　程	北京烹饪协会会长
王京红	中国商业联合会常务副秘书长
洪七公	中国饭店协会外卖专委会副理事长
侯玉瑞	北京烹饪协会名厨专业委员会主任

行业观察特邀企业家（按姓氏首字母顺序）

Andy	小运河联合创始人
Diqi	小运河联合创始人
毕少飞	极·怀石·会席料理创始人
蔡宇成	新榆园 CEO
曹国亮	爸爸糖创始人、糖兜科技 CEO
陈　晨	酒拾烤肉联合创始人
楚学友	锅圈食汇 CMO
戴晨义	晨曦鲍鱼饭创始人
戴嘉珩	提督·TIDU 品牌创始人
戴　宗	炊烟小炒黄牛肉品牌创始人
但家飞	九村烤脑花创始人
董振祥	北京大董烤鸭店有限责任公司董事长、总经理
杜　坤	重八牛府创始人

顿　贤	古茗茶饮市场部负责人
范夏萌	COMMUNE 首席品牌官
方志忠	莆田 PUTIEN 创始人
冯国华	农耕记创始人
付丽华	老西门创始人
郭星君	NOWWA 挪瓦咖啡创始人
贺光启	呷哺集团创始人、董事长
赫　薇	深鲨集团联合创始人
黄光生	四季椰林董事长
黄浩然	CHIC 1699 远洋私厨创始人
黄剑锋	熊猫不走运营副总裁
黄小舟	九龙冰室创始人
贾国龙	西贝莜面村创始人、董事长
姜　军	陈香贵创始人
黎广彬	星泰马火锅创始人
李海军	聚十三烤肉博物馆创始人
李焕忠	通海俄式烧烤创始人
李建群	炉忆集团董事长
李双印	杨国福集团副总经理
李硕彦	小龙坎控股集团总经理
李文通	文通冰室创始人
李　星	肖四女乐山跷脚牛肉创始人、先启半步颠创始人
梁　棣	眉州东坡 CEO
林海平	八合里牛肉火锅董事长
林茗娟	和気桃桃创始人

刘　政	紫光园总裁
刘忠平	锦城印象联合创始人
卢永臣	Tim Hortons 中国区 CEO
罗　清	蛙来哒联合创始人
瞿　涛	聚味瞿记创始人
单卫钧	沪上阿姨创始人
沈志辉	广东点都德餐饮管理有限公司总经理
唐绍林	张亮集团副总裁
陶啸东	哈尔滨小味串店运营总监
王厚然	小运河联合创始人
王力加	甘棠明善餐饮集团董事长
王双福	依茶科技总经理
王顺海	重庆五斗米餐饮集团董事长
王泰舟	食亨 CEO
王廷芳	百基拉创始人
王瑜霄	墨茉点心局创始人
谢灿武	挞柠柠檬茶联合创始人
行秀娟	御仙都集团董事长
须　聪	麦当劳（中国）首席市场官
徐　丹	徐记海鲜 CEO
徐建国	春禾自动化技术总经理
徐薇薇	南京大惠集团副总经理
许可鹏	客语・客家菜董事长
薛兴柱	薛记炒货创始人
颜冬生	珮姐老火锅创始人

杨秀龙	北京宴董事长
杨　勇	杨记隆府重庆江湖菜、民间粮仓重庆菜创始人
尹江波	广州市食尚国味集团董事长
尤晨宸	二胖烧烤营运总监
袁泽陆	夸父炸串创始人
张　彪	吉祥馄饨创始人
张　辉	老西门创始人
张俊杰	霸王茶姬董事长兼 CEO
张雅青	旺顺阁餐饮集团总裁
张宇晨	周黑鸭 CEO
赵　申	和合谷品牌创始人
赵伟华	潮上潮董事长
赵孝国	山东凯瑞商业集团创始人
甄　旸	竹犇番茄火锅品牌部经理
周　弘	江西季季红餐饮管理有限公司总裁
周　骏	东园集团董事长
周延龙	全聚德集团党委书记、董事、总经理
周兆呈	海底捞执行董事、首席战略官
朱宝钧	天津宝轩饮食集团董事长
朱敬腾	玄希 & 泰宇三代创始人

奋进在餐饮业高质量发展的新征程

中国商业联合会副会长 张丽君
中国烹饪协会会长（时任） 傅龙成
中国饭店协会会长 陈新华
世界中餐业联合会会长 邢颖
中国商业联合会特邀副会长 钟永健

2021年，是全国统筹疫情防控和经济社会发展极不平凡的一年。全国餐饮收入46895亿元，同比增长18.6%，线上餐饮收入10434亿元，首次突破万亿大关。取得这样的成绩实属来之不易。

回顾2021年，我国餐饮业呈现出以下特点：

一是习近平总书记勉励沙县小吃、鼓励柳州螺蛳粉发展等一系列的重要指示为餐饮业发展指明了方向，促进了沙县小吃、兰州拉面、柳州螺蛳粉等为代表的地方特色餐饮产业蓬勃发展。各级政府不断加大对餐饮业的支持，纷纷制定地方菜系或地方餐饮产业3~5年行动计划，努力培育地方特色突出、文化内涵丰富、一二三产融合发展的餐饮龙头企业，餐饮业的大众消费有了新的发展和内涵。

二是《中华人民共和国反食品浪费法》颁布实施后，倡导绿色消费、制止餐饮浪费，在餐饮业蔚然成风。通过“光盘行动”等务实举措和宣传影响，餐饮消费出现了减少浪费的新风尚。既实现了减量节约，也满足了年轻客群“同样的花费，多吃几样”、外卖点餐“一人食”等消费需求。

三是餐饮消费品质持续提升。一方面，品牌餐饮企业在食材应用、菜品出新、服务个性化等方面为行业树立更高标准；另一方面，二三线城市也出现餐饮消费转型升级的势头，更多消费者愿意为品质买单。

四是积极探索新冠肺炎疫情反复影响之下餐饮业的生存之道。为此互联网、大数据、人工智能、机器人与餐饮业的融合发展步伐持续加快。根据中国商业联合会的调研，2021年餐饮行业对数字化投入持续增高，且餐饮行业的数字化已经不仅仅局限于“手机点餐”和线上外卖，而是延展到了业务和管理等各个维度。很多餐饮企业已经实现了从预订、点餐、结账、评价、会员到食材采购、菜品更新、订餐收银、客户管理等全流程的数字化，进一步推动了菜品创新，提升了餐饮业的效益和效率。

五是连锁餐饮得到投资基金青睐。据不完全统计，全年500亿元的投资额超过了过往5年总额；单笔融资金额过10亿的事件超过10起，过亿的事件超过40起。这为餐饮业做大做强提供了资金支持。

此外，新冠肺炎疫情之下，人们消费方式的改变进一步催化了餐饮业供给侧的创新和业态的创新，预制菜推动了餐饮业与零售业的融合发展，“烤串店＋小酒馆”等跨品类新业态为消费者提供了新的体验。

展望 2022 年及未来几年，我们认为“持续创新、持续更好”会成为餐饮业高质量发展的主旋律，并呈现以下趋势：

一是新冠肺炎疫情的反复多点散发将构成对餐饮业的最大影响。为此在疫情防控常态化条件下，餐饮企业需要自身进行调整，针对消费意愿变弱的趋势，制定相应的对策，同时，行业协会应发挥积极作用，向政府反映行业实际困难，争取政策支持，共同努力，度过疫情影响的非常时期。

二是地方政府将更加关注餐饮业发展，尤其是通过本地餐饮龙头企业带动现代农业、食品加工业的共同发展。在此背景下，地方特色餐饮将更加凸显，餐饮品牌与地方文化特色相结合成为未来发展新趋势。同时，以特色餐饮拉动旅游产业发展，促进经济增长，带动区域特色产业的发展趋势会愈发明显。

三是绿色消费将不断丰富餐饮业的发展内涵。2020 年以来，受新冠肺炎疫情影响，公众对绿色、健康的需求和关注持续提升，百姓的需求将成为进一步促进餐饮行业绿色发展的推动力。从供给侧方面看，反对餐饮浪费，低碳、绿色食品将成为行业主流；从消费端看，文明餐饮的意识将不断提升。绿色消费观念将会通过供给侧与消费端的有机结合得到进一步强化。节约餐饮、环保餐饮、放心餐饮、健康餐饮等将成为知名餐饮品牌的“必选项”。

四是规模化、数字化的连锁餐厅与充满匠人精神的“小而美”餐厅将相得益彰。餐饮堂食、外卖、预制菜将相互促进，共同满足消费者在不同场景下的消费需求。

2022 年，餐饮数字化的步伐加快，将延展到更多的领域和更宽的场景。需要指出的是，餐饮业本质是人与人之间的社会交往关系。数字化、信息化、数据化、机器人、无人接触配送等，是技术手段，是必不可少的技术保障支撑，不能代替餐饮业中的“人”的要素。要区分餐饮业和餐饮工业的概念，尤其是在中餐领域，由于食材广泛，烹饪技法繁多，调味佐料复杂，最后都是凝结在厨师的“厨意”之中。因此，匠人匠心、大国工匠将发挥更加重要的作用。连锁经营与匠人匠心的定制生产、中餐精致化并不矛盾、不可割裂。

五是中华特色餐饮将成为餐饮品类化发展的重要角色，中国优秀传统文化将成为餐饮品牌化发展的源泉。近些年，从一线城市，到二三线城市，再到四五线城市，中华特色餐饮发展迅猛，诸如炸串、卤味、中式糕点等在街头巷尾、商场超市内“遍地开花”，这些都反映出一个趋势，即行业对中华特色小吃的挖掘越来越深入。同时，随着对中华特色小吃的挖掘向纵深发展，饮食文化将成为重要的承载力。越来越多的餐饮品牌将用年轻人看得懂、听得懂的符号表达中国优秀传统文化。

“民以食为天”。中国餐饮业在新时代，必将焕发新的活力，贡献新的价值，书写新的历史。让我们携起手来，在继承中创新，在创新中发展，继续奋进在餐饮业高质量发展的新征程。

目录

第一部分 2022 年度观察

第二部分　2022 年度餐饮大数据

第一部分
2022年度观察

小结总览

01

品类篇

一、中餐：精致餐饮展现强大生命力

1. 餐厅更迭变换，而品牌是长青的无形资产：中餐的品牌化新故事

中餐以“四大风味”“八大菜系”著称，琳琅满目的地方菜系为中国餐饮增添了一抹亮色。

然而，倘若问一个食客，有什么品牌代表了淮扬菜？扬州炒饭有什么标准？什么样的炒饭是扬州炒饭，什么样的蒸饺是沙县蒸饺？估计，即便是多年饕客也很难完全回答清楚。

这也是中国餐饮的一个典型特征：标准化程度不够，有宽泛模糊的品类，但没有清晰准确的品牌。多元化的食材、复杂的烹饪手法、传统的“夫妻小店”业态和经营理念等因素，都使中餐很难出现现代意义上的品牌，更多的还是传统餐馆概念下的老字号。

根据中国连锁经营协会发布的《2021 年中国连锁餐饮行业报告》，中餐餐饮品牌 CR5（前五企业集中度）仅约 2%，且除海底捞外均为西式餐饮品牌。

近两年在新冠肺炎疫情影响下，中小型中餐企业洗牌加速，中餐连锁化进程随之提速。餐厅是线下的、易变的有形资产，而品牌则是兼容线上与线下的无形资产。

“线下受疫情影响比较大，实体的发展速度至少加快了 5 年”，一位业内人士表示，新冠肺炎疫情加快了品牌更迭进程，没有实力的将面临被淘汰，未来头部效应会越来越强。越来越多的中餐企业正在探索标准化之路，不断强化品牌势能。中餐品牌化经营时代已开启。

追赶 30 年，中餐菜系为何仍难以走出“肯德基”？

品牌，是消费者对企业的信任的积累，也是企业标准化管理的体现。而在中国，餐饮品牌化路程非常漫长且艰难，“知道品类而不知道品牌”的情况频繁出现。

自古以来，中餐主要依靠师徒制的经验学说传承与延续，并没有形成标准化思维。直到 20 世纪 90 年代，麦当劳、肯德基等西式餐饮品牌大量进入中国，其机制化的运营管理体系才促使中餐企业萌生品牌化想法，将标准化当作企业的目标和追求。

经过 30 多年的探索，中国餐饮行业连锁化率和集中度取得了一定的成果，但提升空间仍然较大。英国品牌评估机构品牌金融发布的“2021 全球最有价值 25 个餐厅品牌”排行榜中，只有 1 个中国餐饮品牌上榜，而美国餐饮上榜品牌高达 20 个。公开数据显示，2020 年美国餐饮连锁化率达 54%，而中国餐饮连锁化率却不到 20%，可见中国较成熟市场仍有较大差距。

比起肯德基将西式快餐中的炸鸡、

汉堡两个品类通过标准化实现连锁，进一步实现品牌化的三步跳，中餐标准化之路如此之漫长，主要有以下 3 道门槛：

首先是中餐食品供应链的标准化建设难度高。中国人的口味之杂，堪称世界之冠。而为保证味道，食品供应链企业为五花八门的中餐制定专有的菜品解决方案，但由于中餐大企业不多，适合中餐的食品供应链企业也难以壮大。“工业化就是以量取胜，”眉州东坡创始人王刚在接受 36 氪采访时表示，“量小了工厂就不会给你提供食材。”

其次是中餐对厨师烹饪技术的高度依赖。对比中式餐饮与西式餐饮，决定西餐口味的关键因素是食材本身的品质与新鲜度，而中餐口味取决于其制作工艺，取决于厨师对火候的掌控与对调味的判断，导致中餐对厨师的技能要求非常高。也正因为如此，很多中餐企业试图用工业化的方式实现口味标准化，最终却失去了中餐的“灵魂”。

最后是中国餐饮公司治理能力不强。历史上，中餐龙头企业的经营模式主要以国有企业和家族企业为主，缺乏现代化的公司治理结构。而在美国，经历百年发展，餐饮龙头基本由职业经理人以现代化管理模式进行管理，能够在组织能力上推动品牌的发展。

品牌建立第一步：餐饮标准化探索

尽管中餐标准化之路很难走，但中国餐饮人从未停止对餐饮标准化的探索。美团数据显示，2019—2021 年国内餐饮连锁化率分别为 13%、15% 和 18%，中国餐饮连锁化率正在逐年走高。中国的餐饮人正从可以实现标准化的因素着手，逐步树立中餐的品牌形象。

位于重庆的杨记隆府，从供应链标准化上找到了突破口。杨记隆府是民国时期的重庆老字号，过去一直以重庆江湖菜为主打。

江湖菜，在中餐历史上一直处于民间美食的隐秘位置。从好的方面看，江湖菜有着稳定的群众基础；而从不利的方面看，江湖菜多半起源于大排档和小酒家，口味全凭厨师“心情”，尽管在基础的食材、口味上有共性，却没有清晰的标准，更没有人可以明确地说出江湖菜究竟有什么特征。

“依靠厨师‘灵光乍现’的传统经营模式，能够发挥江湖菜随性的特点，但极其不稳定。”在杨记隆府创始人杨勇看来，要想让江湖菜这个品类走得更远，标准化是躲不开的课题。“我们建立了自己的食品厂，只为在成熟菜品上实现快速的复制。”

杨勇介绍说，杨记隆府以冷链输出成品、半成品的方式，提高标准化程度，减轻厨师压力。在食材上，针对重庆本地的部分特殊食材，由总部统一采购，并尽可能标准化，以半成品的形式进行配送。在酱料上，完成一菜一酱料的配置，保障菜品的口感与口味。在烹饪技艺上，制定精确到以秒为单位的大师烹制 SOP（标准作业程序），使全国门店的菜品口味具有一致性。“2021 年，杨记隆府有 60 个菜品，其中 60% 的菜品已实现供应链标准化。”杨勇介绍道。

另一家中餐企业，位于长沙的蛙来哒，则是抓住门店装修，实现品牌形象的统一性。过去 6 年，蛙来哒开出了 300 家门店，其高度一致的装修设计，在消费者心里留下了强烈的品牌烙印。

“门店的装修风格是品牌感知的直接影响因素，”蛙来哒联合创始人罗清认为，“必须由总部统一管理和配置，保证其一致性。”蛙来哒 300 家门店的装修，均由总部指定的设计公司和工程团队完成，每一家门店的设计方案都精确到厘米，墙面、屏风、桌椅均为统一定制，保持着很高的标准化程度。“但凡有 5 厘米的误差，有可能桌子就放不进去了。”罗清补充道。

“年轻人‘喜新厌旧’无非就是持续追求新颖的东西。”罗清表示，这也更加说明了品牌创新的重要性。蛙来哒基于 90 后、95 后新主流消费人群更为鲜明、个性的消费特点，在门店形象上不断融入年轻元素。目前，蛙来哒已经完成了 1.0 到 5.0 的门店设计的升级，在全国范围内初步建立了蛙来哒的品牌知名度。

借力国潮，驾驭中华餐饮的文化名片

经过不断的尝试与挑战，不少餐饮企业已在标准化进程中摸索出适合自己的道路。然而，新的问题出现了：如何让品牌形象深入人心?

想让品牌文化标签植入人心，应该强调文化的力量。饮食产品背后是饮食文化，饮食文化的背后是生活文化。每一道菜品，都是向市场传递着某一地区、某一时代的文化精髓，而这些特色文化，已在人们心目中形成强大的心智，能够成为中餐品牌化的巨大驱动力量。重庆江湖文化之下的杨记隆府、长沙民俗文化之下的文和友，都是坚持把中国餐饮文化中已经有了强大认知效应的元素放大，使其成为品牌势能的典范。

餐饮所有的迭代都是基于顾客的需求。新的消费文化的出现，也促使新的餐饮文化的诞生。

近两年国潮文化兴起，不少餐饮企业开始“跟风”，试图触达更多的年轻人和品牌的消费人群。“国潮文化的赋能其实是打造品牌声量的时候去找的一个点，这种文化价值是我们提取出来，并且赋予到品牌身上的。”大龙燚火锅董事副总裁雷星表示，“我们一定要提炼自己的产品和本身品类里面的东西，跟国潮元素的东西相结合，千万不要为了国潮而国潮。”

随着时代发展，文化浪潮一直在变化，但中式餐饮背后的文化根基不会改变。因此，中国餐饮企业要清晰认识自己的品类和品牌，将传统文化转化成品牌势能。

2. 从爆品到标品：餐饮的第三条发展快车道

餐饮江湖里，永远在追逐爆品，也永远不缺下一个爆品。

好的爆品就像撒手锏，有逆袭之势，亦有力挽狂澜之能。爆品，某种程度是对勤勤恳恳餐饮人的一种“奖赏”。爆品裹挟强大的势能，带来脉冲式的流量、记忆点、转化率、复购率、利润率等一切让餐饮人钦羡的力量。

人人都爱爆品，但永远无法预测下一个爆品什么时候会降临。不少爆品出品人在接受采访时表示，做爆品，有规律；但要出爆品，可遇不可求，“打磨好产品，其他的只能交给市场去评判”。

2015 年前后，火爆的单品战略流行于餐饮界。乐凯撒首创榴莲披萨，成功突围披萨界；太二熬一锅酸菜鱼，横扫餐饮市场；巴奴火锅靠爆品毛肚，躬身入局火锅红海……时间来到 2021 年，突围疫情之困，餐饮人“用爆品重做市场、用供应链改造爆品”的愿望更加强烈。

回看过去一年，茶饮和烘焙市场爆品迭出，堪称把单品引爆策略运用到了泛滥的程度。一向稳扎稳打的中式正餐领域，以跷脚牛肉、小炒黄牛肉、辣椒炒肉等为代表的地方美食，正在发起新一轮爆品攻势，给餐饮市场带来不一样的想象力。

爆品之爆，在于品。品是因，爆是果，无产品便无爆品。爆品热潮背后，是餐饮业界在流量与质量的双重压力下，谋求的第三条发展快车道。

地方美食：要做爆品策源地

正如同，任何行业都可以用互联网重做一遍，餐饮人也希望用爆品把任一品类重做一遍。

来自乐山的小吃美食跷脚牛肉，两三年前开始在餐饮市场崭露头角后，2021 年迎来了“高光时刻”，在上海、广州、深圳等一线城市的助推下，风靡全国。

一日翻台 11 轮，爆款产品点餐率超过 95%，“长沙湘菜排队王”炊烟小炒黄牛肉进军上海，成为湘菜突围的“排头兵”。

做一款爆品，并非易事。从跷脚牛肉到小炒黄牛肉，地方美食，正在成为爆品的灵感之源。

这是一条从品类到爆品的传统思路。中国幅员辽阔，地方美食文化底蕴深厚，在花样翻新竞争激烈的餐饮市场中，与其说在地方美食中制造爆品，不如说，2021 年的消费者更加相信“师出有名”的爆品了。

炊烟小炒黄牛肉的创始团队，在打造小炒黄牛肉之前，已在湘菜领域深耕 24 年之久，“对湘菜的爱，长在童年记忆里”，其创始人戴宗表示。

地方美食与爆品的结缘，早已有之。无论是小炒黄牛肉还是跷脚牛肉，小而美的地方美食，不再是有关远方未知的想象，而是越来越契合消费者“在家门口吃一口当地特色”的场景。

对中国消费者来说，正宗与好吃的需求一以贯之。地方菜系出爆品，一大标准就是要把握地方美食的最大公约数，即多数本地人认可的好吃与正宗。

肖四女乐山跷脚牛肉创始人李星在接受采访时指出，他们做跷脚牛肉，核心是做好一件事——“美食的搬运工”。他把乐山跷脚牛肉原汁原味地搬到上海，保留大锅熬牛肉等当地特色，最大限度地传承乐山当地的传统风味。

但这还不够。李星表示，餐厅做的是全方位的传承，让消费者感受到真正地道正宗的吃法，“像是在乐山本地的吃法一样”，比如在乐山吃跷脚牛肉，所搭配的牛肉饼和三鲜冰粉，都是这套“爆品”系统里不可或缺的元素。只有如此，才会不断加深消费者对这家餐厅正宗与好吃的认知，也因此，跷脚牛肉这一单品在众多地方美食中脱颖而出，站稳脚跟。

2021 年，长沙炊烟出湘入沪，戴宗也曾表示，“炊烟到了上海，确保原材料都由湖南统一采购，长沙炊烟是什么口味，上海的炊烟就会是什么口味。”

地方美食更具备爆品基因的另一面，往往是因为地方美食玩家，在单品上的钻研更加透彻。在四川，专做“老妈蹄花”“三鲜冰粉”等单一细分品类的门店四处开花。在湖南，主打“小炒黄牛肉”的湘式小炒餐馆已进入井喷阶段，激烈的竞争倒逼餐饮业内卷。

随着地方美食进军垂直细分市场，单品的品质优化，押注爆品概率提升。这是单品与爆品之间的逻辑。如果说，过往的爆品策略属于平地起高楼，在空白市场里抢占心智，终成“天选之子”。如今的爆品，则是经受了消费者挑剔的味蕾测试之后，在同类市场里“脱颖而出”。虽有迹可循，但难度不减。

爆品的标品之路

爆品起势，需要批量复制。

做好爆品的难点往往来自稳定好吃的品控保证。尤其要在难以标准化的中式正餐里，找到“标品”的解决方案，困难可想而知。爆品谋求出路，变相推动了中餐的标准化发展。

爆品从“网红”到“长红”，离不开稳定的供应链支撑，一方面可以确保食材稳定供应，另一方面是保障制作过程基于标准化生产流程不偏移，确保爆品出品的统一水准线。

常州本地的中餐品牌老西门，可能对全国的消费者来说还比较陌生。从大众点评上了解到，“炝虾”是店内经典的招牌菜，采用传统的苏式手法腌制。为了做好这款爆品，老西门承包了一片养殖基地，专门用来培育虾子，确保从农田到餐桌的品控如一。考虑老顾客们的体验，老西门坚持“炝虾”10 年不涨价，被网友称赞“性价比无敌”。

炊烟小炒黄牛肉，同样走上严格的标准化之路。使用的黄牛肉食材，明确到详细的牛龄、体重等指标，因为“这样的适口性最好”。

中式炒菜，依仗厨师的发挥，曾被

认为是最难标准化的菜品。炊烟小炒黄牛肉的出圈，验证了“数字大脑”对中式小炒标品化的价值。戴宗认为，炊烟能够在菜品品质和质量管控上保持统一出品，要感谢12年前自主研发的“品控宝”软件。据了解，“品控宝”是一套以品控为核心的数字化软件系统。

以小炒黄牛肉为例，通过“品控宝”可将食材从源头采购、宰杀、切配到门店的现场炒制、上桌等流程全部量化成数字指标，不断地通过数字大脑的训练，达成门店现炒并且最好吃、最稳定的出品解决方案。

由此，“品控宝”成为真正的数字化大脑，最大程度降低每一个环节中的不确定性因素影响。在标准化的把控下，每一家店、每一道菜的出品，都能达到好吃稳定的保障。

相比西餐的标准化模式，中餐的烹饪手法要复杂得多，炒、炖、炸、蒸、煎、焗等烹饪要求各不相同。中餐爆品之路，是个性化与标准化的平衡之道，考验的是供应链、数字化产业链的整合与深耕。

这，已不只是研发一道爆品菜品那么简单。

谁在决定爆品的方向

年轻消费者喜欢新鲜感，热衷“追风”。未来5年，95后、00后将成为餐饮市场的主力军，对于爆品的需求度只增不减，把爆品作为社交货币的可能性在扩大。“选择困难症患者更喜爱爆品，解决了不知道吃什么的困扰。”

对于餐饮人来说，消费者需求最终指向的都是，如何发现爆品、创造爆品。“爆品不是想出来，而是测出来的，机遇也多藏在一线的餐饮市场里”，关键问题是谁能敏锐地把握住潮流的方向。

关于炊烟推出的小炒黄牛肉爆品，戴宗认为这是一款“趋势菜”。在他看来，小炒黄牛肉的流行，是“时代的选择”，主要得益于居民生活水平提高后，高价值、高营养的牛肉需求快速增长。数据显示，2020年，中国牛肉消费量884万吨，人均牛肉消费量达到了6.29公斤。

小炒黄牛肉本属于传统湘菜中的一道经典菜肴，戴宗团队观察到，大约在5年前的时候，这道菜点单量比其他菜的点单量呈现更为明显的攀升态势。炊烟抓住了这个趋势变化，果断将小炒黄牛肉定位成门店的主打招牌菜。时至今日，口感细嫩、口味丰富的小炒黄牛肉已成为老少皆宜的进店必点菜。

很难说，是小炒黄牛肉的出圈带火了湘菜，还是湘菜带火了小炒黄牛肉。但经历了2021年，小炒黄牛肉仿佛一夜间成为湘菜馆里的标配。

同样的趋势，也发生在乐山跷脚牛肉上。鲜香的牛肉，掌控蘸辣的自由，年轻消费者对于正宗口味的追求，让跷脚牛肉这一地方特色美食走出乐山，席卷全国。李星表示，2021年，肖四女乐山跷脚牛肉新开门店数达到110家左右。大众点评数据显示，在全国范围内，以跷脚牛肉为主打爆品的门店达到了5000家，而2019年全国仅3000余家。

纵使新冠肺炎疫情的影响仍在持续，但餐饮人在提及中餐爆品发展时，无不感慨于消费升级带来的发展新机遇。

更注重健康品质的饮食习惯，更受瞩目的地方美食文化，更加成熟的供应链体系，一个更加向好的餐饮市场正在形成。可以预见的是，更多中式爆品，将从地方餐饮市场的盲盒中开启。

3. 中餐何以土潮？中国餐厅的本土化新战事

“国潮穿在身，自信心中生”，到了餐饮领域，新一代年轻的中国消费者对于传统中餐的认同感正在提升。当西式快餐力推本土化产品，中国本土餐饮市场亦加速谋变，进入本土化的纵深发展阶段。

中国各地饮食习惯千差万别，饮食文化活色生香，众口难调是常态。从早年间的沙县小吃、兰州拉面到近年来崛起的乐山钵钵鸡、鹤岗小串……在中餐本土化的环境下，以小吃快餐为首的地方餐饮早已作为第一批先行者走出区域，扎根全国。

在传统正餐领域，地方特色美食的“富矿”还未完全开采。专注于地方发展小而美的本地特色，还是走出去直面更大的中国市场，是中国本土餐饮崛起过程中不得不面临的抉择。

中餐本土化的新战场，要看一线城市以外的区域市场。对此，长沙文和友给出的答案是，在环境营造上根据不同的城市化做出“千城千面”的城市记忆；南京大牌档的选择是，将南京特色美食与古都韵致合二为一，把怀旧元素运用得风生水起；从合肥走向全国的老乡鸡，考虑的是本土化口味与多元化市场的兼容并蓄。

过往，极具区域特色文化的地方餐饮走“农村包围城市”路线，但常常因为“水土不服”面临外拓市场的败局。中餐本土化进程加速，各地餐饮明星相继出现。疫情之下，一个鲜活、热闹的中国餐饮市场涌动，区域中餐迎来广阔的市场机会。

扎根地方的中餐本土化战事

2021 年春节前后，一众中餐品牌公布筹备上市的信息，包括中式快餐“老乡鸡”、杭帮菜代表“绿茶餐厅”以及冲击麻辣烫第一股的“杨国福”等。

一面是餐饮业积极向外拥抱资本寻求出路；另一面是区域中餐刀刃向内，深耕本土化稳固根据地。

山东凯瑞商业集团创始人赵孝国在讲述公司发展历程及阶段时曾表示，凯瑞在建立之初的战略便是扎根济南，等在济南开出上百家店后，从单一区域开始围绕济南横向复制，陆续辐射山东省 16 个地市以及江苏、河南、河北、天津等区域。“这样既保障了整个供应链管理的可控性，又能巩固消费者对品牌的熟知度。”

本地餐饮也多借鉴此类稳扎稳打的

方式，力求集中优势资源，满足“根据地”的市场需求。发源于南京本土的餐饮品牌南京大牌档，创店就以“留住南京老味道”来定义，深挖本地人的日常饮食文化体验，在店面装修、服务场景、菜品设计上充分融入南京本地特色元素，提供沉浸式的就餐体验。“每一个地方都有自己的美食文化代表，做本地的美食会更擅长，也更精准。南京大牌档不仅把南京味道复刻了出来，更把南京市井街巷的城市印象展现出来”，南京大惠集团副总经理徐薇薇表示。

如今，南京大牌档凭借独特的南京地方文化，主打亲民的金陵风味，从江浙沪稳步向全国开拓市场。“在坚守南京味道的同时，也会结合地方口味和特色做适当创新，我们始终相信把地域特色做到极致才是品牌最具竞争力的地方。”

地方餐饮，虽有不少“墙内开花墙外香”的故事，但其根据地依旧是地方餐饮发力本土化的重要支撑，是基本盘，局部热战难以避免。

以网红餐饮林立的长沙为例，湘菜以 24.8% 的占比成为当地消费金额最高的餐饮品类，平均每 5 家正餐店，就有一家是湘菜馆。本地湘菜竞争之惨烈，曾有网友形容，如果一家店的辣椒炒肉在长沙只能打 80 分，其生意在杭州或许会很好，但在长沙估计难以存活。

杀出重围的湘菜代表费大厨，致力于将单品辣椒炒肉做到极致，年销量突破百万份，开出 50 多家直营店，在湘菜激烈的竞争市场中站稳了脚跟。辣椒炒肉火爆背后，是近年来整个湘菜品类的异军突起。过往，湖南人扎根的地方，才有湘菜馆生存的土壤，以湖南省外的广东最为典型。以 2021 年为分界线，“湘菜入沪”引发的热潮，带动了湘菜在全国范围内认知度、影响力的飞速发展。

湘菜不过是众多餐饮本土化热战的一个缩影。各区域市场中都藏着大批低调的区域明星，何尝不是经历层层竞争才突围出来。可以说，正是本地食客们挑剔的味蕾，将地方美食特色发挥到了极致，激发了地方美食的活力，让一批专注地方餐饮的品牌得以崛起。

2021 年，湘菜在上海的门店数量达到 5000 多家，而这个数字，在 2006 年，仅 20 余家。上海本地的湘菜老品牌望湘园，更名为望湘园・湖南菜，搭载湘菜崛起的东风继续精进。

地方美食的财富密码

近年来，借地域标签主打“特色与地道”的地方菜悄然崛起。除了上述望湘园・湖南菜以外，深圳的陈鹏鹏卤鹅，也改名成了陈鹏鹏潮汕菜。而诸如莆田餐厅、北京宴、南京大牌档等直接用地名命名的餐厅更是不在少数。

作为一种“文化表征”，以地方为名的餐厅，背后所隐喻的正宗与地道，获得越来越多年轻消费者的青睐。在 2021 年大众点评发布的《餐饮消费者“吃”出来的数据报告》中透露了这一趋势。报告显示，从必吃榜门店的消费者推荐菜排名来看，地方特色美食的推荐频次上涨，成为消费者心目中对地方饮食文化的认知代表。强地域特色菜品的走红，代表了消费者对于“本地味道”的追寻和认可。

北京宴董事长杨秀龙先生曾在采访中表达了他的观点，他认为硬件装修是餐厅的本命、菜品是餐厅的生命、服务是餐厅的寿命。北京宴售卖的不仅是菜品美食，还是用产品和服务继承优良传统，根植家国情怀。在一餐一宴间，传播着中华传统文化，表达着人们对美好生活的向往和家国情怀。比如，北京宴华贸店是国内首家时尚京剧主题饭店，将中国传统美食和国粹京剧与时尚结合起来，为消费者创造沉浸式的国潮文化就餐体验。

以差异化特色取胜的地方菜，成为餐饮红海中的竞争新筹码。以 2021 年黑珍珠上榜餐厅为例，台州、汕头、顺德、扬州 4 座小城中主打本土菜系的上榜餐厅数达到 14 家。很多不起眼的小城，凭借地方美食文化走红，在竞争激烈的市场中顺势而起。

本着对故乡餐饮文化的敬畏与热爱，来自福建漳州的黄浩然，在 2015 年创立了 CHIC 1699 远洋私厨。问及 CHIC 1699 远洋私厨的主要竞争力时，黄浩然认为，他要试着用当代美学的形式讲述闽南传统的餐饮人文，通过改良传统闽南菜肴，以创新的呈现方式与闽地传统的乡土人文形成反差和呼应，自然而然地传递闽南特色美食文化。2020 年，他们研发的铁观音茶叶蛋，黄浩然认为是一次结合闽南风土人文的成功尝试。

各地正餐多头发力，小吃与地方的融合也在深入。乐山这一地域标识成为近年来的新宠，借乐山之名来打影响力的小吃，更是遍布全国。大众点评数据显示，2021 年，与“乐山小吃”相关的门店数量多达 2.6 万家，一脚跨进了“万店”时代，花盐街、夸父炸串、肖四女跷脚牛肉等均是被消费者熟知的乐山小吃代表品牌。

对于这种利用地方流量的现象，乐山小吃品牌、夸父炸串创始人袁泽陆曾道出其中的玄妙，“对于中小型创业者来说，新品牌很难挖掘历史沉淀，那就在产品方面寻找亮点，用地域作为背书”。

借地域为品牌做背书是一种方式，用餐厅带火一个地方菜系，则是另一种套路。以莆田餐厅为例，市场上暂无后来者可以匹敌。预计未来，会有越来越多小众的地方菜系涌现市场，呈现出独当一面的力量。

地方美食崛起，供应链加持

地方美食要想走出地域的舒适圈，走向更大市场，需依赖于供应链体系和标准化的建设。

“餐饮最终竞争的就是供应链。”湘菜炒制，讲究火候和经验，加之市场对于“原汁原味”的追求，对湘菜的供应链体系、菜品标准化体系提出了很高的要求。在湘菜头部品牌的带动和努力下，湘菜餐饮从业者终于迎来了供应链、产业链体系的成熟阶段，从食材到佐料，从厨师体系培养到前厅服务人员，逐步形成了较高的市场集中度，出湘成为可能。

赵孝国表示，从历史发展阶段看，餐饮行业正在从原来的手艺行业，逐渐转变成现代化集约式管理的产业，背后依托的则是大数据、供应链、人才培训等体系的完善。

中餐的不确定性，是中餐品类的痛点之一。赵孝国认为，中餐如果想走向世界，必须在发展道路上标准化。以凯瑞旗下年销量过百万的糖醋鲤鱼为例，一年达成2亿多元营收，离不开食材溯源上的标准化建设，从鱼的产区、性别、体重等均实现了具象的数字化记载，保证菜品层面、口感层面的可持续稳定性。而凯瑞在十几年前布局的中央厨房及现在推行的“城市共享中央厨房”，正好踏准了新冠肺炎疫情以来供应链预制菜的风口。

凯瑞从立足于餐饮的单一企业起步，致力于朝着供应链的源头企业探索转型。过去，凯瑞的中央厨房只闭环供应品牌旗下的近400家门店。经过多年发展，其供应链已进入成熟的稳定发展期，逐步在全国范围内向同行业开放共享，计划8年内在全国打造“22城供应链基地”，布局30个左右的城市共享中央厨房。

“餐饮供应链预制菜以中央厨房作为载体，一头连接产地田间，另一头连接市场餐桌，延伸了餐饮的产业链和价值链。”依托中央厨房的半成品、预成品及标品，可以让消费者无论是在家还是在超市，抑或是在旅行途中，都可以吃到不同口味的特色中餐产品。除了凯瑞旗下的餐厅，像南京大牌档、眉州东坡、莆田餐厅等地方特色餐厅也纷纷推出了自家的预制菜吸引消费者，让地方风味得以跨越时间和空间限制，简单加热即可食用，口感还不输给餐厅。

预制菜是中国本土地方餐饮的一个发展趋势，从食材到做法，从加工到呈现，各有风格。在其发展壮大过程中，始终难逃“要不要标准化、能不能标准化”的抉择。显然，一套通用的标准化体系，难以囊括广阔的地方餐饮市场。

在让中国人吃得更地道这件事上，餐饮人信心十足，他们在传承中创新，在特色中谋求共存。中餐本土化的未来将走向何方，暂没有定论。新冠肺炎疫情的影响仍在持续，但当下，依然是众多餐饮人心目中，发展中国本土餐饮最好的时刻。

4.“小份菜”成为餐桌“新食尚”

“分量很大”，过去很长时间以来，都是对商家的赞美。在顾客心理上，菜的分量，往往与商户的诚信、经营原则有微妙的直接联系。

但大众点评的相关数据显示，“分量大”开始变得没那么重要。甚至，“分量”开始从一种褒奖逐渐变成了一类消费者的“抱怨”，“虽然餐厅很辛苦，但分量很大的确吃不完”。

作为当下消费主力军的年轻人正在变得不同。他们往往厌倦频繁的社交压力，喜欢“轻”而非“重”，喜欢做减法而不是加法。因此，“小份菜”热潮的背后，是餐饮业界对消费者的深刻洞察，也是精细化经营管理的重要革新。

单身经济、轻聚餐兴起与“小份菜”的热销

2021 年，有一个数字流行甚广：9200 万。

据艾媒咨询《2021 中国单身群体消费行为调查及单身经济趋势分析报告》，2021 年中国独居人口突破 9200 万人。单身群体对于生活品质的要求并不会因为人数少而降低，因此也衍生出了与单身经济相关联的“陪伴经济”“一人经济”和“社交经济”。

王力加也发现了这一趋势。有过创立“探鱼”的成功经验，面对消费者的变化，王力加嗅觉敏锐——现在的年轻人，越来越忙，也越来越独立了。2018 年，蔡澜港式点心在深圳孵化，他发现工作日总有白领在 2 点到 5 点这个时间段到门店一个人用餐。2021 年，蔡澜港式点心单独用餐的顾客比例达到了 15%。

在日本，这叫“一人食”。伴随着经济大萧条与社会少子化，“孤独”“单身”“一人”早就成为日本餐饮界的流量密码，单身烤肉店、一人食回转寿司等新式餐厅层出不穷。“一人食拉面鼻祖”一兰拉面甚至火爆到中国，新冠肺炎疫情前日本大阪心斋桥一兰拉面的门店外，永远排满了慕名而来的中国游客。

“一人食”在中餐语境里逐渐演化成“小份菜”。与日式料理不同，中餐菜系复杂、品类多样，将所有的菜品组合搭配成“定食”简直是异想天开，只能将经典菜品梳理成单人套餐。而面对消费者细分多样的口味需求，更好的解决办法无疑是“小份菜”——分量更小，价格更低，消费者也更自由。

另外，“小份菜”也完美契合了现下的轻聚餐趋势。2015 年，徐丹就开始在后台数据中发现：徐记海鲜平均每桌顾客人数已经从 7 个人掉到 5.6 个人。徐丹是“餐二代”，经营理念与父辈不同，他意识到消费群体年轻化了，而对于年轻人而言，餐厅不是谈工作的场所，大型商务宴席正在减少。家庭聚餐人数同样在变化。据第七次全国人口普查数据，近年来全国平均家庭规模由 2010 年的 3.1 人下降到 2.62 人。家庭户规模持续缩小，“两口之家”和“三口之家”成为家庭聚餐的主流。

即使是普通聚餐场景下，消费者也更理性了。“这代消费者在很小的时候就接受过节约粮食的思想教育，不会再认为剩饭剩菜才算体面大方，价值观不一样了。”徐丹分析。年轻人还喜欢猎奇和尝试，每道菜的味道都会想一探究竟，再叠加上适度饮食、健康养生、荤素搭配等点菜要求，“小份菜”已成为市场需求。

“大菜”如何“小做”？

都知道要做“小份菜”，但“小份菜”该怎么做?

这问题背后，是传统中式餐饮行业对于“消费者需求”的不同理解。传统中餐多是为多人聚餐准备，消费者到店“下馆子”，多数都发生在需要设宴款待众人的场合。类似于西餐的日常单人、二人到店就餐体验，中餐的菜式、供应链都是为多人聚餐场景服务。

“大菜小做”不仅仅是简单的分量变化，还涉及菜单设计、线上营销等多个维度。

三两好友聚餐是最常见的“小份菜”消费场景，针对小桌客人的需求，从前“大分量”的粗放菜单设计已经落伍，餐厅的招牌菜、主菜成为“小份菜”改革最重要的部分。张雅青已经深耕京菜超20年，她所创立的旺顺阁是京城餐饮代表，以鱼头泡饼为招牌菜，讲究“鱼头越大越好吃”，整鱼8斤、鱼头4斤，新鲜、胶质丰富，但往往小桌客人就难以“光盘”。旺顺阁早在2020年8月起就设置了“小份菜”，提出“鱼头开半”，小桌客人也能点到斤两合适的鱼头，花雕焗竹林鸡、金蒜牛小排、东坡肉等招牌菜也设置了小份。

在多点多味、健康少食的风潮下，消费者本来就在不断降低对主食的需求，主食分量变小是大势所趋。何况，“她经济”盛行，女性作为新时代消费主力，饭量本来就小。据《中国餐饮大数据2021》，2020年餐饮线上用户中，女性占59.47%。王力加带领着蔡澜港式点心11人的产品研发团队，根据网络评价、顾客点击率和销售结构来复盘菜单设计，推出“mini版”主食，如mini青姜蓉鸡腿肉拌饭、mini经典三宝拌饭等。有女性食客在大众点评上强烈表达自己对“mini版”主食的喜爱，“每次在其他饭店，只想吃一点点米饭就觉得叫一碗很浪费，这个mini饭就很适合饭量小的女生”。

“小份菜”在线下销售火热，走到线上则是独身人士日常用餐的不二选择。据青山资本《2021年度消费报告》，65%的90后外卖订单为一人餐。“做外卖是根据数据分析来做，我们发现，点外卖的工作餐场景居多，而且用户有70%都是女性。”徐丹介绍。徐记海鲜于2019年11月董事会决议，开展外卖业务；2020年3月，全面上线外卖；2021年外卖营收1.2亿元，同比增长超27%。针对剁椒鸡蛋焖虾仁、鲍鱼辣椒炒肉、酥炸黄金带鱼等经典菜品，徐记海鲜设置了外卖个人份。目前，“小份菜”占徐记海鲜外卖总销量的70%以上。

“小份菜”背后的餐饮革新

“小份菜”的诞生不仅满足了消费者的需求，也影响了供应链等餐饮上游，还催生出针对小规模聚餐及“一人食”的崭新餐饮业态。

食材供应链最先受到“小份菜”的影响。徐记海鲜是做海鲜供应链起家的，但徐丹也坦言，“小份菜推进很慢”。这是因为做“小份菜”，供应链也必须配套调整。与鸡鸭牛羊相比，海鲜需要“整只上”才能凸显现宰、新鲜。为此，徐记海鲜将鱼的尺寸由 1.5~1.6 斤降到 0.8~1.2 斤，通过对进货、销售、库存各环节的数字化管控，对原材料实行了精细化管理。

新的餐饮业态也正在孵化。在东莞，3 位 90 后年轻人联合创立了主打精致化餐饮的小运河·东岸。“我们是高中同学，第一次来东莞的时候，我和拍档去粤菜酒楼吃饭，点了两只乳鸽。虽然很好吃，但两个年轻人在那个场合里吃饭聊天，总是有点怪怪的。”小运河联合创始人 Andy 回忆。再后来，他意识到，年轻人不是不喜欢吃粤菜，只是市面上缺乏适合年轻人聚餐的中式餐饮。小运河·东岸专做迷你粤菜，餐厅主要设置四人卡座，满足年轻人三五好友聚餐需求。单道主菜价格一般处于 20~40 元间，四人套餐中包含 5~6 道主菜，手撕鸡、酸菜鱼等传统“大菜”均设迷你份。

“小份菜”的创新还能激发新的消费者需求。除了 mini 版主食以外，蔡澜港式点心也针对不少传统粤点进行了创新改进，把大的单个菜品“变小”。王力加表示，“把大的东西做小是一种创新。通过‘熟悉 + 意外’的结合，运用熟悉的食材、口味能够给消费者带来意外惊喜。”以最受消费者欢迎的创新菜式小云吞为例，传统云吞原本是广东地区的“主食”，改造后一口一个的小云吞，分量适中，口味独特，进而蜕变为“点心”。

低碳、环保、绿色、节约，“小份菜”无疑是 2021 年里餐饮市场的宠儿，更是政府与餐饮行业关注的长期议题。轻聚餐、“一人食”等细分餐饮领域尚是一片蓝海。美团数据显示，2021 年，消费者主动搜索“小份菜、半份菜、单人套餐”等相关关键词的频次高达 604 万次，外卖销售“小份菜”的商家同比增长 43.92%，相关菜品销量增速达 45.91%。

可以预见，让“吃”变得更精致、更方便，让进店的消费者压力更小，将会是餐饮行业的重要课题。

5. 菜品融合：对传统的“违背”与延伸

杭帮菜里加入了西式餐饮的元素，粤式点心中多了泰国水果的融入……这是一个巨变的时代，也是一个融合的时代。对于餐饮行业来说，只讲菜系的时代已经悄然过去。

互联网时代，资讯交流的壁垒早已被打破，人们可获信息呈几何级数增长；物流和交通的高速发展，使食材、口味不再局限于地域。故步自封于自身的传统菜系，难以获得更新的认同、更快的发展和更大的空间；以兼容并蓄、中外互通、博采众长的态度，不断推陈出新、创新发展，融合全国乃至世界各地精华，打造出适合市场需求的融合菜，是餐饮品牌焕发全新生机与活力的动力所在，更成为行业发展的全新趋势。

新榆园：来自五湖四海食材的创新搭配

融合菜，不仅讲求各地烹调方式的融合，更考究五湖四海食材的创新搭配。位于西子湖畔的新榆园，其品牌的Slogan叫作“选材世界，味启杭帮”，意为选取世界各地的优质食材来重塑当下的杭帮餐饮甚至是中式餐饮。新榆园CEO蔡宇成介绍道：“我们在菜品上面也喜欢‘违背’。我想可以用‘违背’这个词吧，因为‘违背’了传统杭帮菜或者传统中餐的做法：我们会有一些西式餐饮的导入，甚至鸡尾酒、精品咖啡的导入，这跟传统的杭帮菜确实很不一样的。”

其实，这家喜欢融合和“违背”的餐厅并不年轻，从创立至今已经20年。2000年以后，伴随中国经济高速发展，杭州作为国际著名旅游城市，出现了来自世界各地的背包客和旅游者。“但当时，遇到泰国人想吃泰国菜，我们做得不太好；欧洲游客想吃西餐，我们做得也不是太好。不过，我们就这么跌跌撞撞过来了。在这个过程中有一个收获，不好的东西被逐渐淘汰，好的东西不断沉淀下来。”

于是，新榆园开始梳理、寻找属于自己品牌的清晰表述和思路——最终，融合成了他们追逐的方向。在被问及新榆园的创意菜能够获得成功的关键因素时，新榆园CEO蔡宇成认为，“选材世界”是新榆园比较大的创意点。毕竟，新榆园在食材选择上早已跳脱了地域的局限，甚至摆脱了一些传统中餐人的固定想法。

新榆园有一款爆品叫作西班牙墨鱼饭，至今排名主食首位。选材之后，新榆园在工艺上对这个菜品是否能够适合国人口味进行了研发：传统的西班牙墨鱼饭是夹生的，为了适合国人口味，新榆园把它做成外脆里软；西方餐饮业比较讲求工业效率，因此做墨鱼饭时用的都是成品墨鱼酱，而新榆园则坚持自己去熬墨鱼酱、墨鱼汁，按国人口味做出中国人自己的特色。

新榆园在前期调研中发现，年青一代消费群体——80后，尤其是90后、00后已经发生了较大的饮食结构变化。比如，现今的90后、00后早已对牛油果这样的优质果品食材司空见惯。于是，他们开始着手提炼这类食材，把它们融合在新榆园的杭帮料理中，由此获得了这批中坚力量消费者的认可。

在被问及传承和创新这两者之间关系的时候，蔡宇成笑着说：“这真是问到我的痛点了，确实有这样一个问题，就算是保持了持续创新的能力，也不代表这种持续创新是可以普遍获得消费者持续认可的。”他坦言，在世界范围内选择食材，创新带来的综合成本还是很高的。因此，创新离不开传承。新榆园最终还是会把品牌的根基落下来——“因为新榆园的发源地是杭州，所以从2020年至今，我们一直在解决‘落根’的问题。我们会去传承一些浙菜、杭帮菜的经典，把一些经典重塑。”

点都德：为传统点心在不同的时间注入不同的元素

在美食之都广州，有这么一家坚持全手工制作，一心一意做点心的广州茶楼——点都德。其名来源于粤语“点都得”，意为怎样都没有问题，体现出广州人随和务实的性格特征。

点都德创始人沈志辉说：“我们会通过一些不同的展示手法，为传统的粤式点心带来焕然一新的感觉。广州是历史悠久的通商口岸，各种交融本来就多，我觉得应该重拾创作的精神，为点心在不同的时间注入不同的元素。运用不同的食材、不同的想法，创新传统的东西带给市场，通过各种渠道让其吸引力迸发，这就是我对‘融合创新’的理念。”

点都德有两个产品非常具备“融合创新”的特色：金莎海虾红米肠、日式青芥三文鱼挞。在沈志辉眼中，它们都是传统产品的延伸。

金莎海虾红米肠的研发灵感来自炸两，炸两是肠粉和油炸鬼（油条）两种食物混合成的广东特色小吃。沈志辉想追求口感的创新，最好还能带给顾客不同层次的感受，于是尝试在肠皮里裹上香脆的网皮与新鲜的虾仁，吃起来外软内酥、爽口弹牙。一经推出，金莎海虾红米肠连续3年获得“亚洲地标美食”的荣誉称号。

蛋挞的品种在粤式点心里面有很多种。沈志辉发现青芥跟三文鱼成为现在年轻人中比较受欢迎的食材，于是尝试把青芥与三文鱼融合，做成三文鱼挞，让食客体验到创新的口味，有顾客评价“惊喜度200%”。

一直以来，点都德都在延续全手工制作，并未设立中央厨房。从原材料加工到点心成品，全环节都是在门店里面生产。沈志辉坦言，新品的推出是一个非常难的点，要不断研发，但这对于点都德来说非常重要。一年之中，点都德会推出4期不同的产品，使用末位淘汰制，每3个月轮换一次新品，重新更换6~10款不同的点心。

沈志辉认为，各地点心也一定会有融合。“其实现在各个城市对美好口味的追求越来越相近，相互的学习和参考也必将推动着整个行业的发展。你看杭帮菜，它的点心精致而细腻，因此我们会参考得比较多，比如我们会借鉴它的摆盘。再比如，我们也会把一些北京宫廷点心借鉴融合到广式点心里。地缘化这个东西大家并不会去模糊，各地都会保留应有的东西，但是由于整个市场的推进、文化的融合，今后必然会有更多的互相借鉴。而且会形成‘你中有我，我中有你’的形态。”

关于传承和创新的比例，沈志辉给了一个“七三开”的说法。“我们对70%的点心不会去做大改变，但也不排除会通过一种新的展示方式提供给大家。对30%的点心，我们会做一些颠覆性改变。毕竟，食材在当下每一天都在改变。我们希望，能够通过不同地区的工艺，整合全世界的食材来做好粤式点心。”

正所谓“食无定味，适口者珍”。菜品融合，本就是中国饮食文化多元包容的一个集中体现。互联网时代背景下，消费者不会只局限于某种单一口味，而是在来自全中国、全世界的丰富味道之中，不断探寻味蕾上的新鲜刺激，丰富自身的味觉体验。今日经济社会的蓬勃发展、文化资讯的交流汇聚、技术交通的便捷快速，更是为菜品的大融合创造了便利的条件和良好的机遇。由此，菜品融合的大步前行，已经成为行业发展的整体趋势，必将进一步推动整个餐饮行业的发展演进。

二、高端餐饮：要文化，不要奢华

1.“沉浸式 +”：高端餐饮的新故事

沉浸式旅游、沉浸式观展、沉浸式化妆……近年来，“沉浸式 +”产品成为商业空间新吸引点。沉浸式体验主要通过灯光、投影、装修设计等装置的多联化搭建，全方位还原同一主题的环境，从味觉、视觉、嗅觉、触觉等多方面带给消费者身临其境的消费体验。

受社会经济大环境的影响，90 后消费群体的消费观念发生了较大的变化，且移动互联网的快速发展，进一步加快了年青一代消费者消费习惯的改变。《2021 年中国连锁餐饮行业报告》显示，餐厅内部环境成为消费者在选择餐厅时最关注的第三大要素。随着年轻消费者对强代入感、高互动性的用餐消费体验的追求越来越高，沉浸式餐厅成为餐饮变革路上的新突破口。特别是在注重“质价比”的高端餐饮赛道里，沉浸式用餐体验成为高端餐饮企业的第二增长曲线。

2021 年，高端餐饮企业根据对消费者群体的洞察与分析，紧紧抓住“品质主义”与“国潮风暴”两大主题，进一步加速沉浸式消费体验的需求。

位于长沙的徐记海鲜・蓝麒麟，是被称为“长沙高端餐饮新标杆”的徐记海鲜在 2021 年推出的时尚高端餐饮新品牌。

蓝麒麟以“海洋”为灵感，整体色调上将克莱因蓝与深海色相结合，代表了纯粹、理想、极致，与徐记海鲜所追求的理念很契合。大厅的巨型 LED 曲面屏上，呈现着气象万千的海底世界，在屏幕下方海鲜池的衬托下，光影浮沉，将深邃的海底还原得淋漓尽致。1400 平方米的宽敞场地里，古代神话和现代科技碰撞、融合，营造出虚实结合的视觉艺术餐饮体验。

还原场景的同时，也要苏醒味蕾。一方面，蓝麒麟凭借强大的供应链体系引入海内外海捕海鲜，塑造品牌特色；另一方面，聘请名厨团队坐镇，研发湘粤两个菜系融合的特色口味。同时，蓝麒麟专门在厨房设立摆盘岗位，在菜品的呈现上追求更高的美。经过摆盘师傅专业的手法，端上来的海鲜可以复刻出灵动的造型，仿如刚跃出海平面一般，使消费者在尝到美味之前先享受到精彩纷呈的视觉盛宴。

近两年的疫情加速了人们对品质生活更高的追求。尤其在 90 后年轻群体中，品质消费趋向愈发明显，为高端餐饮开启新的市场红利期。《中国精致餐饮行业报告 2021》显示，精致餐饮消费者正在向 25 岁以下群体延伸，而这类消费群体更多在餐厅消费“氛围”，“质价比”成为他们消费决策的关键词。

“质价比指的是物有所值”，徐记海鲜 CEO 徐丹表示，年青一代消费者的颜值经济正在兴起，餐厅与菜品的颜值、海鲜的品质、良好的用餐体验均会成为消费者打卡留念的重要因素。蓝麒麟通过对用餐体验匠心打造，成功俘获年青一代，从“父母一辈去的餐厅”成功转型为“子女带父母去的餐厅”。

国潮风暴：沉浸式餐厅的新方向

支持国产消费品是 90 后人群体现自身爱国情怀的一种方式，根据一项调研数据，53% 的年轻人认为海外品牌不再是一个加分项，国货和中国风正在成为一种新的生活方式。位于北京的御仙都・皇家菜博物馆，正是通过现实场景搭建，还原中国风的文化场景与氛围，实现供餐者与用餐者之间国潮品牌主题的交互。

御仙都既是餐厅，又是博物馆。2021 年，御仙都・皇家菜博物馆打破了博物馆与餐厅之间的壁垒，运用“博物馆在饭店中，饭店在博物馆中”的理念，推出“可以吃的博物馆”，打造集味觉、视觉、文化于一体的沉浸式消费体验。

御仙都・皇家菜博物馆的设计高度模仿故宫，专设 53 个行宫，62 个宫殿供消费者用餐，每个宫殿有 2 名专职服务经理，每桌宴席安排唱菜与走秀，介绍每一份名菜背后的历史典故与文化内涵。用餐模式上也高度效仿古人，采用分餐制，进一步提升身临其境的感受。

“以乐侑食”的用餐体验是御仙都・皇家菜博物馆的另一个聚客利器。御仙都・皇家菜博物馆借助对御膳烹饪技艺的一脉相承，在口味上高度还原古代皇室的山珍海味。同时，推出《中华一品宴》，打造“唱菜走秀讲故事”的新场景，带消费者穿越到清乾隆年间，通过观崇庆皇太后八旬万寿庆典盛况，品中国古代皇家御膳巅峰盛宴，听精选历代帝王食事趣闻。

“御仙都最大的特色就是其强大的文化内涵。”凯瑞御仙都集团董事长行秀娟表示，想要俘获年轻消费者的心，就得让文物活起来，给消费者提供“能看、能吃、能学、能玩”的多重体验。因此，御仙都・皇家菜博物馆推出专门的化妆师和造型师团队，帮助消费者换装、做造型，从而满足年青一代消费者对“仪式感”的追求，加强穿越时空的感觉。

新消费趋势：高端餐饮的流量密码

在两家沉浸式餐厅得到市场认可的背后，可以发现一个现象，那些口味精致、环境优美、服务周到的高端餐厅，早已不再局限于高朋满座的商务宴请，而是成为90后人群朋友聚会、家庭聚餐的新选择，展现出消费群体年轻化、消费场景多元化的变化趋势。

大数据显示，90后消费群体正在成为中国消费市场的主力军。受社会经济大环境的影响，90后消费群体的消费观念发生了较大的变化，且移动互联网的快速发展，进一步加快了年青一代消费者消费习惯的改变。数据显示，社交场景成为年轻人餐饮消费的重要关注点，有60%的年轻人追求圈内的归属感。与对颜值的追求相似，若餐厅有值得分享的设计、装修和布局，90后会打卡并在朋友圈分享。新消费趋势的出现，已成为高端餐饮行业的新流量密码。

消费趋势变化的背后，是新一代消费者消费观念的变化。“现在的年轻人，骨子里都带一点‘傲慢’，这不是贬义词，而是90后对自我价值的认知与自信的表达。”业内人士透露，每个人都是独一无二的存在，尤其是年青一代消费者，更是希望通过消费得到自我价值的认可。要想在年轻消费群体中实现“破圈”，终究还是得在口味、环境、服务等多方面共同发力，方便消费者分享和展示自己的定位和价值，提升他们在社交圈的存在感和认同感。

在社会经济条件的改善和消费趋势的变化下，高端餐饮不断丰富其内涵，在文化、工艺、精神方面坚持传承与创新，与时俱进走在时代最前沿。未来，高端餐饮将持续探索更多文化与餐饮融合的可能性，通过美食输出文化自信。

2. 高端餐厅：新晋城市餐饮新活力

城镇人均可支配收入持续提升，人们对饮食的要求不断提高，既能满足味蕾，也能获得精神上的愉悦。消费观念的变化之下，精益求精服务食客体验的高端餐饮行业迎来市场红利期。

随着市场接受度和认可度的提升，高端餐饮的发展不再“局限”于一线城市。根据《中国精致餐饮行业报告2021》，新一线与二线城市的精致餐饮门店数量在全国范围内的占比已超过50%，其中新一线城市已成为精致餐饮主战场。

在这个新市场中，高端餐饮的后发优势愈发明显。创新、品牌、品类3个关键词成为新晋高端餐厅的生存之道，使这些餐厅在新一线与二线市场发扬光大，不断突破当地的餐饮新高度。

菜品创新：95后青年的探索与突破

在东莞，有3个95后青年，通过不断学习与尝试，为本地餐饮行业打开了新的消费市场。这个品牌叫“小运河”，是东莞年轻人最喜爱的粤菜餐厅之一。

小运河的诞生，起源于其3个“吃货”创始人的奇思妙想。这3个爱好“探店”一线餐厅的年轻小伙，发现一个有趣现象：在上海，时尚的粤菜馆不在少数，但在东莞却寥寥无几。或许是出自对商业机会的敏锐嗅觉，或许是由于年轻人的“疯狂”，2018年，3个人一拍即合，推出了小运河·公馆。

“当时东莞的粤菜餐厅大多数都是酒楼，但在我们这一代人印象里面，酒楼就是‘爸妈去的地方’。”小运河联合创始人Andy介绍道。数据显示，高端餐厅的线上消费者正在向25岁以下群体延伸，粤菜餐厅的时尚化、精致化或许就是获得年轻消费者喜爱的新方向。

他们发现，现代的年轻人在选择餐厅时受大众点评、抖音等线上平台影响很大，有新意的精致菜品，是引发消费者“打卡”的关键因素。于是，保持强大的创新能力，成为小运河·公馆的发展秘诀。

创立至今，小运河·公馆保持着3个月一更的菜单更新频率。为了维持创新能力，一方面，小运河的创始人不断向广州、深圳、上海等一线城市学习，持续将新的东西带回东莞；另一方面，与消费者保持紧密沟通，每天查看大众点评上的消费者评价，并根据消费者的反馈对菜品进行调整。

在创新能力的驱动下，小运河·公馆成功俘获了年青一代消费群体。在小运河·公馆的消费人群中，20~35岁群体的占比高达80%。2020年，小运河·公馆登上东莞大众点评必吃榜，成为东莞粤菜的一股新潮。

树立品牌：返乡人才遇上互联网推广

位于石家庄的高端餐厅——极·怀石·会席料理选择了另一条生存路线——通过线上化平台实现了新市场的入驻。

极·怀石·会席料理的主厨兼老板毕少飞——一名保送去日本学习日餐的年轻人，曾在国内多家五星级酒店担任了10年的行政总厨。2019年，30岁的毕少飞决定回到家乡石家庄，创立自己的品牌。

回家乡后，毕少飞发现石家庄正在高速发展，在大众点评、抖音等线上化平台的推广下，石家庄的人们对餐饮的要求越来越高，既要好吃，又要好看，服务还要好。而在2019年，石家庄的日料餐厅主要以居酒屋为主，注重食材与服务的高端餐厅屈指可数。极·怀石·会席料理由此诞生。

极，即极致，也是毕少飞对食材新鲜度的极高要求。“吃日料，吃的就是食材。”毕少飞介绍说，由于日料生食的菜品较多，对食材的要求必须是最优质、最新鲜的。借助前期工作经验，毕少飞联结了全国最大的各类供应商，搭建出完整的供应链体系。由此，越来越多顶级食材进入石家庄，如 200 斤重的整条金枪鱼、渔船直采的海胆、北海道空运过来的池鱼王……近两年的时间，毕少飞还每天早上亲自去机场提海鲜，现场确认食材的新鲜度。

虽然是一名石家庄人，但经过十多年的在外生活，回乡时，毕少飞已经对他的家乡完全生疏了。人生地不熟的毕少飞发现，触达顾客的最有效方式就是利用网络。于是，毕少飞聘用 3 位专业人员一起研究大众点评，页面如何给客户展示、什么时候给客户弹窗、推广什么内容等一系列问题，一一得到攻破。经过 1 个月的摸爬滚打，极・怀石・会席料理在大众点评上的推广效果得以展现，餐厅实现 500~600 元的客单价，却依然一座难求。

目前，极・怀石・会席料理的 4 家店均登上所在区域的大众点评美食榜单，成为石家庄新晋日料品牌代表。

升级品类：餐饮老手颠覆固有观念

“大家都说，火锅品类很难出现精致餐厅。”但这句话却成为位于成都的四川火锅餐厅锦城印象的新出发点。锦城印象联合创始人刘忠平表示，打造火锅店的高级感，极致的食材、精致的口味、贴心的服务和优美的就餐环境，缺一不可。

在食材上“舍得”，是不少顾客与同行对锦城印象的评价。锦城印象在食材的选择上精益求精，以最出名的菜品生抠仔鹅肠为例，锦城印象选择四川九尺镇生长周期为 70 天的仔鹅，并坚持每日屠场直送，保证鹅肠新鲜红润，上桌之后也能看到鹅肠上的每一条血丝。为了保证鹅肠顺利登上消费者餐桌，锦城印象在每家分店还安排鹅肠工，专门负责生抠极品鹅肠这一道菜品的剖洗剪。

口味的追求上，锦城印象也一丝不苟。锅底是火锅的灵魂，锦城印象的锅底坚守单锅单炒的制作方法，将锅底的醇厚浓郁彻底激发。为了得到酱香浓郁的豆瓣酱，锦城印象甚至从豆瓣的采购开始全程深度参与，只为满足被称为“美食之都”成都消费者“挑剔”的味蕾。

“从 2020 年开始，我们陆续重装所有门店。”刘忠平介绍，新冠肺炎疫情的出现，使人们对“社交距离”的认知进一步加强。锦城印象时刻关注消费者的情绪变化，决定对所有门店重新装修，拉开桌与桌之间的间距，使顾客的安全感与私密性得以保障。

对食材、口味、服务的极高追求，使锦城印象成为精致四川火锅的典型。2018 年开始，锦城印象连续 4 年登上大众点评“黑珍珠餐厅指南”，成功打破了人们对火锅店的传统印象。

“登上黑珍珠，对我们来说是压力，也是动力。”刘忠平表示，黑珍珠餐厅指南对锦城印象的引流效果明显。根据美团数据，黑珍珠新上榜餐厅线上流量涨幅超 100%，部分餐厅上榜后线下客流量增长高达 50%。食客的关注与支持，给予锦城印象为食客服务更多的动力，“我们会坚持向消费者看齐，继续做一个从顾客角度出发，有‘高级感’的火锅店。”刘忠平说道。

近年来，新一线与二线城市的“小城大味”，凭借着本地风味和精致餐饮的巧妙融合，受到越来越多人的关注。美团发布的“2021 黑珍珠餐厅指南”中，成都、杭州、南京、西安等新一线城市上榜餐厅数量连续增长，2022 年上榜餐厅达 72 家，近两年上榜餐厅数量均呈现 10% 左右的增长。

随着经济发展，越来越多的精致餐厅坐落于“小城”的大街小巷，发光发热，不断丰富城市的味道。未来，它们的味道将为更多人所知，成为城市新的“美食名片”。

3. 国潮餐饮的探索

四月，北京藤萝花开，正是旧时吃花饼的时节，有餐馆于谷雨节气推出藤萝饼，颇受好评；天气渐暖，一家中式火锅店在做汉文化活动，吸引着许多年轻人着汉服结伴前往……

近年来，在餐饮赛道，国潮已是新风尚。

何谓国潮？从字面理解，国潮是“国风 + 潮流”，是传统文化元素和现代审美潮流的融合，折射出新一代消费者的文化自信和民族认同感。

《2020 年中国餐饮营销力白皮书》中提到，作为跨界营销典型思路，餐饮国潮是当下餐饮品牌都能搭上的一辆顺风车。换言之，国潮赋能下，餐饮品牌获得了前所未有的机遇。如何抓住机遇，实现品牌升级，餐饮人在思考。

“中国胃”：餐饮国潮的关键

故宫推出六色口红，“国宝同色”成爆款，刚出货就售罄；五粮液与冰激凌合作，火了，围观者都想尝尝酒味的冰激凌……近年来，越来越多的品牌借着国潮的强劲势头席卷年轻消费市场。

回归到餐饮行业，品牌如何融入这股新潮流？此前有媒体报道提及，餐饮业国潮的核心，重点不是“潮”，而是如何利用民族文化抓住“中国胃”，这是走向国潮餐饮的首要前提。

以北京近年来的网红火锅店——重八牛府为例，重八以手工肉丸为主打，坚持细心选择，每颗精心制作，并以主打肉丸吸引诸多顾客打卡，日常每家店均需排队等位。大众点评上，顾客关于该店排队时间的评价中，多次提到等位需 2~3 小时不等。

重八创始人杜坤说，店里做牛肉丸的师傅来自福建泉州，做肉丸已接近 40 年。“牛肉丸是客家传统美食，师傅家里三代做牛肉丸，他的爷爷以前外号叫丸子贩，就是在街边做丸子的。”

在火锅行业，很多店家会选择冷冻的半成品丸类。杜坤提到，坚持师傅现场制作，利润会相对低一点，“但从顾客的角度来说，他们更希望有来自传统手工的口味体验，这也是我们坚持多年的理由”。

相较于新兴的火锅品类，在北京，烤鸭则是传统美食。但在这一赛道，大董以其开创的酥不腻新派烤鸭出圈，新派烤鸭也被网友戏称为鸭中“贵族”。

此外，诸如潮上潮、炉忆等中式餐饮品牌也以潮州、江西的传统美食为主打，并结合当代消费者的饮食需求，推出独具特色的地方菜，譬如炉忆的客家酿豆腐、瑞金牛肉汤等，在国潮餐饮领域找到其发展赛道。

中国文化：餐饮国潮的基础

关于国潮，中国传媒大学广告学院副院长王昕曾解释说，这是中国产品、中国品牌、中国美学、中国文化的综合呈现。回归到国潮餐饮领域，也正是有这些复杂的组成因子，为国潮餐饮提供了丰富的文化艺术素材，成为国潮餐饮的基础和文化来源。

以潮上潮来说，2021 年潮上潮正大店开业，店内陈列着众多珍稀名贵的花胶藏品，是国内首家花胶博物馆。潮上潮店内共有 17 个包间，包间名称均取自中国文人雅士对于“潮”的理解，从 1118 首关于潮字的诗词当中提取出来。所以每一个门牌都带有一个潮字，各具美好寓意。潮汕木雕、潮绣、潮汕非遗麦秆画、潮汕家书银票等装饰物陈列在店内各处……潮汕食材、人文和建筑元素成为潮上潮餐厅的主要视觉素材来源。

董事长赵伟华先生说，潮上潮经营之初，大家首先想到的是通过潮汕菜表达对于潮州人奋斗精神的敬意。“我在经营这个店的过程当中感受到，每个人的成功都不是偶然的，因为身边有很多潮二代、潮三代、潮四代，从他们的身上真是能感受到潮汕人的奉献、拼搏、大气精神。”

和潮上潮相同的是，炉忆以江西菜和江西文化的结合，试图呈现一个“看得见”的江西。总经理李建群说，他们每一个店都会结合江西文化且各有不同，包括客家文化、抚州文化等，比如牡丹亭店，就是以汤显祖的《牡丹亭》为主题进行菜品设计及空间布局。

大董对于菜品与中国文化的结合，巧妙地体现在意境菜上。大董将中国诗词和绘画通过菜品表达出来，并以中国传统的二十四节气为来源，推出二十四节气菜品，倡导“二十四节气，不时不食”。

融合创新：餐饮国潮的升级

关于国潮餐饮，业内也有诸多担忧：国潮如果仅仅停留在表面，只能实现暂时的流量变现。餐饮国潮的未来，在于产品的不断创新和融合，最终通过时间和实力的积累构建品牌力。

但创新并非易事。

大董办公地点设有大厨房，主厨们每天试验各种菜品。董事长董振祥这样形容，对于传统文化的新表达，是一种非常危险的事情。“你既要有艺术表达，还要被市场认可，创新的每一步都如同行走在刀刃上。”

为了更好地创新，多家国潮餐饮品牌都提出了“融合”的概念。

大董的意境菜中包含“大中国菜”，董振祥说，既然有“大”，那就是五湖四海，包括国际化。“这个国际化，就是任何国家先进的饮食文化，先进的饮食概念，营养健康的概念，烹饪的概念，各国的风味，是一个大的概念，在大中国菜里面去进行表达的。”

以二十四节气菜品为例，董振祥认为，虽然是中国的二十四节气，但他们要让这二十四节气延伸到世界各地去，和文化结合起来去做融合，这样才是更全面的一种表达方式。因此，翻开大董的菜单，顾客能发现二十四节气菜品中包含很多国外的食材，譬如秋冬季的黑松露、白松露，法国的生蚝、澳大利亚的鲜鲍鱼以及日本的海参等。

潮上潮推广的是“大广东菜”，赵伟华董事长提到，“大广东菜”包含顺德菜、广州菜以及潮菜。“潮上潮如果单纯做潮菜的话范围就稍微窄了一些，我把它产品的精髓建立起来，在这上面去做新的结合与创新，带来更新的变化，实现品牌的持续发展道路。”

三、中端餐饮：破局同质化

1. 茶餐厅的内卷与破局

推开贴满复古港风广告的玻璃门，墨绿色的方砖地板和旧式吊扇映入眼帘。从霓虹招牌到深红卡座，这座位于上海的新式冰室，好像和10年前香港的茶餐厅没什么不同。

但细看玻璃桌面下的菜单，“漏奶华”“黯然销魂饭”才是主角，它们用活色生香的图片和介绍诱惑着消费者的味蕾，而菠萝包、出前一丁和鱼蛋则退居二线——这已是2021年了。

新模式、新菜品、新品牌，2021年的茶餐厅赛道异常热闹，如何在这个餐饮内卷的时代打开新局面，成为不少茶餐厅品牌亟待思考的问题。

衰落？复兴？茶餐厅的20年

茶餐厅赛道不是第一次如此火热。

2013年，广东人黄小舟以香港九龙半岛为名，在广州创立了九龙冰室。这不是她的第一次创业。黄小舟开过手机连锁店，也曾在奶茶店和主题餐厅之间徘徊，最后选择了投身茶餐厅，“做茶餐厅主要是受香港文化的影响，自己也喜欢在茶餐厅点一份西多士、一杯奶茶，过一个悠闲的下午”。

黄小舟不是第一位投入这个赛道的餐饮人。千禧年前后，随着香港影视文化的传播，茶餐厅首先在广东落地开花。凭借便捷的用餐模式与适中的菜品价格，茶餐厅一举成为“街坊生意”，从都市白领到退休职工，从学生聚餐到家庭便饭，包揽了街头巷角的市井味道。这股烟火气从当时茶餐厅的命名中就可见一斑，自2003年梁国强创办“表叔茶餐厅”起，“表妹”“六婶”“八姑”等品牌层出不穷。

此外，茶餐厅也北上生根发芽。海派文化与中国香港本来就渊源颇深，上海成为不少茶餐厅品牌的第一站。避风塘、港丽餐厅、翠华餐厅、大家乐，为上海市民带来了平民化的港式生活体验。据全球顾问公司Frost & Sullivan于2012年撰写的《中国茶餐厅市场分析》，2011年中国共有3728家茶餐厅，主要分布在珠三角及华北地区，茶餐厅行业总销售价值约为248亿元。

随着国内餐饮市场调整升级，大众化餐饮成为消费者的日常需求，方便快捷和性价比高不再是品牌的卖点。伴随着香港文化的退潮，不少老牌茶餐厅也在时代的浪潮中折戟沉沙。

在2021年前后茶餐厅赛道再次变得热闹起来。精致的产品和可拍照互动的装潢成为餐饮行业当下的消费美学，市面上也多了不少以“冰室”“冰厅”为名的新式茶餐厅。随之而来的，是这个赛道新的内卷。

新品牌崛起，老品牌迭代

作家马家辉曾说，香港的文化是茶餐厅文化，一家茶餐厅里，从欧洲的意大利面，到中国的馄饨面都能吃到。

兼容并包、包罗万象是茶餐厅的魅力所在，这里指的不止菜品，也是消费场景。茶餐厅的消费模式能够覆盖早午晚各个时段，实现“全时段营业”。

深耕在这个市场近10年的黄小舟明显感觉到市场的变化，在她看来，茶餐厅顺应了Z世代的消费层次，在今日内卷严重。另外，“全时段营业”的特点也导致新冠肺炎疫情后更多的人加入竞争。“茶餐厅人均消费低，消费时段覆盖面大，现在的竞争中还划分出越来越多的细分赛道。”

据《2021年中国餐饮大数据白皮书》显示，2021年早餐和夜间的消费需求较去年同期有所增长，分别占全天外出就餐时段的25.5%和35.1%，全时段运营成为越来越多餐饮企业的选择。

李文通是典型的“90后”，在香港影视文化的黄金时代长大，读大学期间就开始创业，后来一头扎进了餐饮市场，创立了文通冰室。做茶餐厅，也是受到了全时段经营的吸引，“随时随地可以在一个餐厅吃到想要的所有东西”。李文通将茶餐厅理解为“介乎于快餐与休闲餐之间的业态”，“茶餐厅既不是快餐，也不是休闲餐，也不完全是特色类餐饮，但它集合了以上这些餐饮的特点”。

2021年，以文通冰室、肥韬金牌茶餐厅、敏华冰室为代表的新品牌，在茶餐厅赛道大放光彩。它们是餐饮行业新品牌的典型——精致有趣的菜品、适合打卡拍照的门店、永远在排队的人流。

文通冰室后台数据显示，93% 的客群都是年轻人。李文通分析，“年轻人需要的餐厅是可互动、可拍照的。包括一些传统菜品，也要用新的方式表达出来，如‘小熊冰冰奶茶’就将传统港式奶茶与可爱的小熊结合。当年轻人被这些话题吸引，走进我们门店尝试后，口味又会将他们留下来，形成复购闭环。目前文通冰室 50% 以上的产品都具备可传播性”。

新餐饮品牌在营销出圈后迅速成长，传统品牌则在沉淀经验中寻求突破。为了契合市场上的变化，黄小舟也在适时调整九龙冰室的经营模式。“以前传统的经营模式就是聚焦线下，但疫情导致线上流量对一家餐厅越来越重要，是线下变现的重要渠道。”黄小舟介绍，为契合这种新型营销趋势，九龙冰室在 2021 年整合搭建了线上市场品牌部门，负责社群经营、直播带货等各式营销动作。

打破同质化魔咒

在上海、深圳、广州，市中心和热门商圈中挤满了各式各样的茶餐厅品牌。近似的装潢、近似的背景音乐，连菜单都是近似的——惠灵顿牛排和黯然销魂饭是必然上榜的热门产品。

热闹的赛道永远自带魔咒：产品同质化。

李文通认为，创新是唯一的解法，“茶餐厅很多人做，但不断推陈出新的品牌才能做到最好”。目前，文通冰室的菜单上仅有 30 个产品，是传统茶餐厅的 1/7，而每个月则要研发更新 1~2 款新品。“我们的菜单更新是淘汰制，由门店依照客人评价决定菜单，这样才能保证我们的菜品不断迭代。”

在不同的城市经营，文通冰室也会明确区分品牌定位。“比如广州、上海，是‘极度刚需’快餐式的餐厅；而北京则定义为‘特色餐饮’，我们会测试不同城市的定位，再去深度开发扩张。”李文通解释，除了城市定位以外，城市中不同餐厅也会有旗舰店、标准店、社区店等区别，利用数字化针对不同定位的门店设定评判标准，包含财务、人力、供应链、顾客反馈等板块，“当数字化做得足够好，一张表就能清楚了解全国门店的经营状况”。

除了产品创新、区域定位差异化以外，商业模式的变更也是打破同质化的路径之一。传统茶餐厅菜单内容丰富，中西结合，涉及近 150 个品类。但黄小舟认为，目前消费者心态已有较大变化，多种品类反而会造成消费者选择困难，细分赛道会成为茶餐厅发展的趋势之一，未来甚至可能会有更小而美的门店出现，整个餐厅只做单一产品。“未来我们九龙冰室也会有两种模式，一种是店面面积大的门店，聚焦 60 个左右传统餐品以及部分创新产品，避免负担过重；另一种就是店面面积在 60 平方米左右的门店，在装修风格和视觉呈现上迎合年轻消费者，且持续简化，只聚焦 10~30 个拳头产品。”

在这个维度上讲，茶餐厅赛道还有很长的路可以走。经营九龙冰室 10 余年后，黄小舟依然对茶餐厅赛道充满信心：

"尽管前期茶餐厅文化有些衰落，随着国内年轻消费主力群的到来，茶餐厅在新生代的消费场景中被赋予了新的生命力，它未来的天地会更广。"

2. 社区餐饮：为餐饮企业描绘第二条生命曲线

新冠肺炎疫情对中国餐饮行业的影响，从2020年疫情初发时的断崖，到"常态化"的此起彼伏、一波三折，让餐饮业人煎熬又无奈。

紫光园总裁刘政一直在想：如何跳出这口"温水锅"？

城市居民吃饭正发生着几个变化：商务白领因疫情不得不"回家吃饭"，却无法"回家做饭"；越来越小型化的居民家庭懒得做饭，愿意多花点钱出门"下馆子"；商务宴请、家庭聚餐减少，一日三餐"出去吃"增多。和紫光园一样，一些餐厅做起了社区的生意。

过去一年，一些新模式、新业态在餐饮行业的整体困境中破土而出、逆势生长，它们捕捉住新形势催生的新需求，顺应疫情防控常态化的形势，为餐饮行业描绘出新的增长生命曲线——社区餐饮。

"档口+"打造餐饮新模式

最近两年，北京市民突然发现老字号紫光园招牌越来越多，离自己家越来越近，门脸不大却门庭若市。店门外，可以看到居民们在紫光园档口排队，随买随走的场景；店里面，一盘花生米、一盘手撕鸡、一盘炒疙瘩再加上"小二"，北京街坊大爷谈笑风生。

2020年，新冠肺炎疫情暴发，堂食暂停。政府部门号召特殊时期保供，紫光园把档口打开，未料由此打开了一片新天地。"我们发现生意好，于是就继续找店，后来发现每个新开的店效益都不错，于是就坚定地按这个方向发展，2021年我们开出的店都是'档口+'模式。"紫光园总裁刘政说。

近两年，紫光园在北京新开店100余家。这些新开的店，都采用了"档口+"模式："档口+面馆""档口+快餐""档口+早餐+正餐"纯档口店。

社区餐饮，正是在疫情防控常态化的新形势下，以其高便利性、高黏性展现出社区渠道强大的生存能力，迎来新增长。

与紫光园类似的还有天津宝轩饮食集团。这家在天津名声赫赫的餐饮集团从2016年就开始对社区餐饮进行布局。旗下的大福来，被称为"天津的社区厨房"。

做早餐，大福来是以当地小吃锅巴菜而闻名，这个小吃至今已有300多年的历史。天津宝轩饮食集团董事长朱宝钧说："大福来品牌的冲击力比较强，我们加上中餐、晚餐，就给它做了定位——'社区厨房'和'国民食堂'。社区厨房不做堂食，就卖馒头、花卷、包子这些最典型的百姓口粮，以档口的形式开在社区便利店以及社区街道办事处提供的房子里，价位便宜。而国民食堂是有堂食的，就是快餐店，人均消费30元以内，满足老百姓吃个便餐的需求。”

供应链撑起“三民价值观”

“紫光园一直就具备社区餐饮的基因。”刘政说起紫光园的品牌价值观：亲民、便民、惠民。这“三民价值观”，道出了社区餐饮的内核。除了扎根社区方便于民、能解决居民日常的餐饮需求之外，还有一个最关键因素——价格亲民实惠。

东园小馆，是扬州当地数一数二的连锁品牌，也是一家成功走进社区的餐饮企业。5元一碗的面条、6元一碗的馄饨，加之卫生、干净的就餐环境，使其成为扬州老百姓的“早餐食堂”。“外面一盒吐司卖20块钱，而我们门店才卖6~8块钱；4个橙子榨一杯360毫升的橙汁，价格才9块9。”东园集团董事长周骏表示。

实现高性价比的背后，是餐饮企业供应链的强力支撑。

周骏以包子为例算了一笔账：在东园集团的工厂里，5个工人一天可以做30万只包子，而一个人手工包包子一天（8小时）最多包1500个，“这些产品通过我们的工厂，通过我们的供应链、冷链，从早到晚为顾客服务，特别是早上面条、包子是统一供应链服务，大大降低了成本”。

在紫光园，为社区门店定制的产品被称之为“工厂化厨房味”。“工厂化”研发要将“厨房味”发挥得淋漓尽致：“我们研发的水饺馅儿、肉馅儿都是颗粒形的。”刘政说，紫光园在平谷建设了1.4万平方米的供应链工厂。

老品牌赢得居民信任感

“2020年疫情期间，我平均一周要去五六趟紫光园。买份凉皮、手撕鸡，两个烧饼，一天两顿饭就解决了。店就在家门口，非常方便，而且紫光园是老品牌，吃得放心。”在国贸上班、家住朝阳区劲松社区的贺先生说。

社区餐饮，被百姓亲切称为“家门口的食堂”。朱宝均总结道，老百姓的需求“特别简单”：食品卫生、健康和营养。

紫光园、耳朵眼、东园小馆，都是本地的老字号，长时间的耕耘，形成食品卫生最好的“背书”，它们也清晰地认识到自身的专长所在。紫光园和耳朵眼，都长期聚焦社区，遵从老顾客需求的积累和沉淀，本就是其所长；东园集团通过多年的实践和诚意不断获取社区的信任，也是自身优势。

周骏表示，东园小馆所使用的原材料会向顾客公示，东园小馆的工厂会经常向社区开放，邀请一些社会团体和社区居民来厂参观，请他们现场品尝我们的产品。

当然，敢于在危难和转型时期摸石头过河试水，不断优化和迭代，更是3家“老字号”成功扎根社区餐饮的企业的共性所在。

除了深耕社区餐饮，借用品牌优势和百姓情怀，老字号又发现了新机遇——礼盒。朱宝均透露，大福来的面食礼盒，仅在春节期间就卖了20多万盒。他称之为“看不见的销售生意”，“这些东西，真正是贴合民心”。

紫光园档口销售的食品中，除了佐餐食品、休闲食品、旅行食品，也有节日的礼盒食品。刘政骄傲地说：“元宵节前后，我看群里加工礼盒爆单了。一个大客户就要3000盒！”

长期主义谋取新发展

社区虽小，但全国有65万个城乡社区，其服务内容与水平关乎国民日益增长的对美好生活的需求，关乎百姓幸福感。

《“十四五”城乡社区服务体系建设规划》指出，加强城乡社区服务体系建设，是立足新发展阶段，不断夯实国家治理体系和治理能力基础的重大举措，是贯彻新发展理念，不断满足人民群众对更高生活品质新期待的重要途径，是进一步扩大内需、促进就业、拉动消费，不断推动构建新发展格局的重要抓手。随着中国城镇化进程以及“消费升级”的提速，社区商业趋于成熟稳定，在疫情时代，社区餐饮焕发出了比以往更加蓬勃的生机。但是社区餐饮不是新市场，入局需要谨慎，更不能忽略社区餐饮本身的特性和局限性，不是所有的餐饮品类和业态都适合。

紫光园、耳朵眼、东园小馆在接受采访时都提到一个共同点：它们具有社区餐饮的基因。“三民价值观”的实现，需要坚持长期主义，就像紫光园的口号“出门就是紫光园，一吃就是几代人”。

四、小吃快餐：品类重做，吸金又吸睛

1. 新玩家跑步进入“万店俱乐部”——开店1万家，卖牙签都能挣钱

2017年7月，正新鸡排开出第10000家店，超过肯德基和麦当劳在中国的店面总和。

1万家门店，是连锁餐饮人心目中的里程碑。谁能率先开出1万家门店，就意味着真正进入了第一品牌的梯队。

为什么大家都痴迷于“万店”？用华莱士创始人华氏兄弟的话说，“当你开了1万家店，卖牙签都能挣钱”。

20世纪90年代，麦当劳、肯德基等西式快餐进入中国，带火了特许经营模式，开启了连锁经营的时代。随着移动支付普及、供应链成熟，越来越多的餐饮品牌开始扩张，跑步进入“万店时代”。

比如蜜雪冰城，2020年上半年以每

天近20家新开门店的速度跑步进入“万店俱乐部”。这个俱乐部里的成员，还有华莱士、绝味鸭脖等消费者耳熟能详的品牌。

美团数据显示，近年来中国餐饮连锁化速度明显提升，从2018年的12.8%，提升到2020年年底的15%。特别是从2021年开始，大量资本涌入餐饮业，“把店开到一万家”似乎成了一招制胜的秘技。

万店之后，又是什么？当行业发展和资本催熟复杂交织后，快步前进的餐饮老板们别有一番体味。

人人都有“万店情结”：卖1万根牙签，都能赚钱

2018年，袁泽陆从西少爷辞职，驱车2万公里，到麦当劳总部“朝圣”，确定下一个创业类目——炸串。目标只有一个：能不能开1万家。

成立了20年的吉祥馄饨，也在2020年首次喊出“万店”口号。口号并非空喊：这个10年不融资的老品牌，拿了番茄资本1亿元战略投资。

整个行业似乎弥漫着一股焦躁的气息。元气森林创始人唐彬森说，所有消费品都值得重做一遍。

连牛肉面这样的小吃，都被资本拉进了快车道。以兰州牛肉拉面“三巨头”陈香贵、马记永、张拉拉为例：云九资本见到陈香贵创始人不到2天，就投出第一笔意向金；2022年春节后，腾讯入股马记永Pre-A轮融资；张拉拉3轮融资都发生在2021年，年底轮次已经到了B轮。

最近5年，中国千店以上规模的连锁门店数占比明显增多，万店以上规模的占比也由2017年的0.5%增至2021年的3.8%。很多餐饮品牌刚创立，就立下了“要开万店”的目标。

的确，小吃快餐是最有可能变成万店的品类。从供给端看，小吃店面积小、加工过程标准、经营成本低，容易快速扩张；从消费端看，小吃不算正餐，就餐时间、地点灵活，是消费频次最高的品类。

陈香贵的创始人姜军，先后开过火锅店、海鲜店，在餐饮行业浸染23年。在2020年，姜军卖的是酸菜鱼，店铺多开在街边或园区，但突如其来的新冠肺炎疫情，逼着姜军一口气关了20多家店面，“当时真是破产，欠了七八百万外债，还好我们扛过来了，一个人也没离职”。

当酸菜鱼关到还剩两家店时，他决定学隔壁档铺卖牛肉面。姜军说，陈香贵是在疫情中被“逼”出来的。

原先做正餐的姜军，从隔壁的拉面师傅那里，学到了中国最能抵抗周期的品类——沙县小吃和兰州拉面。这两个区域性产业，都是由成千上万的外出店主，花了一两代人的时间积累。它们往往被行业认为缺乏品牌化、标准化、规模化的能力，但它们却有着比品牌更强的生命力。

而原本就做小吃快餐的袁泽陆，选中了同样常见但更没有品牌的炸串。

30 岁出头的袁泽陆，大学期间就创办外卖网站，后来在西少爷负责品牌营销。2018 年，他以“面积、规模”为横轴和纵轴，画了 4 个象限，发现符合“小门店、大连锁”的只有奶茶、卤味和串串。

“奶茶品牌太多了，卤味最考验基建能力，即生产和配送能力，我觉得干不过绝味鸭脖。串串的烹饪方式有 4 种，涮和烤都不适合小店，卤和卤味一个逻辑，最后只剩下炸串。”袁泽陆说，炸串标准化程度高，全时段、全人群，是红海里的蓝海。

这个消费习惯出现的背景，依旧是新技术加持、供给两端成熟，使得餐饮连锁化更加容易。卖炸串、卖牛肉面等传统餐饮服务，开始快步进入零售时代，追逐万店梦。

正餐快餐化、快餐正餐化：敢将小吃店开进 CBD 的新生意

可以看出，确定炸串这个品类，只有两个关键点：一是门店面积小，二是消费频次高，而这两个指标和投入产出比直接相关。

首先，门店投资额和数量成反比，面积越小单店成本越低；其次，门店面积还和规模成反比，门店越小开店越多。成百上千个门店，又需要充足的消费来托底。

单店利润薄，多店才能赚钱。这是小吃快餐要开连锁最直接的原因。

以往，中国餐饮行业人才、资金和基础设施都不完善，无法支撑那么多的门店。随着移动支付的普及、供应链的成熟，餐饮连锁化、标准化成为可能，也刺激了很多新的消费需求。

百基拉，这个品牌或许大多数人未曾听说。它们成立 15 年来，专注于做一件事，就是江浙沪的乡镇下沉市场。目前，百基拉在上海外围乡镇市场，开了 50 多家店。百基拉创始人王廷芳觉得，华东市场至少还够他开 1000 家店。

王廷芳是温州人，大学毕业就创办了百基拉。创业初期，他既是老板又是采购，还身兼服务员和外卖员。他总结，乡镇市场和一二线城市的经营策略完全不一样，“消费者多为当地居民，租金和劳动力更便宜，整体人均消费也比城市低”。

“但乡镇市场和城市差距也越来越近，特别是这一两年时间。”百基拉不但扎根乡镇市场，还充分开发了外卖渠道，“最近我们去店里，发现乡镇外卖比例也很高，点评用得少一些，美团团购很多，抖音链接也非常多”。

抓住中国最发达的乡镇市场，将一二线城市的外卖、团购带过去。这是百基拉的生意经。陈香贵则是看重城市商圈红利，第一次把街边牛肉面馆，大规模开到购物中心。

姜军说，这是顺应“正餐快餐化、快餐正餐化”的趋势，新冠肺炎疫情下人们都想用快餐的价格，享受正餐的服务。为了让口味与兰州拉面更接近，并让白领精英们接受，姜军还花大力气对产品进行革新——陈香贵聘用的 700 多

位拉面师傅中绝大部分人来自甘肃兰州，并且大刀阔斧改变装修风格、丰富菜单结构。

越来越多的品牌也在加入。一些头部正餐品牌积极孵化新的快餐子品牌，海底捞推出乔乔的粉、孟小将、骆大嫂，卖起了水饺和米线；西贝则开启了贾国龙功夫菜、弓长张等多个品牌线，寻求快餐品类的新生意。

截至目前，陈香贵在全国已有近220家门店，2021年财务投资近2.4亿元新设门店，全年实现超3亿元营业收入，2022年预计将会实现15亿元～16亿元营业收入。

向上游要利润：扩建中央工厂、加快产品研发迭代

简单说来，连锁化的特征是标准和规模。标准化是规模的前提条件，而工具让标准化成为可能。

“开100家店和1000家店，要求的能力完全不一样。”吉祥馄饨创始人张彪说，随着门店规模不断扩大，跨区域经营对餐饮品牌提出新要求。为了给各地门店提供标准化产品，中央厨房成为连锁餐饮品牌的标配。

目前，吉祥馄饨有4个中央工厂、12个前置仓。所有馄饨、调料和辅料都由中央厨房统一配送，加盟商只管加工和售卖。这种“前店后厂”的模式，配合低加盟费，吸引了2000多个加盟商。

2021年，吉祥馄饨推出新品“老面包子”，5块钱就能吃饱。面点店做包子，要在后厨和面、发酵、包馅、上蒸笼，光是发酵就得10小时。但吉祥馄饨直接在工厂就做好冷冻食品，送到门店直接蒸透，10分钟即可。

吉祥馄饨以加盟费低闻名，号称挣上游供应链的钱。夸父炸串则直接喊出“0加价”，保证同进货价中最便宜。

袁泽陆说，这种比较优势在于，夸父炸串没有代理商，总部直管所有加盟店。夸父炸串还要建3个工厂，“我们要向上游要管理利润，不赚贸易环节的钱”。

在传统餐饮人的理解中，慢工出细活是这个行业的基础逻辑。事实上，新一代带着互联网背景的创业者携资本涌入后，正在用产品逻辑改变行业。

吉祥馄饨有专门的产品研发部门。根据张彪的经验，每10~15个产品中会出一个爆款，“一个策略下至少有3组人在做，不同地区菜单也不一样”。比如上海，70%~80%是大馄饨、小馄饨和辅餐，但在湖南，大馄饨只占30%。通过地方市场，吉祥馄饨想扩大品类，从馄饨往面食上转变。

夸父炸串在内部，也讲究用户需求调研和产品AB测试。这家餐饮企业总部位于望京，一进门就是一个数字大屏，动态显示开了多少家店、卖了多少份炸串。袁泽陆将加盟商看成是C端用户，每个门店都可以提建议，总部根据反馈数量推新品，“比如我们有一款豆皮串，就是某一地区加盟商说卖得好，我们就研发、量产，然后我们给的进货价比他自己采买的还便宜”。

广阔市场和数字化，是中国连锁餐

饮和欧美国家的区别，也是未来最具想象空间的地方。国务院发展研究中心市场经济研究所所长助理、研究员刘涛认为，中国居民对品质消费需求的增长、城市化快速发展中“下沉市场”消费潜力的释放，以及餐饮业自身数字化转型的加快和供应链管理能力的提升，是催生“万店时代”到来的市场基础。

2. 资本光顾“小吃店”：重投上游供应链

中国餐饮行业，很少像 2021 年那么热闹。

过去一年，中国餐饮行业发生了上百次投融资事件。前瞻产业研究院数据显示，2021 年前 8 个月，餐饮行业投融资金额达到 439.1 亿元，超过 2020 年的两倍。这已经是千禧年来的最大数额。

资本不断涌入餐饮，小吃快餐品类独占鳌头，融资数量最多。小吃快餐连锁化程度高、供应链成熟，数字化和标准化程度高，带来的结果就是单店容易盈利，且可快速复制。叠加中国庞大的市场，天然是投资人偏爱的类型。

创办 3 年左右的陈香贵、夸父炸串，低调发展 20 年的老品牌吉祥馄饨，都在 2021 年拿到过亿融资。诸如老乡鸡、乡村基一类的小吃快餐品牌，已经开始谋求上市。

作为餐饮连锁领头羊，小吃快餐已经发展到一个新阶段，需要谋求更大的市场，或是往行业更深处发展。此时资本的频频光顾，让整个行业开始意识到上游的供应链是如此重要。

因“新”融资：新需求被看见了

2020 年，夸父炸串连续完成两轮融资，融资金额超过 1.5 亿元，新投资方包括华映资本、金鼎资本，老股东持续加注。

2018 年，即将 30 岁的袁泽陆跑遍全球多个国家，调研麦当劳、正新鸡排等连锁品牌。刚从西少爷辞职的他，想找一个可开万店的品类，最终还是选择创办夸父炸串。

袁泽陆说，小吃炸串在夫妻老婆店的街边模式下存在数十年，被验证具备抗周期性。更关键的是，四川口味的产品受众广，具备“成瘾性”。

这说明：第一，炸串不是刚需，不会受到消费习惯的干扰，随时随地都能吃；第二，年轻人吃炸串会上瘾，复购率高；第三，炸串经营成本低、标准化程度高，可以快速复制。

华映资本创始管理合伙人季薇也认为，炸串属小吃传统品类，标准化程度较高，但有品类无品牌，仍属待挖掘的蓝海市场。

即便如此，袁泽陆还是耐心等待了两年。除了刚起步时拿到天使轮融资，直到 2020 年才开始连续融资，2021 年 3 轮融资总额超过 1.5 亿元。

“前两年还在迭代产品，跑通单店模型，有了 1 之后，才能有后面的 0。”袁泽陆认为，“因为人才和资本都跟不上，过去中国连锁化率低，2018 年比例开始上去了，行业天花板很高”。

当创业者和资本都在挖空心思研究年轻人喜好时，细分品类的微小创新很容易脱颖而出，这其中也包括牛肉面。

1984 年，一个名叫韩录的青海化隆人，在拉萨街头开出第一家“兰州牛肉面”。之后 30 年，12 万化隆人在全国开了 20 万家拉面店。2015 年，不少年青一代的餐饮人才涌入，上海出现“唏嘛香”这样的新品牌。

当时，35 岁的姜军也在上海开餐馆，只不过卖的是火锅。后来他转卖酸菜鱼，2020 年他在新冠肺炎疫情中遭受重创，“20 多家酸菜鱼店，关到只剩两家还开不下去”。姜军发现，中国穿越周期的餐饮品类，只剩沙县小吃和兰州拉面。

拉面供应链更成熟，他没多想就闯了进去。“还是原来的酸菜鱼店面，晚上 10 点打烊，工程队冲进去换软装，增加了几台设备，第二天早上就变成了陈香贵牛肉面馆。”

“原本是死马当活马医，没想到当月营业额就翻了两倍。”姜军说，酸菜鱼只有中午有生意，牛肉面三餐都能吃。第一家店在写字楼里，周末没生意。第二家店，陈香贵干脆开到写字楼边上的商场里。而这也带动了 2021 年“拉面馆进商场”的大趋势。

陈香贵不是唯一一个获投的拉面品牌。2022 年春节后，腾讯入股马记永 Pre-A 轮融资。到了年底，另一个拉面品牌张拉拉的融资轮次，已经到了 B 轮。

姜军认为，这波拉面的机会在于新渠道，“就像淘宝带动淘品牌，抖音、小红书带动新消费，商场里会诞生一家拉面品牌”。他说，中国 3 万平方米的购物中心有 1 万家，这里一定有牛肉面的机会——这是一个有“根”的品类，“红利期，就要尽可能占领商场”。

传统观念里，餐饮是慢工出细活的行业。但在小吃快餐，变化越来越快。2021 年，奔着万店目标去的炸串、闯入商场的拉面，都带着互联网产品迭代的思维。

弘章资本大消费投资基金市场总监王慧回忆，“餐饮企业也经历过不合规的阶段，比如采购无发票、现金流水核算误差等问题，后来支付通道逐渐合规，企业家们也在成长，各细分赛道已经跑出了很多门店数量、服务能力等各方面都非常不错的企业。”

这说明，餐饮店高举高打背后，依然要“沉下来”。受访的小吃快餐企业家，无一例外地提到，融资后要深耕上游，构筑更深的护城河。

为“深”花钱：牢牢抓住供应链

陈香贵和夸父炸串这样的新品牌，融资逻辑很清晰：单店模型已经跑通，要通过加盟扩大影响力。

对于成立 20 年的头部品牌吉祥馄饨来说，对资本似乎并不是太感冒。但在 2021 年尾声，也宣布融资 1 亿元，上次融资还是 10 年前。

吉祥馄饨因何融资？要回答这个问题，得从15年前说起。2006年大宗商品价格上涨，吉祥馄饨用涨价方式应对，结单店销售额下降，被迫关掉了不少门店。张彪发现自己认知有局限，甚至离开了公司10个月，去上海交大读EMBA。

早年，吉祥馄饨由区域代理商来管理各区域的加盟店，总部还帮助代理商建工厂，“我们几乎把整个生产制造交出去了，只剩100家直营店在我们的供应体系”。

这期间，有些代理商出去自立门户。这让张彪意识到，产品命脉必须掌握在自己手里。2021年，吉祥馄饨推出锅贴、老面包子等新品。包子以前还要发酵，制作流程复杂，但如果在工厂就做好冷冻食品，送到门店蒸煮，就能省很多事。吉祥馄饨这轮融资，就是为了寻找类似的厂家。

有了前车之鉴，新品牌很早就自建工厂。夸父炸串目前在全国开了1000多家炸串店，去年累计接待了1500万客次，共售出2亿支炸串。多数门店只有两个店员，开业首月就能盈利，原因还是总部产品全供给，加盟商不用操心太多。

2020年4月，夸父炸串宣称对加盟商和门店实行“零加价”。宣称相同的原材料，进货价最便宜——因为流通环节少，夸父炸串没有代理商，总部直管所有加盟店。融资之后，夸父炸串还要建3个工厂，“我们赚效率提升和总成本领先的钱，而非信息不对称的钱”。

业内曾有观点认为，新冠肺炎疫情平稳后连锁餐饮迎来融资潮，因为企业要补充资金，弥补疫情带来的损失。但在部分投资人看来，这是餐饮行业发展至今的必然结果。

华映资本主管合伙人王维玮表示，过去餐饮行业现金账多、收入成本确认难，连锁品牌少，想象空间不大。近年来，随着移动支付普及，上游供应链标准化，餐饮SaaS服务也多了起来，极大降低了餐饮连锁企业的管理成本。

像馄饨和炸串这样的品类，都能实现食材全供给和加工标准化。加盟店向便利店看齐，店员培训一周，即可快速出餐且保证口感。

除了自建工厂、简化流程，人才培养也是手段之一。对牛肉面来说，找到靠谱的拉面师傅，是最大的挑战。这也是陈香贵拿到融资后，花钱的大头。

据姜军的经验，培训一个拉面师傅至少需要3个月。过去一年的拉面融资潮，让拉面师傅工资直接翻倍。为了吸引人才，陈香贵不但提高师傅薪酬待遇，还在上海嘉定建设兰州拉面培训基地，“1600平方米的理论和实操场地，计划培养3000名拉面大师”。

从资本角度来看，中国餐饮市场规模达4万亿元，但餐饮产业集中化和资本化程度不高，存在大量上市机会。姜军认为，近年来海底捞、九毛九等餐饮品牌的上市，也给了餐饮从业者极大的信心。

餐饮连锁专家、和弘咨询总经理文

志宏认为，随着证券发行注册制的实施，对餐饮连锁企业上市应该会越来越宽松。

资本助推下，一方面，餐饮企业可以抓住新需求、新渠道快速迭代，塑造新品牌。另一方面，企业可以迅速规模化，在标准化的基础上扩张门店，覆盖更多客户，强化品牌影响力。对小吃快餐而言，眼前的资本热不是终点，而是产业升级的必经之路。

五、国际餐饮：逆势发展，中国风景独好

国际餐饮解中式迷局

1990 年，麦当劳在中国内地开设第一家餐厅。这家坐落在深圳罗湖区解放路上的麦当劳生意异常火爆，曾在营业的第一个周末创下全球麦当劳单店单天营业额的最高纪录——46 万元。在麦当劳就餐，一度成为中产阶级身份的象征。31 年后，截至 2021 年底，麦当劳在全中国共拥有超 4000 家门店，会员超 2.2 亿人。

2019 年 2 月，加拿大国民咖啡品牌 Tim Hortons 进入中国。彼时，Tims 咖啡中国区 CEO 卢永臣喊出了“大力扩张中国市场版图，10 年内开设 1500 家门店”的目标。不足一年后，新冠肺炎疫情突如其来。到 2022 年初，卢永臣认为，虽然 Tims 咖啡中国一直在与疫情赛跑，但他仍想用“快速”来形容 Tims 咖啡的 2021 年，Tims 咖啡在中国门店近 300 家，与疫情前相比，中国门店数翻了 3 倍。

疫情时代，国际连锁餐饮业务在中国逆势发展，不仅快过行业平均水平，拓店速度也再创新高。

麦当劳跑入新数字化时代

“从 2020 年开始，‘不确定性’已然成为新常态。”麦当劳中国 CMO 须聪如是说。在她看来，疫情不可逆转地改变了居民的消费习惯。

据国家统计局数据，2020 年全年餐饮收入 39527 亿元，同比下降 16.6%。全年收入近 10 年来首次出现下降的同时，餐饮行业也正在通过多种方式抗击疫情，寻求复苏。线上下单，无接触取餐或配送，由于具有低安全风险等特征，成为更多消费者解决日常就餐需求的重要选择。《中国餐饮大数据 2021》显示，2020 年 5 月以来，餐饮整体线上订单量快速恢复到上年同期水平，并在随后 7 个月持续爆发增长，至 12 月实现同比增长 107.9%。外卖平台、到店自提、无接触餐柜等多种形式，进一步打开餐饮品牌企业数字化发展想象力，推动其加

速向线上转移。

2021 年，麦当劳数字化线上订单占比超过八成。“线上数字化与麦当劳在基因上是契合的。”须聪介绍说，“麦当劳作为快餐的代表，其核心商业竞争优势之一是便利度，而线上化就是便利度的延展。过去一年来，麦当劳的线上订单涨幅高出行业平均增速，我们也在北京率先推出了智能取餐柜的服务，这在全球麦当劳里都是独一份。”

为了承接好线上订单的上涨，除设立智能取餐柜外，麦当劳还做了许多“看不见的创新”。据须聪介绍，外送保温箱要如何分层、哪些餐品需要有风扇让空气流通，以及产品的纸盒包装需要开几个孔、开在哪里，这些都是麦当劳在持续创新和研究的。产品上新时，不仅要在堂食场景内进行测试，外送测试更是成为不可缺少的一环。送到顾客手上时能够保持原有风味，是麦当劳新品的必经测试。

线上订单只是麦当劳数字化转型的缩影。以麦当劳 App 为例，在完成技术架构的全面升级后，2021 年，麦当劳 App 曾连续两周位列 App Store 免费软件的下载量首位。“当线上订单成倍增长时，数字产品体验的优化也势在必行。一连串的变化发生了，线上订单加速了数字化，而数字化又推动了麦当劳的精细化运营。这是内生能力的提升，出餐速度、餐品制作的先后顺序、智能排班，以及货物的调配等，数字化正在带动麦当劳经营效率的提升。”须聪介绍。

麦当劳的数字化同样体现在品牌营销上。“作为快餐界的代表，麦当劳特别讲究抓住消费者决策时的心智。”须聪介绍，“在消费者想吃饭的时候，麦当劳需要出现在他们首先想到的几个品牌里。因此，在社交媒体平台上接近消费者，让消费者记住麦当劳、讨论麦当劳，这是我们 2020 年在营销上的主要工作。”

“我们很讲究用内容去匹配营销渠道。”须聪以大众点评为例进行介绍，“大众点评是理性消费者的聚集地，很多消费者会上大众点评购买折扣券。由此，我们和大众点评的合作尤为精细。例如发什么券、发给谁、如何引导消费者到店消费，这些营销上费解的问题在大众点评上迎刃而解，我们可以向地理位置重合、兴趣点重合的人群进行推送。这种基于本地生活的精细化运营基础，是其他平台所不具备的。”

老品牌 Tims 咖啡在新市场打造品牌护城河

“如果用一个词来形容 Tims 咖啡的 2021，我认为是‘快速’。”Tims 咖啡中国区 CEO 卢永臣说。

2019 年 2 月，Tims 咖啡在上海市中心人民广场开设了中国第一家门店。彼时，Tims 咖啡团队立下目标——未来几年，希望在全国开出 1500 家门店，成为最受中国消费者喜爱的咖啡品牌之一。不足一年后，新冠肺炎疫情暴发，但 Tims 咖啡的脚步从未放缓。2020 年 5 月，Tims 咖啡中国宣布获得来自腾讯超过亿元的独家战略投资；2021 年

2月，Tims 咖啡中国宣布完成新一轮融资，由红杉资本中国基金领投、腾讯增持、钟鼎资本跟投。2021 年 12 月，Tims 咖啡宣布完成上市前的融资，又于 2022 年 3 月，再获 1.945 亿美元额外融资。截至 2022 年初，Tims 咖啡已在中国开出超 400 家门店，较 2021 年初，期内净增近 300 家门店，店数翻了 3 倍多。

卢永臣介绍，“我们其实一直在与疫情赛跑，虽然疫情影响了线下消费，但是我们相信这只是暂时的，我们对中国咖啡市场的长期发展仍非常有信心。所以我们不仅没有放缓发展步伐，反而还在加速拓店和布局。根据当前的发展速度，我们已做出在 2026 年至少开出 2700 家门店的计划”。

对于单一品类的商业模式而言，品牌价值就是其护城河。在中国，咖啡行业在一线城市看上去竞争激烈，事实上，中国咖啡人均消费量 5~6 杯，远远低于欧美甚至日韩几百杯的标准。卢永臣认为，中国咖啡市场空间依旧很大，对 Tims 咖啡的品牌差异化及未来发展非常有信心。在卢永臣看来，“咖啡 + 新鲜制作的暖食”是 Tims 咖啡的品牌护城河之一。“目前我们没有看到第二个能把咖啡和暖食结合得很好的品牌。”据卢永臣介绍，“Tims 咖啡几乎每家门店都配备了制作暖食的厨房，这是 Tims 咖啡的核心差异化优势。例如在早餐场景中，我们抓住了消费者不愿分别去咖啡店和早餐店的心理，将咖啡与暖食做成套餐并以合理的价格推出。这部分销量在过去几年飞快成长，Tims 咖啡也在早餐场景中占据了优势地位。”

在卢永臣看来，门店是 Tims 咖啡向中国消费者展现品牌调性的主要载体。一二线城市是 Tims 咖啡发力环节，提升知名度是 Tims 咖啡的首要问题。在一二线城市，为了让消费者全方位体验 Tims 咖啡文化，Tims 咖啡基本均会配有堂食、厨房，为消费者提供全菜单的标准店型。“我们要让咖啡变成一种场景需求，这种额外的场景能赋予咖啡更多价值。”

卢永臣介绍，咖啡行业是“密度游戏”，店铺网络是基本盘。在卢永臣的商业罗盘中，对于刚进入中国 3 年的 Tims 咖啡而言，铺开店铺规模是首要任务，而在媒体宣传方面，Tims 咖啡相对较为克制。卢永臣认为，大众点评是社交媒体中一个非常独特的平台。“我们从上到下都十分重视大众点评。我有一个习惯，每天都会打开大众点评看用户对我们的真实评价。对于品牌而言，通过大众点评，我们能用较低的成本接触到真实消费者，并从评价和分数评级中看到消费者眼中 Tims 咖啡的品牌形象。”

当麦当劳、肯德基、必胜客等国际餐饮品牌在中国市场纷纷开出数千家店时，中国本土的小吃快餐也在跑步进入“万店时代”；当麦当劳、Tims 咖啡不断适应中国发达的外卖业态而做出数字化转型、推出适应中国口味的餐品时，中国本土小吃也在保留本地特色与适配跨区域口味间融合发展。

变与不变中，麦当劳等国际品牌似乎找到了中式餐饮迷局的正确解法。整体来看，我国的连锁化餐饮巨头时有出现，但在资本助推后，能够稳定持续成长的企业却是凤毛麟角。对于中国餐饮企业，如何在复杂多变的中国口味与迭代变化的餐饮经济中寻找发展定律，稳健航行而又不断微调航向的国际餐饮巨头或许值得借鉴。

六、火锅：品类细分孕育后起之秀

1. 火锅江湖，持续沸腾

烈火烹油，内卷继续，火锅赛道正经历着“此起彼伏”的沸腾时刻。整个2021年，充斥着空前的竞争与突破，交织着参与者关于未来赛道的思考与探索，是火锅行业乃至整个餐饮行业最艰难也最精彩的一年。

新的火锅品牌不断涌现，消费者差异化的需求汹涌袭来，老玩家在正面迎接白热化竞争的同时，还承担起了摸索火锅赛道长期方向的任务。“活下去，并且健康地活下去。”引导市场走向一个良性竞争的、规范化的未来，是火锅赛道头部品牌的共识。

当下火锅行业竞争格局如何？各家火锅品牌如何从中决策？火锅赛道未来又将走出怎样的新趋势？

内卷、内卷、内卷

火锅是中餐市场排名第一的品类。有研究机构预计，2022年中国火锅市场规模将突破万亿元。低门槛、高毛利的特征和广阔的市场前景，使得火锅赛道内卷不断加剧。天眼查数据显示，目前中国有超过42万家火锅及相关企业，仅在2021年就新增超过7.5万家。

内卷的直接结果，是火锅产业的想象上限不断被刷新，“火锅+”的比拼空前热闹。从“+产品”，到“+场景”“+理念”，再到“+模式”，火锅消费在口味、审美、体验等多个维度持续创新。

从头部品牌来看，2021年，海底捞持续洞察消费、保持创新，夏季推出小龙虾等时令菜，部分门店推出DIY奶茶、夜间限时酒饮等，满足消费者多样化的产品需求；同时不断推进门店智能化设备的投入与使用。截至2021年6月30日，新建和改造超过100家新技术餐厅，进一步在全国范围内推广自动上菜机械臂、自动配锅机、中央厨房直配成品菜等设备和技术。

从行业整体来看，各种精致饮品、特色小吃、有料锅底，已经逐渐成为火锅标配。此外，不少创新型的酒吧火锅、园林火锅等新鲜场景，或是穿汉服吃火锅、边吃火锅边听相声等体验形式层出不穷，给消费者提供了极大的选择空间。

内卷的另一面，则是市场残酷的不断淘汰。据统计，2021 年市场上吊销注销的火锅及相关企业有 3.8 万家，存活率不到 50%。

与 2020 年情况有所不同，整个 2021 年，区域疫情反复，加之原材料成本上升以及消费预期的变化，火锅赛道长期内卷积累的压力让市场变得异常难熬。各大火锅品牌普遍反映竞争比预期更加激烈，直接表现是来客数和业绩增长都有下降。

老牌企业相继宣告业绩亏损、大规模关店、管理层变动等，各大品牌此前大规模开城拓店的扩张动作也普遍收敛。此外，不少一度大火的“明星火锅”在 2021 年也屡屡折戟沉沙，相继有品牌被曝门店歇业关停或明星退出股东席，行业洗牌进一步加速。

长期主义：回归火锅本身

新玩家如何在激烈的竞争中突出重围、老玩家又如何持续守正出奇？火锅餐饮代表性企业中，行业龙头海底捞以超预期的服务出名，呷哺呷哺以极致性价比为特色。而 2021 年的后起之秀们新开辟的成功法则为：产品主义。

重庆火锅的细分赛道上，脱颖而出的珮姐、周师兄、巴奴等品牌，核心聚焦于产品品质。珮姐重庆火锅起源于重庆，凭借独特的锅底配方和口味打磨从重庆 3 万多家火锅中突围，2019 年开始扩展到上海、深圳等一线城市，开店节奏并不快，但每一家门店都火爆十足。

“上海门店最多有吃过 66 次的消费者。”创始人颜冬生表示，珮姐的成功核心源自对品质的严苛把控，锅底的制作运用最佳品质的原材料和严格的传统工艺，再通过自身供应链从重庆配送全国，最大程度保证优质口味。“坚持品质，虽然难、虽然慢，但是生命力会更长。”

麻辣火锅注重锅底、注重服务，而以八合里海记为代表的潮汕牛肉火锅则重在食材，讲究牛肉的新鲜度。

从牛的品种、养殖、屠宰、物流等全部环节，八合里均投入重成本做到严格把控。据八合里董事长林海平介绍，为保证牛肉的新鲜度，八合里的做法是直接将活牛从陕甘宁、云贵川的养殖场运输到门店所在城市后进行屠宰，再经过短途冷链车配送到每家店，以保证 2~4 小时之内上餐桌。

与之前快速开城拓店的激进打法不同，2021 年的火锅赛道集体“慢”了下来，各大品牌重新聚焦到“吃火锅”这件事本身。

2021 年，呷哺呷哺、海底捞先后关闭数百家未达经营预期的门店。根据海底捞的“啄木鸟计划”，平均翻台率未达到 4 次 / 天，原则上不会规模化开设新店，因此短期内，海底捞会将主要精力放在现有门店的经营和管理上。呷哺呷哺则重新回归大众消费路线的初心定位，在全国千家门店上线了十余款极具性价比的全新菜单，套餐为主、单点为辅，在价格实惠的同时还保证了菜品的丰富搭配。小龙坎则经过内部梳理重组，进行业务改革，加强投入打造科学安全的食品生产线和食材供应链，坚持“好味道”的价值主张，对门店、产品、服务进行迭代升级。

长期主义，是商业市场颠扑不破的真理。面对源源不断的竞争者和日渐挑剔的消费者，唯有通过长期的产品打磨、迭代、创新，才能持续收获消费者的认可。

用未来思维迎接未来格局

餐饮行业“收割B端”的野蛮玩法，同样没有放过火锅这个赛道，也即通过流量营销短期快速塑造一个网红品牌，并运用超低价持续引流营造虚假繁荣，再通过加盟快速对加盟商、供应链甚至资本进行全盘收割。

这种竞争异化，被行业视为“一掠而过的搅局者”，给火锅行业带来了巨大的冲击。因此，对于火锅赛道的长期参与者来说，组织能力的建设、行业的标准化程度、良性竞争模式的打造等是塑造品牌护城河的基础。

品牌如何打破现有思维模式，去把握未来的商业发展和竞争态势? 如何推动行业规范化、标准化和良性发展? 当冲击发生时，品牌要保证自身基本盘稳固，市场也要拥有快速自愈的能力，这是火锅赛道乃至整个餐饮行业共同面对的瓶颈问题。

同时，随着消费者越发挑剔，火锅的品类和口味都会趋向更多元、更细分，品牌的未来定位则更追求在“确保不出错”的同时，不断地“提供新鲜感”，考验的是品牌对消费者需求的感知能力和持续创新能力。

人才储备将成为未来火锅赛道竞争的核心。2021年，海底捞逐步将原来的教练制改成了“大区+家族长”的管理模式，缩短管理半径；并计划引入食品科学专家、知名厨师等专业人才，专业化改善产品品质，从源头上提升食品安全系数。

小龙坎董事、总经理李硕彦也表示，“我们不能仅限于餐饮的思维来应对现在的行业竞争，破局首先得从思维上破，比如引进和吸纳更优秀的其他行业的人才，以新的思维、新的工作方式去面对新的竞争环境和新的消费群体”。

随着资本加速涌入餐饮，可以预见，行业竞争会愈发白热化，更优秀的人才将会进入餐饮行业，并迭代出更高效的管理模式和更优秀的商业模型。这也意味着，整个火锅赛道，将迎来新一轮的洗牌。

行至2022年，海底捞、呷哺呷哺、小龙坎等持续创新、去粗取精，初代品牌依然热血；巴奴、周师兄、珮姐相继宣布融资，后起之秀雄心勃勃；捞王、七欣天接连冲刺IPO，“港股火锅第三股”之争已经打响；此外，后场还有源源不断的新入局者跃跃欲试。

火锅江湖下半场，新故事值得期待。

2. 火锅口味变迁，变的是什么？

食客来来往往，口味浮浮沉沉。从早期麻辣鲜香的川味火锅一家独大，到如今小众口味火锅的百花齐放。吃火锅不再苛求无辣不欢，椰子鸡火锅、海鲜火锅、泰式火锅、番茄火锅、酸菜火锅，可谓百锅千味，花样纷呈。

本着“万物皆可涮”的包容性，火锅的易标准化、高自由度和社交功能，使其成为餐饮行业最大的分支。随着整个市场趋于成熟，新的吃法和新的口味不断聚合，形成新的独立的品类，细分赛道由此雏形渐显。

25~35 岁的年轻人构成了火锅市场的主流客群，他们的口味偏好决定了这个赛道的方向，也在不断重新定义着“口味”的含义。新一代的年轻人有什么样的口味变化？火锅品牌又将如何应对？火锅口味变迁背后，又映射出了什么样的行业趋势？

一方水土养一方火锅

火锅是中国传统美食，古称“古董羹”，因食物投入沸水时发出的“咕咚”声而得名。在火锅的发展过程中，受各地饮食结构、地域环境等影响，汤底、食材、调料等日益多样化，全国各地逐渐发展出了不同口味的火锅。

北派火锅的特点是食材偏爱牛羊肉类，汤底清淡、多搭配麻酱，以老北京火锅为代表。川渝火锅以麻辣鲜香著称，锅底重油重辣、搭配蒜泥香油蘸料，一直是最受消费者喜爱的主流品类。粤系火锅主要发源于广东、福建等地，口味清淡，清汤锅底居多，食材以牛肉、海鲜、丸子为主，主要有潮汕牛肉火锅、海鲜火锅、猪肚鸡火锅等。

此外，还有以菌菇、腊排骨、酸汤锅底为代表的云贵系火锅，以菊花暖锅、什锦锅为代表的江浙系火锅等，都颇具地方特色。

从消费市场看，麻辣口味始终是主流，占火锅餐饮一半以上的市场份额。菌菇和番茄口味也深受大众喜爱，多与麻辣口味搭配为鸳鸯锅。市场上绝大多数的火锅品牌都是以麻辣口味为主，兼顾其他汤底，形成了以海底捞、呷哺呷哺、小龙坎等为代表的头部品牌格局。

值得注意的是，除麻辣口味之外，越来越多其他的火锅口味开始走进大众市场。近年来，以清汤打底的潮汕牛肉火锅发展迅猛，已在火锅赛道形成独立的细分品类，八合里海记是其中的代表性品牌。

2021 年，受新冠肺炎疫情持续反复、原材料和人力成本上涨等外部因素影响，本就竞争激烈的火锅赛道日子并不好过。具备成瘾性的麻辣火锅依然是最受欢迎的品类，但更值得注意的是，一些相对小众的口味，在这片红海中显得格外亮眼。

无辣不欢，不再是火锅唯一的标签，越来越多新的口味和新的吃法，迎合着食客的味觉偏好，逐渐在消费市场流行起来。

既要满足大众口味，也要迎合小众口味

围炉聚炊欢呼处，百味消融小釜中。火锅的包容性就在于，其口味因地域差异而分化，又因人口的流动而融合。火锅的口味变迁，首先是由消费者的偏好变化开始的。

“没有什么是一顿火锅解决不了的。”火锅向来是年轻人的最爱，但大快朵颐之后，重油重辣带来的快感，很快又变成了心理上的“罪恶感”以及生理上的健康负担。快节奏的生活、内卷的压力以及亚健康的体检报告，催促着当代年轻人早早踏进“养生大军”。

丁香医生发布的《2021国民健康洞察报告》显示，超七成受访者因为新冠肺炎疫情改变生命观，认为身体健康才是人生头等大事。据智研咨询发布的相关报告，目前我国的健康养生市场规模已超万亿元，平均每位城市常住居民年均花费超过1000元用于健康养生，其中18~35岁的年轻人群占比高达83.7%。

潮汕牛肉火锅、花胶鸡火锅、椰子鸡火锅等清淡滋补类火锅，恰好契合了消费者既达到养生目的，又满足围坐一桌开涮快感的双重需求，因而获得快速发展。有需求还得有供给，更重要的是，火锅市场的成熟发展，也为满足这类新需求提供了现实条件。

火锅行业发展至今，已经形成较为完备的标准化基础，且火锅本身具备超强的叠加延展性，针对新的口味需求，行业供给端能快速调整并做到规模化，可复制的商业价值让火锅爱好者的每一种小众口味需求都能被满足。

以行业龙头海底捞为例，尽管海底捞全国目前共有几十种口味的锅底，但仍在持续探索优化。在保障口味的稳定性、标准化的基础上，既满足大众消费需求，同时又兼顾消费者的个性化需求。其部分门店引入了自动配锅机，消费者可根据自身的口味需求对锅底的麻辣度、咸鲜度等进行调节，实现锅底私人定制。

在满足大众口味的基础上，不断创新去迎合小众口味，也是火锅市场目前的共识追求。面对消费端不断变化的口味偏好，火锅头部品牌力求兼容并包，市场本身则择机进行品类细化，因此，主打新口味的新品牌也开始不断涌现。

口味变迁背后：赛道细分与体验主义

当前，火锅市场竞争白热化、行业集中度低，呈现出高度的分散，这也意味着整个赛道的洗牌和分化仍在继续，口味变迁的背后，映射的是赛道细分的进程。

一如麻辣火锅从川渝逐渐开遍全国，势必还会有更多的口味走出独立的品类，目前，潮汕牛肉火锅，就是一个品类崛起的成功典型。椰子鸡火锅，则为火锅赛道又提供了一个品类多元化的样本。

独创“4个椰子1只鸡”的四季椰林，在2021年总营收同比增长了78%，主打健康美味的椰子鸡火锅深受年青一代的喜爱，品牌已逐渐从深圳遍布整个华南。区域化是赛道细分的一大重要特征。

扎根珠海主打泰式火锅的泰马·泰式火锅、立足山西以“可以喝的番茄锅”为特色的竹犇番茄火锅以及专注“自创清油锅底，香辣不油腻”的季季红火锅，都在2021年收获了高速的发展，其针对各自本土区域的口味探索和优质服务，获得了当地消费者的普遍认可。如何从区域走向更大的全国市场，则是这些区域赢家的下一个命题。

这些成功品牌的涌现，还提醒着另一个关键信息——当代年轻人的口味变迁，不仅仅在于味道，还在于吃火锅的体验。比如，泰马·泰式火锅除了给消费者提供纯正的泰式风味佳肴，还十分注重门店的节日场景营销，在万圣节、圣诞节等节日做沉浸式的主题活动，从门店装饰、菜单到服务进行完整的创意策划；季季红火锅推出的“汉服火锅”“剧本杀火锅”等创意活动，四季椰林新开的国潮、IP主题门店，竹犇番茄火锅所追求的从食材、服务、环境等全方位让消费者拥有“物超所值”的体验感，都是切中了消费者味觉之外的“口味”——消费体验。

年轻人越来越挑剔，但也越来越愿意为自己的兴趣付费。市场永远在变，唯有及时感知并契合这种变化，才能持续吸引消费群体。火锅的口味变迁，是需求供给契合下赛道细分的缩影，也是年轻人对消费体验全方位升级的诉求表现。

七、烘焙：新变化下的新生活方式

1. 创新经营模式，突围传统餐饮桎梏

烘焙业可以说是中国餐饮界的“时尚达人”之一，无论从产品到环境抑或是营销玩法，处处都走在前面。或许正是这个原因，培养了消费者对烘焙门店的“喜新厌旧”。《2021年中国烘焙门店市场报告》显示，2020年烘焙门店开店48个月以上的存活率为23.8%，其中西式甜品店能开到4年以上的仅有12.1%。于是在这个越来越“卷”的行业里，如何推陈出新活得更好成为每个经营者——特别是老品牌最关注的事。

从下沉市场突围的生意

2021年12月，幸福西饼完成1亿元融资时表示，将主要用于“县镇乡村计划”的供应链布局和全链条数字化建设。

这是一个信号。随着城镇化进程推进，下沉市场成为烘焙品牌突围的方向。据《2021年中国烘焙门店市场报告》，受疫情影响，全国烘焙门店数量从2019

年下半年开始逐渐下降，到2020年下半年，全国烘焙门店数量维持在39万家。一些小店扛不住新冠肺炎疫情打击而闭店，大品牌则在主动调整优化经营模式，整个烘焙行业经历了一次洗牌和进化。然而，具体到门店经营产品的类型（面包蛋糕、中式糕饼、西式甜品），面包蛋糕店在下沉市场占比却在增长，特别是在三线以下城市增长明显，达到1.7个百分点。

“熊猫不走”就是这样一家从下沉市场走出的面包蛋糕品牌。

2018年，“熊猫不走”从广东惠州起家，仅4个月就成长为惠州当地的头部企业，4年过去，门店遍布全国25个大小城市。可以说，它选择了一条“低线包围高线”的路径。回首这段历史，运营副总裁黄剑锋颇有感触。烘焙并非新兴产业，国内蛋糕产业早已成熟。品牌在诞生之时，面对的是不计其数的、离顾客更近的传统烘焙店的围堵。“熊猫不走”却凭借“线上下单＋创意配送”的创新运营模式迅速走红。网络上、电视里，到处能见到熊猫人手捧蛋糕送货、帮顾客庆生的身影。通过突破传统的产业模式，其开辟出属于自己的市场空间。下沉市场对黄剑锋的意义或许在于，尚未饱和的市场，更低廉的房租、人力，给了他更多空间试错。

下沉也是幸福西饼的策略。从2008年第一家店在深圳开业，到如今进驻全国300多个城市。面对前有老牌对手、后有新式追兵的市场境遇，“下沉”很早就是幸福西饼的对策之一。2020年创始人袁火洪如是谈起“县镇乡村计划”，从2021年开始，幸福西饼将以地级市为总枢纽、以区县为总端口来推进新一轮扩张，计划到2024年，业务覆盖全国2000个以上县级城市。

情感联结持续创造复购

从“秋天的第一杯奶茶”到“初雪的第一顿火锅”，随着大众生活水平提高，仪式感逐渐超越基础需求，成为开启餐饮消费的钥匙。

网友“哼哼”记得，生日宴会上，蛋糕配送员装扮成熊猫的样子，在餐桌旁跳舞、唱歌，聚会气氛一路走向高潮。好奇的年轻人纷纷拿出手机拍摄，记录这份欢快而有趣的惊喜。

新冠肺炎疫情期间，外卖没法送货上门，熊猫人将一份蛋糕隔着小区大门递给一个孩子，问“要不要给你跳个舞”，接着便在大街上舞起来。一旁手捧蛋糕的孩子，跳得比熊猫更开心。

也有外地打工的年轻人，为广州的妈妈订了一份蛋糕。虽然妈妈一直说“不用，浪费钱”，但当熊猫人真的将蛋糕捧到面前、为她开心起舞时，妈妈还是感动地哭了出来。

讲完这些故事后，黄剑锋说，“是因为那个小熊猫跳得多好吗？其实不是，而是通过仪式感的形式，将女孩的关心传递给了妈妈”。

他认为，“除了产品本身，‘熊猫不走’提供给顾客的，更多是情感上的联结”。

近一年时间，熊猫人在北上广深迅速走红。年轻人的社交媒体上，到处是这只熊猫灵活尬舞的身影。而尬舞创意的背后，是创始团队自身的经历。

一次，创始团队给同事过生日。他们想有什么办法能搞热气氛，哄同事开心，如果只是送蛋糕可能就太简单了。扮成玩偶跳舞的创意由此而生。当顾客收货时，不只会收到蛋糕，还会收获跳舞、唱歌、魔术和滑稽表演所带来的欢乐。“我们希望让过生日的人感受到惊喜和不一样，我们要做一门哄顾客开心的生意。”黄剑锋说。

很多消费者也说，“熊猫不走”卖的不是蛋糕，而是生日仪式感背后的情感表达。

持续创新迎来新的变化

消费升级下，烘焙品牌间的竞争，正从“产品＋渠道”转向“产品＋营销点＋渠道”。以好利来为例，凭借与泡泡马特、喜茶、哈根达斯等品牌联名数次出圈，在年轻群体中获得了不错反响。烘焙企业在努力通过创新经营模式，打破传统餐饮业的桎梏。

黄剑锋说，“熊猫不走”的顾客以25~35岁间的女白领为主。这些白领是社交媒体、平台的重度用户，如何激起她们的分享欲是品牌裂变的关键。于是，其将创新重点放在生日、节日、纪念日等场景中，用表演烘托气氛，满足顾客的心理需求，而不是在蛋糕口感、造型等方面“卷”下去。

通常熊猫人在现场带来的掌声还未散去，照片和视频就已经发到网上，形成一波良好的品牌扩散。

黄剑锋说，“熊猫不走”的创业团队里有一则金句：“不值得被拍照分享的，就不值得被做出来。”为了实现这一目标，他们持续不断地学习，邀请行业里最顶尖、最优秀的人做分享，定期举办读书会、头脑风暴、十倍增长会议，对配送服务做拆解优化，“光是优化记录就有将近1000页，能细致到道具服上的一朵蝴蝶结”。

“对传统业态来说，复制模式或许很容易，但只有拥有持续不断的创新力，才能让经营模式真正迎来质的优化。”黄剑锋总结，团队至少要有的3项核心能力：持续优化用户体验的创新能力，把好的创意服务落地的管理能力，知晓如何低成本获客的线下地推和线上运营能力。

如今，小红书上关于“熊猫不走”的笔记文章已达到13万篇，像团队期望的那样，来自现实的快乐正在线上蔓延、生长。

黄剑锋也曾扮过小熊猫配送蛋糕，当他穿上熊猫服、给一个孩子跳过舞后，他至今还记得那个孩子脸上的笑容，对着他喊，“叔叔不要走，熊猫不要走”。

2. 烘焙竞速：在窄赛道跑出宽路子

首次融资过亿，用户规模上千万，疫情下逆势发展，门店覆盖全国 108 座城市，新烘焙品牌爸爸糖是烘焙行业迅猛发展的缩影。在资本加持下，2021 年中国烘焙行业急速奔跑，一些聚焦行业细分领域的烘焙品牌，成为消费赛道的新秀小巨头。

疫情改变了居民消费结构。据《2021 年中国烘焙门店市场报告》，2020 年，居民旅游、购物等聚会类消费减少，食品消费不减反增，恩格尔系数有了明显的反弹上升。与此相适应，在 2021 年一级市场消费投资行情开始遇冷时，烘焙赛道却逆势成为资本新宠，一众烘焙品牌先后斩获上亿元融资。

重金押注，烘焙市场逆势增长

资本涌入下，烘焙市场成为一片红海。过去一年，烘焙业是所有餐饮行业中唯一开店数大于关店数的品类。据艾媒咨询数据，2021 年中国烘焙食品市场规模达 2600.8 亿元，同比增长 19.9%。烘焙食品行业投融资状况活跃，2021 年 1—9 月烘焙行业融资超 57 亿元。

3 月 17 日，聚焦铜锣烧品类的泽田本家以 5 家门店完成首轮融资，融资额超千万。聚集在深圳、广州和上海的 5 家门店以“小规模 + 大商场”的“高坪效”模式支撑起了超过 30% 的复购率和 35 元以上的客单价。

4 月 17 日，以蛋黄酥为核心产品的“轩妈食品”宣布完成超亿元 B 轮股权融资。截至 2021 年 4 月，产品累计销售近 3 亿枚。

6 月 15 日，专注手工吐司的爸爸糖宣布获得 IDG 的 1 亿元人民币 A 轮融资。截至 2021 年底，爸爸糖共开出了 350 家手工吐司专门店，覆盖全国 108 座城市。

7 月 6 日，以可颂品类切入烘焙市场的月枫堂宣布获得启承资本的千万美元投资。围绕可颂单一品类，月枫堂已研发超百款产品，全门店月销可达 300 万颗，单店月销达 120 万颗。

除此之外，墨茉点心局、虎头局渣打饼行、熊猫不走、幸福西饼、花木子、祥和饽饽铺等品牌相继完成融资。据不完全统计，2021 年烘焙赛道经历了超 10 起融资，融资次数和融资规模创下了行业的历年新高。

价值聚焦，品类细分打破同质化焦虑

不难发现，有别于以往的全品类商铺，被资本偏爱的烘焙企业往往聚焦于某一领域甚至单一品类进行深耕，以充分挖掘细分市场中的消费潜力。

以鲍师傅为例，在创办的第二年，创始人鲍才胜研发出新品肉松小贝蛋糕，该产品飞速增长的销量让鲍才胜意识到这或许是避免陷入同质化混战的一次机会。肉松小贝成了鲍师傅的核心品类，直到 2013 年，借着北京电视台一档美食栏目探访的东风，鲍师傅凭肉松小贝一炮而红。肉松小贝也显示出了长尾效

应，凭借该单品的“长红”，有消息称，鲍师傅在 2021 年上半年启动新一轮融资，获多个一线基金登门，品牌估值被推到了 100 亿元。

避免同质化竞争的压力，通过构建异质化核心品类筑起护城河，爸爸糖也是代表品牌之一。从创始之初，爸爸糖即坚持专营手工吐司的产品定位。在爸爸糖创始人曹国亮看来，吐司在西餐中的身份，相当于中餐的馒头或者包子，属于高频刚需产品。考虑到细分产品可以省去供应链的高投入，爸爸糖放弃以全品类烘焙赛道进入市场，而是选择契合消费者对精细运作、健康好吃食品的需求，切入新鲜制作的手工吐司品类。

优质健康，烘焙牌桌上的新筹码

国家卫生健康委员会官方网站发布的全国健康素养监测结果显示，全国居民健康素养水平逐年上升，与 2015 年相比，2020 年国人健康意识上升了一倍。中国大健康产业整体营收规模持续上升，2020 年市场规模达 7.4 万亿元，2021 年预计突破 8 万亿元。

健康成为居民饮食消费的关键词，也成为烘焙行业抢夺的消费热点。《2022 烘焙糕点行业趋势报告》显示，控糖、减脂、健康成为烘焙糕点的重要趋势，无蔗糖、天然代糖渐受关注，消费者追求更健康的甜。改变高糖、高脂肪、高热量的现状成为烘焙牌桌上的新式筹码。

当燕麦奶风靡健康饮食圈后，燕麦奶代表品牌 OATLY 也成为烘焙联名界的新贵。墨茉点心局于 2022 年初联名 OATLY，推出轻燕麦系列产品，以“植物基燕麦料理酱代替传统色拉酱，让卡路里整体降低 79%”吸引年轻客群，该系列随即引发打卡热潮。爸爸糖更是和江南大学成立“健康烘焙联合研发中心”，共同研发符合国民健康需求的产品品类。

“我们得保证用优质的米，做出优质的炊。”曹国亮介绍，原料供应链是爸爸糖吐司的核心优势之一，爸爸糖已在供应链上和国内外顶级的面粉制造品牌达成全面战略合作。例如世界顶尖面粉制造商日本制粉，已为爸爸糖设立了独立的供货渠道，并定制了更符合中国人口味的面粉。这让爸爸糖以高出普通吐司 2~3 倍的价格，将用户规模扩展到超千万。

曹国亮进一步表示，爸爸糖持续看好健康烘焙赛道，未来将继续深耕手工吐司领域。烘焙品牌的异质化竞争并不止步于某一细分品类，未来，健康养生、国潮文化、女性定位等，都将成为烘焙品牌寻找差异化优势的新红海。

3. 瞄准年轻人的中式糕饼店

国家统计局发布的数据显示，2018年中国焙烤食品糖制品行业主营业务收入为5634亿元，业务收入同比增长了6.1%。中国烘焙行业规模在快速增长。中式糕饼作为烘焙产品的重要品类，虽然在2020年经历了门店规模缩水，但是依然以4.1万家的规模稳居面包蛋糕、中式糕饼、西式甜品三大品类的第二位。一些以国潮、复古等关键词发展起来的新中式糕饼店，俘获着越来越多年轻人的心。

从海苔小贝看到的市场机遇

国风的装潢，以涂鸦、霓虹灯等现代元素呈现，视觉形象饱满而有冲击力。墨茉点心局2020年8月开业，通过一年多时间快速发展至全国61家门店，一跃而成中式糕饼的头部品牌。

回顾创店这一年来的历程，创始人王瑜霄说，墨茉在入局时，市场上以传统品牌为主，如鲍师傅糕点、泸溪河桃酥、詹记桃酥等，且大多着力于区域，鲜有全国连锁玩家。

她还发现两件有意思的事，正是这两件事奠定了她布局全国的想法。

几年前，鲍师傅因海苔小贝迅速走红。当时，铺天盖地的鲍师傅在全国至少有1000家，可细究起来正牌寥寥，就几十家。据媒体报道，鲍师傅创始人鲍才胜回忆，2017年，鲍师傅在全国只有26家直营店，他在网上发现了一家加盟的鲍师傅糕点店，“他们用的宣传资料都是我自己门店的，而最严重的是，这家鲍师傅的加盟店已经开出了七八十家，这就是要吃掉我鲍师傅啊”。于是，原本“只想闷声赚大钱”的鲍才胜开始走上被迫维权的道路。

彼时，王瑜霄还注意到，许多去国外的同胞都会买当地的点心作为伴手礼。“为什么不能让中国的点心成为外国人的伴手礼，让世界爱上中国点心？”

这些让王瑜霄感到，市场对好产品的渴望，或许中式糕饼店的春天来了。

王瑜霄谋定故乡湖南，计划以此为大本营，向全国进发。随后一年，中式糕饼店井喷式发展，各类新品牌萌生，一些老品牌也加快了步伐。

围绕拳头产品做实做深

墨茉主打的产品是麻薯，被称为“镇局之宝”。

打开大众点评，在墨茉的精选招牌菜中，鲜乳咖啡麻薯排在第一位。此外还有一口燕麦麻薯、鲜乳提子麻薯等多种口味都在推荐之列。一名网友在评价中写道，“鲜乳咖啡麻薯，淡淡的咖啡味儿，一口一口停不下来”。

王瑜霄觉得，一款拳头产品是品牌最核心的竞争力，也是能让墨茉区别于其他品牌的机会点。她希望提到麻薯，就想到墨茉。

于是，馅料、外皮、大小都成了迭代点。她做了各种尝试。一口一个的零食类麻薯，适合当早餐的稍大一些，低糖的、健康的，与全麦搭配的，冰激凌口味的，甚至以麻薯做馅儿制成面包、盘挞。各种新奇的想法被一一践行。

王瑜霄说，她观察到市面上很多网红品牌，运用意想不到的馅料或品类短期内收获了巨大流量，但关键是如何从网红到长红？若是止步不前，很难引发长期复购。王瑜霄希望沉下心，围绕拳头产品麻薯做深做实，一步一个脚印，再以此为基础扩大拳头产品的范围。“很多人会觉得，你现在只有麻薯一个经典产品，会不会失去对市场的吸引力？但我研究下来发现不会，越来越多消费者会慢慢知道，品牌经营是需要花时间来沉淀的，墨茉的麻薯才是最专业最好吃的。”

给年轻人吃的中式糕饼

《2021年中国烘焙门店市场报告》显示，在中式糕饼类烘焙门店消费者性别分布中，女性消费人群占比为75.8%，是烘焙门店消费人群的主流。而在年龄分布中，40岁以上消费人群占比为13%，高于面包蛋糕、西式甜品同年龄段消费人群占比。这说明大龄人群对中式糕饼的消费兴趣要高于其他烘焙品类。

但墨茉点心局却逆道而驰，把18~35岁的年轻人作为主要客群，通过国潮的设计元素和细腻丰富的口感，来吸引乐于尝试的年轻人。

王瑜霄表示，传统中式糕饼主要用枣泥、绿豆沙等作为馅料，而她在建店之初就把客群瞄准在90后身上——带动奶茶消费的这一批年轻人。为了吸引年轻人注意，她研究了他们的口味，产品注重软糯，打造“中点西做”的概念。其次，在产品设计上，也会运用“国潮”“国风”这类极易吸引年轻人眼球的元素。

而对中式糕饼店渐渐变“卷”的现象，王瑜霄觉得并不意外。她说，在中国的消费市场，几乎每个行业都要经历这样一个过程，引发一阵狂潮。“除非你不火，一旦一个品牌火起来，其他品牌就会迅速跟上。关键是你怎样定位自己，才能不在变局中迷失。是赚一笔快钱还是做大做强？或许狂潮退去，才能看出真正的赢家”。

八、烧烤：品牌再造进行时

1.“烧烤+”：这个时代的烧烤，仅仅好吃够吗？

就像曾经的火锅赛道一样，当下的烧烤赛道也正在从一片蓝海迅速泛红。据《中国餐饮大数据2021》显示，2020年，餐饮业其他品类的体量降幅在

20%~30%，但烧烤品类逆势增长，其增速在所有品类中排名第一。2021 年，在疫情防控常态化的大背景下，烧烤整体消费呈现大幅度的增长，其中到店线下消费年同比涨幅 73.6%，涨幅超过外卖消费。

《2021 年中国烧烤行业发展研究报告》预计，2021 年烧烤市场规模达到 2318 亿元，同比增长超过 15.3%，增速达到 2020 年的 4.25 倍之多。

体量和增速双双惊人的背后，是烧烤行业在新冠肺炎疫情大背景下的“倔强生长”。当时间进入 2022 年，在时不时被疫情抑制的市场中，所有商家都感受到了这个赛道的日渐拥挤。自然而然地，“烧烤 +”成为一种显而易见的趋势。“+ 精酿啤酒”“+ 地域风情”“+ 流量玩法”……似乎，这个时代的烧烤，仅仅好吃已经不够了。加号背后，包括但不限于新的品类、新的服务体验、新的文化内涵，甚至新的经营理念。

但种种案例显示，想要变着法讨好顾客并非简单事。“烧烤 +”要让食客追捧，既要守住烧烤的好口味，也要增强体验、拿稳预期，最终要让消费者持续为“加法”买单。

加号前面的更重要

聊起如何把“烧烤 +”做好，这个赛道的每一位玩家都不约而同地强调一句话：先把最基础的产品和服务做好。

“为啥是‘烧烤 +’，而不是‘+ 烧烤’，我觉得首先一点，烧烤肯定是主要的，你要围绕着你的本质把烧烤先做好了之后，加多少都是附加值。”哈尔滨小味串店运营总监陶啸东觉得，产品和服务是安身立命的根本。2004 年，小味串店从哈尔滨一个半地下的 4 张桌子起家，一路发展成为这个烧烤重镇的明星品牌，连续多年蝉联本地的大众点评必吃榜。

为了让产品做到同等定位餐厅的最佳，小味串店从选材做起，选一款羊肉，要在内蒙古待半个月；来自齐齐哈尔的牛肉，会在当地雇专人挑选发货。在产品创新上，小味串店开发的茶缸肚一上市就成了店里的爆款，几乎每位客人都会点上一份，吸引众多友商模仿。

被顾客津津乐道的还有小味串店在服务上的互动创新。陶啸东举了个例子：顾客进店，服务员会乐呵呵地欢迎道，“早上好，小味的贵宾”。新客人往往纳闷儿，明明是晚上，为什么要问早上好？服务员回答，因为您来了我们的天就亮了（寓意顾客是小味的太阳）。“这样客人就感觉特别高兴，开心的时候吃串也更香。”

依靠这样的产品和服务，小味串店开出几家“子品牌”，分别在烧烤基础上加了牛蛙、精酿啤酒等概念，“店不大，你想喝酒得自己去拿，你想喝什么酒，他自己选，尝尝这个尝尝那个，这跟服务员介绍的感觉是不一样的”。

2020 年在杭州下沙开出第一家店的韩式烤肉玄希也是“烧烤 +”的典型代表。当新冠肺炎疫情让人们出国旅行的梦想泡汤时，做了十多年电商的朱敬腾嗅出异域风情中蕴藏着的机会。

玄希主打人均80元左右平价韩式烧烤，将店面设计成韩式街头大排档风格，标志性的卷帘门，再加上灯箱、海报、横幅，营造出一秒穿越韩国街头吃烤肉的感觉，吸引大量年轻人前来打卡。

在朱敬腾看来，“烧烤 +”最重要的是产品首先得过关，如果产品的基础和附加物不在同一条水平线上，这个加法就很难实现了。

什么能加，什么不能加

激烈的行业竞争下，“烧烤 +”更像是一把“双刃剑”，有的人用它打开局面，有的人则误伤自己，让生意难以为继。市场为什么样的“烧烤 +”买单，什么可以加、什么不能加，成了一个重要命题。

我们观察到的几个案例中，小味串店加了新的产品（烤牛蛙、酒），玄希加了新的体验（异域风情、适合打卡拍照的店面设计），还有两者兼有的通海俄式烧烤，在俄式烤肉的基础上加了俄餐和考究的环境。这些加法背后，能提炼出3个字的共性——“新”“奇”“特”。

在做加法的路上，一些从业者走得并不顺利。通海俄式烧烤的创始人李焕忠观察到，“烧烤 + 电音”的成活率就不高。“不符合撸串和喝酒场景，烧烤的社交属性很强，电音一上，客人就得喊着说话，体验不是很好。”李焕忠曾经做过一些“烧烤 + 演唱”的尝试，刚开始不久，一些老客人就有意见了，原本是请客聊天的，音乐响起来，氛围就变了。在他看来，如果附加的东西违背了客人预期的体验，就肯定会减分。

小味串店尝试更精细化的做法。他们把演唱开始的时间定在了晚上9点以后。因为9点之前来吃串的客人，希望社交需求更多，他们想安安静静地听听店里的音乐，和朋友聊聊天，吃点串。9点过后，留下来的客人大多酒过三巡，希望更嗨一些，这时候再开始点歌开唱，能给客人们带来更开心的体验。

“创新的时候要做好平衡，不能让原有客人的体验感改变，让大家觉得你变味了。”小味串店的陶啸东觉得，给品牌做加法的尺度非常重要，加法是要给客人提供更多选择，而不是“强迫”他接受你的选择。

玄希创始人朱敬腾认为，“烧烤 +”加的是预期，满足客人的多重需求，带来新鲜感和惊喜，这是个需要精心体察消费者心情的细活，而不是简单加上一个概念和元素就能成功的。

玄希韩式街头风的装修走红后，朱敬腾在网上看到了一些模仿者。他发现，很多加上同样概念的玩家并不能长久地经营下去。

“我们做设计时，考虑到了装修的精致度，甚至还考虑到了整体光线的布局，要保证客人拍照打卡时的体验，而一些简单的模仿者，可能只是做了简单的灯箱、画报，复刻度有限，拍照光线也有问题。”朱敬腾觉得，这种加法，其实是破坏了顾客的预期，推广文章的照片是精修过的，但客人来了拍不出同样的效果，大概率就不会再来了。

向互联网学习

没有人希望自己提供的附加值是客户不喜欢的，但如何避免“烧烤 +”成为经营者的自嗨?

有过丰富电商运营经验的朱敬腾给出了互联网思维的解法。他认为，从业者应该多学习互联网小步快跑、灵活迭代的方法。“比如你要加一个盲盒玩法，可以在推出之前先小范围跟客人互动一下，看看客人真实的反应，他是拒绝，还是愿意参加，是不是会在平台上给出正面的点评，愿不愿意带同事、朋友再来。”这些都是需要收集的反馈，在此基础上，才能做大规模铺开的决策。这种类似于互联网产品中 AB 测试的做法，帮朱敬腾成功推出了呼啦圈烤肉等多个颇受消费者欢迎的产品。

在这之外，“加”符合互联网时代的营销必不可少，通过大家喜闻乐见的方式做传播，在各类平台上做投放并打出名气，已经成为餐饮品牌掌舵者们的基本功。

通海俄式烧烤的创始人李焕忠是一位 70 后，20 世纪 90 年代从黑龙江绥芬河的一家小烧烤店做起，是名不折不扣的传统餐饮人。但他对于品牌和传播的重视，却让他更像是一个紧跟时代步伐的新青年。早在 2014 年，他就凭借打破吉尼斯世界纪录的俄式大串，为通海的品牌迅速打出名气。

“别管你做得多好，如果大家不知道你，没用。所以烧烤加互联网是必须得有的。”李焕忠深深觉得，时代不断进步，营销和投放正在变得像选址一样重要。甚至有时候，恰到好处的线上投放，能为店铺带来超过地段本身优势的流量。

当下，餐饮业的竞争越发激烈，烧烤这条正在进入红海阶段的赛道亦是如此。我们发现一个有意思的现象，70 后的传统餐饮人李焕忠和 80 后电商转型的新餐饮人有个共同的特点，就是将超过一半的时间用在交流和学习上。这源于他们对新生代餐饮的敏锐观察——“变的是，需要我们有更强、更灵活的学习能力；不变的是，永远要真正站在顾客视角，用心做事。”

2. 烧烤连锁跑步前进：从 100 到 1000，靠什么?

在正餐品类中，烧烤像一匹疾驰的黑马，正从“地摊”奔向高品质连锁化的顶峰。

早在 2019 年，烧烤市场的规模就紧追火锅，获得行业第二的市场份额。新冠肺炎疫情暴发后，餐饮行业遭遇重创，烧烤品类却逆势增长，平均每个月新增 8000 多家门店。

新的趋势已经显现，一些从区域起家的烧烤玩家，正在快马加鞭走出其根据地。一个重要的问题是，他们如何完成从 1 到 10 的积累，奔赴从 10 到

1000 的广阔天地？

定位：面向年轻群体的平价店

2007 年，辽宁人李海军在大连开了一家原始坑烤店。8 年后，李海军出征北京，他和两位合伙人一起，花了一年多时间研究烤肉的味道。2018 年底，聚十三烤肉博物馆（以下简称“聚十三”）的第一家店在北京石佛营开张了。

店名有点意思。因为菜单中的品类博采众长，有韩式的、日式的朝鲜族和东北烤肉的结合，所以干脆就叫博物馆。聚十三则源自一款由 13 种香料调制而成的爆品牛排，加上是三兄弟聚在一起开的店，就叫聚十三。

传统餐饮的老字号，无一不是物美价廉的平民饮食，当代的连锁品牌也遵循这一铁律。而与老字号不同的是，这个时代的连锁品牌早在诞生之初，就确立了自己的定位。聚十三把受众瞄准在 20~40 岁人群，定位物美价廉，是一个适合朋友喝酒聚会的地方，品牌语也在最开始就定了下来——“为美好相聚干杯”，其愿景是北京城每一个社区就有一家店。

在北京 1500 公里外的长沙，做过 8 年苹果渠道经销商的陈晨创立了酒拾烤肉。酒拾烤肉的目标用户群同样清晰，70% 以上是 18~35 岁的年轻女性，原因是这类客户群具备一定的传播性和推广属性。

酒拾烤肉的客单价约为 60 元，高性价比让他们在年轻消费群体中颇具竞争力。酒拾烤肉很多开在家门口的社区店也使其更亲民。

聚十三和酒拾烤肉正是烧烤井喷期的代表。美团发布的《2018 年中式烧烤市场报告》显示，2015 年，中国有近 18 万家烧烤商户；2018 年，烧烤商户达 29 万家。2019 年 6 月，中国烧烤门店再创新高达到 31 万家。

在新冠肺炎疫情影响下的 2020 年、2021 年，大踏步前进的烧烤品类并没有停止脚步。酒拾烤肉在 2020 年新增了 300 家店。聚十三的李海军介绍，仅在 2021 年，聚十三在北京的门店就翻了一番，从 29 家发展到 68 家，外地的联营、加盟店更是迎来爆发，新增了 120 家。

烧烤品类能够快速扩张的最大原因，源于其相对便于标准化的天然优势。而在疫情反复侵扰市场的空档期，人们报复性地消费，加上一些实力较小商家没能挨过餐饮“寒冬”，反而让市场红利格外突出。

过去一年，李海军最大的感受就是危中有机，且机会巨大。“原来你去接手一家店，除了租金，还要额外再交几十万的兑店费，别人才肯搬走，疫情后的行情变了，别人巴不得你赶紧接手铺位。”

品牌：先做加法，再做减法

新生消费品牌的建立，往往要带给用户超出预期的体验。而要让一个品牌快速建立影响，一个简单粗暴的办法就是“爆款 + 复制”。

让聚十三成名的爆款是十三天梯烤肉。这个将 13 种口味的肉以阶梯形式摆盘的单品，为聚十三立下了汗马功劳。

产品研发之初，聚十三另一位创始人卢刚就先定下原则——我们的经典菜，一定是端上来大家就忍不住掏出手机拍照发朋友圈的产品。

为此，他们创造出了诸多能摆下13种肉的摆盘设计，摩天轮式的、桥梁式的、DNA螺旋式的。最终，考虑到上桌的效果和寓意，层层而上的天梯方案被留了下来，一直保留至今。

刚开业时的“网红菜”还有很多，名气传播出去后，下一步是把这一家店开到全北京城，聚十三的思路从做加法转为了做减法。

“我们的思路是网红思维的产品你需要把它撤了，实打实有实力的产品保留住。”李海军和他的合伙人们觉得，到了10到1000的扩张期，客人需要有明确的记忆点，同时站在稳定供应链的角度，像之前烤波士顿龙虾钳这种网红产品就该断舍离了。

长沙的酒拾烤肉也十分关注品牌的落地，以及最终要建立品牌与消费者心智的连接。

产品基础是决定一个品牌持续发展的根基。酒拾烤肉以湖湘特色的香辣烧烤味型，现拌产品的方式，和日韩的烤肉形成差异化。到今天，独特的口味已经让酒拾烤肉在中式烧烤中占有一席之地。创立初期，酒拾烤肉产品的研发、摆盘，包括器皿的选择以及门店空间设计，除了要考虑到好吃、实用性，还着重把好不好看、客人是否会打卡当作重要取舍维度。

陈晨介绍，店铺的层高、色彩的搭配、桌椅的高度配比等，都进行了大量的盲测。最终要达到的目的很明确，“就是让每一个客人都觉得我们是一家轻松、有趣的店”。这样的结果就是，客人们能够持续光顾和复购。

终局：靠什么赢到最后?

创立四五年后，聚十三和酒拾烤肉这样的区域头部连锁烧烤品牌发展到了进军1000店的阶段，辐射范围遍及全国。显然，品牌已经树立了，但靠什么赢到最后?

所有大型品牌成长的经历都将答案指向一处——人才和组织。

已经在全国开出200家店的聚十三，正处于攻城拔寨的关键时期，他们当下的目标是两年内开到1000家店。“什么样的人才我这里都有，但是缺的是数量。”李海军说。2022年，他的重点工作就是招人，再具体些，是招聘能够统领一个省的大区负责人。找到合适的人，还要想办法留住。完善合伙人制度也成了李海军仅次于招聘省级负责人的另一项重要工作。一切工作，都是服务于两年后开到1000店的目标。他信奉不吝分享、高薪留人的原则，但同时强调，“别把飞机发动机安到汽车上”。

酒拾烤肉的愿景是最终成为一家长期可持续发展的头部现代化餐饮企业。陈晨介绍，传统餐饮行业的人才已经无法满足快速发展的酒拾烤肉。打造强有力的中台，加强区域化的管理、运营落地，是陈晨在2022年最重点的工作，

“让组织发展跟上业务脚步”。

她算了一笔账，如果按照一个督导覆盖 15~20 家门店，当开到 1000 家店时，纯按人头算，也至少需要 50 个督导，但这并不意味真正的管理成果和管理效率能随着人数增加而提升，她希望能够通过顶层更多细节化的设计和技术手段，管理和扶持全国范围内的门店。

细化到具体的动作，就是引进高段位的跨行业人才，同时做好信息化建设。2022 年 2 月 19 日，陈晨用整整一天时间来面试。其中有一位候选人是来自大型食品企业的质检人员，而招聘的岗位是训练部门 QSC（质量、服务、清洁）稽核人员。这位候选人让她比较满意，跨了半个行业并不是问题，相反，她期待这样的人才能给公司带来一些新的想法。“在市场环境一般的情况下，我们会适当控制发展脚步，把大部分的时间精力调到企业内部的组织搭建和人才优化上。”陈晨说。

显然，从 100 到 1000 的路上，对玩家们的要求已经不同，餐饮产品基本功扎实只是基础，组织管理的内功修行才是真正决战光明顶的重器。

3. 夜幕下的烧烤，藏着最真实的城市“烟火”

城市夜晚的美味谱系庞大，这其中，有一群人就钟情于街头巷尾，偏爱市井里的烟火味。

烧烤作为夜间餐饮的重要组成部分，近年来涌现出诸多地方特色品牌，诸如“九村烤脑花”“二胖烧烤”“聚味瞿记”等，单品日销能达到上千份，被称为“城市名片”“地方网红店”。

吸引力来自哪里？答案是相似的：食材新鲜、坚持高品质苛求细节以及持续的创新改进。

随着城市治理和消费升级，烧烤也从路边摊时代步入室内烧烤时代。但即便环境变了，只要烧烤的美味还在，人们有聚有聊，生活的压力便可疏解，烟火气便能野蛮生长。

城市“夜间名片”

武汉长江沿岸，当地人爱去一家名叫二胖烧烤的老店。

每日下午 5 点，店门口的人群已经络绎不绝，年轻人三两扎堆，闲聊着排位等待叫号就餐。二胖烧烤营运总监尤晨宸说，总店已经经营 10 年，后来又在二胖烧烤的基础上衍生胖记汉派烤肉品牌，每家店也都是排队等位的状态，如今已经是到武汉必打卡的美食名片。

在大众点评上，提到二胖烧烤总店口味的评价中，有 72% 觉得口味赞，诸如“食材新鲜味道鲜美”“好吃爽口”“香脆多汁”，其余较多评价也提及店家服务好、食材新鲜、菜品种类丰富。

店里最受欢迎的烤串是“麻辣牛肉”，点评中就有 463 人推荐。

尤晨宸介绍，这一单品单店一晚上可以售出七八百串。新冠肺炎疫情初期，总店也曾关闭3个月，那段时间，顾客微信群里时常有人询问什么时候开业。因此，在疫情结束后，他们迎来了报复性消费，“2020年4月1日，我们拿一家店试营业，专门做外卖，仅一天的营业额就有3万多元”。

和武汉不同的是，重庆作为“中国城市夜经济影响力十强城市”榜首，夜间餐饮涉及种类更多，众多竞争者中，“九村烤脑花”凭借独特的口味备受欢迎，甚至在2020年作为重庆宵夜代表走进湖南卫视《天天向上》栏目。

虽然店里品种多样，烧烤、江湖菜等均有，但客人最爱的还是那一口绵密的烤脑花。店家统计过，高峰期总店因为经营年份长达20年，经营面积大，一晚上能卖出2000份烤脑花，其余面积较小的分店也能卖出200多份。

九村烤脑花的营业时间会一直延续到夜间4点，下午5—7点以及晚上11点左右，是店里两个消费高峰期。创始人但家飞说，新冠肺炎疫情之后，店里的顾客变得集中起来，高峰期也转为下午6—11点。

但家飞提及，店里绝大多数的顾客都是重庆周边的居民，且多数是回头客。一来二往，很多客人便成为老朋友。他记得总店旁边有学校，有个客人从小学开始一直吃到大学毕业，直到结婚生子还时常过来，也会带上他的家人。

而在长沙，小龙虾是当地人喜爱的深夜美食，聚味瞿记的卤虾尤受欢迎，旺季能排队至凌晨1点。

聚味瞿记创始人瞿涛计算过，在2021年，他们单店曾卖出近8吨活虾。“我印象最深的是一个女顾客，她是湖南人，在杭州做服装生意。她每次回杭州都会在我们店打包近20份，给公司的人和客户吃。”

网红店的吸引力

这些被标以“城市名片”的网红加实力店铺，多年来依靠什么持续吸引顾客？对于这个问题，几家店给出了相似的答案：确保食材新鲜，多年坚持高品质，以及不断在原有的基础上进行创新。

二胖烧烤尤晨宸说，他们有一个标语：“拒绝冻货，鲜入为主。”

他们坚持肉源上午送到，中央厨房切好串好，当天送往各家店面现烤。此外，烧烤师傅培训非常严格，一名合格的烧烤师傅需要培训半年的时间。“烧烤师傅最重要的是懂食材，烤多长时间，什么时间刷油、什么时候撒料都得注重。其中最考验师傅技术的就是烤青菜，烤青菜时该怎么去掌握它的火候？这些都是培训的内容。”尤晨宸说。

一道菜成就一个餐饮品牌，烤脑花属于烧烤的细分品类，在重庆，烤脑花就是重庆烧烤的代名词。但由于食材的特殊性，可模仿参照的对象并不多。九村烤脑花但家飞称，他们基本是靠自己去研发和开创，通过反复的测试和在厨房20年的经验积累去升级和改变。

为了保证脑花的新鲜度，九村烤脑

花拒绝使用冻脑花，而是直接和屠宰场深度合作，“猪当天宰杀后，就直接到门店了，所以基本上就将脑花控制在氧化24小时以内，再配上川渝独有的自磨成面的辣椒面、花椒面，最终形成新鲜无腥味且搭配绵密的口感”。

脑花的保温也是个难题。但家飞提到，他们以前是用锡纸包裹起来烤，但是锡纸在使用过程中容易坏，后改成小铁碗，可是小铁碗又不保温，于是又升级为能够保温一小时的特制小锅，可以始终保持在一定的温度上，最终实现脑花的优良口感。

而在小龙虾这个领域，对于食材的新鲜和品质要求更高。聚味瞿记创始人瞿涛说，虽然长沙有本地的小龙虾市场，但为了提高食材的新鲜度，他们会到小龙虾的产地——湖北进货。

“我们上午从产地采购，下午1点钟就开始发货到长沙，再到下午5点钟就可以上桌，缩短了时间。此外，我们还会派人到产地去进行质检，合格的就往长沙发货，不合格的我们坚决不要。”瞿涛说，虽然成本会更高，但是品质会更好，“我们是不做隔夜虾的”。

现如今，聚味瞿记已经发展成为当地宵夜的网红品牌。瞿涛说，店里以小龙虾为主，湘菜、烧烤为辅，还有凉菜、小吃等。对于餐饮来说，无论是产品又或是口味、环境，只要在细节上严格要求，客人的体验就会不同。

烧烤新时代

在诸多80后、90后的记忆中，烧烤应属于路边美食。

烤串摊的灯牌随意挂起，年轻人挤在低矮的小桌前，嘈杂中伴随着啤酒碰杯的响声，夜色越深，烟雾越浓，这才是属于烧烤的烟火气。

而我们从采访和数据中发现，近年来，随着夜经济的发展和城市管理的加强以及消费的升级，烧烤经历了从路边摊时代到室内烧烤时代和品牌化时代的转变。

美团数据显示，2013年以后，烧烤进入品牌发展时代，开启连锁化、品牌化、细分化进程。2020年，受新冠肺炎疫情影响烧烤门店数量有所下降，但烧烤品类的连锁门店数呈现逆势增长。

尤晨宸提到，二胖烧烤如今有6家直营店，最初也是从路边摊做起来的。“路边摊毕竟会受到刮风下雨、严寒酷暑等天气的影响，所以我们及时地做了调整，从路边摊搬到室内，更符合把烧烤做成一种正餐化的感觉。”

“当然到了夏天，有些客人就想坐在外面，吹着自然风、撸着串、喝着啤酒体验武汉别样的市井风情，但是有些条件确实不允许。”尤晨宸说，他们也要考虑是否存在扰民的问题。

烧烤进入室内，也源于各个城市对于夜间经济的重视和推广。

坚持不加盟的聚味瞿记如今有12家直营店，基本都已改为室内用餐。瞿涛说，长沙近年来在推广夜经济，打造各种夜经济体。“像长沙的渔人码头风情街，这里有酒吧、夜宵店、烧烤店、龙虾馆等。这是属于长沙夜经济发展的一种趋势，就是单个地点做专业的东西，做到不扰民。”

离开了深巷和路边摊面，烟火气可以在现代城市空间里生长起来吗?

此前有媒体在报道中给出了回答：现在的烧烤店与以前相比，地点和装修虽然不同，但快乐和享受却是相同的，人们在方寸天地里撸串喝酒，谈天说地，聚在一起，便是烟火气最浓之时。

九、小酒馆：没有头雁的大生意

酒馆的氛围生意

2016 年，一个拥有数十年夜经济运营经验的团队，瞄准市场上酒消费新需求，另起炉灶，打造“全时段经营理念”品牌——COMMUNE。3 年之后的 2019 年，一家充满江湖气的小酒馆在上海开张。店老板深爱着周星驰的电影《唐伯虎点秋香》，先启又是他儿子的名字，于是品牌名先启半步颠就被确定下来。

截至 2021 年，COMMUNE 在全国核心商圈开立了近 100 家直营门店，而先启半步颠，也在 2021 年年底达到全国超过 250 家门店的目标。

近年来，多个餐饮头部品牌“组团”入局小酒馆行业，一时间“面馆＋酒”、“快餐＋酒”还有“火锅＋酒”各类样态百花齐放，大品牌们纷纷尝试用成熟的品牌力和累积的客流去寻找第二增长曲线。然而许多品牌“热热闹闹开店”，却也“悄无声息熄火”，品牌原有餐品种类与酒的适配性问题成为难题。下文将尝试解释，COMMUNE 和先启半步颠是如何通过解决适配性的问题，从而牢牢抓住新一代消费者的用餐需求，将酒馆的生意做向了全国。

COMMUNE 的“全时段氛围”

经营时间从原本的 7 小时延长至 15 个小时，一家全时段经营的餐酒吧要卖什么，是 COMMUNE 转型时解决的第一个问题。薯条、烤鸡、烤香肠、意面和比萨等 40 多款西式餐食不仅易于分享，可以很好地满足餐酒吧的社交场景，同时也符合全时段经营理念，无论午餐、晚餐还是夜宵都不违和。饮品单上，茶饮、咖啡、果汁和超过 1000 种的各类酒品也可以覆盖各时段消费需求。

COMMUNE 认为现代顾客的消费时间是碎片化的，于是将 15 个小时的经营时间分成 6 个板块：上午营业、中午午餐、下午茶、晚餐、酒市和夜间尽兴。在每一个时间段，COMMUNE 都设计了符合时间场景的氛围营造，包括灯光亮度设计、音乐分贝变化等。“在

COMMUNE，白天一张桌子旁坐的是爸爸妈妈带孩子，晚上 9 点，同样的桌子就变成一对情侣。”来自 COMMUNE 团队的范夏萌女士讲道。

COMMUNE 对选址有严苛的要求，这是源于对空间和氛围设计的坚持。每个门店都配有酒类自选区、吧台、就餐区、后厨西餐厅 4 个固定区域。“同时我们还喜欢照射面，喜欢层高上的空间感，喜欢将就餐场景外摆，这就拉高了空间的基础需求。”范夏萌说。除此之外，COMMUNE 门店内没有包间或者隔断的设计，这是因为 COMMUNE 希望桌与桌之间的气氛可以互相感染带动。

先启半步颠的“江湖氛围”

在品牌创立伊始，先启半步颠认为重庆江湖菜的风头在当地是盖过火锅的。“江湖菜在外地没火起来，我们就在思考为什么。”来自先启半步颠团队的李星说道。

年轻消费者对融合菜的需求趋势已经越来越明显，品质要高，口感也要好。意识到这种转变，先启半步颠保留了重庆江湖菜的基因，加入了自贡盐帮菜的做法，并坚持使用来自四川本地生产的调味料，于是，辣子鸡、土豆丝、黯然销魂饭、麻婆牛骨髓等江湖融合菜品成功亮相。而上菜时用的“比脸还大”的红色搪瓷盆，也带动各个明星菜品的照片传遍了社交平台，成为先启半步颠的流量招牌。

对于用餐时酒类的选择，市场上也演变着新的趋势。艾媒咨询报告显示，区别于传统的拼酒，低度酒带来的微醺而不醉的感觉，受到年轻消费者的欢迎。先启半步颠酒单上名为女儿红、落雁、半步颠的品牌自酿低度酒，用古风陶瓷酒瓶装好上桌，顾客们既可以体验到微醺的醉意，又补充了用餐的氛围感，不仅男士可以畅饮，同时女士也被吸引。

相比传统川菜馆，李星认为先启半步颠更有差异化的是门店的装修。带有岁月感的墙壁、古风的装饰画、木制的桌椅板凳、手抄的武林秘籍菜单以及门店没有杯子只有酒碗的设置。诸如此类的细节，保证了顾客们用餐体验的连贯性，从进店到选品，从下单到用餐，顾客都沉浸在先启半步颠打造的江湖酒馆氛围之中。

氛围驱动增长，发展各有门径

2018 年以来，北京、上海和成都等地纷纷出台有关促进夜经济消费增长的措施或指导意见。在政策的扶植和夜间消费意愿增高的推动下，中国夜经济发展快速，《2021 中国夜间经济最新发展报告》的数据显示，中国夜间经济发展规模预计在 2022 年将增至 40 万亿元。

蓬勃发展的夜间经济也推动了酒馆行业的发展。清吧、“餐 + 酒”或者从其他行业跨界到小酒馆的形式正层出不穷，但整个行业目前还未出现类似于海底捞在火锅行业这样的龙头品牌。据国元证券的数据，即使被誉为“酒馆第一股”的海伦司，在小酒馆市场的份额也仅有 1%。市场大盘持续扩张，入局者还在增加，实现标准化的连锁扩张成为酒馆成功与否的关键因素。

在未来品牌连锁的发展上，COMMUNE 和先启半步颠两个品牌采取了不同的策略。COMMUNE 取得了资本的加持并表示要贯彻自营品牌的道路，而先启半步颠则表示接下来暂没有融资计划，会继续采用特许经营权加盟的发展方式。

无论是选择自营但引入资本，又或者是选择加盟但放弃资本，小酒馆赛道未来竞争的是品牌门店氛围营造的标准化。单店氛围营造得够好，客群就会变得更优质，促使品牌服务和选品的优质程度提高，从而推动新品研发以及供应链搭建的完善，这将是一个小酒馆生意走向发展的正向闭环。

十、茶饮：站在赛道变革的十字路口

1. 新茶饮内卷催生细分赛道崛起

自 2019 年茶饮行业兴起，到喜茶、奈雪的茶等新锐品牌引领“新茶饮”变革，再到市场竞争加剧、行业品牌互“卷”、同质化竞争严重，规模超千亿的新式茶饮赛道正身处一场变革的十字路口。

如何走出围城，在红海中找到发展新机遇，成为众多茶饮品牌的课题。从口味研发到外形颜值再到食材的创新，不少茶品牌在不断探索市场方向。其中，专注柠檬、桃子等细分品类的赛道崛起，成为 2021 年茶饮市场最大亮点。

手打柠檬茶成 2021 年最大黑马

2021 年夏天，以“原谅绿”“手打渣男”为代表的手打柠檬茶饮品爆火全网。绿色清爽的高颜值、具备话题性的创意名称等因素，让手打柠檬茶成为 2021 年夏天席卷茶饮市场的一股旋风。

红餐品牌研究院数据表明，目前，门店数过百家的柠檬茶品牌达到了 9 个，门店数最多的快乐柠檬接近 1000 家，挞柠手打柠檬茶门店数也突破了 500 家。红餐品牌研究院预估，到 2021 年底，全国的柠檬茶专门店数量有望超过 6000 家，柠檬茶市场规模预计在百亿元以内。资本的注入，更体现了这一赛道的火热。2021 年柠檬茶赛道涌现出 4 笔融资事件，占整个茶饮品类融资笔数的 12.5%。

柠檬茶在茶饮市场由来已久，一直不温不火，为何手打柠檬茶却一夜爆火?

这得益于柠檬茶在消费端有着良好的群众基础。柠檬茶最早流行于广东地区，随着广式餐饮的发展、预包装柠檬茶的流行广为人知，相比其他水果茶，柠檬茶有清凉解暑、健康、清爽的消费认知，更易被消费者接受。

更为重要的是，“手打”的创新赋予了这一传统饮品吸引消费者的新意。

在2017年前后，以香水柠檬为主要原料的手打柠檬茶饮品开始在广东地区流行。它颠覆了传统港式柠檬茶的口感，采用广东本地香水柠檬并手工捣碎使其香气更浓郁，搭配异域风情的泰国绿柠、东南亚香茅、传统的鸭屎香茶底甚至是苦瓜等食材，令人耳目一新。此外，强调手打、鲜果也给消费者带来了新鲜的体验，符合Z世代对于健康的追求。

创立于2017年的挞柠是最早入局手打柠檬茶专门店的品牌之一。当时，各种主打水果茶的品牌快速扩张，但同质化严重、产品壁垒低、品牌概念缺失。这让挞柠创始人团队决定在红海市场中做精、做细柠檬茶这个赛道。

通过在中国台湾等多地市场调研，他们确定了品牌小而美的定位，在广州开设5家直营店。挞柠选用了广东本地产香水柠檬，为了让柠檬果皮的香气更好地融入茶饮，经过反复试验找到了手捣这一方式，成为最早推出手打柠檬茶概念的品牌。

茶汤的引入也升级了柠檬茶的口感。传统的柠檬茶特别是港式柠檬茶，更多是用一些果汁加上茶粉熬制出来的茶汤。而现在柠檬茶品牌选择用茶叶来制作茶汤，升级了柠檬茶的口感。以挞柠为例，从最初的一品清茶到引入广东的凤凰单丛制作的鸭屎香柠檬茶，更好的茶汤和柠檬的搭配让产品迅速成为爆款，并且逐步进入了越南、泰国等海外市场。

“我们的一个理念就是用好的柠檬，加上好的茶，然后呈现出一杯好喝的柠檬茶。”挞柠联合创始人谢灿武介绍，挞柠品牌的核心概念是“1+1+N”，其中1分别代表柠檬和茶，N是赋予柠檬茶无限的想象空间。“柠檬是一个很百搭、健康的水果，我们会把很多不同的东西跟柠檬茶去做搭配，例如佛手和油柑，不断地赋予柠檬茶一些新鲜的元素，让消费者能喝到一杯好喝又不断有新意的饮料。”

差异化定位助推细分品类崛起

在茶饮行业的激烈竞争下，品牌的差异化特色尤为重要。而随着Z世代成为新茶饮消费主力，抓住他们需求的产品才能脱颖而出。

创立于消费潮流之都上海的和气桃桃，看准了桃子饮品细分赛道的机遇，将自己定位为桃子特色的全品类的饮品品牌。2021年，凭借独创的屁桃茶和拉面奶茶，和气桃桃火爆于各大社交平台。

“当时整个饮品市场没有品牌在做这类产品，它本身就有很大的差异化或者说独特性。刚开始和气桃桃在上海环球港店推出了屁桃茶，很多用户看到了就来到门店打卡，一下子就火了。”和气桃桃创始人林茗娟介绍说，“桃子口味在酒、饮料等快消品行业其实都是很常见的，和柠檬茶一样有群众基础，但桃子的现制现售饮品领域没有品牌专门做，是一个市场的空缺。”

从最初更像一个小吃饮品店，到升

级视觉、调整产品线改为以桃子为主打产品并覆盖全品类，和气桃桃在不断根据消费者需求调整。经过一年多的市场调研和用户反馈不断调整后，和气桃桃明确了用一个细分的品类去打开用户心智的策略。“桃饮系列是品牌的招牌，但除了桃饮，我们菜单上各品类产品也很丰富，只是桃子风味饮品更有特色。”林茗娟介绍2021年下半年推出的麻薯奶茶系列、拉面奶茶也延续了其在年轻人中的火爆。

她认为，和气桃桃的走红是因为迎合了Z世代的社交需求，“18~24岁的年轻人是我们品牌的消费主力，其中女性占到多数。奶茶爱好者、社交达人、二次元文化是这些群体显著的标签。在朋友圈、大众点评等社交平台发布屁桃茶、拉面奶茶、麻薯奶茶这些产品，用户做点赞、收藏和评论的互动值就很高。它本身的社交属性非常强，很能带动流量，自然会受到热衷分享的年轻人喜爱”。

同时，对年轻人来说，性价比也很重要。“在目前这一价位能喝到的产品中，顾客会希望体验是超过预期的，和气桃桃做的就是高性价比的产品。比如，我们招牌的麻薯奶茶系列、赛高水果系列等，性价比较高，有比较好的复购。”

对未来柠檬茶的发展，谢灿武也认为要更多关注年轻消费者的需求。“新鲜健康、有趣分享、高性价比、规模效应，这些是未来茶饮产品的趋势。我们会重点关注消费者对于口味、兴趣的一些变化。”

为满足年轻消费者的需求，挞柠在广州、潮州、高雄设立了3个研发团队，从原料端进行独创性的研发，不断推出特色的产品。在长沙市场，挞柠就在行业内首先推出了“柠檬茶奶”。谢灿武介绍说：“柠檬跟乳制品去做结合，会起反应，这个是大家一直解决不了的问题。但是这块消费者有需求，我们不断试验解决方案，最终推出了柠檬风味的茶奶。”他还提到，为提升年轻消费群体对品牌的好感度和黏性，挞柠还对门店SI系统进行了年轻化的升级，自创“柠檬鲸”公仔形象和周边产品。

细分品类的挑战与机遇

水果茶细分赛道受限于原材料的生产、运输，行业发展也有明显的区域化、多地多品牌开花的特点。

以柠檬茶为例，除了柠檬茶大本营广东的挞柠，以湖南为阵地的柠季、在福建闽南地区走红的林香柠都在各自区域引起了一股柠檬热潮。但大部分的品牌集中在南方城市，手打柠檬茶能否持续火爆、走出南方，还有待观察。

首先，柠檬茶的销售受季节与气候的影响较大。适合做冰饮的柠檬茶销售旺季在夏天，而在冬季较为漫长的北方难以打开销路，北方消费者对于手打柠檬茶的接受度还有待提升。

其次，能否实现稳定产量、稳定的价格供应链也制约着柠檬茶品牌的发展壮大。柠檬原料需求火爆叠加2020年底的霜冻导致减产等因素，让2021年初香水柠檬从每斤 3~4 元涨到了 15~17 元，部分柠檬价格甚至涨到 30 元 / 斤，给茶饮企业带来较大压力。

更重要的是，这一细分赛道入局者越来越多，行业的内卷和同质化日益严重。据不完全统计，仅在广州，柠檬茶相关品牌就有上百家。此外，喜茶、古茗、七分甜等品牌也开始加入手打柠檬茶产品，甚至美妆新零售品牌 HARMAY 话梅也推出手打柠檬茶品牌“introlemons”。

而在挑战背后，也蕴含着行业的新机遇。谢灿武认为，今年手打柠檬茶赛道将迎来一波洗牌，企业产品的差异化将越来越重要，在供应链、运营和产品研发上有优势的品牌将脱颖而出。

目前已近 450 家门店的和气桃桃，将 2021 年拓展目标定为 1200 家门店。林茗娟认为，建立饮品品牌壁垒最重要的还是产品，“招牌产品要好喝，比如桃子生产季节在 4—6 月，相比其他品牌我们可以在这期间供应高品质的鲜桃，即使过了季节，我们供应链也可以保证全年供应桃子产品”。

她也提到，不断出新品，针对不同市场从产品策略、传播策略包括开店策略都要有针对性的优化。“比如屁桃茶是冰的，在北方冬天可能消费者就不太会买。华北消费者更喜欢酸奶和水果的结合，可以根据不同市场的情况和消费者需求来调整。市场是动态变化的，鲜果茶这个赛道的空间还很大。”

2.“国潮崛起”成新消费趋势　新茶饮玩转国风

随着“国潮崛起”成为新消费趋势，新茶饮赛道也借此东风跑出了一批知名度较高、受消费者青睐的国风茶饮品牌。其中，被称为“长沙名片”的茶颜悦色最早让国风茶饮概念深入人心。

2021 年，新茶饮的国潮风品牌寡头格局不再。来自云南的霸王茶姬接连完成合计超过 3 亿元的 A 轮和 B 轮融资；青岛的荷田水铺在 3 个月内获得了两轮累计千万元级融资；12 月，发源于深圳的殿下的茶拿到千万元人民币天使轮融资……越来越多的茶饮品牌抓住国风这一流量密码，切入茶饮细分赛道。

茶饮品牌玩转国风

随着当代年轻人的国家认同感、民族自豪感日益提升，“国风”在广大消费者尤其是年轻消费者中产生了巨大的吸引力。一杯融合中国传统文化和符合现代人需求的“国潮”奶茶，成为 2021 年年轻人必打卡的最火单品。

在茶饮界中，创立于长沙的茶颜悦色最早捕捉到了“国风”商机。2014 年，茶颜悦色以中国风做成自己的品牌 IP，从门店的装饰到产品的包装再到产品的名字，无一不充满浓浓的国风元素。快速密集的单城市拓展，也让其成为游客必打卡的“长沙名片”。

另一些新秀品牌也紧随其后，比如同样定位“新中式国风茶饮”的霸王茶姬，2017 年创立于云南，以原叶鲜奶茶为主打，重点布局西南茶饮市场。2021 年以来，霸王茶姬在成都春熙路落地首店，将四川作为又一战略高地。

截至目前，霸王茶姬业务版图已扩展至国内 14 个省市，门店总数超过 500 家，既在成都、重庆、合肥等新一线城市开设旗舰店，也在丽江、大理等下沉市场进行深度布局，战略版图更加清晰、有层次。

国风茶饮市场之所以能够以如此快的速度增长，主要得益于 Z 世代消费群体的成长。以 95 后、女性为主的消费群体，成为国风茶饮的消费主力军。这一群体对于高颜值的追求，让具有高辨识度的国风茶饮备受青睐。

为了吸引年轻人，不少品牌在挖掘传统文化和茶饮结合点上也都下足了工夫。

霸王茶姬的命名致敬了中国经典史诗故事“霸王别姬”，同时品牌以中国传统戏曲作为视觉符号，打造了戏曲脸谱的 Logo，并融合中国古建、传统戏服等元素设计了门店风格。又如起源于广东潮汕的英歌魂，将流行于广东潮汕地区的国家级非物质文化遗产英歌舞、潮汕文化融入了茶饮之中。

从社交平台的打卡分享，到社群创意互动，再到跨界联名合作，国风茶饮品牌的玩法花样百出。

霸王茶姬邀请辣目洋子作为全球首位茶推官，并在 2020 年陆续上新周边创意产品，推出线下快闪店、“请全国人民喝奶茶”等活动，借助明星效应快速抢占流量；功夫熊猫茶在上海首店将《功夫熊猫》电影代表场景 1∶1 真实还原出来；走宫廷风的殿下的茶在门店提供多种风格的唐服，供消费者换装拍照……“好玩有趣”的国风茶饮营销吸引着更加广泛的消费者的参与。

国风茶饮品牌用年轻人喜爱的口味和话语体系，逐步打破传统茶文化的刻板印象，将国风茶饮构建为年轻人的潮流生活方式之一。

打造穿越周期的大单品

伴随着激烈的业内竞争，外界也在质疑国风或将“昙花一现”。相比外在形式的吸引，最终留给消费者的还是手里那一杯茶饮的品质。

作为快消品，茶饮行业在不断发展，消费者也不断有新的需求，热销单品层出不穷、快速更迭。茶饮 1.0 时代，奶茶制作主要以奶精、茶粉、糖调和为主，以香飘飘为代表的杯装速冲奶茶销量可观。进入茶饮 2.0 时代后，珍珠、椰果、布丁等多元配料加入，奶茶更加多元化。而到了茶饮 3.0 时代，追求健康的需求凸显，主打新鲜牛乳、水果成为产品特色，喜茶、奈雪的茶等头部新茶饮品牌也借此脱颖而出。

那么，国风奶茶要做什么样的奶茶产品？对此，霸王茶姬董事长兼 CEO 张俊杰有自己的思考。他认为，奶茶产品要有较高的复购率才能做到持续经营，而要打造一款高复购率的产品，温良的口感很重要。

凭借过往十余年的奶茶行业经验，张俊杰看到了茶饮行业健康化的发展趋势，“咖啡中，拿铁的复购率最高，因为这一产品口感相对温良，价格在 15~25 元之间，处于核心市场所能接受的消费价格带。而茶就是咖啡的对标，我们以原叶茶加新鲜牛乳的逻辑做一款‘茶拿铁’，既健康，还能成为消费者每天都喝的生活伴侣”。

“高品质的原叶鲜奶茶属于空白市场”张俊杰分析说。2017 年以来头部与腰部茶饮品牌均在深耕“水果茶”，部分品牌围绕“料多”做饮品甜品化，尾部下沉品牌仍在做珍珠奶茶。

因此，霸王茶姬抓住了奶茶原材料升级的机会点，以对标咖啡的发展路径为出发点，走更高品质、更健康的“原茶 + 鲜奶”新鲜现制路线。这不仅突破了奶茶固有的口味，还结合当下深受年轻消费者认同的健康茶饮观念，突出茶与奶的天然香味，给人“清爽不腻有茶香”的味蕾体验。同时，又采用大单品策略，迅速抢占了消费认知，提高出品和供应链效率。

这样的产品定位也经受住了市场的考验。自 2017 年创立以来，霸王茶姬“原叶鲜奶茶”系列平均销量占比达到约 70%，甚至部分门店的销售比例已超过 90%。作为霸王茶姬的爆款单品，伯牙绝弦曾创下月均销售超过 72 万杯的纪录。在 2021 年 9 月，刚登陆成都市场的霸王茶姬创造了首日出杯超过 3600 杯的纪录，而伯牙绝弦单日最高售出超过 1200 杯。

“早期我们的品类覆盖了奶盖茶、鲜奶茶、水果茶、单品纯茶这四大系列，现在我们不断聚焦在‘原叶鲜奶茶’上。”张俊杰介绍说。

国风助推新茶饮出海

全球化扩张几乎是每个品牌的梦想，新中式国风茶饮在海外扩张的脚步也一直未停。

相较于国内茶饮市场，东南亚茶饮市场的行业升级相对滞后。在国内新式茶饮竞争激烈、花样百出时，海外还以珍珠奶茶为主要产品，停留于茶饮 1.0 时代。较强的新茶饮品牌，也给了中国茶饮品牌出海的发展机遇。2018 年，喜茶、奈雪的茶、蜜雪冰城、快乐柠檬、CoCo、鹿角巷等国内茶饮品牌相继出海。

中国新茶饮在发展过程中所形成的产品、运营策略等各方面竞争力，对于东南亚市场的其他现存品牌来说，颇有“降维”意味。但在迎合海外消费者不同的偏好之余，还要解决市场差异、消费者认知、文化融入等问题，对企业供应链、本土化的经营能力等都提出了更高的要求。

在国内门店不到 100 家时，定位为“以东方茶，会世界友”的霸王茶姬就已开始布局海外。2018 年，在考察了东南亚多个国家后，霸王茶姬选定马来西亚作为品牌出海的第一站，并于 2019 年 8 月在吉隆坡成功开设第一家海外门店。

此后，霸王茶姬海外扩张势头不减，

随后开业的甲洞店更创下当时马来西亚茶饮单日出杯纪录，当日出杯数达到1466杯。发展至今，霸王茶姬已在马来西亚、新加坡、泰国等海外市场布局近40家门店，海外单店单月最高销售额达到近43万元。在新冠肺炎疫情严峻的海外市场，霸王茶姬海外门店数仍保持正增长态势。

张俊杰认为，霸王茶姬的“新中式国风”为品牌出海带来了识别上的差异化优势，让其能快速在海外市场获得认知，“未来3年，出海是我们下一阶段重中之重的战略，在出海这件事情上，中国文化会产生巨大的优势”。

关于出海发展，张俊杰也总结了3个经验。首先，进入海外市场要做好供应链。霸王茶姬“原茶＋鲜奶”的产品策略，从供应链层面来看茶的标准化和品质稳定性更高。相比水果的储存和运输而言，茶可以实现全球标准供应。

其次，从国内到海外，面临着不一样的市场环境。因为东南亚白天气温较高，马来西亚人更偏爱夜间出行消费，为适应当地生活习惯，海外部分门店营业时间延至凌晨一点半。此外，在马来西亚，车多人少，且消费者偏爱户外就座，因此店面外摆空间一定要开阔，方便户外就座和停车。

“品牌可以全球化，经营必须本土化。我们在海外着力于打造‘东方星巴克’的形象。”张俊杰提到，同时也需要进行本土化经营探索。“中国风”解决了识别差异化的问题，但只是打开一扇门，只有做出更多中国文化载体的产品并且融入本地文化，才能获得海外市场消费者的认可。在品牌运营层面，霸王茶姬在海外探索了本土品牌的联名合作、城市快闪、社交媒体话题互动等活动，良好的市场反馈也增强了他们的信心。

在瞬息万变的茶饮市场，潮流更新换代频繁。但国风仍然强劲，未来或将吹到海外市场，引领新茶饮品牌找到新的增长曲线。

3. 新茶饮遇“七年之痒”，品牌如何突围？

在2022年的多个行业涨价潮中，定位高端消费市场的喜茶、奈雪的茶逆势降价，部分商品甚至降价到个位数。“奈雪大幅降价10元”的新闻曾一度冲上热搜，消费者直呼：幸福来得太突然！

在市场看来，这两家的降价，背后是新式茶饮在经历爆发期和行业圈地后，市场竞争愈发激烈。新式茶饮的故事缘起2015年，奈雪的茶和喜茶在当年分别推出自制鲜果茶和芝士奶盖茶，以“新鲜水果＋现场制作”的组合方式，来替代“粉末勾兑”的传统奶茶品类。新式茶饮开始逐渐进入消费者的视线。

近年来，在资本的大量涌入下，这一赛道快速壮大，行业格局也逐渐清晰。

单价30元左右的奈雪、喜茶定位一二线城市的消费者，10元以下的蜜雪冰城火爆中国的无数小县城。在这中间，各类不同的鲜果茶、五谷养生茶各自争相占领不同地域的消费人群，为人所知的就是古茗、沪上阿姨、茶颜悦色、茶百道等。伴随着各式各样的新品种和花式营销，市场上掀起了一波又一波的出圈营销和消费浪潮。

而如今，随着市场增长放缓、用户红利消失，新冠肺炎疫情尚未结束，新茶饮的竞争也进入白热化阶段。这些在全国不同地区跑马圈地的品牌，该如何冲出重围?

行业迎来“洗牌”

2020年上半年，不少新茶饮品牌的扩张短暂受阻，但下半年开店速度明显加快。据媒体报道，2019年底，喜茶在全国有400多家门店，2020年已突破650家。在长沙起家的茶颜悦色也把门店开到了其他城市。

古茗的市场部负责人顿贤也表示，新冠肺炎疫情对开店扩张并无明显影响，2021年的开店速度也比上年加快，目前全国已有6000多家门店。沪上阿姨在2021年也迎来店面数量爆发，创始人单卫钧介绍，沪上阿姨当年新增授权了2000家门店，相当于此前7年半的门店总量。

在融资上，资本市场对于头部品牌的热情仍未减少。2021年，奈雪的茶获得58.58亿港元的战略投资，并于6月30日赴港上市；喜茶完成5亿美元的D轮融资；蜜雪冰城获得20亿元的战略投资，投资者有高瓴资本、美团龙珠等；沪上阿姨获得了一笔近亿元的A+轮融资。

部分细分赛道的品牌也获得关注。以养生类新品牌为例，国风传统养生药茶饮品荷田水铺拿到两轮战略融资；健康茶饮未来茶浪、霸王茶姬以及以药食同源为灵感的椿风等均获得融资。

而在知名品牌获青睐的同时，市场的一个普遍观点是，新式茶饮赛道的头部集中效应将愈发凸显，部分尾部品牌以及夫妻老婆店会陆续消失。“比如现在茶饮市场份额有1000亿元，连锁店占到300亿元，未来就是500亿~600亿元，部分地区的茶饮品牌也有可能会被挤压。”单卫钧称。

顿贤也表示，新冠肺炎疫情加速了洗牌，也给部分头部品牌腾挪出一些空间，这些品牌借势开出了不少店。

营销、上新、供应链，新茶饮拼的是什么?

头部品牌在新冠肺炎疫情期间获得了一定的发展空间，但也进入了四处“搏杀”的阶段。主要定位一二线城市高端消费者的喜茶、奈雪的茶开始降价“揽客”，开始在二三线城市与其他品牌“狭路相逢”，同样，已开设超2万家门店的蜜雪冰城，也开始在一二线甚至海外谋求扩张。

竞争白热化下，各家快速推出新品进行破圈营销。2021年，奈雪的茶推出了80款新品，其中“霸气玉油柑”“鸭屎香宝藏茶”成为爆品，喜茶等品牌随后纷纷推出油柑口味的饮品，书亦烧仙草等品牌也开始推出“鸭屎香”产品，模仿成风。

同年，蜜雪冰城推出的主题曲《你爱我，我爱你，蜜雪冰城甜蜜蜜》在各个内容平台上迅速破圈，有些门店表示，如果当面唱出这首歌，还会免费送出一杯奶茶。

“茶饮品牌卷得比较厉害。”顿贤称。行业的同质化无法避免，古茗也曾经历迎合行业去追逐流量的阶段，甚至在2021年柠檬大火的时候，也一度想去追风模仿新产品。但分析了不少市场跟风后，古茗开始意识到，与其通过营销以及新品来刻意追求不同，不如将品类做到最好。

在柠檬茶大火的时候，古茗仔细调研了原材料的供应基地和产量，为了保证品质的稳定和价格，古茗并未加入当年的“柠檬潮”。对于做品牌来说，更多的是“克制”。想做和能做的事情需要清晰了解，站在消费者的角度来看一杯高性价比的饮品是大家所需要的，因此更加注重为消费者提高产品性价比，不再以门口扩张为首要任务，精耕细作好已有门店，在提高加盟商利润的同时给消费者一杯高性价比的饮品，成为古茗目前的重要策略之一。

沪上阿姨则把如何更近触达消费者以及门店数字化，作为扎实经营的策略。沪上阿姨创始人单立钧介绍，目前除了把企业微信当作触达消费者的端口，也已经开发出门店的进销存系统，并做到门店日清、周清、月清，同时对店员、店长、员工做到在线化学习。

而更多的品牌，开始自建仓储和运输链，甚至深入上游供应链环节，在优质产区共建种植基地。2017年，一款名为“暖暖芋”的产品在喜茶门店首度上线，这是芋泥波波的雏形。当时由于没找到合适的芋泥原料，喜茶只能购买新鲜的芋头在店里切煮。产品上线后虽受到了消费者的热捧，但喜茶仍然认为呈现出来的产品不够好，最终将其下架。此后，喜茶根据产品的标准研发了芋泥原料加工的配方，找到一家芋头加工企业进行反向定制和产品升级。在喜茶的推动下，如今芋泥已经成为新茶饮行业普遍使用的原料。

“只有重视加盟商盈利、重视消费者体验的企业，才能赢得这场战役，否则将会被淘汰出局。”沪上阿姨创始人单立钧总结道。

中国餐饮
年度观察
和大数据

02

模式篇

一、连锁化：飞速奔跑的连锁餐饮

1. 餐饮企业如何建立“品牌力”？

做品牌不是一件容易的事，餐饮行业尤甚。

“选择太多了。消费者对餐饮品牌，没什么忠诚度的。”一位知名餐饮品牌创始人略显悲伤地感叹。

这句话的背后，是餐饮行业残酷的淘汰率。“餐饮老板内参”的报道显示，商场餐饮品牌的淘汰期从5年缩短至3年，到现在只有1年；在一些A类购物中心，一家新兴餐厅品牌撤场，甚至只需一个半月到3个月。

在行业自然规律之外，新冠肺炎疫情成了餐饮行业马太效应的放大器，加速了行业的新一轮洗牌。近两年来，关店、裁员、熬过去……这些关键词屡屡见诸报端，“难”成为餐饮老板的一致性感受。

但对于一些有着良好品牌效应的连锁餐厅而言，疫情下也能将其转化为机遇。

一个典型的例子是发端于广深地区的客家菜品牌客语。为了应对新冠肺炎疫情，客语创始人许可鹏花费巨大心力推动餐厅转型做线上外卖，在疫情期间从0到1，将客语做成美团外卖平台上广深地区餐饮品牌的佼佼者，建立起线上的品牌力。再比如，大众耳熟能详的麻辣烫品牌杨国福，在其他品牌纷纷收缩门店的时候，杨国福反而在新冠肺炎疫情开始这一年，在线下开出近1500家门店。受益于其多年线下经营建立起的品牌信任，杨国福的加盟商敢于在市场萧条期坚定出手，不仅拿到了不少黄金地段的商铺，而且价格优惠。

对于餐饮企业而言，品牌力是生死线。餐饮品牌的护城河到底来自于什么？餐饮老板们应该怎么做才能真正赢得消费者的信任？这些问题始终盘旋在餐饮行业从业者的脑海中。要回答这些问题，一切都要从起点说起：你的品牌，最终要服务谁？

做品牌的两种思路：服务一部分人VS 追求最大公约数

中国餐饮行业有两个张勇。一位是海底捞创始人，一位是新荣记创始人。

海底捞于2018年9月赴港上市，目前国内门店超千家，市值最高超4500亿港元；而另一位新荣记的张勇，从浙江台州起家，店面只涉及中国的杭州、北京、上海、香港，以及日本，创业26年，新荣记旗下品牌总共只开了30多家店。就靠这些店，张勇到2022年初，总共拿下米其林12颗星。新荣记所到之处，几乎每间店都一座难求。

很难说两个张勇，谁比谁更成功。

西贝创始人贾国龙曾经打趣形容

这两个人，说一个负责铺天盖地，一个负责顶天立地。“做顶天立地的做不了铺天盖地，做铺天盖地的也做不了顶天立地。”

这个形容很精妙，它准确描述了餐饮行业两种典型的商业思路：一种是海底捞式的，通过可复制的标准化形成规模化的品牌优势；另一种是新荣记式的，追求极致体验，在意个性和自我表达，只服务一小部分人。

可问题在于，新荣记这样的品牌，在商业上是难以复制的，它太过依赖创始人的个性与想象力，因此，这也几乎意味着新荣记这样的商业模式，不可能规模很大。得到 App 总编辑李翔对新荣记有个评价：“新荣记追求的是每一家店都要与众不同，从菜品、服务到环境，这意味着它没有办法高速增长。”

因此在中国，想要做大做强的品牌，更多选择的是连锁化、规模化、标准化之路，这是一种更加亲民，且追求共识、追求最大公约数的路。

有趣的是，杨国福麻辣烫的董事长助理李双印，也曾在采访中提到杨国福品牌的“最大公约数”思路。

由于近几年创意麻辣烫的兴起，有不少人认为，像杨国福这样的老牌麻辣烫品牌正在遭遇严重的品牌危机，似乎不再能够抓住年轻人的心了。对此，李双印回应称，“我觉得每一个品牌都有自己的成长路径，杨国福追求的是‘最大公约数’的概念，我们的门店现在虽然看起来不是特别时尚、年轻，也不花哨，但是不管是岁数大的还是年轻的，不管是男士还是女士，不管是年薪百万、开豪车还是普通的打工者，到杨国福门店消费的时候，都不会有违和感。杨国福的模式就是‘最大公约数’地接纳这些人。”

立足当下：用食材与服务，建立品牌护城河

笃信产品、做好菜品，是一个餐饮品牌的立身之本。但对于选择规模化之路的品牌连锁店而言，做出好的菜品，不能过分依赖人的因素。尽管很多五星级餐厅、米其林餐厅拥有名师高厨，但手艺精湛的大厨始终是稀缺资源。

所以，品牌型连锁店的底线是在没有名厨的情况下，也能最大限度地为消费者制作出好吃的菜品。因此，要在名厨之外的地方下大工夫。

很多成功的餐饮品牌创业者，都提到了食材的重要性。这一点，在新荣记这个品牌上体现得尤为突出。“新荣记没有办法提供所谓高性价比的产品，”老板张勇相信，“要把菜和服务都做到极致，就必须不惜成本地投入。”因此新荣记对于食材的要求极为苛刻。

发家于新加坡的莆田餐厅，也是一家老牌的知名连锁餐厅。其创始人方志忠和新荣记张勇是好友，二者对食材的挑剔和苛刻如出一辙。

方志忠在接受采访时表示：莆田餐厅的制胜法宝就是食材。他会花费很大的精力去选用上好的食材，因为有了上好的食材，不需要厨艺最精妙的大厨就

能做出一桌好菜。

“虽然莆田餐厅的人均消费在国内也就130元左右，但是我们对食材的研究上，真的已经做到极致了。比如说紫菜，所有的华人都知道紫菜，但是我们买的紫菜至少是市场紫菜5倍以上的价格。再比如鳗鱼，我们不但是用活的鳗鱼，而且同样的鳗鱼比市场价格整整贵了一倍。市场8万元一吨的鳗鱼，我们用的是日本鳗，比市面上常见的美洲鳗、欧洲鳗贵一倍，大部分人根本辨别不出二者的差别在哪里。虽然看不出来，但是能吃出来。”方志忠说，“只要尝过更好的食材，他就不会给顾客提供次等的食材，这就是我们店的特点。”

方志忠相信，只要用最好的食材和最地道的方法来烹煮，菜品就能做出“妈妈的味道”。他认为，正是因为对上好食材的极大坚持，让莆田餐厅能够在竞争残酷的餐饮市场上存活21年，并且口碑似乎还不错。

除了食材，方志忠还反复强调莆田餐厅的待客之道，这是他的另一个坚持，也是建立莆田品牌护城河的重要因素，即贴心周到的服务。他非常反对将莆田的服务人员定位为“店小二”，希望团队把顾客当成朋友和亲戚来照顾，顾客来了，就当朋友来招呼。换句话说，莆田的员工和普通的顾客，是平等的，普通员工应该是好客的、有自豪感的，而不是服务顾客。他认为，唯有这样，才能给食客最好的就餐体验。

放眼未来：抓住年轻人的心

很多餐饮老板，自工作以来就在餐饮行业摸爬滚打，甚至在业内扎根了一辈子。但也有一些跨行业的例外，这些人往往会给餐饮行业带来不一样的视角。

周黑鸭CEO张宇晨就是个典型的例子。在加入周黑鸭之前，张宇晨在宝洁等快消公司服务了近20年。

张宇晨说，宝洁这样的公司创立至今，快200年了，为什么这样的公司能够基业长青，甚至越来越好？最精髓的原因是：抓住年轻人的心。

宝洁会花费巨额的研究经费，持续追踪、研究年轻人的喜好，根据年轻人的需求创新消费品，迭代新的品类。张宇晨比很多人都更清楚，老牌快消公司对一代又一代年轻人的研究，其投入比外界想象中要大很多，而且是将创新真正落到了实践中。

这样的职业经历，给了张宇晨很多启发。

卤味对于张宇晨是一个相对陌生的赛道，但他不觉得这有什么问题，因为餐饮行业和快消行业的“道”是相同的。“不要去想你能够给年轻人什么，要反过来想，年轻人想要什么。”

为了让自己更了解年轻人，他经常向95后助理“取经”。比如他最近知道，现在年轻人最喜爱的周末活动之一是剧本杀，就是从年轻小助理口中听到的。

遵循理解年轻人的理念，张宇晨将周黑鸭送上了产品多样化、年轻化的快车道。采访一开始，他就神秘地介绍了周黑鸭新出的一款“樱花跳跳糖”鸭脖。

张宇晨想要的，或许就是来自年轻人对于新产品的好奇心，因为有好奇、有尝试，下一步，才会去消费。

NOWWA 挪瓦咖啡也是先行者。2020 年夏天，NOWWA 挪瓦咖啡就将水果风味融入咖啡，推出了青瓜、玫珑蜜瓜风味的新式果咖，受到消费者的热烈追捧。

据 NOWWA 挪瓦咖啡 CEO 郭星君介绍，NOWWA 挪瓦咖啡用户的平均年龄是 22~29 岁，其中女性用户占比 65%，白领为主。尽管如此，不同城市的用户需求也是不一样的。“咖啡或者饮品有很强的社交属性，比如你请我去喝咖啡，在上海喝咖啡的需求概率比较大，但是如果在淮安，你请我喝咖啡，我不一定有黑咖啡需求，可能会买一杯水果风味的饮品或者一杯不那么苦的拿铁。”

在郭星君看来，菜单比较单一，可能目标的人群会相对比较少。因此，NOWWA 挪瓦咖啡未来会持续将水果风味运用在咖啡产品中，对果咖和好喝的拿铁进行不断的产品改造和升级。

同时，NOWWA 挪瓦咖啡也会在供应链搭建、门店开设和 IT 系统建设进行全方位的升级。“一定不要把行业红利当作了自己的能力。”郭星君说，要有在超级红利的推进下更高要求的迭代组织能力。2022 年，NOWWA 挪瓦咖啡的任务除了开新城开新店，还会继续在已落地的城市里做业务的渗透和更精细化的运营。

成功者的基本逻辑大多是相似的。莆田餐厅在国内已经非常知名，可是方志忠说，他花了很大的心力去研究年轻人的喜好，越研究越感到吃惊。作为一个连锁餐厅的创始人，他惊讶地发现，未来的趋势似乎是“去连锁化”。这让他非常困惑。在接触了很多的 90 后、00 后之后，方志忠敏锐地察觉到，年轻人需要的是个性化的体验。“什么叫个性化的体验？现在很多年轻人，他们不会去星巴克。年轻人们就爱喝手冲咖啡，早就不喝连锁店的咖啡。而且这种趋势越来越明显，也就是说去连锁化的消费，就是未来。”

那以后，莆田餐厅要怎么办？

方志忠自己也没有答案，“也许未来的连锁并不是像现在的连锁，它只是一个商业的连锁模式，但是未来的呈现终端一定是多样化的，它可能是多品牌甚至多业态的”。

2. 中餐都想当麦当劳：没有供应链，就没有大连锁

熬过了最艰难的 2020 年，伴随着新冠肺炎疫情时代的到来，餐企借助供应链降本提效的意识骤然提升，完善供应链成为餐饮企业的核心工作及打造竞争力的重中之重，“得供应链得天下”成为业内共识。

几乎每家中餐连锁都有成为麦当劳的梦。麦当劳之所以能成为全球最大的跨国连锁快餐企业，除了精简的产品结构与标准化的产品属性，很大程度上依赖于精密的供应链体系。

对比全球麦当劳的遍地开花布局，如何实现标准化、连锁化的供应链，是这些“中餐麦当劳”们绕不开的重要课题。

餐饮不能全依赖厨师：一个高中老板的供应链尝试

随着投入餐饮供应链 B2B 服务的企业增多，越来越多从事餐饮行业的机构尝试打造自己的供应链系统，然而行业发展仍属早期阶段，尚未出现真正能够主导市场的头部企业，大多企业处于不断试错、努力在成本投入及盈利间取得平衡的阶段。

位于中国西南，有一家从创业之初就有忧患意识，时刻想着有倒闭风险的企业——五斗米。创业要做最坏的打算，但也必须要尽最大的努力，五斗米凭借单品战略与供应链布局，在中餐连锁里占据一席之地。重庆五斗米餐饮集团董事长王顺海认为，创造任何品牌，首先就要考虑供应链的问题。

1991 年，高中毕业的王顺海开始了人生第一次创业，当时市场流行太安鱼，在经过多方考察后，他决定开一家太安鱼馆。1994 年，王顺海又在江北的石马河开了一家乌江鱼馆，随着店铺规模扩大，王顺海开始考虑自建供应链，因为传统中餐太过于依赖厨师，基本都是靠厨师吃饭，无法快速扩张和大规模连锁。

中国地域辽阔，各地饮食习惯不同，川菜湘菜辣、粤菜做法复杂、鲁菜重油重盐等。一方面导致消费者的选择太多，另一方面随着中餐的创新，消费者的口味偏好也在发生变化，即便是普适性极强的火锅，海底捞也面临扩店难、品牌老化等问题。

为此，王顺海做了两件事：单品化与自建供应链。五斗米的品牌几乎都是单品，解决了主料，门店一个经过培训的大叔、大妈就能完成出品，不仅成功破解了对厨师依赖，也为五斗米的迅速发展壮大打下基础。同时，为了防止顾客喜新厌旧，五斗米在自建稳定供应链的情况下，不断研发新单品品牌。

截至目前，五斗米集团旗下品牌有五斗米大饭店、顺水鱼馆、守柴炉烤鸭、藕然间、庖丁家水煮牛排、诗爷跷脚牛肉、寓言酸汤兔等 20 余个特色餐饮品牌，连锁门店超 1000 家。

庞大的门店所形成的规模效应，使其在供应端有很强的议价能力。

“鸭子、藕、鱼、牛肉等单品年销量就达到了上万吨，我们会寻找更好的产地，要求当地的优质食材供应商，按照五斗米的标准养殖、种植原材料。”

此外，五斗米还自建了多个基地，包括蔬菜种植基地、泡菜基地、食品工厂、中央厨房、物流中心等。这些供应链端的建设，反作用于餐饮端，让价格、味道、食品安全、品质等更有保障，更具优势。

餐饮产品化，产品餐饮化

多年餐饮行业的摸爬滚打，王顺海探索出一套自己的供应链打法：餐饮产品化，产品餐饮化。通过原材料采购，到中央厨房、食品工厂加工生产，再到物流配送，全部实行高度统一化、标准化。“餐饮产品化，能更好地保证餐饮端品质。”

另外，则是如何让每一道产品，都具有餐饮味觉与视觉。“这同样需要发挥供应链的作用，保证鲜货的采购和产品的不断试验，来满足消费者的味蕾。”

五斗米对成本的控制体现在对供应链的极致把控。

早在2005年，王顺海就投资5000万元，在老家四川射洪市兴建了占地108亩的泡菜基地和食品加工厂，2008年在重庆九龙坡区巴福镇建立了中央厨房、物流中心。

五斗米旗下品牌鸭棚子老鸭汤、守柴炉烤鸭，分别主打老鸭汤和老鸭汤火锅加烤鸭的创新模式，先决条件就在于他们已经形成了成熟稳定的供应链——有工厂专门生产鸭胚，有调味品工厂生产老鸭汤料，有鸭饼厂生产鸭饼，有专门生产甜面酱的工厂等。

五斗米的鸭子并非由自己养殖，而是在北方市场（如河北等地）寻找烤鸭的鸭胚，然后通过生产工厂进行定制。鸭胚在工厂就完成了加工，拿到店面只需按标准流程来烤制即可，将川渝农家传统的甜面酱进行标准化研发加工与烤鸭搭配，进而实现守柴炉烤鸭出品的标准化与供应链体系的完善。

调味品方面，从2005年开始，五斗米布局调味品工厂，之后又率先着手开发泡味料（泡味料是指川渝口味中一种特有的调料，是用泡萝卜、泡酸菜、泡辣椒等复合在一起做出来的调料）。五斗米的调味品开始只是以酸萝卜老鸭汤和酸菜鱼调料为主，后期则延伸到各种泡味型调料生产。为了保证原材料的正宗，五斗米在四川、重庆、贵州等地与合作社、农户合作，实现订单农业上万亩。

五斗米的原材料基地基本固定，原则首先是优质产地采购，比如哪里的花椒好就在哪里采购；其次是季节性采购，一季把一年全部的需求采购完；最后是规模化采购。为了降低成本，能规模化采购的绝不零星采购。据悉，五斗米曾经也尝试过蔬菜集中采购和配送，但因保质问题、不新鲜等问题附加值低，并不适合集采，就暂时放弃了。

没有供应链，就没有大连锁

王顺海认为：“做供应链，店少就是空话，店多就要做供应链。如果一个连锁企业供应链没做好，要做大是不可能的。不能简单地把供应链理解为采购、配送、加工，做供应链也不能仅仅为了赚钱，供应链更重要的作用是能够支撑一个品牌的后勤保障，是一个品牌持续发展的支撑，它是一个体系，是餐饮产业的生态圈与闭环。”

五斗米紧扣两个方向理顺实现标准化的全套逻辑，一个是餐饮连锁，另一个是食品加工。王顺海表示："把餐饮产品化，就是要把供应链做大，这是未来发展的核心。我们未来要做的，就是把餐饮的菜品做成产品，再把产品回归于餐饮。我们现在的预制菜工厂占地上百亩，有几万平方米的厂房，原先是为自己企业服务，未来要为更多的行业和社会服务，为餐饮行业赋能，为懒人经济助力。"

2021 年 2 月 22 日杨国福麻辣烫向港交所提交上市申请书，冲击"麻辣烫第一股"。对比老对手张亮麻辣烫的外采经营模式，杨国福麻辣烫采取的核心策略就是将供应链的自主权握在手中。

杨国福对于供应链非常重视，描述自己的竞争优势时重点提到了"工业化供应链为高质量的快速拓展提供支持"，业务战略上也表示"进一步提升我们的供应链能力"，"加强我们的供应链能力，如增强我们的物流及仓储能力"。

面对杨国福的火热上市，王顺海坦言："目前谈上市还为时尚早，但未来进入资本市场，五斗米肯定不会单纯只在餐饮上考虑，供应链才是五斗米进入资本市场的方向"。

2021 年，全国餐饮收入达 46895 亿元。2021 年 9 月 6 日，随着"云敲钟"仪式上市钟声的响起，"餐饮供应链"第一股——"千味央厨"股票正式登陆深交所主板，凸显出供应链在餐饮行业中愈加举足轻重。

欧睿国际数据显示，2020 年美国、日本的连锁率在 50% 左右，2018—2020 年国内餐饮连锁化率分别为 12.8%、13.3% 和 15.0%。中国餐饮的行业连锁化率在逐年提升，越来越多连锁中餐企业将会走上自建供应链的道路。

3."万店"赛跑中的加盟商管理哲学

餐饮作为传统的产业之一，在最近几年迎来了新发展。2021 年，尽管受新冠肺炎疫情影响，但我国餐饮行业整体还是增长到了 4.8 万亿元。按照相关预测，2025 年，我国餐饮行业的规模可能突破 6 万亿元。

社会化餐饮是行业增量市场的主要来源。在以国内大循环为主体新经济发展形势下，社会化餐饮成为消费的新引擎之一，并且持续推动餐饮行业的整体格局发生变化。过去的 2 年时间里，从原材料供给到供应链整合再到资本的加持，整个行业一边降低疫情的不利影响，一边也在抓紧抢占可见的未来。2020 年，中国的连锁店比例只有 15%，而美国则超过 40%。在中国传统社会化餐饮体系中，以家庭为单位的夫妻店是主力军，在未来的发展中，它们将依旧扮演重要角色，但市场的主要增量无疑属于那些大连锁餐饮品牌。

2021 年，多家餐饮连锁品牌喊出了"万店"口号，超过 10000 家加盟商，似乎成了行业区别"大与小"的分水岭。在这个过程中，加盟商的管理成了行业的新课题。

不同的餐饮连锁品牌有着迥异的加盟商管理方法论。部分餐饮品牌会控制加盟商自我经营的创新和模式，甚至会管控其逐利的心态。“加盟商每个月的盈利应该控制在合理的区间内，一旦超过区间太多，则说明加盟商没有将一定的利润反哺到消费者身上，这对后续的经营是不利的。”深鲨集团联合创始人赫薇表示。

而另一些连锁品牌，则将运营支持和自主经营进行融合，典型品牌就是张亮麻辣烫。

“加盟管理的本质，是服务！”

张亮麻辣烫发源于黑龙江，以直营和加盟两种模式，将东北的麻辣烫开遍全球。截至目前，张亮麻辣烫拥有直营店 100 余家，先后在海外 8 个国家 20 个城市建立 31 家门店，全球连锁加盟店面超过 5800 家。老板张亮希望实现“有华人的地方，就有张亮麻辣烫”的宏伟梦想。

最早做加盟的时候，张亮凡事亲力亲为，一丝不苟地帮助每个门店运营。张亮麻辣烫副总裁唐绍林表示，在品牌发展初期，张亮董事长一直亲力亲为地参与每一家店的选址、经营分析。新加盟店开业的前一天，他一定会到达店面，帮助加盟商做开业前的各项准备工作，和他们一起进行实操的修订与调整。“到店指导”也作为加盟管理最“实在”、最有效的服务保留传承下来。

随着张亮麻辣烫的发展越来越迅速，加盟店面开始以成百上千的速度增加，为了让每一家门店都能在激烈的市场中盈利，张亮麻辣烫开始科学化地制定帮扶体系，深度服务加盟商。唐绍林说，张亮总部的各个部门和全国各地分公司，覆盖着门店经营的方方面面，从线上到线下，从产品到营运，不遗余力地多维度帮助加盟商。

“加盟管理的本质是服务！”唐绍林说。作为品牌方，张亮麻辣烫始终保持低姿态，将自己定位成为加盟商提供服务的公司。

张亮麻辣烫凭借多年的经验和强大高效的管理体系，在食客心中的影响力越来越大。在被问到各种网红麻辣烫、创意麻辣烫品牌时，唐绍林表示，众多创新品牌的出现无疑证明了餐饮市场的繁荣和麻辣烫品类的巨大潜力，麻辣烫新品牌的不断诞生、创新和竞争，也带动了整个麻辣烫品类的丰富和进步。从单店到连锁，从品牌先行到行业领军，张亮麻辣烫将服务的哲学与科学化的管理体系牢牢结合。

不同的品牌之间，对于加盟商的管理模式差异很大。比如还有另外一种强势管控加盟商的品牌经营方式，这一模式的典型公司是深鲨集团，一家专门为中小商家提供运营和品牌策略支持的公司。

强势管控：控制加盟商的逐利欲望，着眼品牌长期红利

对于普通民众来讲，深鲨这个名字可能比较陌生，但是一定有很多人在美

团点外卖的时候看到过饭戒、韦小堡、汤小鲜和范小满、江川右、大先生小碗菜、九牛和二虎、老丈母娘、粉氏、舌尖疯狂、喜公子、炭火匠等连锁外卖品牌。而深鲨集团就是背后管理、运营这些品牌的公司。

用深鲨集团联合创始人赫薇的话讲，外界以为深鲨的团队很庞大，因为要管理很多品牌，但实际上一共就两拨人。一拨是运营团队，另一拨是加盟商团队。所以从团队分工来看，深鲨是一家相对来说比较轻运营的公司。

深鲨集团的初创团队，有餐饮和互联网背景，2010 年一起创业，至今走过 12 个年头。从 2018 年开始，在积累了足够的经验后，团队开始孵化外卖品牌，并深度参与品牌加盟商的餐饮选品和日常经营。

深鲨的管理模式与张亮麻辣烫不同。对于强势管理的疑问，赫薇不仅毫不讳言，对于强势管理模式更是十分坚持，“我们是被外卖平台定义为强管控的品牌”。按照赫薇所言，正是因为深鲨深度参与了加盟商的品牌、经营全链路，才能做成十几个让大家耳熟能详的外卖品牌。

据赫薇介绍，深鲨对于加盟商的强管控体现在，所有的选品，产品售卖情况、上下架情况等，都是一条龙管理，不能有任何单体门店的私自操作。“我们的加盟商需要做的是出好每一份餐，把每一个用户服务好，不用太多思考与经营相关的事。”

加盟商在日常的经营中，会把经营数据交给深鲨，“因此我们能够比较密切地跟加盟商站在一起，去思考各家门店的盈利情况”。

比如，加盟商作为一个门店，一开始一个月挣 1 万、3 万，然后挣 5 万、8 万……但是深鲨旗下品牌的加盟商，是无法按照这样的速度实现利润指数级攀升的。深鲨会根据实际情况，对每一个加盟商做经营数据的评估，给出最合理的盈利区间。“比如月均利润 2 万 ~3 万，虽然各个地区有差异，但是按照中国加盟商整体的水平，全国平均下来这是一个比较好的数据。”

过度追求高利润，一定会导致客单价变高，而客单价变高，出餐量会变少。所以追求高利润，不一定能够实现长期、可持续的经营发展，利润必须控制在合理的范围内。在实际经营中，这一控制变量法更为复杂，“餐饮其实是一件非常细的事情，它的利润相对比较薄，一定要靠持续性的对产品的关注和用户服务得到一个比较长的生命周期。”赫薇说。

“如果在实际经营中，其盈利超过了我们认为加盟商应该去挣的钱，我们就会控制。比如说会强制商户做一些用户关怀的行为或者店面的翻新。”这需要磨合，中间也有很多碰撞，但是赫薇认为，这是深鲨作为品牌运营方，能够帮助加盟商创业的最重要的一点。

深鲨的强势还体现在，他们不会选择仅仅接受投资属性的加盟商，也就是说，如果你想要做韦小堡、汤小鲜和范小满、江川右这些品牌的外卖生意，必须要接受深鲨的游戏规则，即要接受来自品牌方从品牌到门店营运的深度干预。某种程度上，这或许能够解释，为什么深鲨旗下的某一品牌，即使在中国的不同地域，都能有一致的运营和品牌风格。

赫薇相信，“所有的加盟企业其实都面临一个问题，就是你的供应商在选择的最开始，是相信你的专业和依托于你的能力，但是它走着走着会‘变形’，唯有强势、控制，才能保证一个健康经营的结果。”

结语

对于加盟商的管理，不是容易的事，品牌方都有各自的理念和风格，但是通过多方对比后发现，餐饮品牌方对于未来的预判，有一些惊人的相似之处。

比如2021年以来大热的预制菜，品牌们一致认为预制菜其实是让非标准化的餐饮产品实现工业化、标准化的做法，是未来的趋势。“虽然预制菜的还原度可能不及妈妈做的菜，但是它的食品安全程度一定是最高的。”赫薇表示。

除此之外，餐饮行业普遍认为，未来应该抓住年轻人的需求。唐绍林认为在当今的餐饮环境中，及时拥抱年轻消费群体，就是拥抱品牌发展的未来。未来张亮麻辣烫会将“消费者至上”的精神，紧密结合年轻消费群体的需求，做好每一碗麻辣烫；而为了跟上年轻人，赫薇甚至整个团队大量招聘年轻人，“所有的资产最宝贵的就是人，年轻没有太多历史的捆绑，调整起来也会比较快。我们的团队成员平均出生于1994年，接受新鲜事物的能力也比较强”。

二、零售化：新需求画出新曲线

1. 从火锅食材到糖炒栗子，“Everything Now”成时代刚需

2020年9月，“秋天的第一杯奶茶”在网络流行，当天，美团外卖在全国送出了2400万杯奶茶。互联网改变了信息传播方式，产生了新的消费需求，而消费需求的变化又催生了基于地理位置的新型服务形式。外卖小哥数量在几年内发展至数以百万计，成为人们生活的“基础设施”，以“Everything Now”为终极目标的即时零售成为时代刚需，也正在改变“吃”这个行业的发展轨迹。

传统餐饮业通过外卖、预制菜抢占零售市场，传统的生鲜、食品行业玩家也开始蓄力，借助即时零售填补“外卖+非节点性需求”的空隙，资本和技术加速行业的迅猛发展，也拓宽了消费者对“想要即可得”的想象力。

锅圈食汇：30分钟到家的“社区中央厨房”

与传统餐饮企业不同，成立于2017年的锅圈食汇把目光瞄向了中国家庭厨房，从火锅、烧烤食材切入，为家庭和朋友聚会等场景提供一站式解决方案。

几年时间内，锅圈食汇已完成6轮融资，在上海、成都等地建立4个食材研发中心，与600多家加工厂合作，在全国开出超8000家门店，迅速成为一匹业界“黑马”。

相比于大多数立足一线城市的社区店模式，锅圈食汇从创立之初便主打县乡下沉市场和城市周边。“我们发现大城市的年轻人以独居为主，会觉得自己点外卖、去商场吃饭比较方便。但对于下沉市场，回家和家人吃饭、在家聚餐依然是最常见的场景，我们希望解决这部分需求。”锅圈食汇CMO楚学友说。

如今，锅圈食汇的门店已经覆盖全国21个省、超1000个县，而且正在河南试点乡村店，未来希望消费者在乡村小超市的冰柜和货架上，也能看到锅圈的产品。

在楚学友看来，便捷、品质、体验是消费者在吃这件事上越发关注的因素，价格反而没那么重要。相比于周末去菜市场、商场，在社区店顺路购置食材或者通过外卖备齐食材已经成为家庭吃饭的高频场景。目前，锅圈食汇也在依托美团外卖等平台，通过“门店＋配送”模式满足30分钟即时到家的需求，线上销售占比约20%。

“现在人们的消费习惯跟之前不同，很多都是提前一小时开始琢磨吃什么，然后手机下单把所有食材备齐，每次只买1~2顿饭的量，也不浪费。”楚学友说，消费趋势的变化给锅圈食汇这种线上生鲜零售超市提供了发展机会。在锅圈的货架上，很多菜品被包装成1~2人份，从调料到食材一应俱全，供消费者选择。

之所以选择火锅、烧烤食材这个赛道，除了品类市场广阔之外，也因为火锅场景几乎覆盖了蔬菜、肉类、海鲜等中国人日常吃饭的大多数食材所需。如今，锅圈食汇在火锅、烧烤品类的基础上，已将产品品类延展至卤味、一人食、中餐快手菜、饮品、西餐、生鲜等多个场景，同时提供火锅、烧烤器具出租服务。

楚学友发现，很多消费者从锅圈下单食材后，不是用来做火锅，而是做家常菜，餐饮、生鲜电商的市场空间会一直很大。美团数据显示，疫情期间，生鲜果蔬等品类的商品销售额同比增长4倍以上。

据了解，平均每2000户居民就拥有1家锅圈社区门店，目前锅圈食汇已累计服务1.3亿个家庭。

薛记炒货：不出门也能吃到“刚出锅的味道”

如果说锅圈食汇是抓住风口的新秀，薛记炒货更像是“接住馅饼”的老实人。

20世纪90年代初起家于山东济南早市的薛记炒货，在2003年才注册薛记炒货商标，有了第一家专卖店。创始人薛兴柱一直觉得自己跟30年前蹬着三轮车卖炒瓜子的时候没什么区别——挑最好的原材料，做最传统的炒货。只不过卖的“炒货”除了最开始的瓜子、栗子、花生，还增加了奶枣、苹果干等年轻人喜爱的零食。

据联合创始人王志钊回忆，公司创立以来的很长一段时间内，薛记炒货的顾客群平均年龄都在40岁以上。考虑到品牌长远发展，薛记炒货于2018年开始进行品牌升级，在品牌定位上从炒货店跨越到零食店，聚焦健康、体验等核心优势，并在供应链、产品研发、制作流程、销售渠道等环节进行全面优化。

在产品上，薛记炒货开发了一系列年轻人喜爱的品类，同时最大限度地保留食材原味。对于近两年被热捧的奶枣、巧克力柑橘片等网红食品，王志钊说，产品推出前没想到会这么火。“就像是天上掉下来馅饼，我们接住了。”目前，薛记炒货的顾客群也正在从之前的以家庭为主，转向年轻上班族。

在销售渠道上，除了已有的近百家线下门店，薛记炒货从2019年开始做全渠道铺设，除了传统电商平台、小程序之外，也拓展了美团外卖这类即时零售平台。

“现在年轻人的习惯是‘想到就要吃到’，而且开始追求健康、养生。这跟炒货这个业态很契合，保持食材原味，而且趁热最好吃。”为了满足消费者随时能吃到“刚出锅的味道”，薛记炒货不断改进糖炒栗子等热食产品的制作流程，目前炒制一锅糖炒栗子只需要6分钟，消费者外卖下单，30分钟就能收到依然温热的栗子。

网络信息显示，2022年1月，薛记炒货在此前“食品销售有限公司”之外，又注册了“食品科技有限公司”。从炒货销售到食品科技，或许预示着这家30年的老品牌，正式走上一条现代化、新兴产业的发展路子。

疫情“宅经济”催生到家服务爆发式增长，在内生力量的驱动以及技术、资本等外力的推动下，新的时代刚需正在不断发掘并被满足。未来的市场空间有多大？或许正如楚学友所言，“最终的市场容量将是14亿中国人的胃”。毕竟在吃这个问题上，中国人消费升级的需求会一直存在。

2. 预制菜，从幕后到台前

据商务部近期发布的“2022全国网上年货节”数据，春节期间预制菜销售额同比增长45.9%，成为品质年货的代表。预制菜这个已在餐饮业发展数十年的“旧”模式，从幕后走向台前，一度成为继咖啡、拉面之后被资本争相追逐的热赛道。有证券公司测算，2021年预制菜行业市场规模约3000亿元，未来将以20%的增长率逐年上升。

预制菜到底“香不香”？支持者认

为Z世代消费崛起，要品质也要速度的“精致懒宅”经济必然倒逼餐饮业走向标准化、零售化；反对者则认为中国人以食为天，对新鲜食材和锅气的执念不会为预制菜留出太多生存空间。

本文将从4家不同类型的传统餐饮品牌入局预制菜的故事展开，尝试寻找这些故事背后，关于中国餐饮未来发展的草蛇灰线。

20年，两次风口

对于传统餐饮来说，预制菜不算是新事物，只不过在很长一段时间里，其主赛道在To B领域。

1996年，晨曦炖品的前身——晨曦炖品阁诞生，当时主要为其他餐饮企业提供预制品食材。为了解决品质和口味稳定的问题，晨曦炖品在2000年前后开始把目标瞄向中餐标准化，这成就了今天的百珍堂预制菜。

“可以说，晨曦炖品是供应链起家的。”创始人戴晨义回忆，当时主要为了解决两个市场“痛点”，一是很多消费者觉得鲍参翅肚在家加工麻烦、不会做，二是越来越多的餐饮店对这类高端半成品食材的需求在加大。

谈到预制菜，眉州东坡CEO梁棣发出了同样的感慨：“我们工厂10年前就在做，当时还叫料理包，主要供应自家门店和其他的快餐连锁店，现在逐渐开始叫预制菜了，其实道理都是一样的”。

如今，眉州东坡预制菜在C端发力，成立四川王家渡食品有限公司，取得了食品生产许可证。除了麻婆豆腐、东坡肉等传统川菜，还开发了午餐肉、福辣酱、卤制品等速食品和零食。阵地从老百姓餐桌延伸到白领办公桌。

20年来，主流群体消费方式的变迁让一些基因中自带标准化属性的餐饮品牌经历了两次风口。

第一次是外卖，源于消费者对便捷的追求，以及移动互联网的崛起。

第二次是预制菜，源于消费者对“便捷+仪式感”的追求，同时伴随着餐饮供应链的成熟。

这两次风口，晨曦炖品都赶上了。“外卖是把本来供给餐饮店的产品换成单人份，再‘热配到家’，预制菜则是把中央厨房的产品经过工业加工变成零售品，再‘冷配到家’。”在戴晨义看来，多数同行是从前端向后端发力，晨曦炖品是从后端向前端发力，“这相对容易一些”。

餐饮是高技术含量的行业

餐饮企业的核心竞争力是什么？当笔者把这个问题抛给近两年潜心研究功夫菜的贾国龙时，他说是技术。

在预制菜这个新赛道，技术主要体现在两方面。

核心是烹饪技术。在公众普遍认知中，一道菜好不好吃几乎完全取决于厨师厨艺水平的高低。对于大多数正餐品牌来说，厨师是毋庸置疑的核心资产。而这两年，一些掌握传统手艺的大厨正在从餐厅的后厨走向中央厨房的研发间，手艺人也有了科技范儿。

“贾国龙功夫菜整合了各地名厨资

源和食品研究所专家，搭建起了一支能够出品百余道菜品的研发团队。”在功夫菜的研发中，大厨的烹饪技术有了不同的表达方式——以土豆丝为例，以前的脆爽程度由土豆品种、酸辣程度、油温火候、炒制时长等因素决定，其奥秘主要掌握在厨师的手中，而现在这些因素被厨师们拆解成了一个个固定指标，变成一种可“标准化”的厨艺，体现在不需猛火快炒依然脆爽可口的土豆丝预制菜上。

另一个是食品工业技术。有业内人士将预制菜定义为餐饮业向食品业的过渡，其最大难点在于把现做现吃的餐品变成有一定保质期、可批量生产的工业化产品。这背后涉及急速冷冻技术、杀菌保鲜技术、食品包装技术、冷链运输技术等一系列食品工业技术，每个环节都可能需要巨额的设备和研发资源投入。据了解，目前贾国龙功夫菜的菜品研发人员近300名，硬件方面的持续投入已经超过2亿元。

作为专注土味湘菜的传统餐饮品牌，深圳农耕记走上了一条与西贝殊途同归的道路。从2020年开始尝试“净菜到家”，到如今用“堂食＋外卖＋半成品零售”模式在深圳打出一片天地。农耕记快手菜与盒马、朴朴超市、钱大妈等平台深度合作，目前单日销量超过10000份。

创始人冯国华认为，技术是自己的核心优势，为了满足零售市场需求，农耕记快手菜组建了八大菜系厨师研发团队，更高频、快速地迭代产品。同时建立单独的供应链公司及超万平方米研发工厂，引入最新的锁鲜技术和冷链技术。“做不做是态度问题，做不做得好是能力问题。零售是大趋势，对传统餐饮来说，工业转换和技术投入都是必要的动作。”冯国华说。

年轻人催生的“厨房革命”

餐饮行业乃至整个中国消费市场都在面临一个共同的趋势：年轻人越来越“懒”，生活节奏越来越快，但对生活品质的要求却越来越高。

新冠肺炎疫情下，作为除了外卖和堂食的第三种解决方案，预制菜得以迅速发展，尤其被年轻人喜爱。根据江苏省消费者权益保护委员会近日发布的《预制菜消费调查报告》，76%的预制菜消费者年龄在40岁以下，其中25~30岁人群占40%以上。

除了传统餐饮品牌之外，食品、超市、生鲜电商等业态都开始对预制菜这块蛋糕蠢蠢欲动。各大玩家入局模式各有不同，但都在试图进行一场由中央厨房到消费者厨房的“厨房革命”。

贾国龙觉得：“中国家庭的现代化正在逐渐从客厅延展到厨房”。洗衣机、扫地机器人这些智能家居逐渐让人从琐碎的家务中脱离，未来中国人的厨房很可能只需要简单的加热烹炒工序，完全不需要从洗菜切菜开始，甚至不需要买任何调料。

在戴晨义看来，预制菜在欧美、日本已经有几十年的发展历史，说明这个赛道肯定是对的，趋势是存在的。但不可否认的是，中国的餐饮零售行业依然是一个新事物，从现在到未来还有很长的路要走，餐饮企业需要做很多从未有过的尝试。比如，资本或许是一个绕不开的选择。“餐饮是一个慢行业，但零售对速度和规模的要求很高，肯定要有资本的参与。”冯国华透露，农耕记此前一直坚持默默耕耘、独立发展，但近期也在考虑引入资本。

有良好的“基因”，有与生俱来的“烦恼”，也有不得不接受的“冒险”，预制菜能否成为餐饮行业的第二曲线?可能日后才能揭晓答案。

三、小店模式崛起

大店变小店　餐饮行业新方向

疫情时代，“大店变小店”正在成为餐饮业态的新趋势和新方向。

一方面，一些拥有着大门店的餐饮品牌不再青睐大店模式，开始向小店靠拢；另一方面，资本也开始转向小门店。可以看到，无论是面食、茶饮，还是新中式烘焙，资本青睐的这些品牌都不属于大店餐饮范畴。

小店模式悄然兴起的背后，隐藏着怎样的“生意经”？餐饮行业未来的发展又会如何?

谁在拥抱小店模式

近两年，细心的北京市民突然发现眉州东坡变得和之前不一样了。

这种变化首先直观地体现在店名上。和之前叫眉州东坡或者眉州东坡酒楼不同，眉州东坡的新开门店，都加了一个小字。比如，西直门凯德 mall 店和朝阳门悠唐店取名为眉州东坡小酒馆。

这个小字在店面上也得到了充分体现。与此前动辄上千平方米的大店模式不同，眉州东坡这些新店基本在200~400 平方米之间。

“这几年，随着各项成本的升高，眉州东坡更加注重效率，不再开几千平方米的大店，而是尝试小店模式，取得了不俗的成绩。”眉州东坡 CEO 梁棣说，“未来眉州东坡的主力门店也将小型化。一种是 200 平方米左右的小店，另一种是在 400~500 平方米之间。这两种形态会成为我们的主力门店。”

西贝相关人士此前在接受媒体采访时也如是说：“贾国龙功夫菜既适合堂食，又适合外卖，也适合零售到家。集团内部称之为‘中国小饭馆’的升级版，预计 2022 年北京市场上将会出现更多的贾国龙功夫菜门店，或许是在购物中心，或许是在外卖档口，也有可能是在社区门口。”

社区餐饮也是“小店热”的最好呈现。紫光园总裁刘政说，近两年，紫光园在北京新开店 100 余家。在这些新开的店中，基本都是小规模的“档口 +”模式。

这些都表明，小店重塑中国餐饮门店格局，已经成为一个正在发生的趋势。

“小”何以能成为餐饮新方向

那么，为什么餐饮企业会突然这么热衷小店?

反复多发的新冠肺炎疫情随时可能袭击餐饮业。房租、人员等高企的运营成本，让大店在风险抵御方面没有丝毫优势。而那些 SKU 精简、标准化程度高，可以聚焦品牌核心爆品的小店则能够实现效率和业绩的平衡，成为品牌很好的补充。

与此同时，受益于年轻人的线上消费倾向和餐饮行业数字化水平的提升，中国餐饮行业已经进入堂食外卖“双主场”时代，尤其是疫情之下，外卖在提升餐饮门店经营效率，增强门店盈利能力和抗风险能力等方面起到了显著作用，为“大店变小”提供了坚实的基础。

仅以火锅为例，美团数据显示，2020 年火锅品类线上到店消费年同比降幅明显，但外卖消费展现了一定的数字化线上抗风险能力，同比涨幅为 34.4%。在 2021 年，外卖消费同比上涨 45.6%，带动火锅品类回暖。

小店模式崛起的背后，也是消费升级的持续推进。近年来，随着 90 后、00 后成为新的消费主体，年青一代厌倦了“一店吃遍天下”的模式，在选择就餐地点时，店面的大小和装潢不再是首要考虑因素，而是更加追求新鲜感和精细化。

在时代的催化下，走小而美的精细化路线成为餐饮企业的必然选择。这也带动了细分品类的崛起，从小酒馆到小吃，从小众水果到小众咖啡……莫不如此。比如同为汉堡，2021 年就分化出了日式汉堡、中式汉堡、国潮汉堡等细分品类；再比如茶饮赛道，2021 年就呈现出柠檬茶、果咖、乌龙茶等百花齐放的态势。

春江水暖鸭先知。正是因为如此，眉州东坡在超市连开档口；紫光园固定了“档口 +”模式；杭帮菜酒楼知味观开设档口店，卖起了“卤味 + 糕点”；也正是因为如此，资本频频扎堆涌入卤味、中式点心、新茶饮等细分赛道。

对此，行业人士普遍认为，在后疫情时代，细分品类将持续冲击餐饮行业，未来餐饮企业的机会一定在细分领域。在这种趋势下，无论是想要入局餐饮的新来者，还是寻找新增长曲线的老品牌，向小店模式要红利都是一个好的选择，因为这正是餐饮行业的发展趋势。

中国餐饮
年度观察
和大数据

03

服务供给篇

一、智能餐饮落地时

智能化餐饮赛道，成后疫情时代餐饮赛道的突破口

10 多年前，当一些餐饮老板开始使用收款码收款时、开始在互联网平台做外卖生意时，传统的餐饮行业感受到了科技带来的变化。随后一系列的线上化随之而来：从预约订座、下单结账的店内服务，到店外的评价、营销广告、会员积分等，科技丰富了餐饮数字化的黄金 10 年。

在疫情时期，更进一步催生了餐饮行业对数字化、智能化的探索，用智能餐饮设备代替人工的优势显而易见。

在采访中，科大智能总经理王双福，分享了“餐饮智能化”的社会价值、行业价值及未来趋势。

他认为，参照智能工业的成熟经验，可以提高餐饮服务的整体效率。在工业制造领域，机器人、人工智能、物联网、柔性制造技术的应用，早已大大减轻了人工的劳动强度，改善了劳动密集型的产业形态。例如在海底捞智慧餐厅的试点项目中，餐厅后厨人手配比是亟须解决的一大痛点，通过引入机器人和数字化技术，材料部分可以用立体库的方式让设备自动处理，用机器人根据数字化订单配菜，从补货到出菜，全流程无须人工参与，连送往餐桌都可以用机器人自动传菜。

在提高效率的同时，用智能化的自动机器替换人工，可为餐饮企业节省成本。今后机器越来越便宜，而人工越来越贵，这是大趋势。通过智能化与自动化两条主线“螺旋式提升”，即智能化处理信息，自动化处理物料，将显著提高餐饮行业的科技水平，增强企业竞争力。

与王双福看法相同的，还有春禾智能总经理徐建国，他认为“餐饮智能化和自动化是一个必然趋势”。

传统餐饮模式因为厨师不同、技艺差别，容易出现品质不稳定、口味差异大等问题。徐建国介绍，春禾智能汉堡机的“智慧”之处，在于创新地实现了软硬件融合、人机融合，较好达成了餐饮设备自动化运行过程中的运动精确性、作业平稳性、布局多样性，既保障了出品丰富、品质稳定，也大大提高了供餐效率。

实际上，智能餐饮设备代替人工的优势是显而易见的，主要体现在 3 个方面。第一，人工成本不断上升的大趋势；第二，劳动力人口集聚大幅度减少，基层工作人员的绝对数量随之减少，餐饮的从业人员每年的成本都在以 13% 的速度递增；第三，据公开数据分析在未来的 3~5 年，中国的基层劳动力人口会减少 1.5 亿 ~2 亿人。

在这种情况下，机器会逐步成为餐饮行业中的重要一环。

但在徐建国看来，目前中餐很难做到完全自动智能，因为智能餐饮赛道的规模可能比工业领域还大一个量级，现在的矛盾一是没有非常好的产品，二是这个行业客户的需求跟他期望的价格还未达到预期，需要时间去找到平衡点。他同时说，“等到产品研发真正成熟之时，才能看到更大的市场”。

二、新时代需要新掌柜

外卖生态促进行业发展：代运营、数字化管理助力餐饮企业发展

中国著名的连锁餐厅肯德基一家门店一年赚多少钱?

63.6 万元。这是 2021 年肯德基的单店利润数据。据百胜中国 2021 财年数据显示，肯德基 2021 年全年门店数量为 8168 家，2021 年全年新增 1232 家门店，整体销售增加 8%，同店销售全年同比降低 3%，餐厅利润率为 14.9%，营运利润为 8.27 亿美元。

新冠肺炎疫情持续的 2 年时间，对于任何餐饮商家来说，都是充满挑战的 2 年，肯德基也不例外。

连锁快餐品牌的经营核心是效率导向。疫情期间，商家的食材成本、人工成本、房租成本都大幅增加，薄利多销成为不得已的行为，但不是最理想的选择。如何提高经营效率，是核心，也是这两年餐饮商家调整、摸索的主要方向。

在此基础上，基于外卖产生的代运营等生态，成为提高餐饮品牌效率的一个新方向。

在外卖生态里，从外卖代运营到深化的连锁商家管理系统，食亨是一家典型的公司。

食亨是如此描述自己的：一家为加盟、连锁型客户提供数字化管理的操作系统。其包含几个板块，一方面是帮助连锁品牌对自身业务的管理，比如外卖、堂食；另一方面是品牌对加盟商的管理，包括管理加盟商的资金，线下操作。本质上是给连锁品牌的总部提供管理工具，通过数字化的方式经营和管理门店。

食亨 CEO 王泰舟说，我们现在跟外卖平台合作的时候，最大的业务板块是通过外卖业务，去帮连锁企业管理线上的外卖生意。核心是解决餐饮品牌对加盟商管控力度过弱的情况。比如，很多大家耳熟能详的拉面、小吃等品牌，过去总部对门店的管理能力很弱，但是通过食亨提供的系统，能清楚地知道每家门店的情况，以及它的菜单、活动等，这样总部对门店就有了一个很好的管控。

连锁品牌的数字化，越来越成为品牌的基本能力。过去几年，随着外卖的兴起和诸如食亨这种数字化公司的发展，大部分连锁品牌都在逐渐数字化。如馄饨品类的吉祥馄饨、如意馄饨；茶饮连锁里面的茶百道、七分甜；快餐领域的华莱士、绝味鸭脖等。

其中，华莱士、绝味鸭脖过去几年也突破了万店规模，数字化帮助它们实现了迅速的扩张。过去几年的数字化，也助力了食亨的发展。2 年时间，食亨服务了 18 万家门店，大部分是连锁企业，上述行业龙头也大部分是其客户。

王泰舟说，过去很多人做不了的东西现在线上能做了，以前可能很难做“线上巡店”，现在系统帮助品牌实现“线上巡店”。在业绩上，加盟商过去不太愿意让总部管控，但是我们能帮助他们搭建运营团队，帮他们把门店外卖管理权收回来，使得他们在品牌管理上的经营和营销更统一，更有品牌的掌控力，这是食亨从零开始搭建品牌的外卖管理。

餐饮行业各个环节都觉得不挣钱，商家不挣钱、平台不挣钱，服务人员相对工资也低，行业的问题到底在什么地方呢?

王泰舟认为，餐饮行业是一个竞争非常激烈的行业。餐饮行业有非常多赚钱经营很好的企业，包括接下来即将要上市的餐饮企业，看财报里面挺赚钱的，经营能力都挺好。餐饮是一个好行业，有非常多的价值，大家想创业，餐饮是一个投资门槛很低的行业，都能做。

食亨过去几年获得了包括红杉等企业的投资，王泰舟认为：“我觉得大家对整个行业的认识非常深刻，首先餐饮是一个长坡厚雪的赛道。其次大家认为这个行业需要提升数字化的水平，也需要提升经营水平。行业中有不同的角色，比如说有平台，有做硬件的厂商，有做第三方服务的厂商，有做不同场景下解决方案的厂商，我们只是其中一个场景，比如说帮总部来做 SaaS 系统角色，这是一个大的方向”。

在整个外卖生态里面，除了代运营和提供数字化系统管理的公司，还有更多的机会。

但餐饮行业链条复杂，整个流程和环节都异常复杂。比如外卖品牌从整个生命周期来说，第一是招商，扩张期的餐饮品牌，堂食招商跟外卖招商是两件事，外卖相对投资小。第二是供应链需求，外卖更多是需要借助行业的供应链去做半成品，甚至成品的加工、配送，这是一个大产业。第三是整个运营环节，门店线上是靠运营来解决的，本质上一个店卖得好不好取决于运营做得好不好。第四是管理，行业越来越正规，品牌商家越要重视管理，包括人员的管理、线下的运营、成本管理等。

近年，国内零售、餐饮都在学习日本。在日本，餐饮竞争跟国内一样，都非常激烈，很多店都是类似国内的夫妻店，同时长期经营。未来国内会跟日本发展一样吗? 这成为很多餐饮人好奇的问题。

王泰舟认为，和日本的模式不同，未来国内还是会以加盟连锁大品牌为主。目前国内还处于连锁化率偏低的阶段，欧美则已经处于连锁化率比较高的阶段。国内很多夫妻店，相对经营能力和抗风险能力比较弱。随着越来越线上化、中心化，公司化运作会比个体运作更有优势，可以集中一个品牌去获取更多的资源。

三、行业升级，从业者升技

疫情逆势下的餐厅服务密码

持续不断的新冠肺炎疫情，让众多餐饮商家陷入经营困难，但是另一批企业则实现了逆势扩张。

中国饭店协会外卖专委会副理事长洪七公观察，强势的连锁品牌在疫情之前就完成了组织化、系统化，已经比较强壮，在疫情期间反而逆势扩张且速度非常快。2020 年之前中国只有一个“万店品牌”，就是正新鸡排。疫情暴发的 2020 年，当年就“蹦”出来好几个“万店品牌”，华莱士、绝味鸭脖、蜜雪冰城等品牌均突破万店。

据洪七公观察，还有一大批连锁品牌，在疫情持续的这两年门店数量增长非常迅猛。疫情加速了连锁化，加速了强连锁的扩张速度，因为好多铺面都腾出来了，加盟创业的频率提高，最终表现就是强连锁品牌的逆势扩张。

疫情也促进了另一个现象，即小店、小业态的快速发展，外卖促进了它们的发展，使其逆势扩张。大门店堂食受到严重影响。

伴随着小店的快速发展，在培训上有了新的问题，即人才的培养。快速扩张对于品牌，最大的痛点即是人才培养。很多连锁品牌看到了快速扩张带来的问题，开始组织大量的培训，店长、骨干进行内训，但是餐饮行业的人才培养需要时间。“一个队伍的系统化、标准化和队伍的打造都需要挺长时间。”洪七公说，“需要经过几轮的换血，新兵变成老兵，老兵带新兵，然后再筛选，最后留下来一批优秀的人才。”

除了餐饮行业的传统人才，当前随着外卖的快速发展，另一个“高净值”的人才，成为餐饮行业最紧俏、最抢手的人才。洪七公说，这几年不停地有很多人找我给他们推荐做互联网运营的人才，外卖、堂食都一样。

互联网运营的人才，有电商经验是最理想的入门门槛。电商平台的运营对各种投入的转化率比较敏感，外卖的线上运营最终也是体现在转化率上。

侯玉瑞曾任人力资源和社会保障部教育培训中心技能开发处处长，现为北京烹饪协会名厨专业委员会主任。

在当前，练好内功，成为餐厅的根本。而餐厅的核心之一是厨师。侯玉瑞说，厨师从过去只是干活不做技术，到现在变成创造性劳动，既要懂技术还要懂理论，如果厨师不懂菜品搭配、营养搭配、四季饮食、健康饮食，真的只能是一个“厨子”，而不是一个合格的厨师。

疫情之下，客户对于营养越来越讲究，厨师学习营养知识、配餐知识、养生知识等技能非常必要。

侯玉瑞举例说，鸡蛋好，能提供完全蛋白、优质蛋白，但是能补充维生素、矿物质吗？牛奶好，光喝牛奶行吗？都不行。营养应该是全营养，是科学营养、均衡营养。

哪个餐厅在培养人才，在疫情逆势的状态下发展得还比较好？

侯玉瑞认为，四季民福是众多餐厅里目前比较出类拔萃的。四季民福在北京有近 20 家店，之所以连锁开这么多，每个店都经营得好，跟它的人才培养计划、培训方案有关。它在定量、定性的标准化做得很好，用户不管去四季民福哪家店、点哪个菜，都能做到一致的高水平，这是非常了不起的。有好多企业都想这样做，但是都不一样。四季民福这方面还是有独到之处。

《中国烹饪杂志》对四季民福的出品总监崔保华的评价是：“觉得他已不是传统意义上的厨师，更像是一家餐企的产品经理”。

餐厅的产品经理是什么？对于餐饮创业者来说，本质上是思维的转换，即在研发的时候，就要想好产品卖给谁，客户需求是什么，是否能标准化和可复制等，这决定了四季民福的标准化。

四季民福的研发理念，首先，菜品能否标准化，厨师是否能按照配方把菜做出来，达到出品标准。其次，研发菜品要符合连锁餐企的效率要求，即菜品工序不能太复杂。再次，研发菜品是否有四季民福的品牌符号，四季民福要研发属于自己个性的菜品。最后，更重要的是，四季民福也按照互联网的思维，为厨师的菜品定制了标准化手册（SOP），一道菜的取料、切配、烹制都有标准流程。产品经理的思维，保证了四季民福的标准化，也成为其服务品质的一个密码。

04

—

老字号篇

小心求证，大胆创新

老字号：创新与坚守中焕发新生机

北京前门大街的全聚德门店里，一只烤鸭从炉中挑起，老师傅有着近 30 年的片鸭经验，手疾刀快，一盘皮薄带肉、油亮均匀的烤鸭便出现在客人面前。而在门店大堂，小朋友们团团围绕在憨态可掬的萌宝鸭身边，这是全聚德最新推出的 IP 形象。

在距离北京 3000 公里的广州陶陶居第十甫路总店，一只十三褶的大虾饺也逐渐在老师傅手中成型：剔透的皮被抻得极薄，放上 3~4 只虾仁裹着笋粒的虾饺馅——几位食客围绕在一楼的手工茶点制作展示区，透过玻璃窗仔细地观察师傅们的动作。

这两家相隔千里的餐厅有一个共同的标签：老字号。据商务部《老字号数字化转型与创新发展报告》，商务部分别于 2011 年、2016 年认定两批 1128 家中华老字号，其中食品餐饮类企业占比近 50%。2021 年，当数字时代变革与新冠肺炎疫情阴霾交织，这些百年字号用新动作配合老味道，探索着一条从长寿走向长青的道路。

坚守：做好本地市场基本盘

守住一块传承超过百年的匾额并不容易，更何况是在新冠肺炎疫情的冲击下。

餐饮业是受到疫情影响最大的行业之一。据《“餐饮老字号”数字化发展报告》，2020 年 2 月，“餐饮老字号”活跃门店数和消费规模相比 2019 年 12 月的水平下降近 50%。

2019 年 12 月，周延龙被聘为全聚德集团总经理。40 天后，新冠肺炎疫情来袭。2020 年春节，全聚德集团 4000 多桌年夜饭预订近乎“归零”，只有仿膳餐厅的一桌婚宴回请在客人的坚持下完成了服务。

这场疫情对名声响遍大江南北的全聚德影响深远。旅游人士是全聚德最主流的客户群体，但疫情来袭，旅游市场停摆，这给全聚德带来了很大的影响。周延龙反思，旅游市场对老字号来说应该是锦上添花。全聚德为此调整为主打本地居民的中高端餐饮，2020 年发起降菜价、取消服务费、统一产品价格和制作工艺三大改革策略。“降门槛”的举措赢得了不少消费者的认可，“有一对昌平坐车过来的老夫妻，说以前在这儿结的婚，这么多年太贵没过来了，看报纸说降价了，就赶紧来一趟”。

还有服务上的调整，周延龙认为，老字号的服务应该“要接近消费者的心理预期”，用简单的话展示对客人的尊重及对产品的了解。他解释：“比如上一道拔丝苹果，我们要告诉客人‘您小心烫'，而不是'趁热吃'"。

《"餐饮老字号"数字化发展报告》显示，工作日和节假日期间，本地居民消费在"餐饮老字号"营收中占比高达80.1%和81.2%，远高于餐饮行业整体的70.5%和71.9%。生于市井，长于市井，老字号的味道和技艺中浓缩了一座城市的生活习惯。守好老字号，首先要守住本地市场的基本盘。

对广州百年老字号陶陶居而言，守好本地市场，还能具象为一座百年建筑——位于广州西关第十甫路的陶陶居总店。

陶陶居始创于清光绪六年（1880年），这座百年骑楼接待过鲁迅、巴金、陈残云等名家大师，伴随着一代又一代的南粤市民成长。2021年2月4日，修缮近2年的总店重新开门迎客。广州市食尚国味集团董事长、陶陶居经营团队负责人尹江波介绍，陶陶居经营团队与设计师、文物局等相关部门收集历史图片、开会讨论，经过反复的磨合只为实现"修旧如旧"。老店修复投入总价超7000万元，其修复的代价远超重新建造一座全新的建筑。而为了让市民和游客进一步了解陶陶居历史，了解点心制作技艺，总店在一楼特意设置了历史照片墙及全透明的手工点心制作展示区。"总店是老字号的根，陶陶居在外面再怎么枝繁叶茂，根都一定要扎稳。"尹江波称。

传承：输出文化与记录技艺

商务部《中华老字号认定管理办法（征求意见稿）》中指出，中华老字号是指历史悠久，拥有世代传承的产品、技艺或服务，具有鲜明的中华民族传统文化背景和深厚的文化底蕴，取得社会广泛认同，形成良好信誉的品牌。

历史悠久，世代传承，深厚底蕴。要达到这几个要求，背后是几代人的努力。

"餐饮老字号"，首先要传承的是文化。142岁的陶陶居正在把门店拓往更远的地方，深圳、上海、厦门、北京，陶陶居的门店开到哪儿，热衷于岭南寻茶文化的消费者就排队排到哪儿，北京三里屯开业时，不少消费者等位超3小时。尹江波在广州生活了20余载，初到广州吃到的第一盒月饼就来自陶陶居，对陶陶居有非常深的感情。他介绍，陶陶居不仅是在开新店，更是在输出岭南文化。"讲粤语，点粤菜"是陶陶居的特色所在，为给异地食客身处岭南的用餐感受，除了装修上大量使用广府元素外，前厅后厨90%的员工都从广州派遣。

其次是技艺与菜品。老字号最让几代消费者魂牵梦绕的，还是那一缕熟悉的味道。

为了能让北上的粤菜保持原汁原味，陶陶居在食材供应链上做了大量准备，在上海开店前，仅铺设供应链就用了2年。现如今，"在北京的烧鹅都是用广东清远的鹅"。更重要的是厨师，陶陶居采用"老师傅开新店"的经营模式，每开一个新店都会从其他门店抽调适当比例的老师傅，以保持门店菜品水准。保持技艺的正统也是关键，"我们绝对不会根据地区特色来修改菜单，比如在上海的陶陶居就肯定不会有本帮菜，也不会根据上海的口味而调整菜式。否则，我们很容易被当地同质化，就没有办法保证老字号的口味了”。

而全聚德则从菜式背后的文化和技艺着手。2021 年 5 月，全聚德提出“讲究菜”的概念，挖掘菜品原料特色、烹饪技巧等“讲究点”，既有老菜新做，也有全新研发。首批推出的“盐水鸭肝”“芥末鸭掌”“小鸭酥”等 5 道菜就是全聚德的传统菜，周延龙介绍，消费者通过扫描菜单上的二维码，就可以阅读“讲究菜”背后的美食文化。为了做好技艺传承，全聚德还将“讲究菜”的制作过程用视频的方式完整记录下来。

对消费者而言，老字号早已不只是一个品牌，更是传统文化的一部分，也是城市的共同记忆。“按老北京话说，老字号就应该是‘讲究’的。当食客吃饱喝足，从门店走出去，外面飘着雪，食客披着羽绒服打一嗝儿道声‘舒服’，这就是老字号。”周延龙笑着说。

创新：老字号的第二增长曲线

百年沉浮兴亡间，能存活至今的老字号从来不缺创新的细胞。

但时至今日，互联网时代的激烈变革，让部分老字号开始“掉队”。据《中华餐饮老字号城市创新报告》，在阻碍老字号发展的原因中，“创新力差，无法吸引年轻消费者”占比高达 71%。

全聚德在积极改变，从门店装修开始，摒弃原本金碧辉煌、雕栏画壁的风格，打造一套更加简约时尚、符合年轻人审美的终端形象识别系统。2021 年 3 月，全聚德前门店的创新场景体验主题餐厅正式开放，通过光影技术复原老铺二层小楼的经营风貌。全聚德还推出了 IP 形象萌宝鸭，用新的阐述方式展示传统品牌形象，并据此推出“萌宝棒棒冰”等多款冰激凌及文创产品。

在国风国潮兴起的今日，陶陶居也在品牌建设上开展跨界合作，融合热门 IP 与广府文化，吸引年轻客群的注意。如在与 Rolife 若来合作的联名款月饼上，就采用了盲盒的概念玩法，将盲盒玩偶与陶陶居 6 款不同口味的月饼相结合。与肯德基合作推出的 K 记香滑双皮奶亦在广东限定上市。尹江波认为，这是商业的创新式发展，“我们希望达到 1+1>2 的效果，最好的传承就是与时俱进”。

除此以外，老字号们也在积极寻求第二增长曲线。全聚德正在打造餐饮和食品协调发展的双轮驱动战略，规划“餐饮产品食品化”，推进预制菜研发。“老字号做预制菜有优势。无论是对食材的尊重，对厨艺的把握，还是对顾客的洞察，老字号都有经验。”周延龙发现，此前全聚德主攻旅游市场，真空鸭作为北京旅游伴手礼，在食品工业品牌中“一鸭独大”。但这种强调常温、便携的食品与原汁原味的全聚德烤鸭有很大差异。为此，全聚德推出了改进版“切片鸭”，由片鸭师片制、冷链保鲜，能够尽可能复原堂食味道。未来，全聚德集团还会在时令食品、熟食等各种品类中研发预制菜。

2022 年 1 月，商务部等 8 部门发布《关于促进老字号创新发展的意见》，强调要把握“创新发展”主题，持续增强老字号创新发展活力，推动老字号创新产品服务，支持老字号跨界融合发展，促进老字号集聚发展。

松鹤楼搭建中央厨房、东来顺设计店小二吉祥物……不只是全聚德和陶陶居，老字号们都在拥抱时代，稳步扩张。如何在高速发展的时代浪潮中维持老而不衰，是这些百年老字号经营者们共同的课题。

中国餐饮
年度观察
和大数据

05

故事篇

一、55 岁入局的跨界餐饮人

快餐工匠，用造电梯的“标准化”方法做餐饮

2005 年，著名投资人、今日资本的徐新造访了位于北京中友百货的和合谷。她带着投资的意愿前来，理由是她为最年轻的创业者、网易的丁磊投资了，也想给和合谷的老板、创业年龄最大的赵申投资。

这一年，赵申 56 岁，正处在创业的第二年。如果几年前没从国营工厂辞职，4 年后他就将迎来退休。在以青壮年为主体的创业者群体中，赵申算个异类。而在传统餐饮人的圈子里，也少见他这样从制造业来的跨界者，而他做餐饮的方法，竟然是一套严丝合缝“标准化”的流程方法，就像造电梯那样。

赵申和新中国同龄，他的一生，有几条明确的时间分界线。他当过 11 年知青，在黑龙江生产建设兵团“屯垦戍边”；在工厂工作 14 年，是首钢集团第一个竞聘上岗的厂长；干餐饮 24 年，创造出一个国民快餐品牌。

71 岁时，赵申决定退休。对于他，上半生和下半生截然不同。上半生，是时代中的人，跟着潮水走，“让干啥干啥”；下半生，他抓住了潮水的方向，“自己想干啥就干啥”。

救工厂，救餐厅

1988 年，赵申人生迎来第一个拐点，他自荐通过了首钢集团的双考（考试、考核），成为首钢电梯厂厂长。

1987 年底，这家成立于 1985 年的工厂经营生产已跌入低谷，用户退货，产品积压高达 2497 吨，工人已经连续 4 个月拿不到奖金了。首钢党委决定在公司 12 万人中招贤。赵申第一次“不知天高地厚”地报名自荐。当时他已经在首钢待了五六年，修建队、工程队都待过，什么活都干过一遍。

赵申脑子活络，能吃苦，也爱学习。19~29 岁，在黑龙江生产建设兵团“屯垦戍边”时他先后在战士、班长、统计员、农业技术员、营部干事、连队指导员各岗位上受过历练，1973 年被兵团授予“先进生产者”荣誉证书。1979 年知青回城，他回到了家乡上海。而后北京知青和上海知青对调解决就业，赵申北上，在 1981 年底进了首钢工作。

这是他的第一次机遇——如果首钢不在人才使用制度上改革，他在知青岁月和工厂业余自发储备的知识也派不上用场。他是第一个通过首钢双考制度成为厂长的人。

上任后，赵申尊重规律，狠抓经营。1988 年，他不惜以损失 700 万元的代价，将积压的 2497 吨老产品全部报废回炉。随后，他又成了第一个“吃螃蟹”的人，在国内采用国际标准组织

生产，电梯导轨产品率先打进了国际市场，当年卖到中国香港、韩国 T89 电梯导轨 149 吨。产品在市场上重新打响了，工厂又开始盈利。凭着他的努力，1992 年，首钢电梯厂成了北京市首家通过 ISO 9000 认证的企业。

1995 年，赵申获选北京市十佳厂长，首钢劳动模范，在业界已经小有名气。此时，北京吉野家的董事长向他发出邀请，希望他担任北京吉野家的操盘手，其看中的是赵申经营管理方面的经验。吉野家 1991 年进入北京，历经几个操盘手，生意一直亏损。

从国营企业的厂长下海做餐饮，一开始赵申对吉野家有点“不屑”，心里想：“一碗饭能有多少技术含量？”而一台电梯有上万个部件。赵申对出任北京吉野家总经理没有兴趣。

此后，在长达半年时间中，吉野家又多次抛出橄榄枝。而随着时间的推移，赵申也逐渐看清了“快餐”的本质，快餐与工业相近，都属于“标准化”作业。

综合当时的各种因素，1996 年 7 月，赵申正式下海。“铁饭碗不要了，自己去端泥饭碗”。约定收入和业绩挂钩，这是一项大挑战。果不其然，去吉野家第一年时，赵申的收入还不如原来当厂长时高。

他先系统学习了如何做快餐。在成功快餐企业中，麦当劳是一家，赵申做了研究，“麦当劳说它有 3 个秘诀，第一个秘诀是选址，第二个秘诀是选址，第三个秘诀还是选址”。

他效法麦当劳为北京的吉野家选址，先以 10 公里为半径，在北京划定了一横两纵一圈，长安街东西延长线是一横，西单南北延长线一带为一纵，王府井、东单南北延长线为一纵，地铁二号线是一圈，沿着它们去布局，做出了让人感觉北京繁华地带到处是吉野家的广告效应，“慢慢就能形成口碑了”。

这条简单的规律马上见效。北京吉野家当年就获得“中国快餐连锁十大影响力品牌”称号。2003 年，已经开到了 34 个连锁店。销售额也大幅增长，由 1997 年的四五百万元，跃升到了 2003 年的大约 1.5 亿元。

赵申把他在吉野家的 8 年，归纳为做了 4 件事：第一件事，提出“良心品质”，抓质量。第二件事，学习麦当劳、肯德基，学习它们怎么从吃饱吃好上升到通过饮食来体验新潮，由一般消费变成时尚消费。第三件事，做符合中国人口味的美食。第四件事，打造街边店、商场店、社区店 3 种业态下的盈利模式。

这期间，台湾吉野家、香港吉野家都专程来北京考察，学习他的经验。香港吉野家开业 9 年，营业状况始终亏损，2001 年在学习了北京吉野家的模式后，很快实现盈利。2003 年底赵申离开北京吉野家时，他当年的业绩挂钩年收入已经达到了一百多万元。

55 岁，创业下海

55 岁的赵申迎来了人生的第二个拐点。2003 年 9 月，“非典”疫情的阴影刚散去，他去上海领了一个奖，刚回到北京，就收到了被免去北京吉野家总经理职务的消息。因为他经营有方，业绩上扬，收入也节节攀升，吉野家集团想，调他去北京吉野家辖下的天津吉野家当经理。他们说：“一个赵申的收入相当于 3 个 MBA。”赵申明白了他们的意思。经双方协商，赵申于 2003 年 11 月离开了北京吉野家。

正大集团随后找到了他。正大想和美国的熊猫快餐集团合作在中国开“正大熊猫”连锁快餐店，请赵申去操盘，被赵申婉言谢绝了。

其间，一个朋友给他发来一份《经济日报》，上面有一篇快论写道，“盼有几千年烹饪美食传统的泱泱大国，在现代化过程中快快出现中式快餐的‘巨无霸’”。快论说：“作者在一个周末走进一家吉野家店面，看到不大的地方，几十张餐桌人头攒动，还有几十个人在排队等位，由此想到颇具中国风味的洋快餐品牌在中国风靡，但我们自己的民族快餐品牌的营业额与之相比却败下阵来。”

“我们不能再仅仅满足于增长数字比例，不能再自我陶醉于‘物美价廉、品种繁多’，也不应有东不如西的自卑。”赵申被这句话触动。他能让一家日式快餐品牌成功在中国扎根，为什么不能自己创办一个民族快餐品牌?

“我想凭我经营工厂以及在吉野家的工作经历，来试试中式快餐，琢磨琢磨如何自己干。”开店先要想店名，他想起此前去上海领奖后到苏州游玩所遇。在寒山寺，他看到和合二仙的木雕金身雕像。寒山和拾得是唐朝的两个著名诗僧，传说寒山当年在苏州的寒山寺迎接拾得，捧出的就是一碗盖饭。盖饭在中国传统美食文化里有 3000 年的历史。清代雍正皇帝正式封寒山为“和圣”、拾得为“合圣”，即和合二仙。清朝画家姜渔画过一幅“和合二仙”盖饭图。赵申想用和合二仙做招牌，再加一个谷字。

“‘和合’思想是人与自然和谐相处的智慧，其最高境界是‘天人合一’。”赵申称，“天”是天理、天道、客观规律的意思；“人”即“以人为本”，指将人的价值放在首位，“表现在经营管理上就是要按照企业发展的客观规律办事”。

2004 年 3 月，和合谷在西单中友百货开设了第一家店，随后在王府井和崇文门也各开了一个店，因为这 3 个店都开在人流聚集的地方，一下就成了新闻热点。

随后，赵申进入了自己的主场。他开始了中餐“标准化”的探索。和合谷建起了中式快餐的第一个中央厨房，用智能化的控时、控温、控湿设备控制一道菜生产的每个环节。一道宫保鸡丁，10 分钟左右做出，无论去哪个和合谷门店，什么时候吃，都是一个味道，靠的就是标准化。为了能蒸出新鲜好吃的鱼，赵申还带领团队发明了蒸烤箱，让水汽能保留在蒸烤箱内，使鱼保持最佳的口感。

“蒸鱼要多长时间最新鲜、最好吃，肉要几分熟，这关乎后面的口感，有精准的数据做支撑，餐饮才能做好。”赵申花了很多精力建立和合谷的中央厨房标准化设备。当这套设备运转起来，人工的投入就相应可以减少了。请个厨房大师傅，每月的工资需要上万元，但如果操作设备简单便捷，一个普通的后厨工人就能胜任。

“我之前的经历对做快餐是有帮助的。比如当电梯厂厂长积累的经验，是可以把工业化、标准化横移到餐饮上面的。”赵申说，自己把快餐的每个品种的食物都看作是一个部件，牛肉片切多厚，有数值，菜甜或咸，用糖度计去测量，“离开科学数据做快餐，说实话是瞎子摸象，摸哪儿是哪儿。但是有了数据后，就可以精准地去把握，做到重复万遍不走样”。

餐饮人创业前都来自各行各业。赵申觉得餐饮人原来所掌握的本领或习性，会不自觉地带入做餐饮后的产品、工艺和门店中去。这可以视为一个餐饮人的基因。赵申的基因是工匠气质，严谨、认真、自律。他退休前，一位记者去探访了赵申工作的一天。他把自己的工作日程文档展示给对方，只有 4 行字，简洁明了。

9:00—9:30　了解掌握市场、新闻动态，发现问题及时解决。

9:30-11:00　审阅各部门上报的情况、文件并及时回复。

11:00—12:00　有选择地找有关部门了解或处理经营、开发、财务、质量、设备等部门的问题。

13:00—17:00　考察市场、参与产品研发或到门店、加工中心现场办公。

71 岁退休，发挥余热

2003 年“非典”疫情肆虐，当时人们也封控在家，不能外出。那时还在北京吉野家任职总经理的赵申设计了可以方便送餐的双层保温、橘黄色 PP 快餐盒，开了米饭类快餐标准化批量外卖的先河。那年 4 月中下旬，北京吉野家的销售额骤降，日均销售由 40 万元大幅下降到 9 万元。在严峻的危机之下，赵申带领员工成立了一支专门的送餐队伍，自发送外卖。“非典”期间，从 5 月上旬开始到 9 月末，他们共售出 701989 份外卖，外卖销售额 1100.72 万元，让北京吉野家扛过了“非典”疫情的难关。

2020 年，赵申正式退休，离开经营一线。但最近两年多，看着餐饮人在疫情中起伏跌宕，赵申也感同身受。同行们这次面对的考验比 20 年前的“非典”疫情严峻得多。

在当下疫情严峻形势下，餐饮业“三高一低”的问题越发凸显。在他印象中，餐饮人发出“三高”（指餐饮成本中房租成本高、原材料成本高、人工成本高）的声音不止有 10 年了，这是餐饮业普遍的问题。疫情是危机，也应该成为一个推动餐饮人反思的机会，“所有快餐实际上都是要讲效率的。如果效率高，产能提高，营业额增加，分母变大，所有高都下来了”。

这个创办了民族快餐品牌的餐饮“老兵”，现在依旧发挥余热，把自己十多年的创业经验分享给更多同行。他把自己一手创设的“标准化”方法做餐饮的中央厨房开放给同行，讲述多年来在餐饮“标准化”、烹饪工业化、连锁和中央厨房的经验。

“这么大的餐饮市场，前景广阔，说到底是跟自己竞争。”赵申把餐饮赛道上的竞争理解为“挖井”，“不要东挖一个，西挖一个，结果哪都不出水，你应该是十年挖一口井，而不是一年挖十个坑”。

“成功的人并不多，因为坚持的人不多。”赵申说自己的人生中有两样东西比较珍贵，一个是自律，另一个是坚持，“它们实际上都是认真的结果。自律给了你力量，坚持一定会带给你收获”。

如果再来一次，还会投身餐饮业吗？

他引用了一句马克·吐温的话：“20 年后，让你觉得更失望的不是你做过的事情，而是你没有做过的事情。所以，解开帆索，从安全的港湾里扬帆出行吧，乘着信风，去探索、去梦想、去发现！”距离他创办和合谷快 20 年了，如果再走一遍，什么都明白了，他想自己会做得比原先更好。但在面对一切未知时，去探索，走出自己的路，这是独属于他的旅程。

二、母子两代人的碰撞与创新

是一千万重要，还是品牌重要？鱼头泡饼两代人的餐饮故事

这两年，52 岁的张雅青嘴边常挂着一句话，“还是年轻人的思路好”。年轻人指的是她的儿子，30 岁的戴嘉珩。和她一样，戴嘉珩做事雷厉风行，敢想敢做，脾气倔强。

张雅青是旺顺阁餐饮集团的总裁。这个有着 23 年历史的餐饮集团以一道鱼头泡饼闻名，在全国共有近 50 家直营门店，其中的新锐品牌提督·TIDU、猛古里由儿子戴嘉珩负责。

2020 年新冠肺炎疫情的暴发，让 60 后的张雅青觉得 90 后的戴嘉珩已经具备了在重要关头“杀伐决断”的能力，这和自己年轻时一样。

疫情下的餐饮业突然停摆，一连几个月，旺顺阁的仓库里，为春节储备的 60 吨鱼头只能搁置着。这批鱼头价值一千多万元，开业时间一再延后，张雅青越发焦急。戴嘉珩说服母亲，把 60 吨鱼头卖给饲料厂，抵扣了存储费用。戴嘉珩还提议，把鱼头存储由液态氮速冻全部改为活鱼现杀，鱼在后半夜杀，第二天早上配送。这解决了疫情不确定性带来的原料存储难题。

顾客纷纷反馈，现杀的鱼头口感更佳。张雅青感到欣慰，因为好鱼头是招牌菜，也是旺顺阁的基因。

一千万重要，还是品牌重要

旺顺阁每年会卖出将近40万个鱼头。鱼头泡饼，被称作除烤鸭与铜锅涮肉外的第三张京城“美食名片”。在餐饮行业闯荡的23年，张雅青觉得自己是“一点点闯出来、干过来的”。

1990年，张雅青20岁，刚结婚，原本在亚运村一家供销社“站柜台”的她因为那里拆迁占地，在家待岗，她是闲不住的性格，夫妻二人又正当青春年盛，计划自己干点什么。公婆借出了5000块钱，支持创业。张雅青熟悉百货副食的买卖，于是就开了一间几十平方米的小店，卖米面粮油、日用百货。

瞄准了时代浪潮里的第一个商机，小店越开越大，夫妻俩开出一千多平方米的卖场，开始做批发业务，给北京10家五星级酒店配送粮油。

过了七八年后，北京出现大超市，卖场不挣钱了。张雅青决定转型，经营洗浴中心和商务会馆。1999年，朋友给他们介绍了一块地，在洗浴中心附近，因性价比合适便租了下来。

地租下了，干点什么？“咱们开个餐馆吧。”丈夫提议。他们又抓住了第二个商机。

没开过，那就去学、去吃。两人在北京各地寻觅美食。直到在顺义吃了特色菜：汆鱼头，鱼肉绵密，酱汁浓香，就决定把它当成店里第一道特色菜。第二道特色菜也是访来的，保定的元鱼罩饼，元鱼就是甲鱼。

等店开张了，他们发现甲鱼再好吃，客人也不能常来，而点一个鱼头，再加一份饼的吃法反而更受青睐。不到一个月，张雅青就和丈夫商量，把这两道菜合并，作为主打招牌，就这么开创了鱼头泡饼。

“当时也没有什么餐厅定位的意识，也不知道什么是爆品，就是一心想着客人爱吃什么。”回望创业初期，张雅青觉得他们当时就只是抓住了一个朴实的原则——以顾客为中心。

生意火爆异常，店里经常排队排到晚上10点，停车场的车有几百辆。不到3个月，他们就把投资的200万元全赚了回来。

一家店成功后，他们开起连锁店。新的挑战来了。一家店好办，师傅现做，现调汁。三家店、五家店、十家店怎么办？还有商场店，绝对不允许活鱼现杀、现宰，又腥又脏。在建立供应链后，他们引进了液氮速冻技术，鱼杀好后，用液态氮以超过－100℃的超低温快速完成冷冻，最大程度保留鱼肉营养与质感。

“旺顺阁是天然带着定位出身，鱼头是一个超级大单品。”2012年的业务调整让她对此深有体会。2012年中央八项规定出台，这给当时一直以高端商务宴请为主营方向的旺顺阁造成直接冲击，生意一落千丈，基本处于全面亏损。

张雅青展现出了她果断决绝的一面。尽管一些高管反对，但她坚持砍掉了高端宴请的海鲜部分，主营鱼头泡饼，让旺顺阁的经营方向延伸至家庭宴请市场。

事实证明了她的决定非常正确。2014—2016年，旺顺阁开出了18家主营店，到了2019年，数量接近60家，营业收入也从原来的不到5亿元攀升至接近10亿元。她曾经听过一门产品课，老师在课上说要把产品做到“1米宽、10000米深”，极度聚焦。23年来，她一直专注鱼头。

生意一路猛进，直到疫情来临。疫情期间，张雅青非常焦灼。门店都处于堂食关闭的状态，恢复营业的时间一再延后，这就意味着冷库里的鱼头将逐渐丧失口感，进而可能导致产品出现腥和柴的问题。

“妈，您不要心疼这一千万。”儿子戴嘉珩问她：“一千万的鱼头重要，还是品牌重要？”在那一刻，她觉得儿子很像自己。

鱼头泡饼，鱼身外卖

“我儿子用他的眼睛，用他的脑子记录了旺顺阁的成长。”旺顺阁开张那一年，戴嘉珩7岁，他就在餐厅看着父母一点点把旺顺阁做大。

上初一时，他就在家里的餐厅打工锻炼，当传菜员。那家老店有6层，传菜梯弯弯绕绕。他端着红焖甲鱼，盘子沉，还垫着鹅卵石，一天端上三五份，胳膊都抬不起来。

戴嘉珩还记得，一天端10个小时盘子的工钱是23.5元。店门口有一家麦当劳，一个套餐卖27元。一整天端着盘子来回跑，一个套餐还买不到，“但这笔钱是我挣过的所有钱里最有纪念意义的”。

留学最后一年，父母让戴嘉珩回来一起打理生意。他没怎么犹豫就答应了。

2019年，在正式接管集团的运营之前，戴嘉珩被安排到外卖部锻炼。鱼头是旺顺阁的主打，然而一年剩余的500万斤鱼尾怎么办？经过一番调查研究后，戴嘉珩和团队想出了一举多得的法子——上线鱼肉外卖。

为了满足上班族对简餐的需求，戴嘉珩推出了以烧鱼饭为主的套餐。“我们把鱼尾、鱼腩这块最核心的位置，做了酱香、麻辣、豆豉等多种风味，搭配一些小萝卜、小咸菜。”提前几小时烧一大锅鱼块，临近饭点只要做简单的打包就能出餐，在戴嘉珩的设想中，鱼尾外卖不仅能消耗大量的鱼尾，而且也不会给门店备餐造成压力。

实践证明，当初戴嘉珩不顾一切反对声音做出的这个决定，带来了意想不到的经营效果。

只做鱼头泡饼时，旺顺阁的外卖月均只有两三百单，上了烧鱼饭之后，餐厅整体卖到了两三千单。单量的巨大增长，带来的是更多的曝光。“这是相辅相成的，一部分人点烧鱼饭的同时，看到包装精致、加热即食的鱼头也会产生消费冲动。”戴嘉珩说，虽然90%的单都是烧鱼饭，10%的单是鱼头，但是10%鱼头的单能占到整体外卖销售额的50%。自打烧鱼饭成了核心引流产品之后，以前在外卖平台上不好卖的鱼头，也成了畅销品，可以说鱼尾外卖带动了品牌整体营业额的飞速增长。

戴嘉珩在加拿大温哥华留学多年，也正是在搜寻美食的过程中，他发现大部分的海外中餐厅都不好吃，要么是纯粹迎合外国人的口味，华人吃起来味道古怪；要么是只有中国人吃的传统中餐，外国人根本不吃。海外中餐行业发展得并不好。察觉到这一广泛的市场前景后，他决定做一个中国人和外国人都喜欢的中餐厅。

烤鸭，代表着京菜，也是许多外国人对中国餐饮的最初印象。尽管北京有大批做烤鸭的餐厅，市场竞争激烈，但戴嘉珩还是决定以“Beijing Duck”为提督·TIDU的主打。

除了在菜品上花心思，戴嘉珩在提督·TIDU这个名字上，也做了一番考虑。“TIDU，中外发音基本上是一致的，对外国人比较友善。”另外，戴嘉珩取这个名字也有“四海同享升平之世”的愿景，希望未来能将餐厅开到海外，宣传中国文化，让世界对中餐品牌有更多的认识。

理想很美好，然而现实却并不尽如人意。

戴嘉珩说，起初确立这个项目，父母就是勉强同意，等设计图出来，开始进场装修，集团又叫停了我们的计划。“当时开了一个会，一直到凌晨3点，高管团队基本都在，大家主要的核心论点就是说服我不要做。”再三争取讨论之后，戴嘉珩的餐厅在一片不看好的声音当中开了起来。

“压力非常大。”谈起这段经历，戴嘉珩仍然有点发怵。刚开业的时候，生意不好，最差的一次一天白板，店里没有一桌客人。“我们五六十个员工都在那大眼瞪小眼。每个月上百万的亏损，那个时候是真心有一点害怕。”开了个新品牌，戴嘉珩才意识到，创业可能会血本无归。

怎么跟父母交代？怎么跟公司交代？成为戴嘉珩最头疼的问题。“最苦恼的是去找集团借钱的时候，去的时候是贴着墙边走，低着头，灰头土脸。”戴嘉珩说，他的决策也因此受到了质疑。

3个月后，餐厅仍然在亏钱，不过，也开始有一些消费者复购，能看得到消费者的好评了。“当时看到消费者来了，非常开心，所以我们第一家店就是靠一桌一桌客人跟出来的。”

2019年5月1日，他创办的提督·TIDU新锐京菜正式开业。3年共开了5家店，最快的仅用11天就成了大众点评的五星门店。在戴嘉珩看来，餐厅走红靠的不是网络营销，而是老一辈人踏踏实实以顾客体验为重心的经营理念。

“白菜老了，口感不好”，“酱太咸了”，“这个菜不雅观”……每周二提督·TIDU的例会，一般不会交流内控内训等管理动作，而只围绕消费者的每一条意见来展开讨论。戴嘉珩相信，通过顾客给出的建议去对餐厅的菜品、环境、服务进行改进是最有效的方式，也是餐厅能否持续经营发展的关键。

刚开业的时候，顾客不多，提督·TIDU的餐厅经理在结账时会去询问每一个消费者的意见，通过客情卡记录下来，反馈到总部。随着餐厅日渐红火，消费者越来越多，大众点评上的用餐评价也多了起来。提督·TIDU创办了一个在线的微文档，通过线上线下收集消费者的意见，记录每一桌点的菜以及菜品、环境等方面出现的问题，实现了闭环管理。

经营3年的提督·TIDU，有40%的菜都是通过消费者提出意见之后，进行整改迭代的。蟹肉春卷，以前是提督·TIDU卖得非常好的畅销菜。2020年，有不少的消费者用餐后反馈称，这道菜有点腻，建议配一点酱。在进行评估后，提督·TIDU试验了二十几种酱，最后敲定了泰式的甜辣酱。“这两者比较搭，甜辣酱一是解腻，二是能给这个蟹肉提鲜。”戴嘉珩说，现在这个春卷又要进行升级。他形容菜品的改革创新像是“互联网公司”，产品迭代非常快。

在看到成绩后，这一套围绕着消费者满意度做的管理小循环，也在旺顺阁内部得到了认可。“原来他们不相信，现在相信了。”戴嘉珩说，现在所有的鱼头店、所有旺顺阁旗下的品牌，从开周会、例会的管理模式到服务的流程和理念，都跟提督·TIDU一模一样了。

儿子也成了张雅青的老师。每天下班回到家，她躺到沙发上，就拿出手机看大众点评上的顾客评价。有客人留言“性价比不高”，指的是两个人点3斤的鱼头吃不完，一斤鱼头89元，再点一壶茶，加上两三个小菜，基本上就要500块了。她和团队接纳了意见，推出了两人套餐，200多块钱，两斤鱼头，送饼，再加一壶酸奶或者花果茶，实惠又经济。

两代人

“我们娘儿俩都在做创新。”现在，张雅青觉得自己和30岁的儿子站在了同一条起跑线上。2021年，儿子把新锐京菜提督·TIDU开到了5家店，而她，作为一名从业23年的餐饮“老兵”、一个传统餐饮人，也在持续变革着旺顺阁集团旗下的其他品牌。

她是餐饮“老兵”，代表着传统餐饮人，而儿子想做的则是“新锐中国菜”。有时，张雅青觉得被儿子当成了试验的“灯泡”。儿子做提督·TIDU时，会喊她一起试菜，也会根据她的反馈进行相应调整。

不过在试菜的过程中两人没少呛过声。“樱桃鹅肝，这什么东西？里面还加巧克力。”张雅青问。但儿子说年轻人就喜欢甜，要有一股特殊的香气。端上来泡椒凤爪，用鹅卵石装饰。张雅青也嚷，“怎么全是石头？”儿子说这是创意。

提督·TIDU的菜品也正是在张雅青对于口味的坚守和戴嘉珩对于创意的坚持下形成雏形——既有对口味及口感的极致追求，更有对菜品的推陈出新。

“不屈不挠的这种性格和这种特质随我。”张雅青后来也想明白了，自己喜欢实惠，但儿子代表的是年轻的消费者。

在决定回国做餐饮前，儿子像父母当年那样，在国外遍访餐厅，做了一番深入的研究。

“尊重他的创新，尊重他的差异化，我能帮他的是尽量少走弯路。”先要放手，让儿子大胆去干，再是鼓励，让他有自信，还要“舍得”，对儿子的事业有耐心，“如果老在自己翅膀底下，他永远长不大”。

坚持了半年之后，提督·TIDU终于实现了盈利。“老一辈人是看见才相信，而我们这一辈人是相信了就往这方面去努力，可能才会看见。”戴嘉珩说，他也很感恩有这么一个机会，虽然辛苦劳累，遇到了很多挫折，但也让别人看到了他的能力。

在社交媒体当中，提督·TIDU是一家拍照打卡的网红餐厅。然而与呈现出的形象有反差的是，提督·TIDU几乎不怎么做线上营销。“广告费基本没有，我们什么渠道都不投宣传。”戴嘉珩对餐厅的菜品和提督·TIDU品牌很有自信。为了吸引更多的客流，势必就会增加其他支出，客单价也会做出调整。路遥知马力，日久见人心，戴嘉珩相信，依靠口碑传播，也能占据年轻人的心智。

“提督·TIDU只在乎复购率，复购率的核心指标就是当餐消费者的体验感和满意度。”戴嘉珩说。不过有自信是一回事，餐饮行业的内卷也让戴嘉珩产生了忧虑。

兢兢业业做好一道菜，做好服务，是戴嘉珩从父母那儿学到的。但现在，很多餐厅都在做线上营销，折扣力度往往很大。戴嘉珩表示，他看不懂行业的新变化。“餐饮的利润很薄，我都不知道他们怎么挣钱，这样纯烧钱的策略我不敢想象。”

张雅青也交出了一份不错的成绩单，旺顺阁30多家门店在2021年都成为大众点评的五星门店，客流量、营业额，整体至少提升了15%。她还改革了对员工的考核标准，绩效指标不只是考虑营业额和利润，更关注怎么为顾客做好服务。

2020年新冠肺炎疫情时，旺顺阁也做过新零售的尝试，在街边店加上一个零售窗口，但不太成功。“因为我们团队的人没有零售的基因。”先后开的两个试营店都陆续关闭了。2021年这一年，他们彻底明白，干餐饮就应该把餐饮这点事做好。“面对市场的不确定性，就要随时变化，但是我们秉承的是什么，一个词，叫守正创新。”老祖宗传下来的味道，炝锅、爆锅、刀功等技法，一定要守住。

在餐饮行当闯荡了23年，张雅青觉得，每10年餐饮行业都有一个大的风向变化。2012年，高端餐饮的时代过去后，高性价比的餐饮被关注。伴随着购物中心的风行，一批相对平价的品牌崛起，摒弃了过去的街边店和大店、贵店，让年轻人在走进商场购物的同时，也能吃到美味佳肴。而现在的年轻人，有更多对美好生活的向往，不仅吃得要好，还要一饱眼福，看重体验式服务。

从新生品牌到成熟品牌，再到老品牌，乃至百年传承的老字号，都要经历岁月的打磨。每次打磨都是蜕变成长的机会，只有经历过这种蜕变，才能把企业真正做到基业长青。

第二部分
2022年度餐饮大数据

小结总览

01

一

行业
总篇章

一、服务业持续恢复，餐饮收入恢复至历史最高水平

国家统计局数据显示，2022年第三产业较快增长。住宿和餐饮业增加值比上年增长14.5%，保持恢复性增长。2021年全年社会消费品零售总额440823亿元，比上年增长12.5%；两年平均增速为3.9%。全国餐饮收入46895亿元，同比增长18.6%（图1–1），较社会消费品零售总额整体的12.5%高6.1个百分点；单从12月看，餐饮社会零售总额为4841.1亿元，同比下降2.2%，较社会消费品零售总额整体的1.7%低3.9个百分点（图1–2），主要受西安、河南等地新冠肺炎疫情反复影响。下半年当月增速3次负值反映新冠肺炎疫情仍为影响餐饮业恢复的重大不确定因素（图1–3、图1–4）。

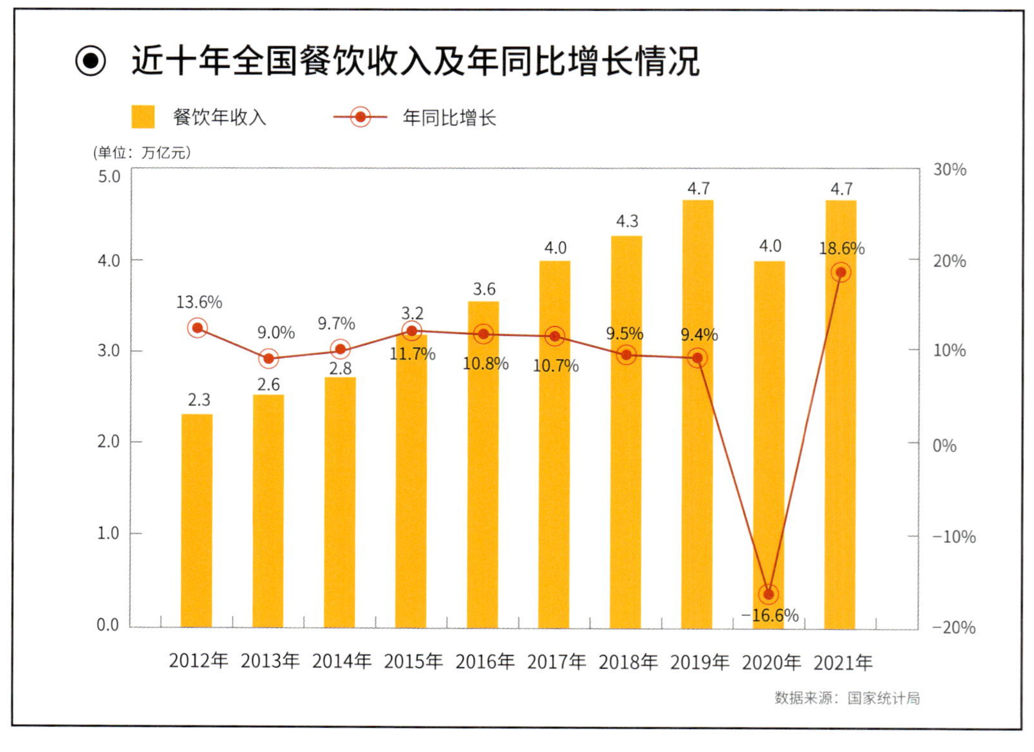

图1–1　近十年全国餐饮收入及年同比增长情况

数据说明：国家统计局在年同比增速的统计范围为当期企业，和上年公布数据存在口径差异，2020年口径修订后的年增速为−16.6%。

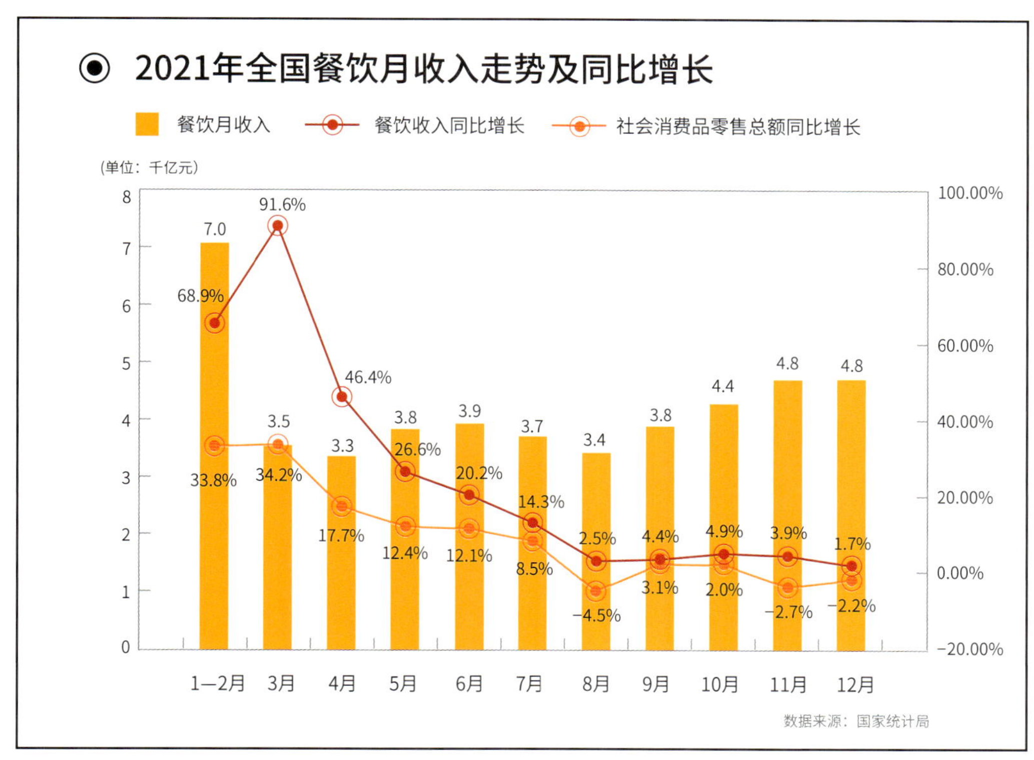

图 1-2　2021 年全国餐饮月收入走势及同比增长

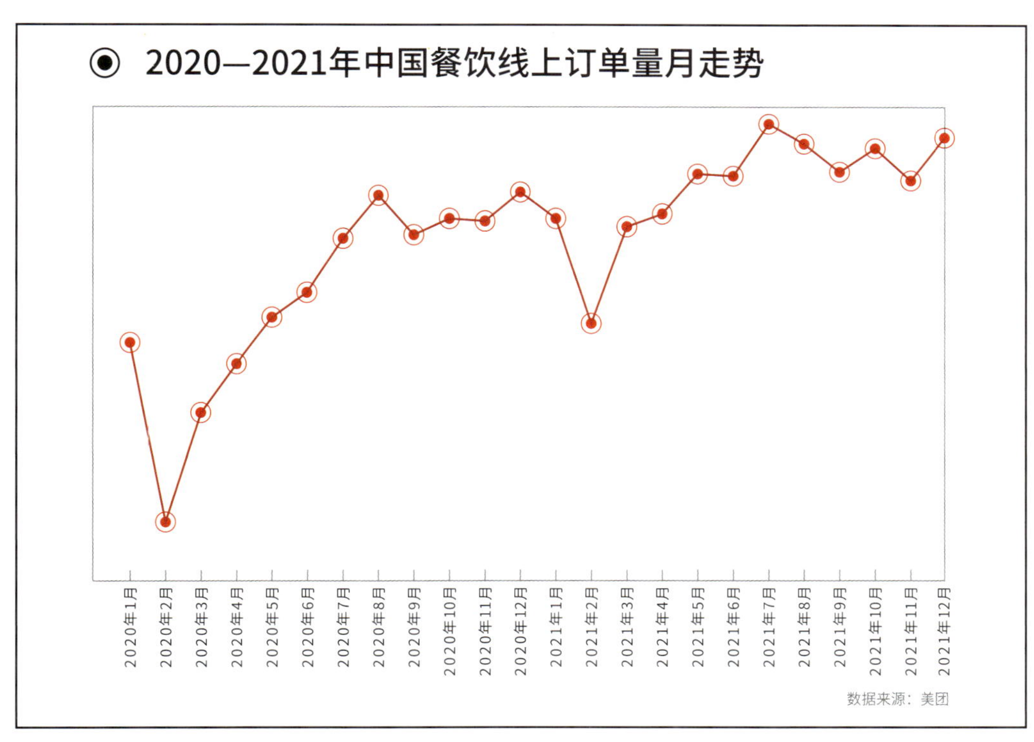

图 1-3　2020—2021 年中国餐饮线上订单量月走势

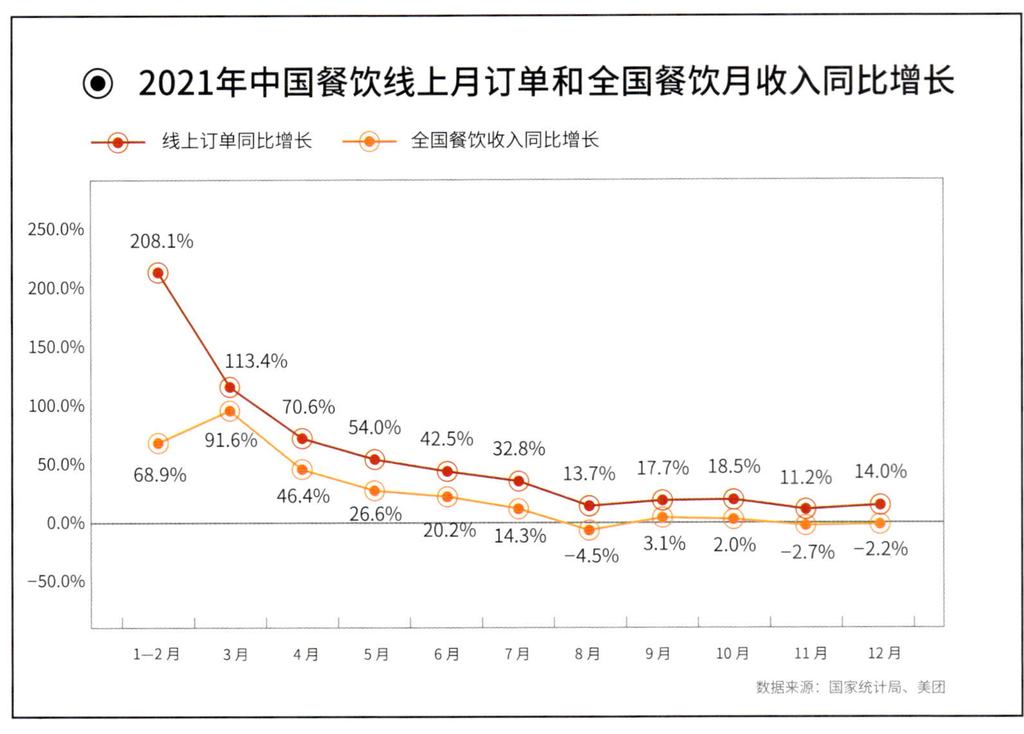

图 1-4　2021 年中国餐饮线上月订单和全国餐饮月收入同比增长

二、2021 年餐饮新注册增速回升至约 35%，饺子、烘焙、炸串、米线品类开店速度居前

企查查数据显示，截至 2022 年 2 月 1 日，国内餐饮相关在业和存续企业分别有 1161.1 万家、322.4 万家。从注册量看，2021 年餐饮相关企业新注册数为 334.1 万家，同比增长 34.7%（图 1-5），较 2019 年增长 41.1%，反映 2021 年餐饮开店有所回暖。

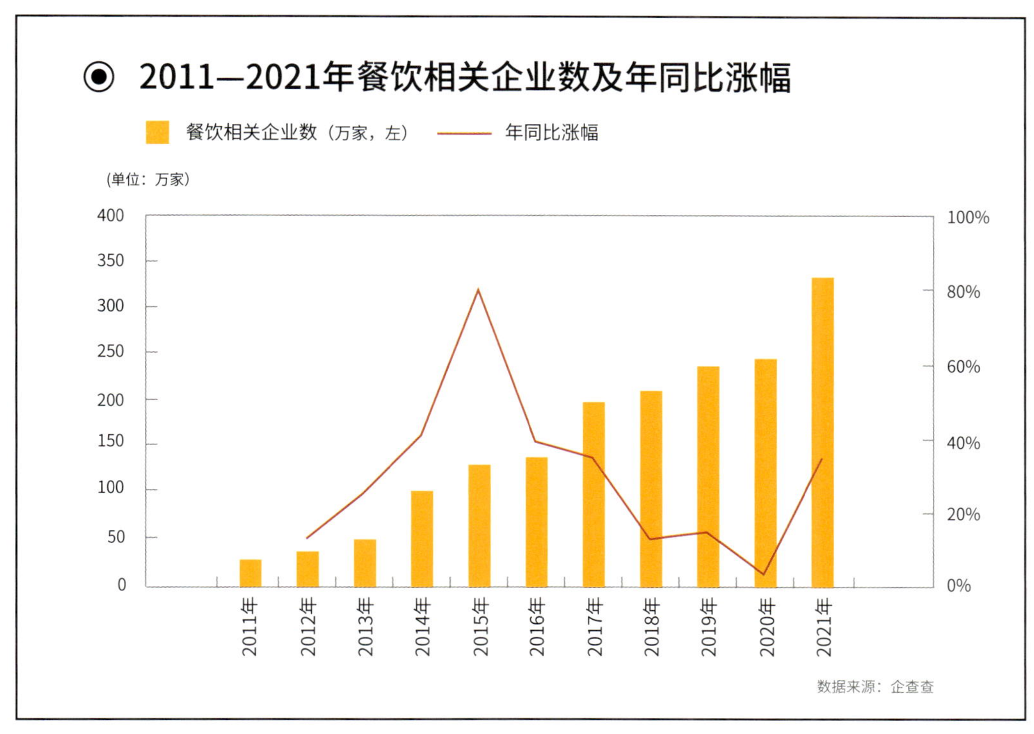

图 1-5　2011—2021 年餐饮相关企业数及年同比涨幅

据窄门餐眼数据显示，烘焙、炸串、酒馆品类连续 3 年开店速度位列前 20，饺子和米线逐步加速，赛道维持较高景气度（图 1-6、图 1-7）。

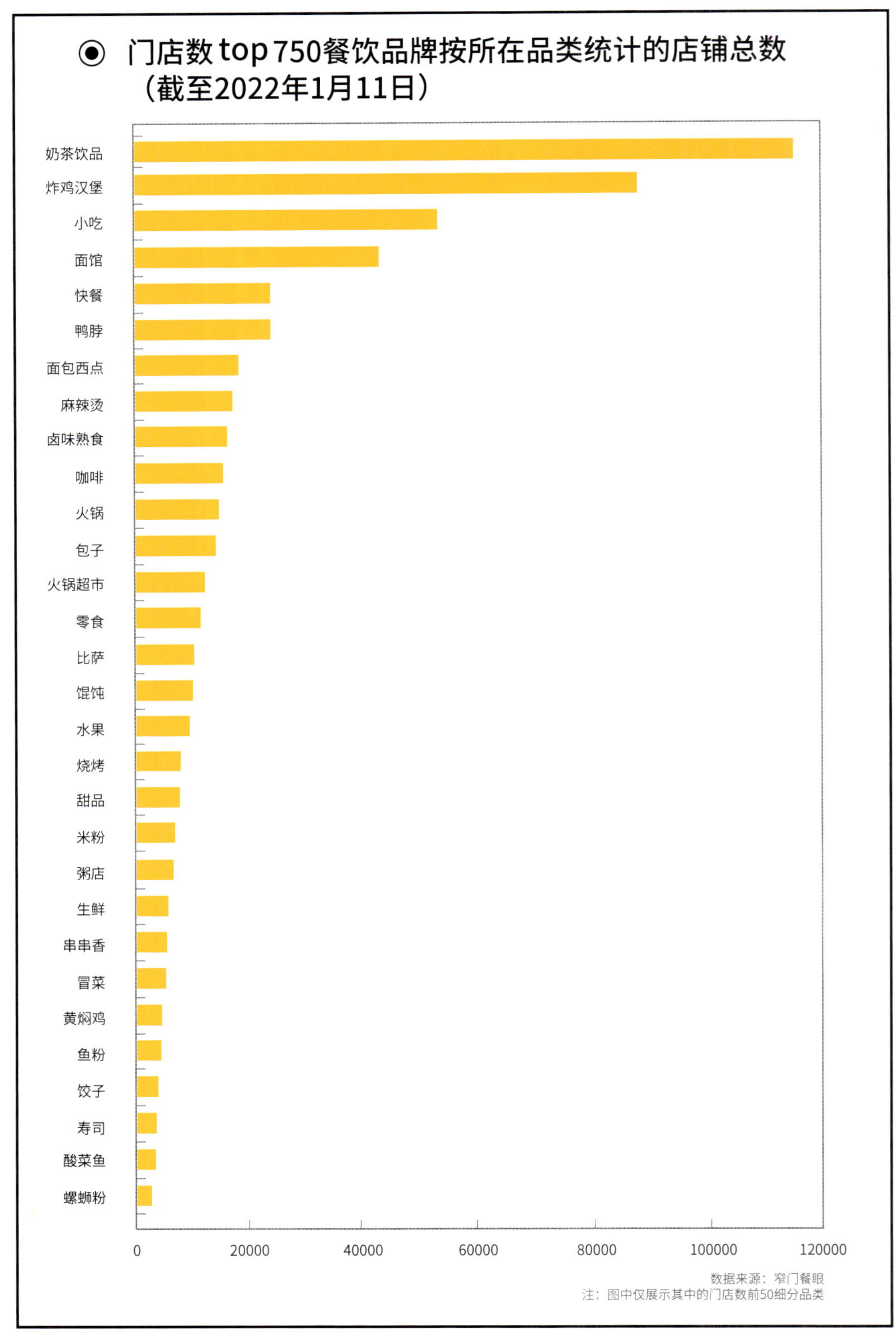

图 1-6　门店数 top 750 餐饮品牌按所在品类统计的店铺总数（截至 2022 年 1 月 11 日）

开店速度前20餐饮品类

2021年		2020年		2019年	
品类	开店速度	品类	开店速度	品类	开店速度
汤品	176%	火锅超市	122%	鲍鱼饭	539%
饺子	57%	烤鸭	96%	炒饭	193%
徽菜	55%	炸串	79%	面包西点新中式烘焙	182%
肉蟹煲	53%	面包西点新中式烘焙	56%	锅盔	146%
酒馆	40%	外国菜	31%	鸭脖卤味熟食	104%
咖啡	37%	汤品	28%	炸串	93%
湘菜	36%	米粉	21%	徽菜	85%
面包西点新中式烘焙	31%	川菜	20%	大盘鸡	80%
江浙菜	27%	奶茶饮品	20%	牛排	68%
米线	19%	烧腊	20%	吐司	61%
蛋糕	18%	饺子	12%	火锅超市	61%
炸串	18%	江浙菜	11%	寿司	58%
臭豆腐	17%	牛蛙	9%	粥店	54%
焖锅	14%	米线	7%	酒馆	52%
吐司	11%	鸭脖	7%	咖啡	50%
烤鱼	7%	螺蛳粉	6%	馄饨	46%
酸辣粉	6%	酒馆	4%	臭豆腐	45%
西北菜	5%	快餐	4%	烧烤	41%
奶茶饮品	2%	比萨	3%	冰激凌	38%
酸菜鱼	1%	酸菜鱼	2%	自助餐	38%

来源：窄门餐眼

图 1-7　开店速度前 20 餐饮品类

三、餐饮行业从业者人数走势

国家统计局第一次全国经济普查主要数据公报显示，2004 年末，餐饮业企业法人单位就业人数 223.7 万人（图 1-8），餐饮业个体经营户 276.1 万户，就业人员 904.8 万人。

◉ 住宿和餐饮业企业法人单位、就业人员及营业额

	法人单位（个）	就业人员（万人）	营业额（亿元）
合　计	**92820**	**429.3**	**3106.7**
住宿业	**39262**	**205.6**	**1567.0**
旅游饭店	12244	137.0	1226.2
一般旅馆	24058	61.3	299.5
其他住宿服务	2960	7.3	41.3
餐饮业	53558	223.7	1539.7
正餐服务	43093	188.9	1240.3
快餐服务	3452	21.8	226.8
饮料及冷饮服务	2834	3.9	20.4
其他餐饮服务	4179	9.1	52.2

数据来源：国家统计局第一次全国经济普查主要数据公报

图 1-8　住宿和餐饮业企业法人单位、就业人员及营业额

国家统计局第二次全国经济普查主要数据公报显示，2008 年末，全国共有住宿和餐饮业企业法人单位 14.5 万个，从业人员 585.2 万人，分别比 2004 年末增长 56.3% 和 36.4%。

国家统计局第三次全国经济普查主要数据公报显示，2013 年末，全国共有住宿和餐饮业企业法人单位 20 万个，住宿业占 36.8%，餐饮业占 63.2%，从业人员 691.6 万人，住宿业占 42.6%，餐饮业占 57.4%，分别比 2008 年末增长 37.6% 和 18.2%。在有证照个体经营户从业人员中，住宿和餐饮业共计 1069.4 万人（图 1-9）。

◉ 按行业分组的法人单位与有证照个体经营户从业人员

	法人单位从业人员（万人）	有证照个体经营户 从业人员（万人）
合　计	**35602.3**	**9013.4**
采矿业	1035.2	11.7
制造业	12515.1	937.6
电力、热力、燃气及水生产和供应业	485.0	2.5
建筑业	5320.6	90.8
批发和零售业	3315.0	4166.6
交通运输、仓储和邮政业	1299.5	1674.5
住宿和餐饮业	691.6	1069.4

数据来源：国家统计局第三次全国经济普查主要数据公报

图 1-9　按行业分组的法人单位与有证照个体经营户从业人员

国家统计局第四次全国经济普查主要数据公报显示，2018 年末，全国共有住宿和餐饮业企业法人单位 43.1 万个，其中住宿业占 29.1%，餐饮业占 70.9%，从业人员 706.4 万人，住宿业占 38.8%，餐饮业占 61.2%，分别比 2013 年末增长 115.5% 和 2.1%，在个体经营户从业人员中，住宿和餐饮业 2235.3 万人（图 1-10、图 1-11）。

◉ 按行业门类分组的法人单位与个体经营户从业人员

	法人单位从业人员（万人）	其中:女性	个体经营户从业人员（万人）	其中:女性
合　计	**38323.6**	**14446.7**	**14931.2**	**6900.9**
采矿业	596.0	105.8	8.5	1.2
制造业	10471.3	4136.4	1637.4	780.9
电力、热力、燃气及水生产和供应业	466.9	126.1	14.9	4.5
建筑业	5809.1	780.5	950.3	164.4
批发和零售业	4008.5	1779.1	6443.2	3325.0
交通运输、仓储和邮政业	1434.8	364.2	1173.0	192.1
住宿和餐饮业	706.9	401.4	2235.3	1223.2

数据来源：国家统计局第四次全国经济普查主要数据公报

图 1-10　按行业门类分组的法人单位与个体经营户从业人员

◉ 按行业门类分组的住宿和餐饮业企业法人单位和从业人员

	企业法人单位（万个）	从业人员（万人）
合 计	**43.1**	**706.4**
住宿业	**12.6**	**274.0**
旅游饭店	3.4	162.9
一般旅馆	7.7	95.6
民宿服务	0.5	2.6
露营地服务	0.01	0.1
其他住宿业	1.0	12.8
餐饮业	**30.6**	**432.4**
正餐服务	24.6	322.1
快餐服务	1.9	65.2
饮料及冷饮服务	0.9	13.3
餐饮配送及外卖送餐服务	0.6	12.5
其他餐饮业	2.5	19.3

数据来源：国家统计局第四次全国经济普查主要数据公报

图 1-11　按行业门类分组的住宿和餐饮业企业法人单位和从业人员

四、餐饮行业金融信贷及投资数据

截至 2021 年末，中国人民银行统计口径的普惠小微贷款余额 19.23 万亿元，国家市场监管总局统计的正常登记、持续经营的小微企业，在银行有授信的占比超过 30%。餐饮行业的信贷供给则相对稀缺，中小型餐饮经营者以个体工商户为主，主要通过个人经营贷款模式获取信用贷款服务。根据美团生意贷的商户调研数据，中小型餐饮从业者可获得授信的占比低于全行业平均水平。

据窄门餐眼平台的投融资数据统计，2021 年餐饮及相关产业一共有 143 起融资事件。融资类型涉及餐饮、供应链、餐饮服务、蛋糕烘焙、茶饮等细分领域，在披露金额的融资事件中，超亿元人民币的融资事件有 41 起；千万级的融资事件 46 起（图 1-12）。

◉ 2021年全年餐饮融资情况汇总

序号	品牌	品类	融资时间	融资轮次	融资金额	投资方
1	有我们鸭脖	餐饮	2021/12/30	天使轮	1000万	未披露
2	林堡堡	餐饮	2021/12/27	天使轮	数百万	菠萝创投（领投）
3	咔咔拌KAKABOM	餐饮	2021/12/26	A轮	数千万	利和味道，内向基金
4	歪咖啡	餐饮	2021/12/23	天使轮	数千万	林澄资本
5	不停云厨	餐饮	2021/12/22	天使轮	未透露	九派资本，惟一资本，微影资本，汉能投资
6	张拉拉	餐饮	2021/12/21	B轮	未透露	中金资本（领投），金沙江创投，盛景网联（盛景嘉成）
7	幸福西饼	蛋糕烘焙	2021/12/20	战略投资	1亿	亚商资本（领投），春涧资本，福杉投资
8	小柒对	餐饮	2021/12/20	天使轮	数百万	山竹资本（领投），嘉禾资本
9	HungryPanda	餐饮	2021/12/17	D轮	1.3亿美元	Kinnevik,FeilxCapital,83North,PitonCapital,Vintage Investment Partners,Burda Principal Investments,Perwyn(领投),Kreos
10	饭乎	餐饮	2021/12/16	A+轮	未透露	SIG海纳亚洲（领投），联想之星
11	美餐网	餐饮	2021/12/16	E+轮	未透露	索迪斯
12	行运集团	餐饮	2021/12/16	Pre-A轮	数千万	北京生活性服务业基金
13	食物主义	餐饮	2021/12/16	B轮	数千万美元	高榕资本（领投），SIG海纳亚洲，红杉资本中国
14	珮姐老火锅	餐饮	2021/12/15	A轮	未透露	未披露
15	T11生鲜超市	餐饮	2021/12/12	B轮	1亿美元	阿里巴巴（领投），鸿为资本，和玉资本
16	杭州饮食	餐饮	2021/12/10	战略投资	未透露	百胜中国
17	顾思特汉堡	餐饮	2021/12/7	天使轮	3000万	红杉资本中国，腾讯投资，美团龙珠，光伟资本
18	BOONBOON植物油	餐饮	2021/12/6	Pre-A轮	千万级	奥牛资本
19	粉丝见面	餐饮	2021/11/30	天使轮	未透露	通融天使，稷祥嘉资本
20	陈香贵	餐饮	2021/11/29	A+轮	2亿	宋欢平，华兴新经济基金，巧厨商贸，水滴资产
21	谢谢锅	餐饮	2021/11/26	天使轮	1.5亿	红杉资本中国
22	朴朴超市	餐饮	2021/11/25	战略投资	未透露	IDG资本（领投）
23	塔斯汀	餐饮	2021/11/23	A轮	未透露	源码资本，不惑创投
24	肥汁米蘭	餐饮	2021/11/22	A轮	数亿	不二资本（领投），红点中国，三角资本

续表

序号	品牌	品类	融资时间	融资轮次	融资金额	投资方
25	廖记棒棒鸡	熟食连锁品牌	2021/11/16	战略投资	未透露	味美鲜食品
26	蛙来哒	餐饮	2021/11/12	A轮	未透露	绝了基金，番茄资本
27	美餐网	餐饮	2021/11/10	E轮	1亿美元	大钲资本（领投）
28	鱼你在一起	餐饮	2021/11/9	战略投资	未透露	番茄资本，万店盈利
29	Bar Flow Brand	餐饮	2021/11/8	天使轮	近千万	三七互娱（领投）
30	鲜沐农场	餐饮	2021/11/2	C轮	未透露	C Ventures(领投)，成为资本，头头是道投资基金，创享欢聚
31	贵凤凰	餐饮	2021/11/1	A+轮	千万级	番茄资本
32	麦子妈	餐饮	2021/10/29	战略投资	未透露	元气森林
33	喜姐炸串	餐饮	2021/10/11	A轮	2.95亿	源码资本（领投），星纳赫资本（领投）
34	把愚酸菜鱼	餐饮	2021/10/27	天使轮	3000万	浙江云造投资（领投）
35	冻品到家	冻品食材采购平台	2021/10/8	B+轮	未透露	洪泰基金，明裕创投
36	智清空间	餐饮	2021/9/16	天使轮	数百万	启迪之星
37	花与花柒	餐饮	2021/9/10	天使轮	200万	周成俊
38	梅花里酒业	餐饮	2021/9/9	天使轮	近千万	不惑创投
39	海鲜见面	餐饮	2021/9/7	A轮	未透露	华映资本
40	原究院	餐饮	2021/9/7	天使轮	千万级	未披露
41	千味央厨	餐饮供应链解决方案提供商	2021/9/6	IPO上市	2.821亿	未披露
42	太二酸菜鱼	餐饮	2021/9/6	战略投资	3亿	九毛九餐饮
43	舞爪食品	餐饮	2021/9/1	A轮	数千万	星陀资本，黑马工场
44	猫员外	餐饮	2021/8/24	A轮	数亿	国家中小企业发展基金（国中创投）
45	劲面堂	餐饮	2021/8/24	B+轮	数千万	益源资本EverYi
46	滋啦米香	餐饮	2021/8/23	A轮	5000万	未披露
47	大师兄面食	餐饮	2021/8/23	天使轮	数千万	源来资本
48	猪角	餐饮	2021/8/20	A轮	1.5亿	不惑创投（领投），锅圈食汇
49	麦金地	团膳服务商	2021/8/18	战略投资	3亿	光大控股
50	肆月河豚	餐饮	2021/8/16	A轮	数千万	北京生活性服务业基金
51	锅圈食汇	餐饮	2021/8/15	D+轮	未透露	茅台建信，物美，多点Dmall
52	鲜物志	餐饮	2021/8/13	A轮	千万级	引溪资本
53	下酒 烧烤小酒馆	餐饮	2021/8/11	A轮	未透露	钟鼎资本(领投)，梅花创投，真格基金
54	三品王	餐饮	2021/8/10	战略投资	未透露	番茄资本
55	熊大爷	餐饮	2021/8/10	A轮	未透露	美团龙珠，番茄资本
56	商有科技	餐饮	2021/8/9	A+轮	数千万	果睿投资
57	虾小士	餐饮	2021/8/4	天使轮	近千万	未披露

续表

序号	品牌	品类	融资时间	融资轮次	融资金额	投资方
58	小牛凯西	餐饮	2021/8/3	A轮	近亿	广发信德(领投),福州禹广
59	周师兄	餐饮	2021/8/2	A轮	1亿	黑蚁资本
60	东方鸿鹄	餐饮	2021/8/2	战略投资	未透露	字节跳动
61	包笼仙	餐饮	2021/7/29	天使轮	未透露	钟鼎资本
62	Charlies粉红汉堡	餐饮	2021/7/28	A轮	数千万	哔哩哔哩bilibili
63	银食商城	餐饮	2021/7/27	A轮	未透露	险峰长青
64	生鲜传奇	生鲜连锁超市	2021/7/27	C轮	未透露	未披露
65	谊品生鲜	餐饮	2021/7/23	战略投资	未透露	美团龙珠,腾讯投资
66	味捷集团	餐饮	2021/7/23	A轮	未透露	兴旺投资
67	陈香贵	餐饮	2021/7/20	A轮	1亿	正心谷资本(领投),云九资本,宋欢平,源码资本
68	贵凤凰	餐饮	2021/7/17	A轮	数千万	丰厚资本(领投),贵众合伙人企业
69	五爷拌面	餐饮	2021/7/15	A+轮	未透露	高瓴创投
70	虎头局	餐饮	2021/7/14	A轮	5000万美元	Tiger Global老虎海外(领投),GGV纪源资本(领投),红杉资本中国,IDG资本,宋欢平
71	遇见小面	川渝风味小面连锁品牌	2021/7/14	战略投资	1亿	碧桂园创投(领投),喜家德水饺
72	永定门电烤串	餐饮	2021/7/12	天使轮	近千万	梅花创投,泰合鼎川V积分
73	和府捞面	面食餐饮品牌	2021/7/8	E轮	8亿	CMC资本(领投),众为资本,腾讯投资,龙湖资本
74	Bar Flow Brand	餐饮	2021/7/8	种子轮	未透露	欧游集团
75	月枫堂	餐饮	2021/7/6	Pre-A轮	千万级	启承资本
76	合兴发	餐饮	2021/7/6	天使轮	未透露	欧游集团
77	热卤食光	餐饮	2021/7/6	天使轮	千万级	红杉资本中国
78	利嘉食品	餐饮	2021/7/5	战略投资	未透露	Asia Food Growth Fund
79	派客朴食	餐饮	2021/7/2	战略投资	未透露	中国健康产业投资基金
80	霸蛮	餐饮	2021/6/28	B+和C两轮融资	过亿元	番茄资本,沣途资本,豪客来,IMO资本,IDG资本,森马投资
81	五爷拌面	餐饮	2021/6/24	A轮	3亿	鼎晖投资(领投),B资本
82	三餐有料	餐饮	2021/6/21	A+轮	数千万	众海投资(领投),梅花创投
83	满分牛牛	餐饮	2021/6/21	天使轮	未透露	红杉资本中国(领投),VIPKID(领投),尚承投资
84	文和友餐饮	餐饮	2021/6/17	C轮	数亿	红杉资本中国(领投)
85	奥琦玮	餐饮信息化解决方案提供商	2021/6/16	D轮	数亿	北京高新创投(领投),千合资本,盛宇投资,广发信德
86	饭乎	餐饮	2021/6/15	A轮	数千万	联想之星(领投),拙朴投资

续表

序号	品牌	品类	融资时间	融资轮次	融资金额	投资方
87	爸爸糖	餐饮	2021/6/15	A轮	1亿	IDG资本(领投)
88	妙鲜	餐饮	2021/6/10	天使轮	数百万	杭州拱墅区人民政府
89	小蛮椒	餐饮	2021/6/7	A轮	千万级	启赋资本
90	美鑫食品	餐饮	2021/6/3	A轮	数千万	金鼎资本
91	冻师傅	牛羊肉冻品销售平台	2021/6/1	A轮	数千万	国金投资,信天创投,渶策资本,平阳景行(领投)
92	金戈戈	餐饮	2021/5/28	A轮	近亿	番茄资本
93	夸父炸串	餐饮	2021/5/24	A+轮	近亿	华映资本(领投),愉悦资本,元禾原点创投
94	BOONBOON植物油	以椰子油为切入点的植物油品牌	2021/5/17	天使轮	数百万	新进创投(领投)
95	咚吃	餐饮	2021/5/14	A+轮	数千万	三七互娱(领投)
96	零里居	生鲜品牌运营商	2021/5/13	战略投资	2亿	东莱环保(领投)
97	叮咚买菜	生鲜蔬菜电商平台	2021/5/12	D+轮	3.3亿美元	软银愿景基金(领投)
98	鲜沐农场	餐饮	2021/5/11	B+轮	数亿	成为资本(领投)
99	劲面堂	餐饮	2021/5/6	B轮	未透露	未披露
100	飞熊领鲜	中国最大的国际肉类物流金融服务平台	2021/5/6	A轮	近亿	同创伟业,青岛财富中心,源嘉控股
101	鲜沐农场	餐饮	2021/5/1	B轮	未透露	头头是道投资基金(领投),创享欢聚投资
102	马记永	餐饮	2021/5/1	A轮	数亿	挑战者资本,凯辉基金,红杉资本中国,高榕资本,琻峰旗云
103	京派鲜卤	餐饮	2021/4/30	天使轮	数百万	崔永泉
104	张拉拉	餐饮	2021/4/29	天使轮	数千万	顺为资本,金沙江创投
105	味远红芳	连锁餐饮定制符合调味料服务商	2021/4/26	战略投资	未透露	番茄资本,华润润湘联和基金
106	懒龙龙	农副产品供应链平台	2021/4/23	Pre-B轮	未透露	星瀚资本,罡漩资本
107	喜爱太可了	餐饮	2021/4/19	天使轮	100万	韩元汇通
108	弯釜肉业	进口肉类贸易服务商	2021/4/16	Pre-A轮	数千万	未披露
109	墨茉点心局	现烤点心品牌	2021/4/8	Pre-A轮	未透露	番茄资本,清流资本,元璟资本,源来资本,日初资本

续表

序号	品牌	品类	融资时间	融资轮次	融资金额	投资方
110	叮咚买菜	生鲜蔬菜电商平台	2021/4/6	D轮	7亿美元	DST Global(领投),Coatue Management(领投)Tiger老虎基金-中国,General Atlantic 泛大西洋投资,CMC资本,今日资本,红杉资本中国,鸥翎投资,弘毅投资,Aspex Management,3W Fund Management,高瓴资本,Mass Ave Global,APlus Partners
111	夸父炸串	餐饮	2021/4/1	A轮	未透露	愉悦资本(领投),元禾原点创投
112	文和友餐饮	餐饮	2021/4/1	B轮	5亿	红杉资本中国,IDG资本,华平投资
113	陈香贵	餐饮	2021/4/1	天使轮	数千万	源码资本,宋欢平
114	汤先生SoupMaster	餐饮	2021/3/30	B轮	数千万	五源资本-晨兴资本,IDG资本
115	乐肴居食品	餐饮	2021/3/29	A轮	数千万	兴旺投资
116	九润源	酒水及日用快消品电商平台	2021/3/24	战略投资	未透露	通葡股份
117	兜约	线下连锁中式餐饮品牌	2021/3/23	天使轮	数百万	未披露
118	王家渡食品	餐饮	2021/3/19	A轮	近亿	复星集团(领投),番茄资本
119	锅圈食汇	餐饮	2021/3/17	D轮	3亿	招银国际(领投),天图投资,启承资本,IDG资本,嘉御基金,不惑创投,瑞橡
120	遇见小面	川渝风味小面连锁品牌	2021/3/11	B轮	数千万	碧桂园创投(领投),喜家德水饺,百福控股
121	菜划算	生鲜电商	2021/2/26	战略投资	数千万	阿里巴巴
122	自嗨锅	自热方便火锅品牌	2021/2/8	C+轮	未透露	兴旺投资
123	船歌鱼水饺	餐饮	2021/2/3	战略投资	近亿	元昆创投
124	每日盒子	植物奶品牌	2021/2/2	天使轮	数百万	青山资本
125	查特熊	火锅生鲜食材集合店	2021/2/1	种子轮	数百万	王亚军
126	福迪宝	微波速冻食品品牌	2021/1/29	天使轮	千万级	远镜创投
127	Nelo	机能食品品牌	2021/1/28	A轮	数千万	IDG资本,贝塔斯曼亚洲投资基金
128	古茗茶饮	奶茶连锁品牌	2021/1/28	Pre-A轮	未透露	Coatue Management(领投)
129	观云白酒	在线销售自主品牌白酒的互联网公司	2021/1/27	战略投资	数亿	元气森林
130	UNOMI	口服美容品品牌	2021/1/26	天使轮	数百万美元	险峰长青

续表

序号	品牌	品类	融资时间	融资轮次	融资金额	投资方
131	鲨鱼菲特	健康速食品牌	2021/1/25	B轮	1亿	字节跳动(领投),清流资本
132	teastone	新兴茶饮品牌	2021/1/25	天使轮	数千万	同创伟业
133	口味全	新一代国货调味品牌	2021/1/22	天使轮	1000万	险峰长青(领投),42Capital-42章经
134	M Stand	精品连锁咖啡品牌	2021/1/15	A轮	1亿	CMC资本(华人文化产业投资基金)(领投),挑战者资本
135	霸符BuffX	中国新一代国民消费品品牌	2021/1/13	A轮	数千万	黑蚁资本(领投),红杉资本中国,梅花创投,GGV纪源资本
136	蜜雪冰城	冰激凌茶饮连锁品牌	2021/1/13	A轮	20亿	龙珠资本(美团点评产业基金),高瓴资本
137	未来茶浪WILLCHA	专注健康精品茶饮	2021/1/12	天使轮	数千万	小罐茶,品品香茶业
138	思克奇食品	奶酪产品供应商	2021/1/11	战略投资	未透露	君乐宝
139	月枫堂	日式可颂品牌	2021/1/6	天使轮	1000万	风物资本
140	COOOOK轻烹烹	RTC(预烹饪)异国料理品牌	2021/1/6	天使轮	数千万	青山资本(领投),猎聘网
141	一船小鲜	海鲜鱼水饺品牌	2021/1/5	A轮	数千万	上海弘昌晟
142	山鬼鸡汤	特色餐饮连锁品牌	2021/1/4	战略投资	未透露	元气森林
143	鲨鱼菲特	健康速食品牌	2021/1/1	A+轮	数千万	青山资本(领投),梅花创投

数据来源：窄门餐眼、美团

图 1-12　2021 年全年餐饮融资情况汇总

02

品类篇

一、品类总览

1. 品类门店数分布

美团数据显示，从 2019 年到 2021 年餐饮品类门店数的分布上来看，门店数占比排名前三的为小吃快餐、其他餐饮以及中国传统的八大菜系（包含川菜、粤菜、徽菜、鲁菜、湘菜、苏菜、浙菜、闽菜）。其中，小吃快餐位居榜首，2019 年占比达 49.0%；伴随着 2020 年全球新冠肺炎疫情的暴发，餐饮行业迎来严峻的考验，从门店数品类分布来看，中国地方菜、特色菜、烧烤、火锅等展现了一定的抗风险能力，相比之下，小吃快餐的门店数占比略下降至 46.5%；在经历了疫情反复的洗礼后，投资机构开始关注餐饮行业，小吃快餐的行业特点，也让其迎来了一波投资人的青睐和入驻，在 2021 年小吃快餐门店数在中国餐饮大盘中的占比回暖至 46.8%（图 2-1）。

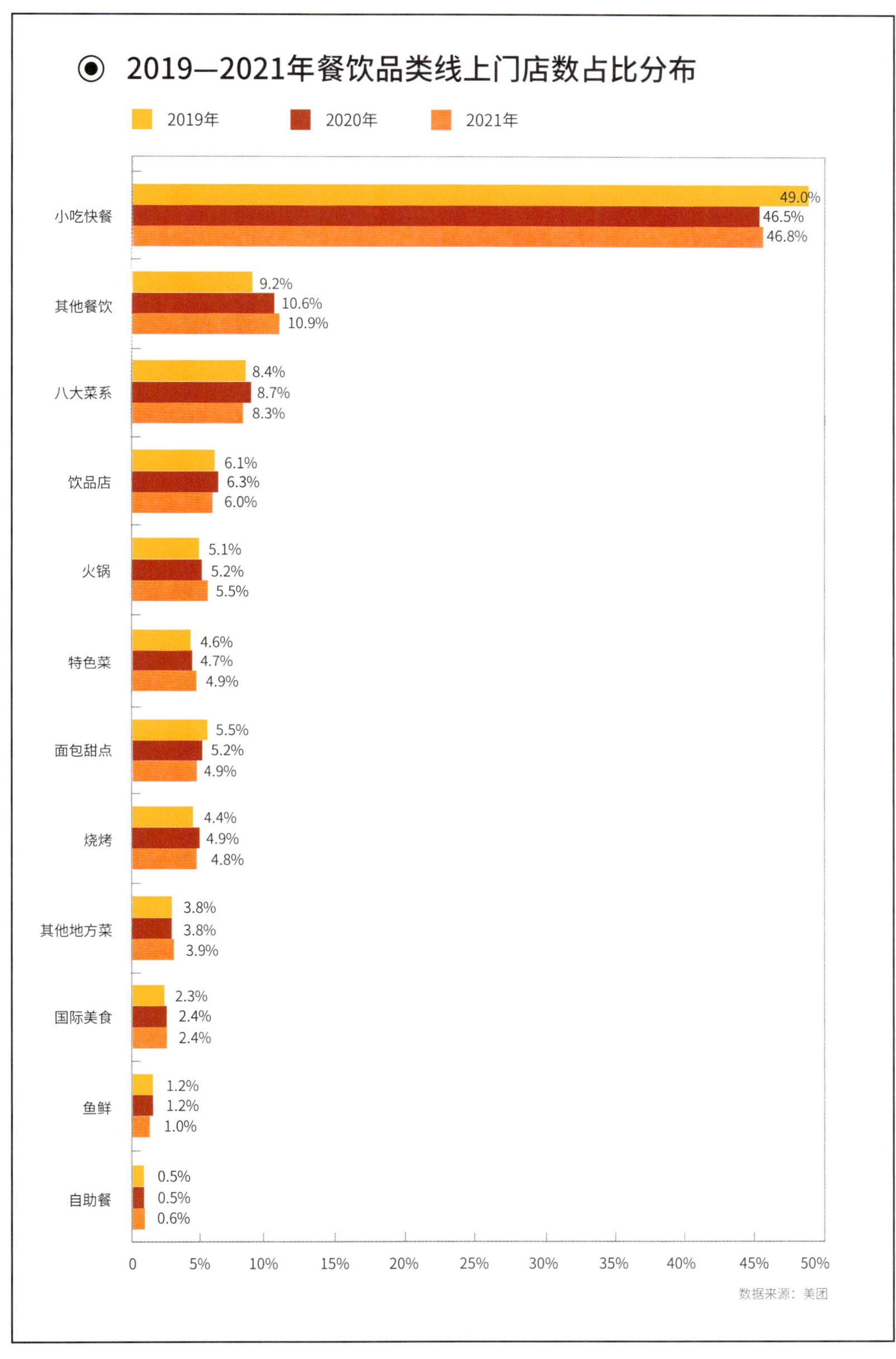

图 2-1　2019—2021 年餐饮品类线上门店数占比分布

2. 品类消费占比分布

小吃快餐线上订单消费占比居首，饮品、八大菜系优势显现

美团数据显示，2019—2021 年中国餐饮品类线上总订单消费占比分布中，小吃快餐、饮品店、八大菜系（包含川菜、粤菜、徽菜、鲁菜、湘菜、苏菜、浙菜、闽菜）位居前三，与外卖订单消费占比前三名相同，而同期到店消费订单以小吃快餐、火锅、饮品店为主。线上订单消费品类中，小吃快餐仍是主力，但自 2019 年起每年占比有所下降，饮品、八大菜系、火锅、国际美食等则在每年占比中呈现了稳定增长（图 2–2）。

八大菜系到店消费占比逐年增加，而外卖订单消费占比逐年下降

美团数据显示，在 2019—2021 年中国餐饮品类到店消费订单占比分布中，火锅、八大菜系、国际美食、烧烤、自助餐、其他餐饮、其他地方菜呈现逐年上升的趋势，其中占比增速最快的是烧烤品类，综合 2019—2021 年中国餐饮品类外卖消费订单占比分布来看，八大菜系（包含川菜、粤菜、徽菜、鲁菜、湘菜、苏菜、浙菜、闽菜）、其他地方菜到店消费占比在增加，而外卖订单消费占比在下降（图 2–3、图 2–4）。

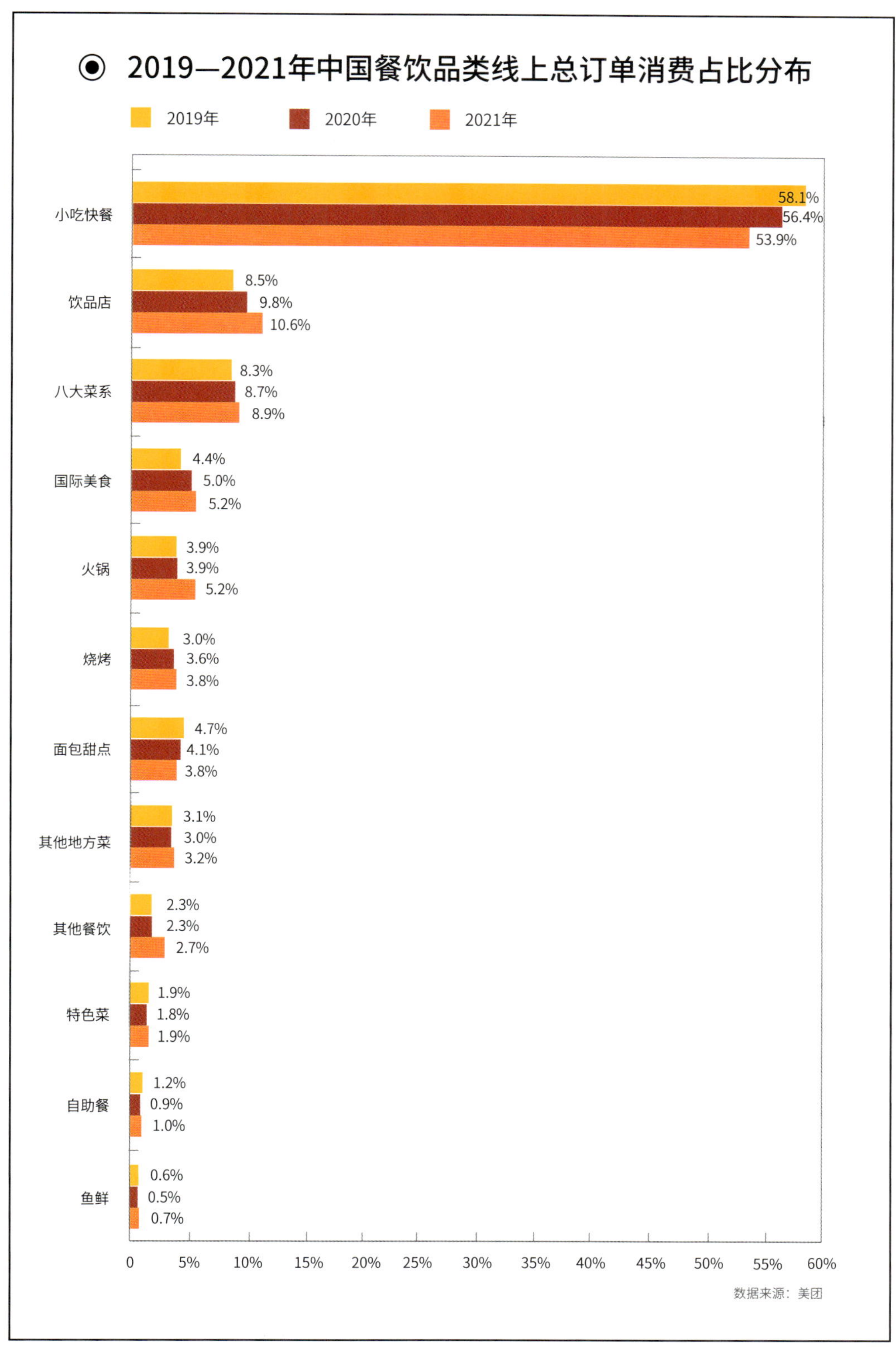

图 2-2　2019—2021 年中国餐饮品类线上总订单消费占比分布

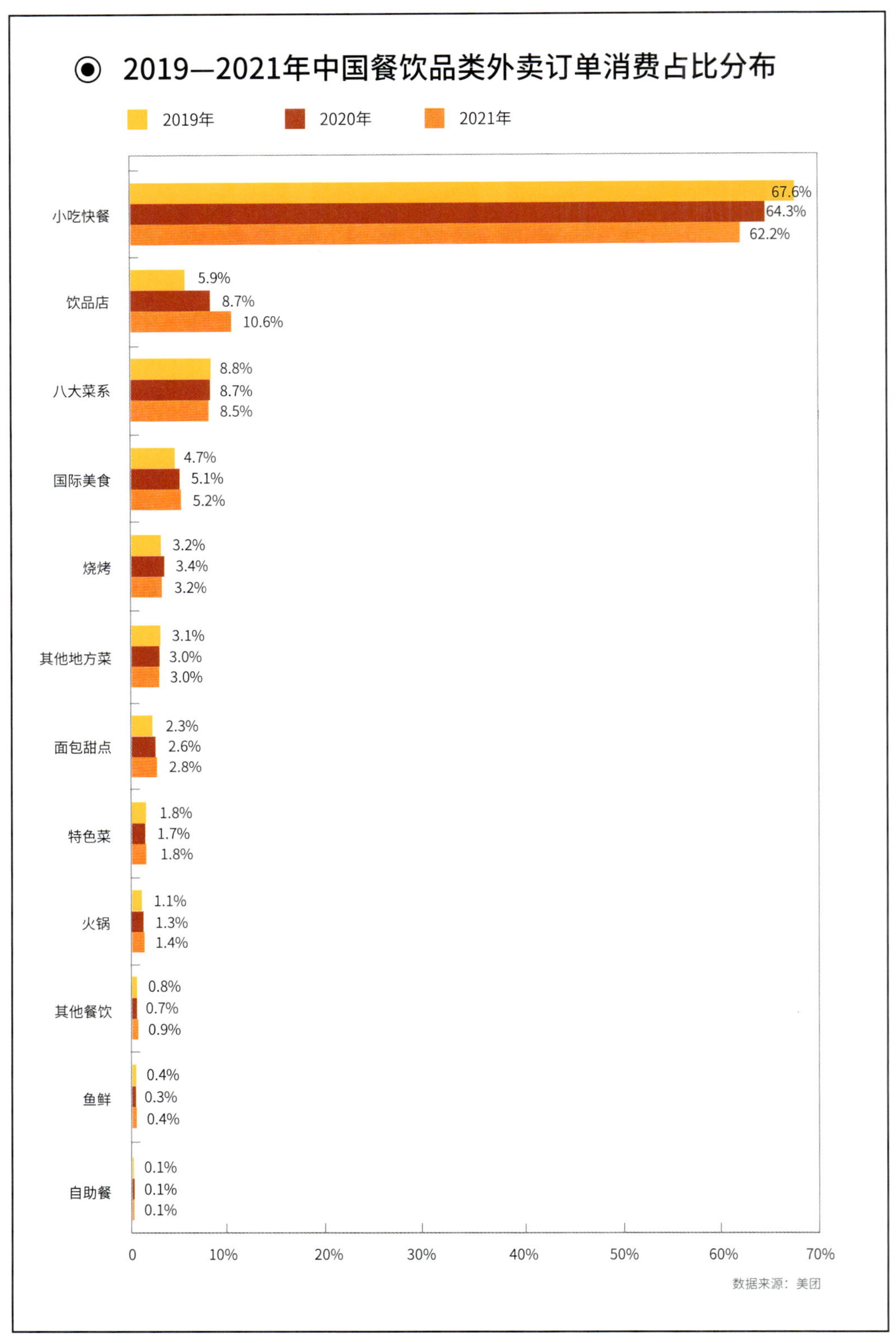

图 2-3　2019—2021 年中国餐饮品类外卖订单消费占比分布

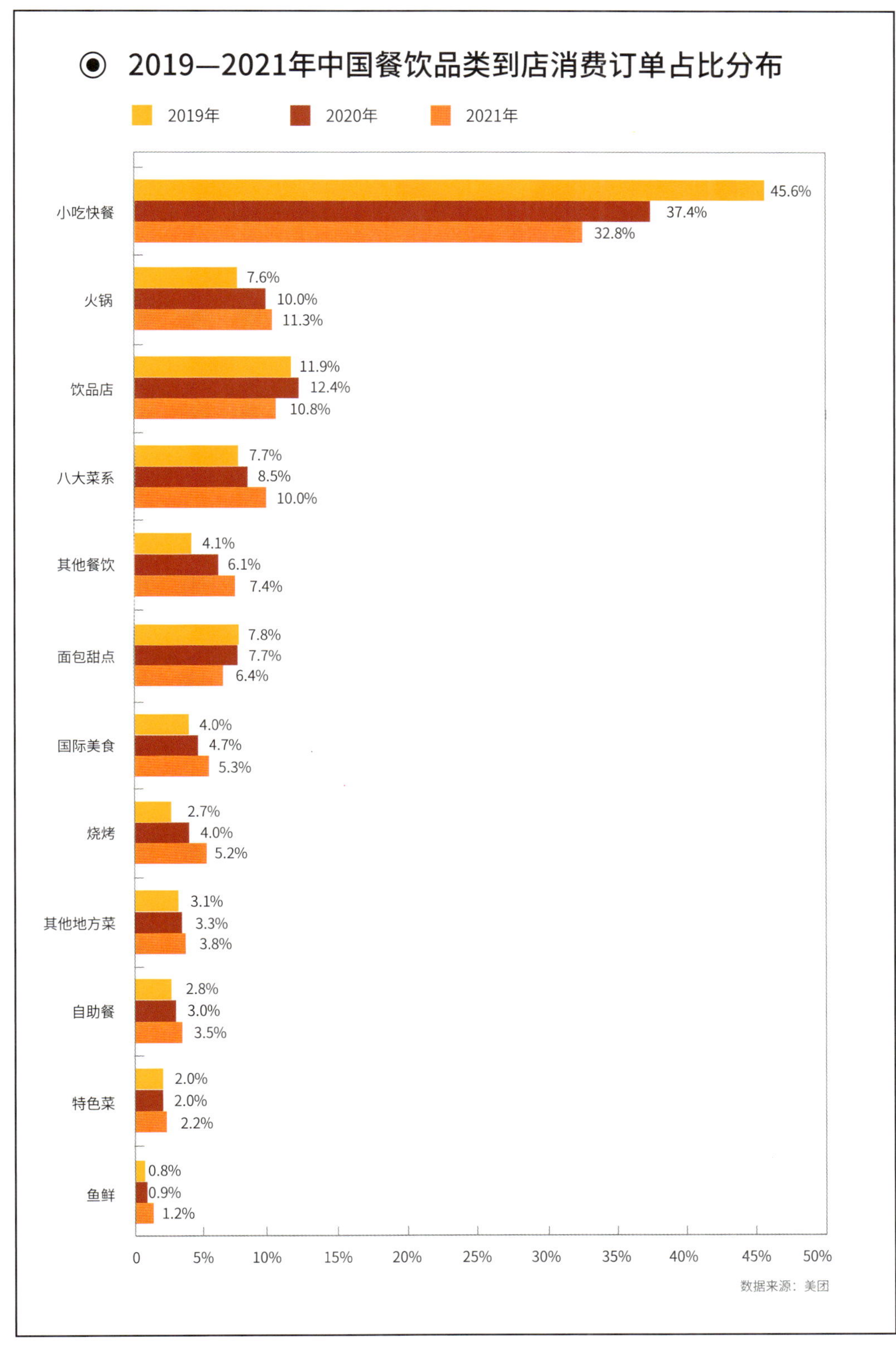

图 2-4 2019—2021 年中国餐饮品类到店消费订单占比分布

3. 品类线上消费年涨幅变化

品类线上消费年涨幅：鱼鲜、饮品店年涨幅显著

美团数据显示，在 2019—2021 年中国餐饮品类外卖与到店消费年涨幅中，各餐饮品类 2020 年的增长率相较于 2019 年涨幅趋缓，并在 2021 年均有回调上升。其中，饮品店年涨幅占比在外卖消费中一直居高，2019 年的增长率为 81.4%，2020 年的增长率为 69.6%，2021 年增长率为 71.5%。外卖消费是门店消费的进一步延伸，尽管 2020 年受新冠肺炎疫情影响，到店消费受到一定限制，但外卖线上消费依旧活力十足，全年整体增长率为正。同时，2021 年，随着疫情环境好转，人们生活品质有所提高，烟火气也逐渐恢复。外卖消费中，鱼鲜、自助餐等品类更受青睐，到店消费中，鱼鲜、烧烤占比涨幅亦十分显著（图 2–5、图 2–6）。

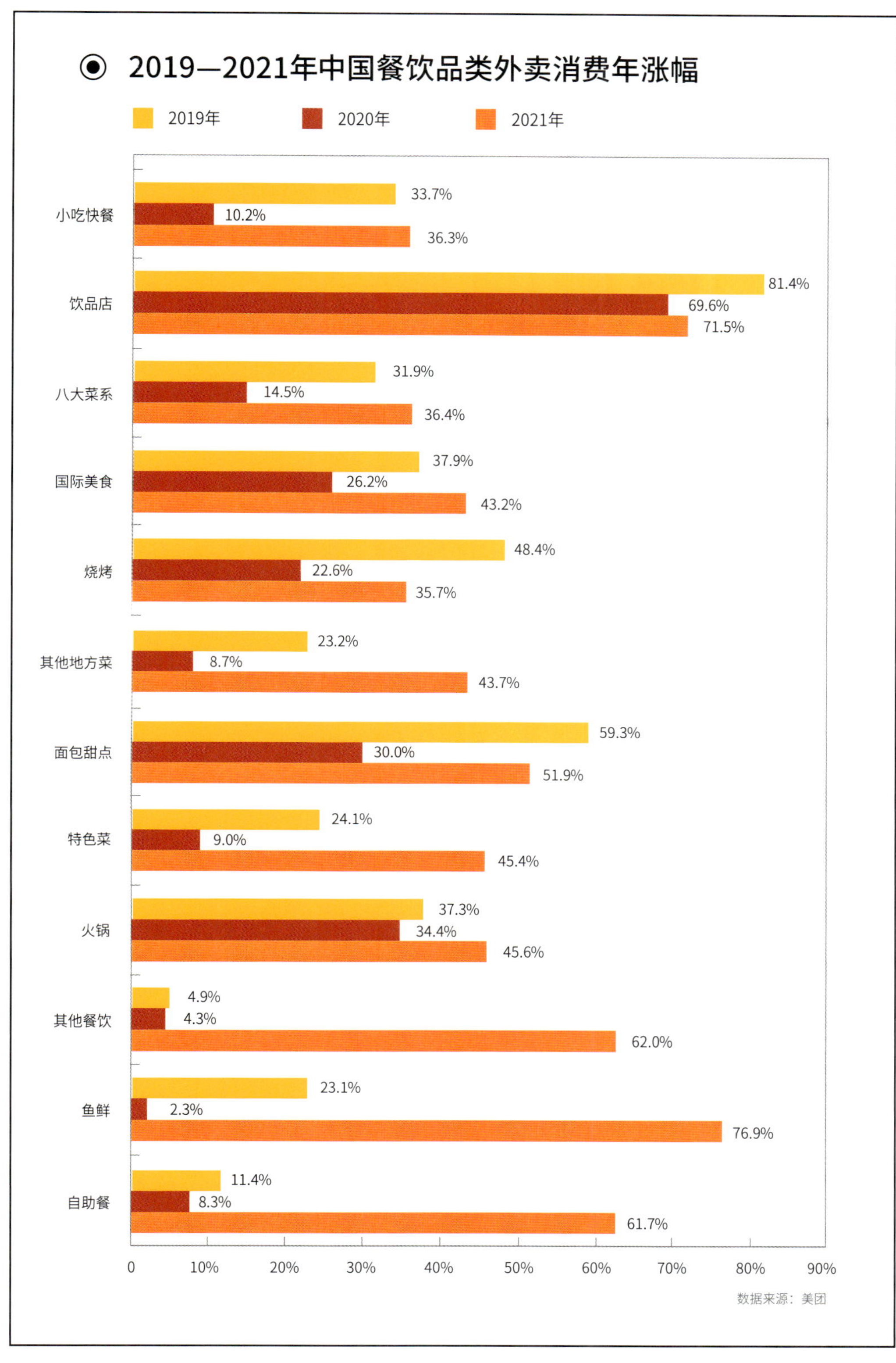

图 2-5　2019—2021 年中国餐饮品类外卖消费年涨幅

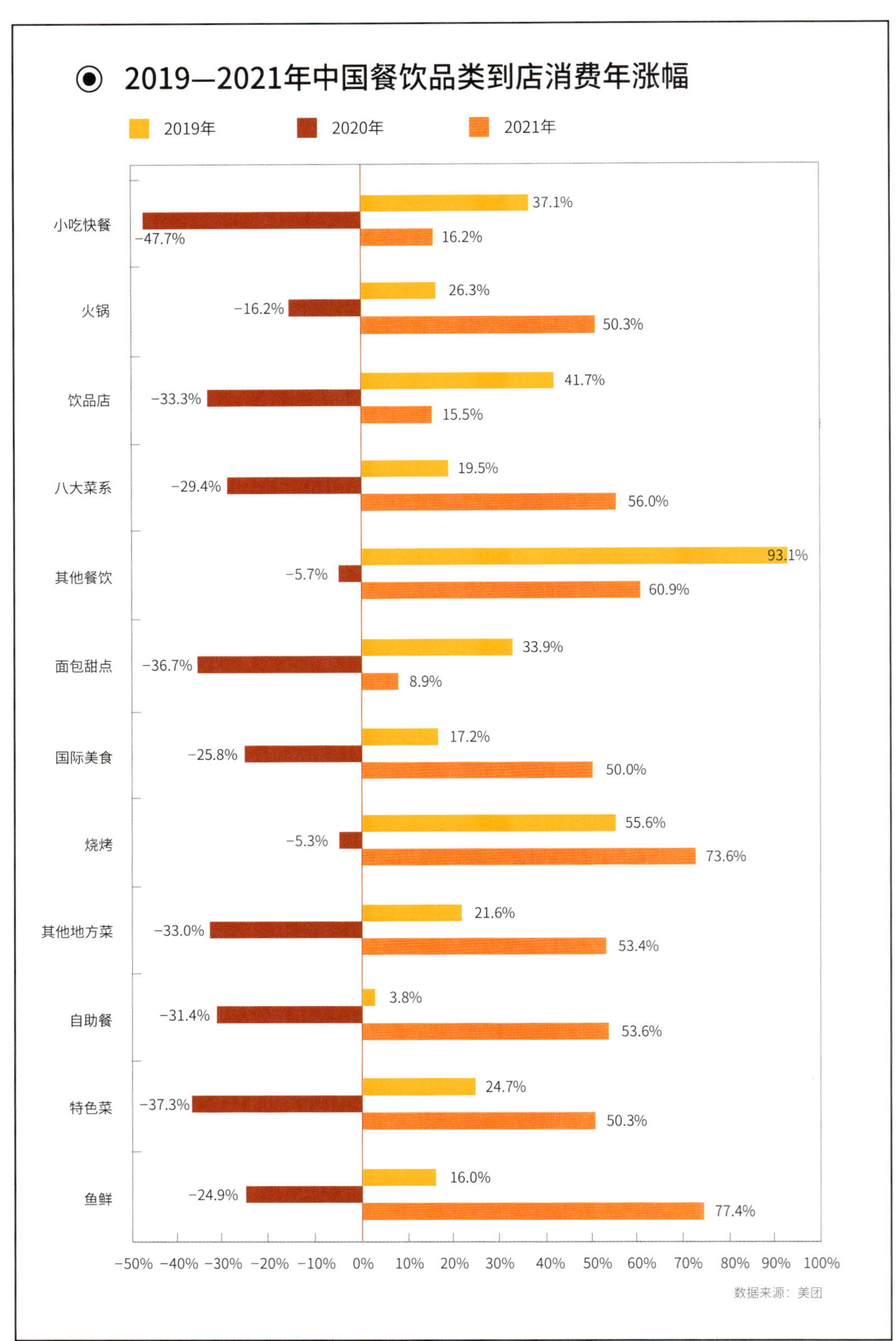

图 2-6　2019—2021 年中国餐饮品类到店消费年涨幅

4. 品类线上人均消费变化

各餐饮品类外卖人均消费上升，自助餐人均过百

美团数据显示，2019—2021年各餐饮品类外卖人均消费排名前三的为自助餐、鱼鲜、火锅，其他各餐饮品类的消费也均呈现增长趋势。其中，自助餐位居高位，2019年外卖人均消费达80.2元，2021年增长至100.1元。从各餐饮品类外卖人均消费年度同比增速可以看出，自助餐增速最为显著，2020年同比增长19.0%，2021年同比增长4.9%，受新冠肺炎疫情影响，食材成本、供应链成本上升带来了人均消费的上涨，同时，随着中国居民人均消费水平的提高、消费需求的提升，消费者也愿意为更具品质和极致性价比的生活买单（图2-7、图2-8）。

国际美食到店人均消费不断增长，自助餐、八大菜系订单占比、人均消费均有增加。

美团数据显示，2019—2021年各餐饮品类到店人均消费整体呈上升趋势。其中，国际美食位居头部，2019年人均消费达101.5元，2021年人均消费达126.5元；从2021年的各餐饮品类到店人均消费年度同比增速来看，国际美食、八大菜系（包含川菜、粤菜、徽菜、鲁菜、湘菜、苏菜、浙菜、闽菜）、饮品店位居前三，分别同比增长9.1%、8.5%、8.4%，鱼鲜稍显逊色，同比下降0.4%。结合品类消费的订单占比来看，人均消费虽然在增长，但是订单的占比却在下降，说明留在国内的国际餐饮品牌，都是更关注品质且更具经营实力的品牌（图2-9、图2-10）。

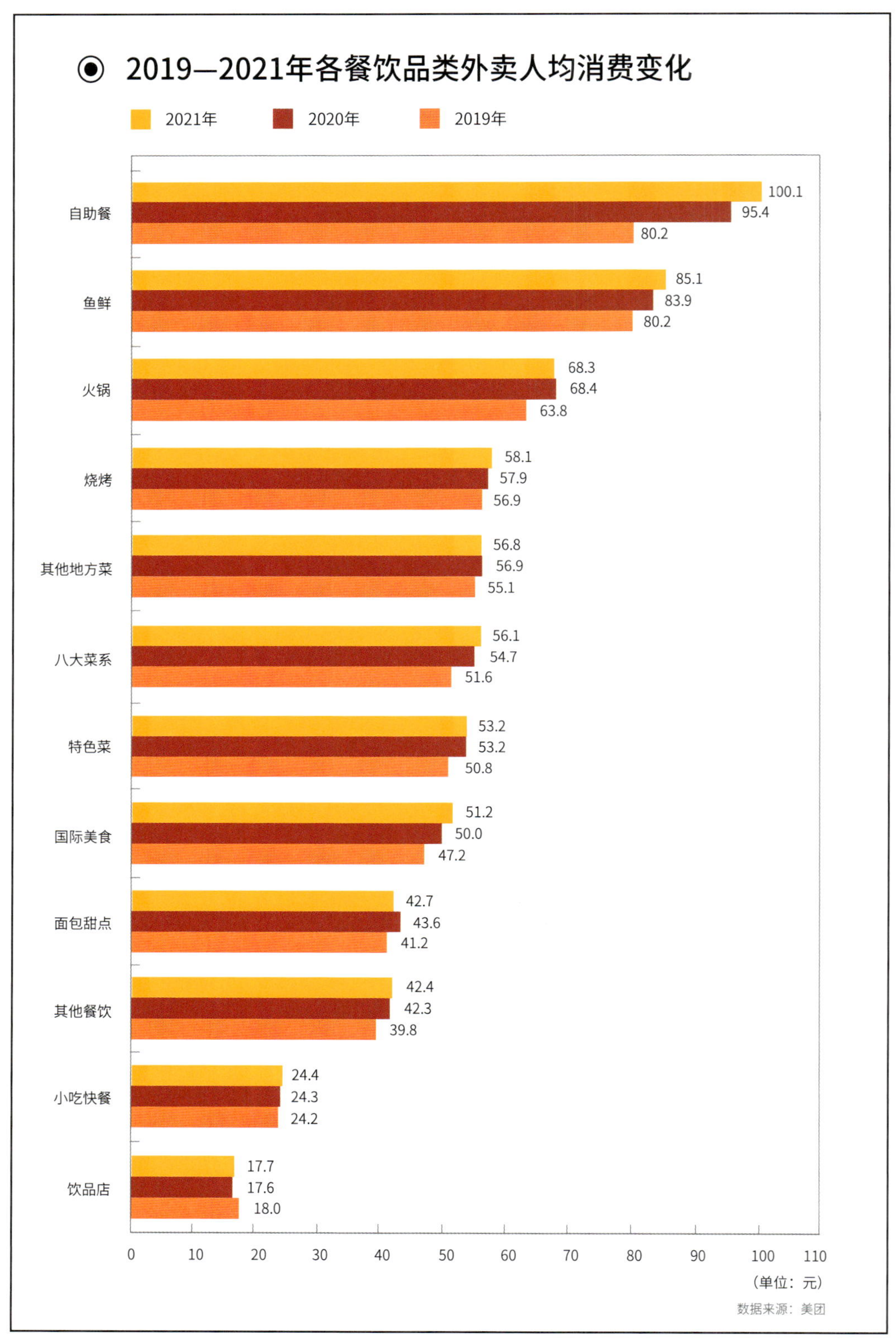

图 2-7　2019—2021 年各餐饮品类外卖人均消费变化

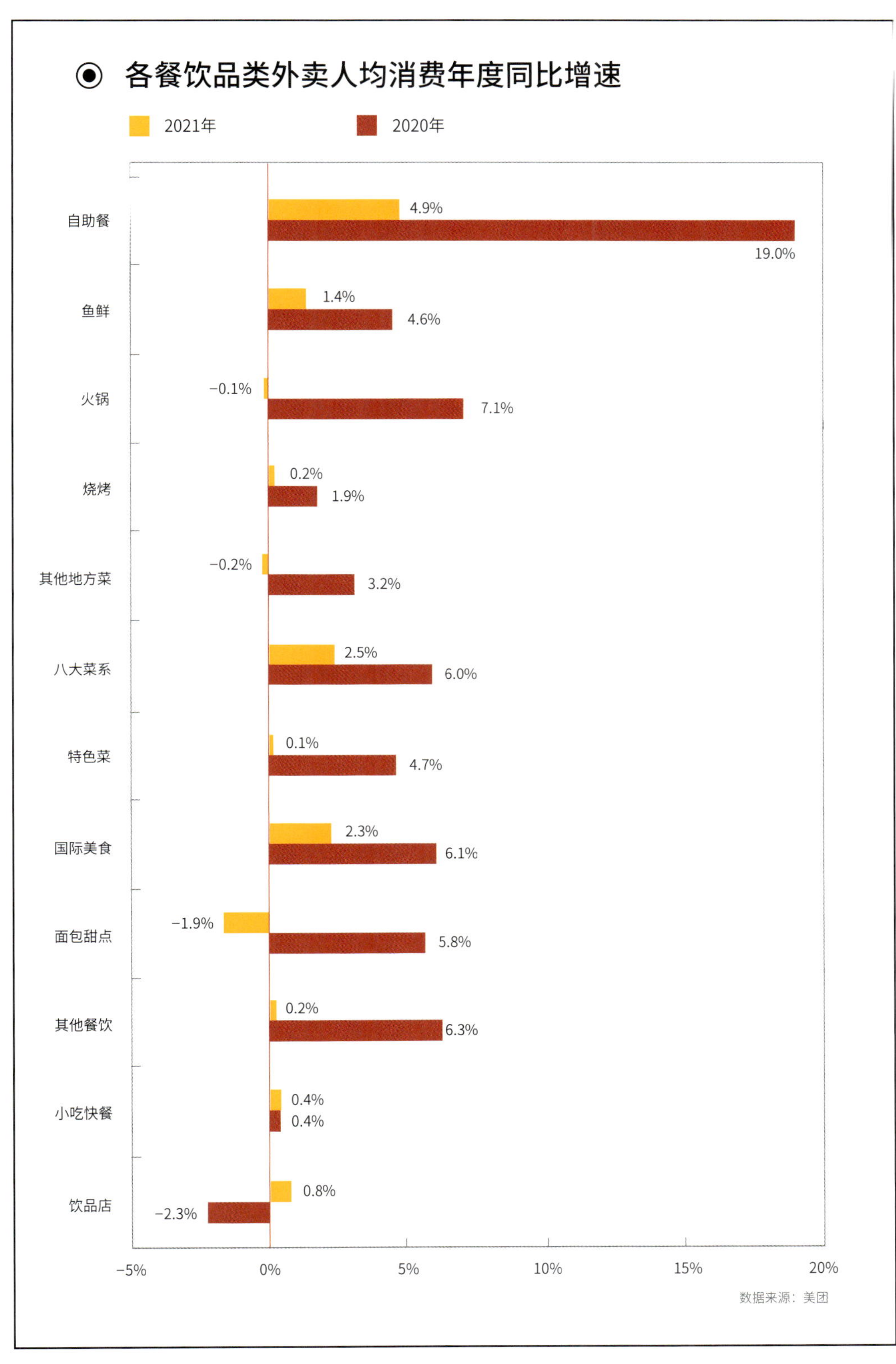

图 2-8 各餐饮品类外卖人均消费年度同比增速

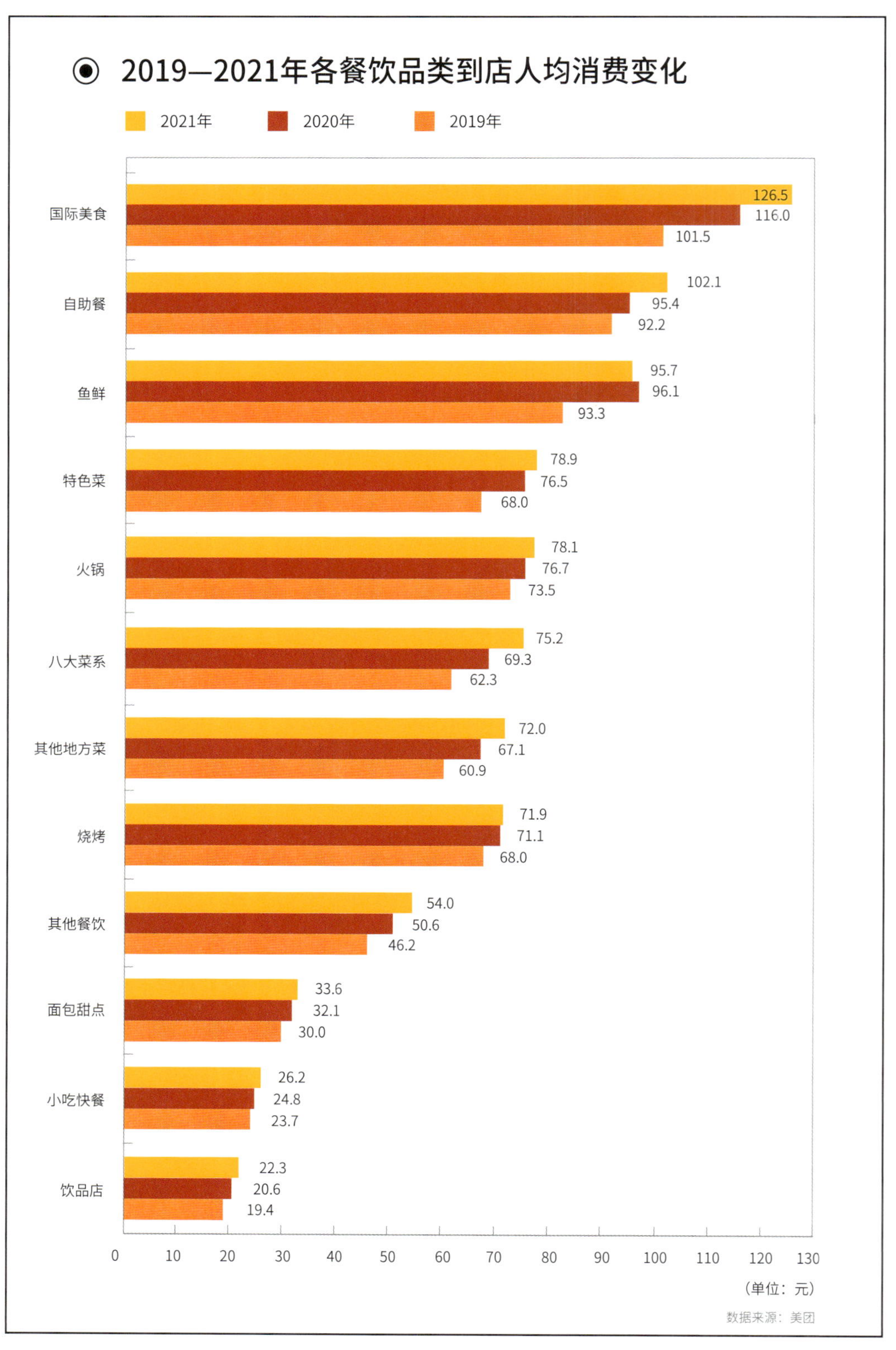

图 2-9　2019—2021 年各餐饮品类到店人均消费变化

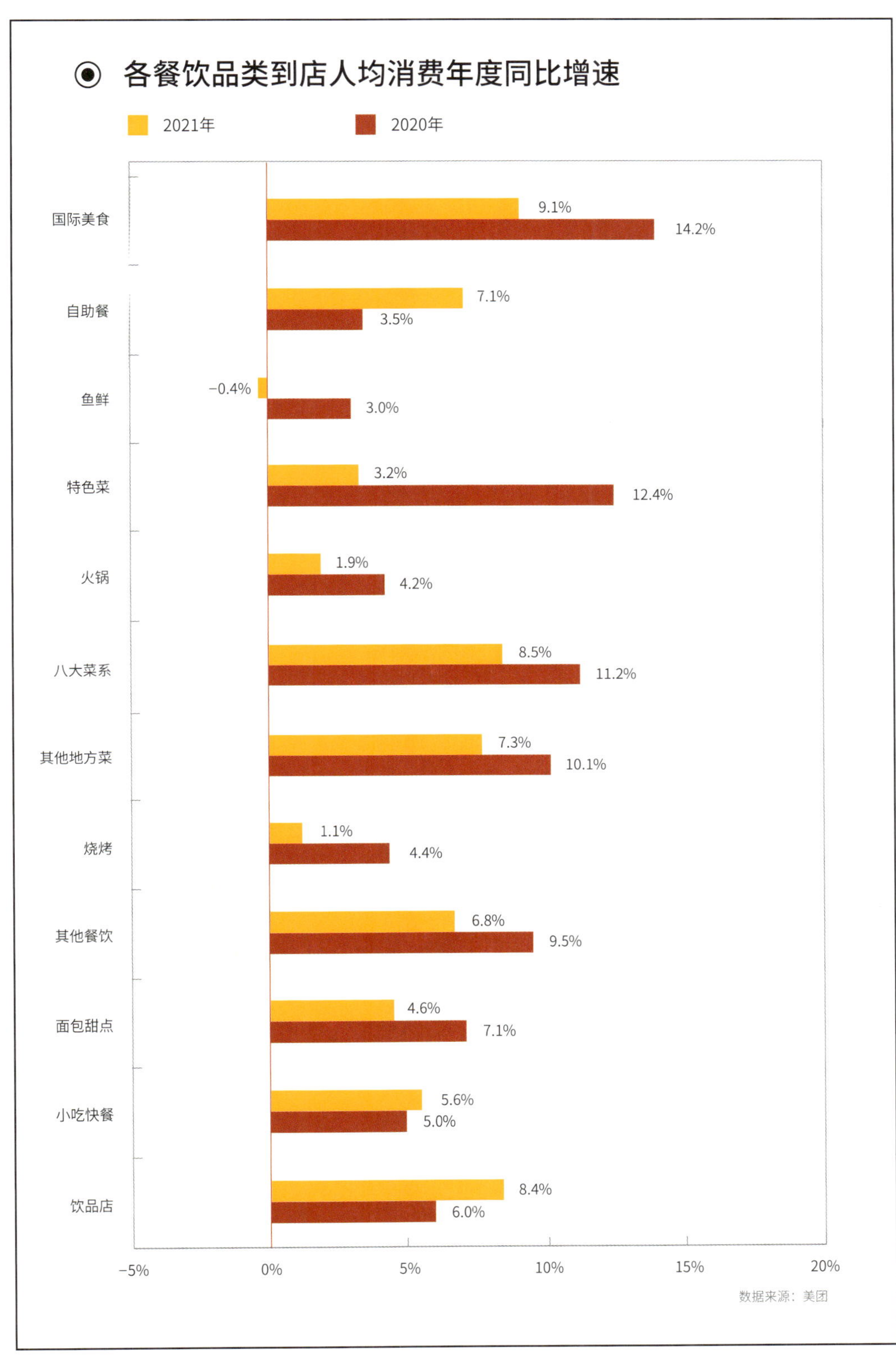

图 2-10　各餐饮品类到店人均消费年度同比增速

二、火锅

1. 火锅品类线上订单大幅回暖，彰显出线上经营的抗风险能力

美团数据显示，2020 年火锅品类到店消费年同比降幅明显，但外卖消费展现了一定的数字化线上抗风险能力，同比涨幅为 34.4%。在 2021 年，火锅品类开始大幅度回暖，总线上消费、外卖消费、到店消费均呈同比上涨趋势，分别为 49.2%、45.6%、50.3%（图 2-11）。

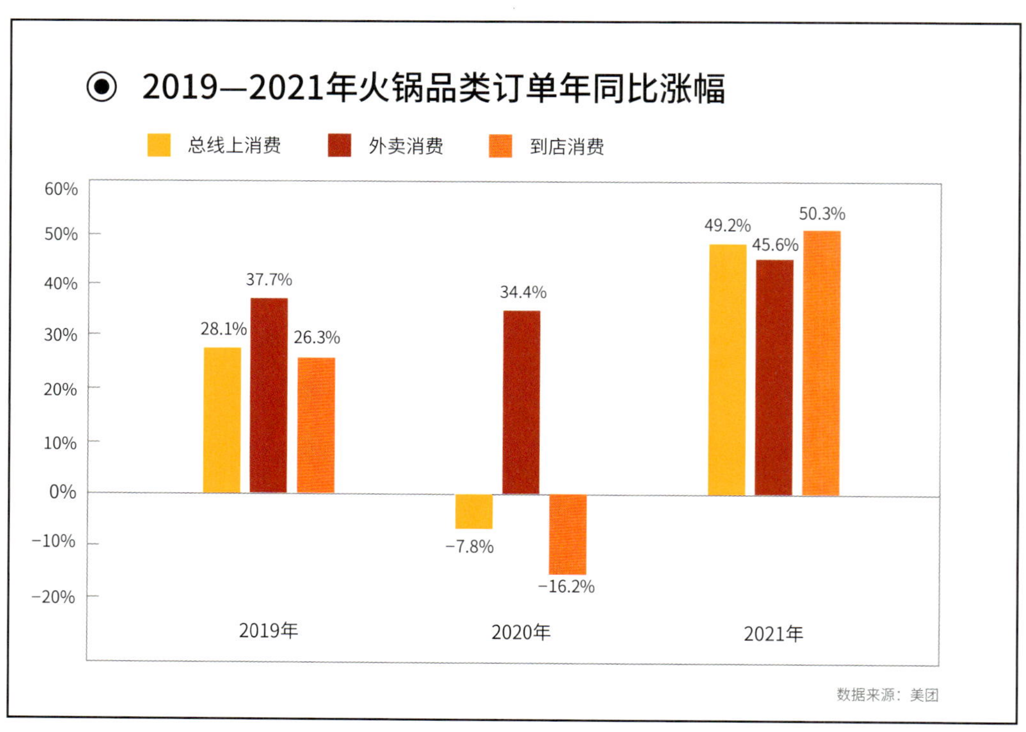

图 2-11　2019—2021 年火锅品类订单年同比涨幅

数据说明：火锅品类总线上消费订单包含了线上支付或团购的堂食订单以及外卖订单

2. 火锅整体订单量呈现波动性稳步回升，2021 年 7 月到店同比涨幅达 42.5%

美团数据显示，2021 年火锅线上消费在 10 月位居最高点，7 月同比涨幅为 41.4%。其中，2021 年火锅外卖消费在 12 月位居最高点，8—10 月同比涨幅呈直线上升趋势。而 2021 年火锅到店消费整体走势呈现不规则趋势，7 月同比涨幅达 42.5%，8 月同比涨幅为 13.2%。综上所述，火锅仅在疫情期间有浮动性的骤减，其他月份整体订单量都呈波动性的稳步回升（由于 2020 年上半年疫情影响严重，2021 年上半年的同比数据不具参考性，暂不体现）（图 2-12、图 2-13、图 2-14）。

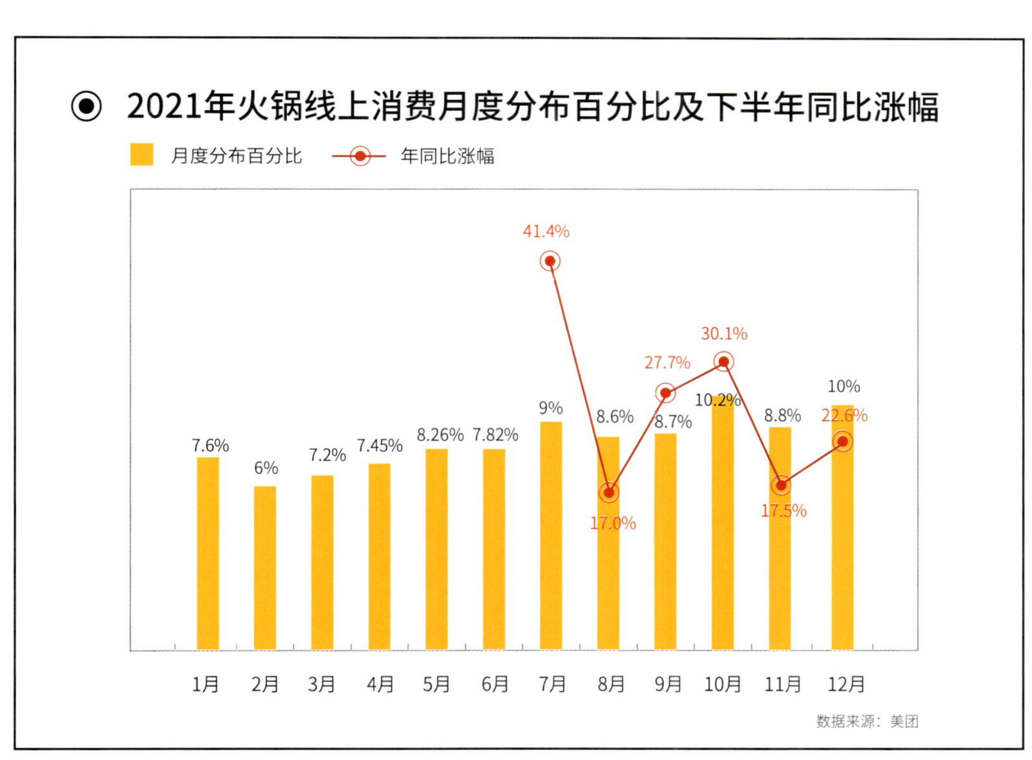

图 2-12　2021 年火锅线上消费月度分布百分比及下半年同比涨幅

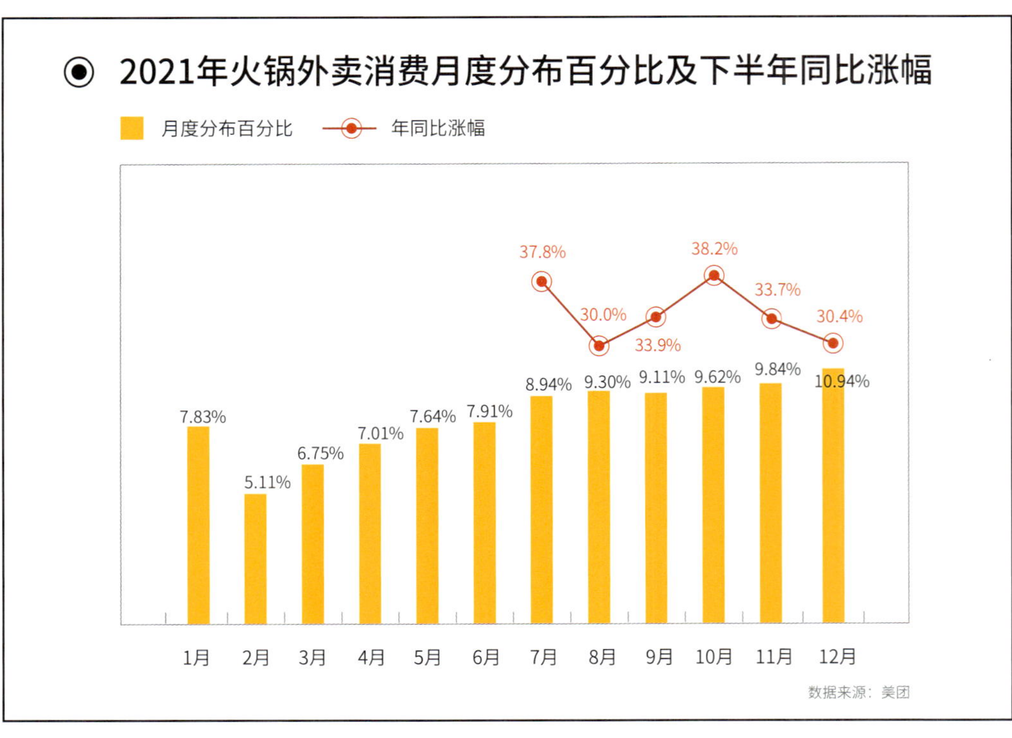

图 2-13　2021 年火锅外卖消费月度分布百分比及下半年同比涨幅

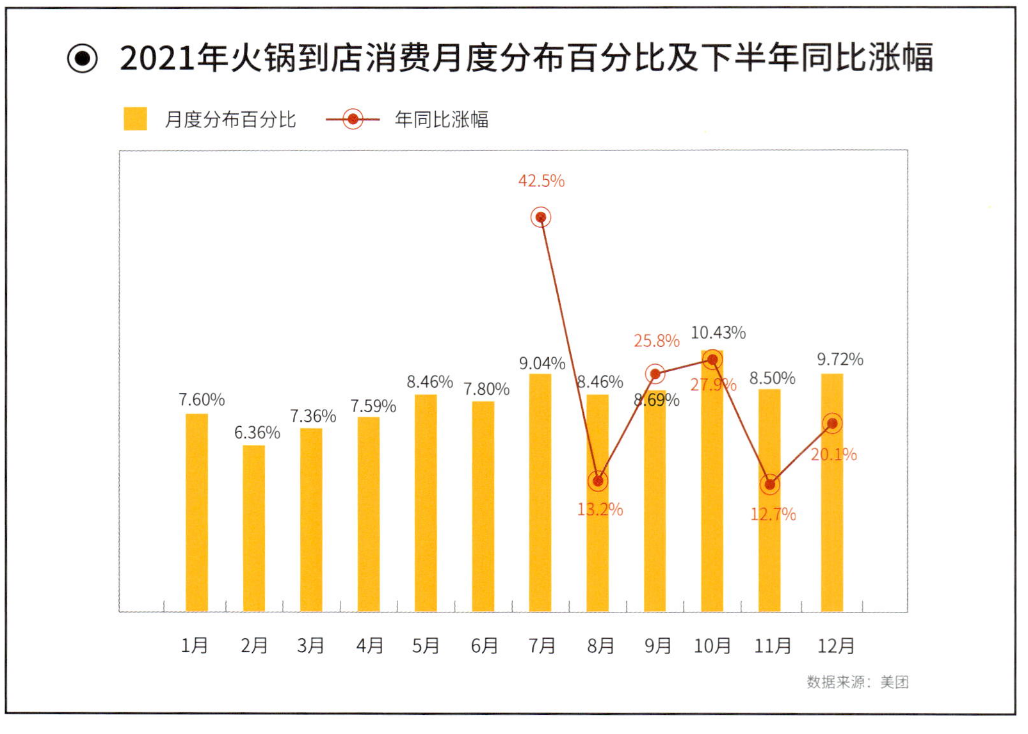

图 2-14　2021 年火锅到店消费月度分布百分比及下半年同比涨幅

3. 火锅品类连锁化率增至 20.7%，全国门店数达到 52 万家

美团数据显示，2019—2021 年全国火锅门店数走势呈"微笑曲线"，2019 年全国火锅门店数为 55 万，受新冠肺炎疫情影响 2020 年全国火锅门店数降至 49 万，2021 年全国火锅门店数略有回暖，增至 52 万。从 2019—2021 年火锅品类连锁化率走势来看，火锅品类连锁化率持续走高。2019 年火锅品类连锁化率达 16%，2020 年火锅品类连锁化率达 19%，2021 年达到 20%。新冠肺炎疫情下的火锅行业虽然面临重重困难，但是也让真正经营好的企业脱颖而出（图 2-15、图 2-16）。

4. 近七成火锅线上订单量的人均消费为 51～100 元，全价格带占比差距缩小

美团数据显示，无论外卖还是到店，火锅品类的人均消费主流区间都在 51～100 元，从增长率来看，101～150 元区间更高。受新冠肺炎疫情影响，火锅食材成本、供应链成本上升带来了人均消费的上涨，同时，随着中国居民人均消费水平的提高，消费者也愿意为更具品质和极致性价比的生活买单，人群消费潜力有待充分挖掘（图 2-17、图 2-18）。

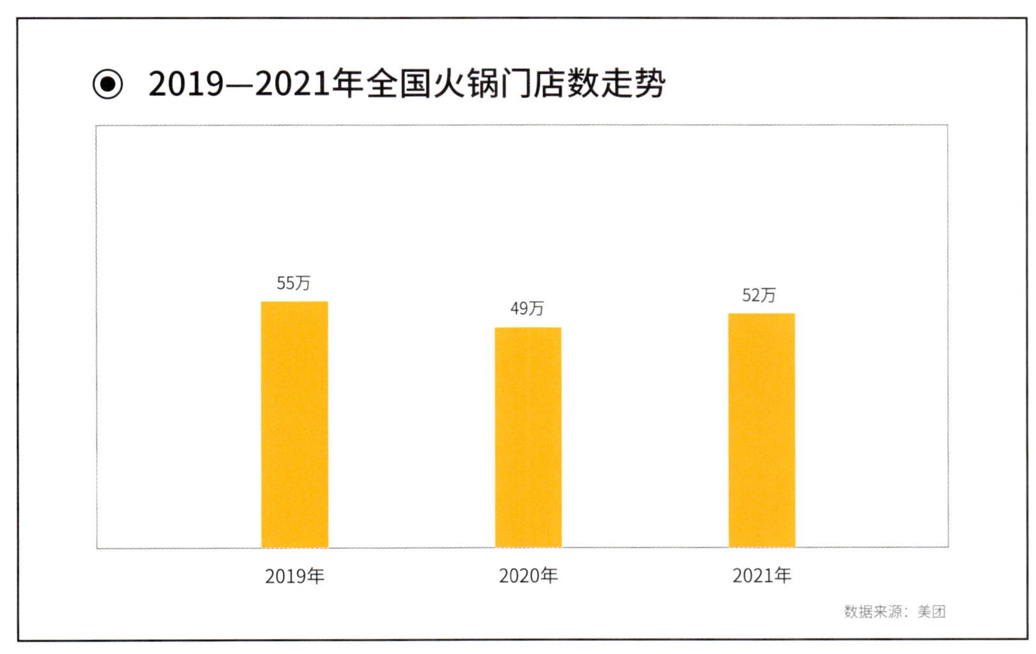

图 2-15 2019—2021 年全国火锅门店数走势

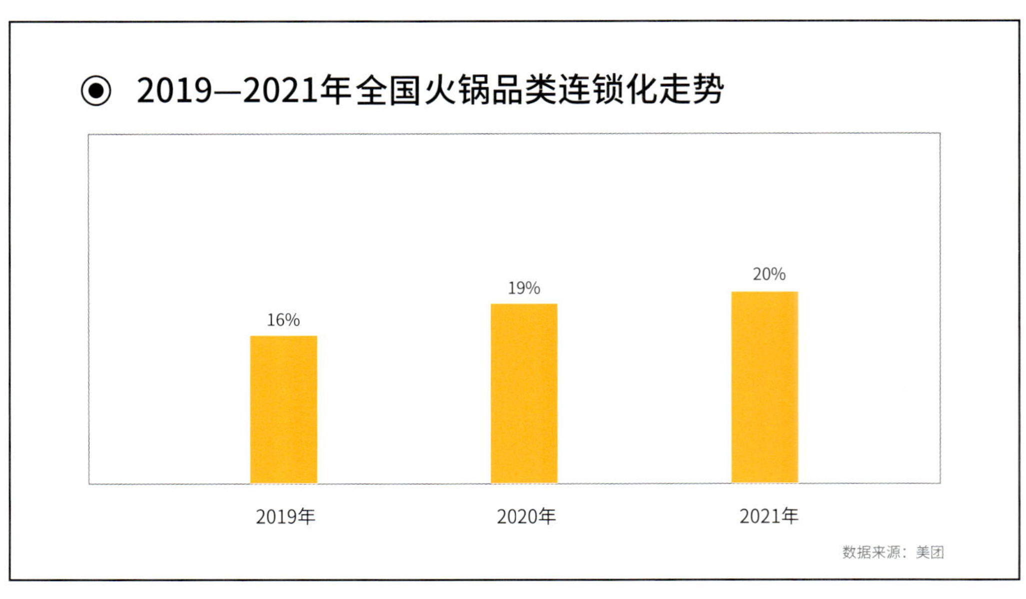

图 2-16　2019—2021 年全国火锅品类连锁化走势

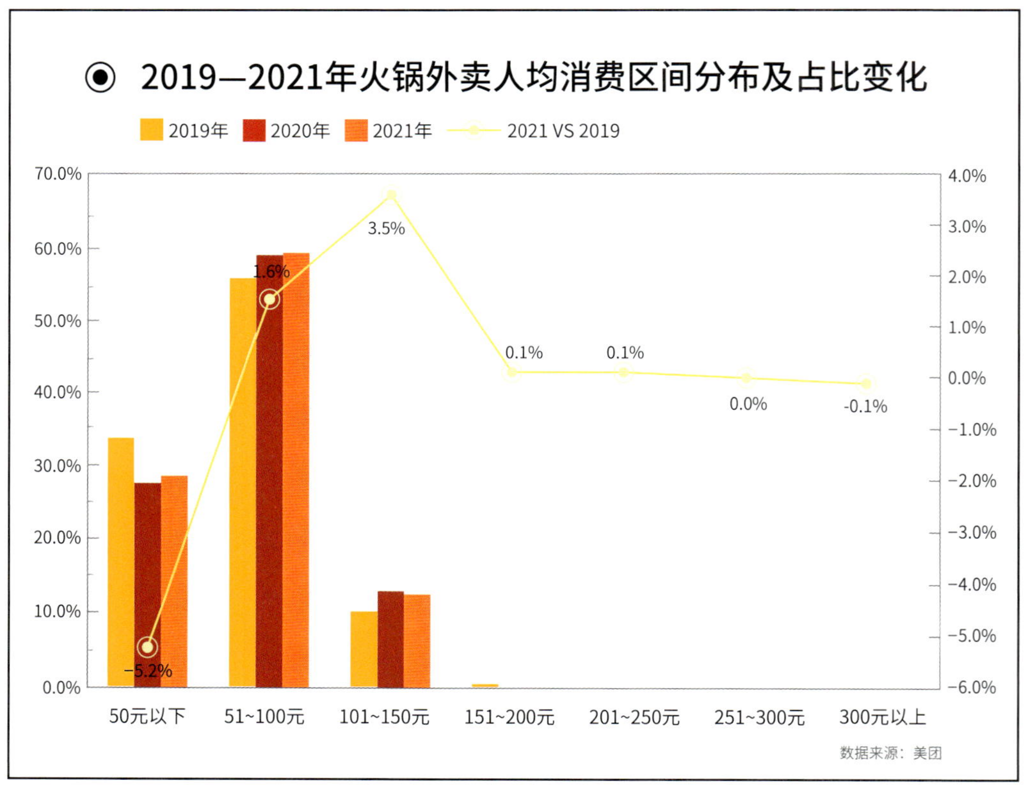

图 2-17　2019—2021 年火锅外卖人均消费区间分布及占比变化

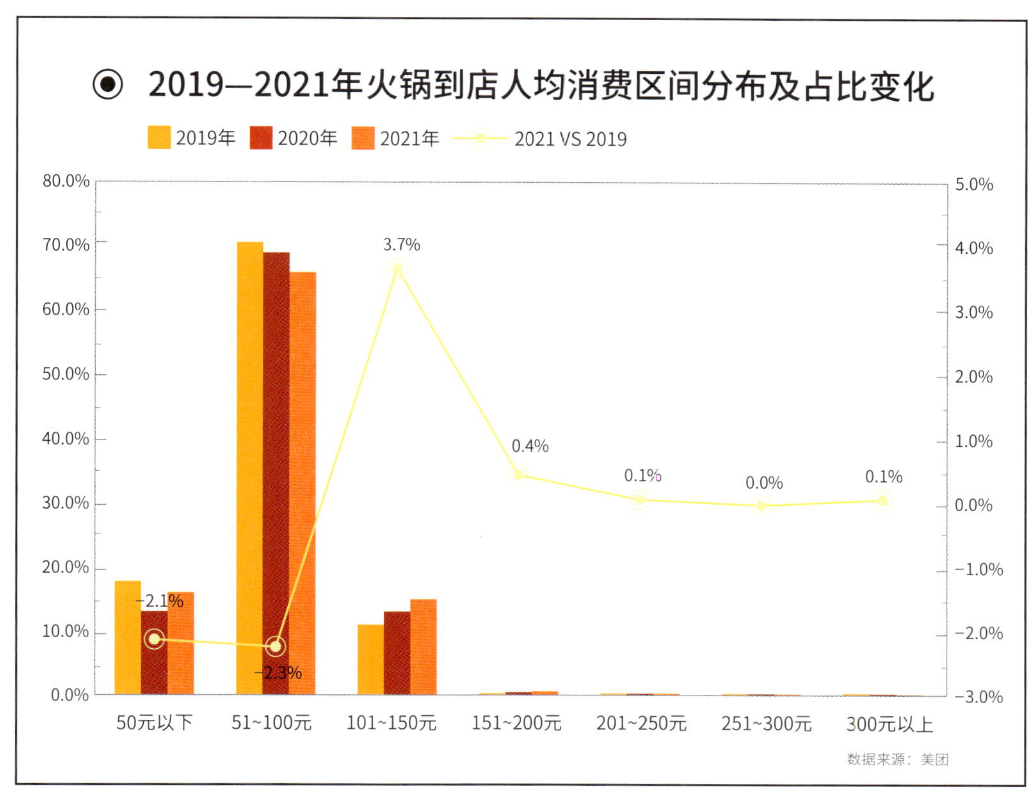

图 2-18 2019—2021 年火锅到店人均消费区间分布及占比变化

5. 川渝地区仍是火锅赛道主力军，二线及以下城市火锅融合加速

美团数据显示，在 2021 年火锅线上门店数城市排名 top 20 中，区域分布核心为重庆、四川、云南等西南地区，北京、广州、上海等一线城市次之。川渝火锅仍是火锅赛道的主力军，一线城市火锅门店数量紧随其后。值得一提的是，东莞、遵义等城市也入榜，这一定程度上说明了餐饮融合加速，火锅赛道受到全国各地的青睐（图 2-19）。

◉ 2021年火锅线上门店数城市排名top20

城市	线上门店数(千家)
重庆市	30.0
成都市	21.9
北京市	9.8
昆明市	9.0
贵阳市	8.5
深圳市	8.3
西安市	8.1
广州市	7.7
郑州市	6.8
上海市	6.7
东莞市	6.6
天津市	5.5
苏州市	5.4
武汉市	4.4
泉州市	4.2
遵义市	4.2
济南市	4.1
石家庄市	4.1
杭州市	4.1
绵阳市	4.0

数据来源：美团

图2-19　2021年火锅线上门店数城市排名top20

6. 鱼火锅、串串香门店多，牛羊肉火锅门店数量逐年增长

美团数据显示，在2020—2021年火锅不同细分品类线上门店数分布中，位居前三的为鱼火锅、串串香、重庆火锅。其中，牛羊肉火锅、四川火锅、潮汕牛肉火锅的门店数均呈现逐年增长趋势，鱼火锅、串串香、重庆火锅的门店数占比略有下降。可以看出，新冠肺炎疫情之后，牛羊肉火锅、潮汕牛肉火锅等门店数占比上涨，未来发展前景广阔（图2-20）。

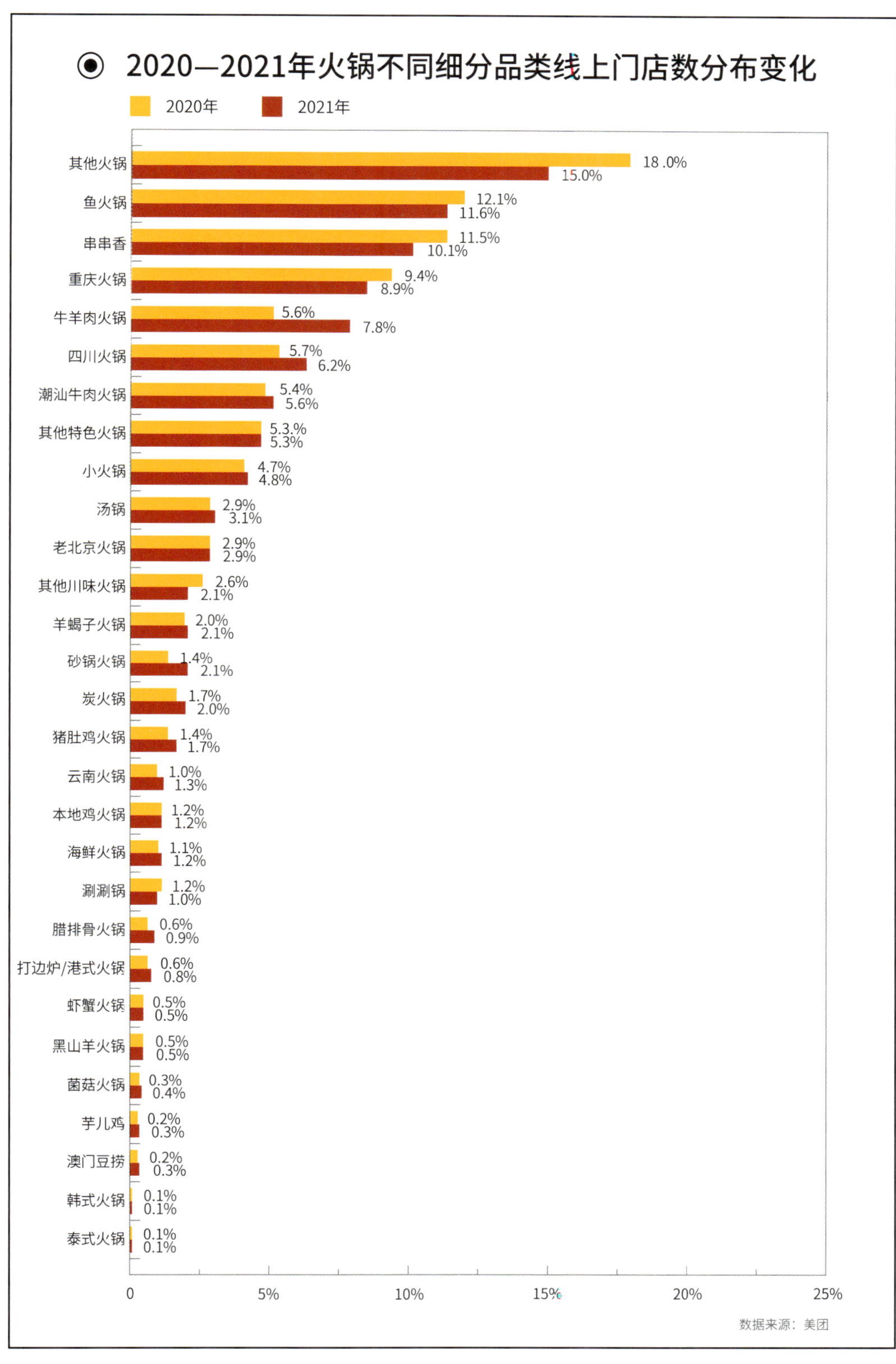

图2-20 2020—2021年火锅不同细分品类线上门店数分布变化

三、烧烤

1. 烧烤品类线上消费增长显著，到店消费年同比涨幅 73.6%

美团数据显示，2019—2021 年烧烤品类订单年同比涨幅整体呈现上升趋势，2020 年由于受新冠肺炎疫情影响，到店消费减少，同比涨幅为负值；2021 年逐渐大幅度回暖，总线上消费年同比涨幅为 48.3%，外卖消费年同比涨幅为 35.7%，到店消费年同比涨幅为 73.6%。可以看出在疫情常态化的情况下，消费者对美好生活的追求最先体现在烧烤这类拥有烟火气的餐饮品类上（图 2-21）。

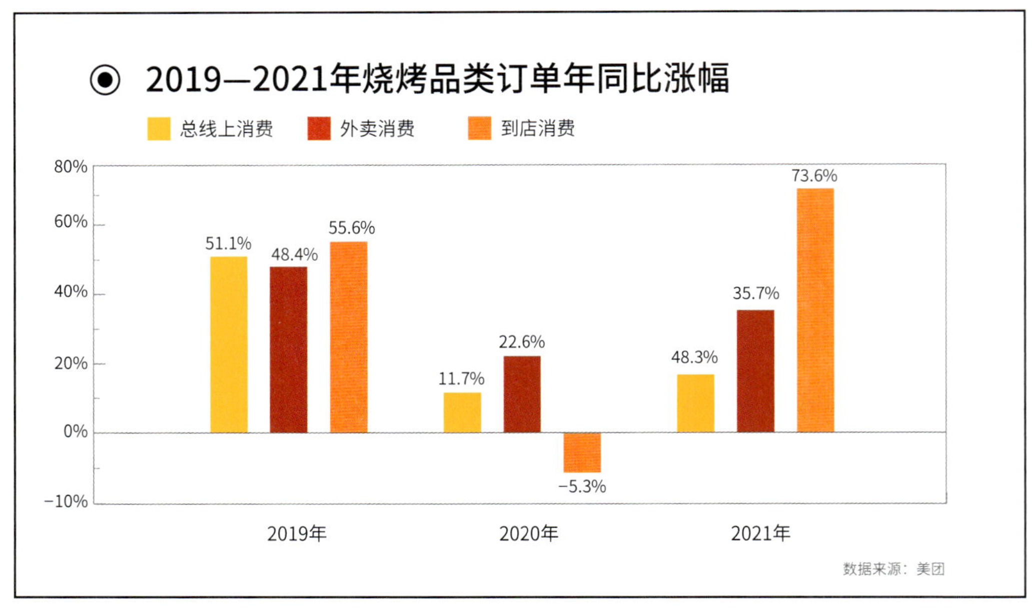

图 2-21 2019—2021 年烧烤品类订单年同比涨幅

2.2021 年，烧烤到店消费年同比涨幅显著

美团数据显示，2021 年烧烤总线上消费在 7 月达到最高点，同比涨幅为 42.6%。其中，2021 年烧烤外卖消费在 7 月达最高点，为 29.7%；到店消费在 7 月达最高点，为 67.6%；2021 年烧烤整体消费呈现大幅度的增长，到店消费年同比涨幅比外卖消费更高。伴随着消费升级和品牌再造，烧烤正在被重新定义，更丰富、更高品质的食材，不断进入大众烧烤消费领域（由于 2020 年上半年新冠肺炎疫情影响严重，2021 年上半年的同比数据不具参考性，暂不体现）（图 2-22、图 2-23、图 2-24）。

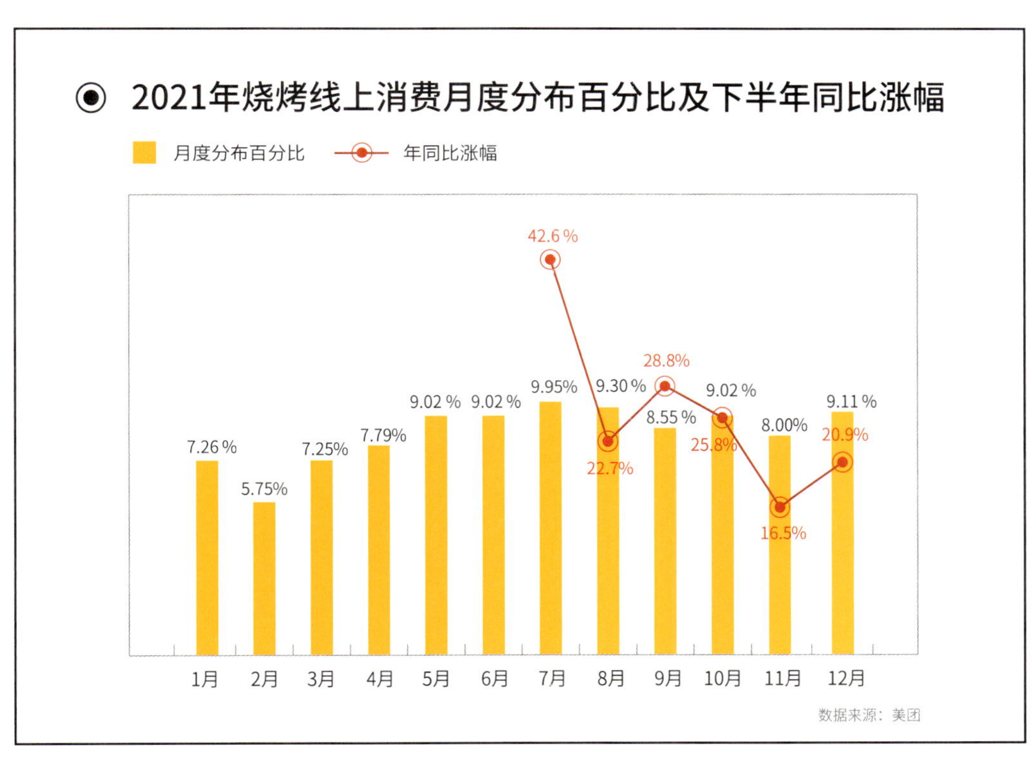

图 2-22 2021 年烧烤线上消费月度分布百分比及下半年同比涨幅

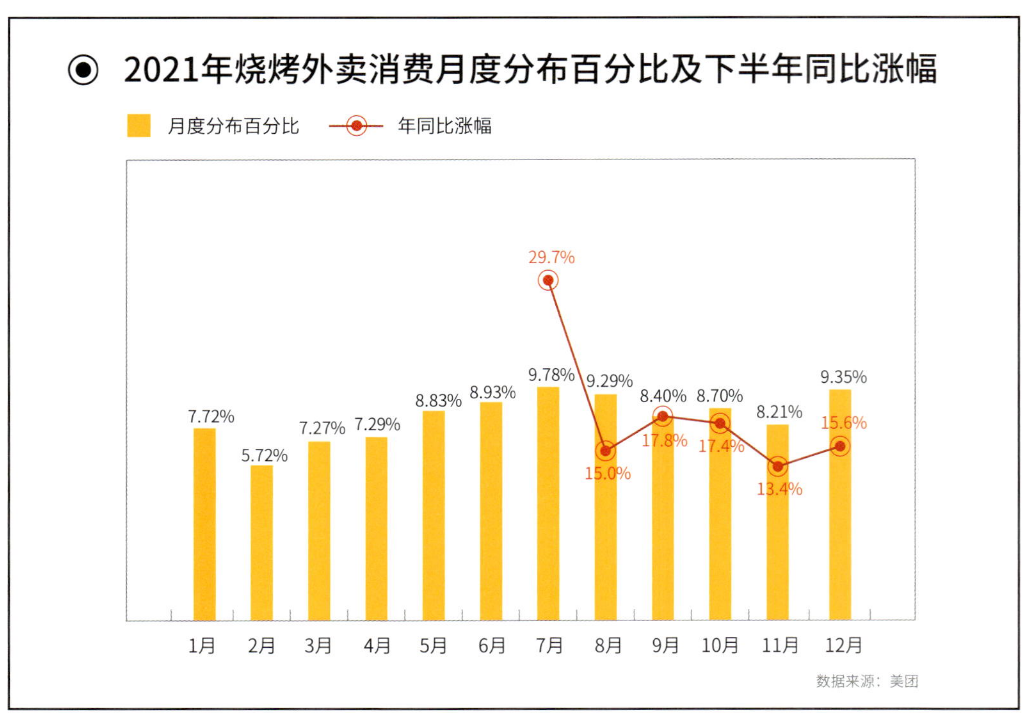

图 2-23　2021 年烧烤外卖消费月度分布百分比及下半年同比涨幅

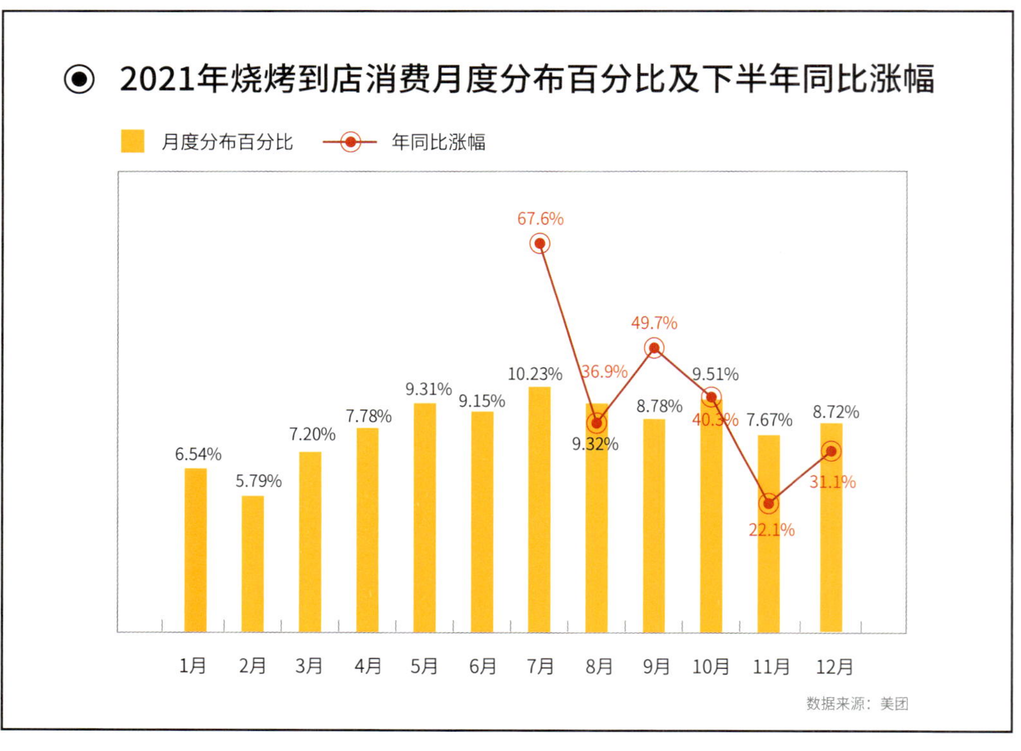

图 2-24　2021 年烧烤到店消费月度分布百分比及下半年同比涨幅

3. 烧烤门店数增长显著，连锁烧烤品牌正在快速提升市场占比

美团数据显示，在 2019—2021 年全国烧烤门店数走势中，2019 年全国烧烤门店数为 47 万；2020 年受新冠肺炎疫情影响，烧烤门店减少，门店数为 45 万；2021 年开始回弹，全国烧烤门店数增至 46 万。而近两年烧烤品类的连锁化率也得到较快的提升，从 2019 年的 8% 提升至 2021 年的 14%，结合门店数的回弹，连锁的烧烤品牌正在快速提升市场占比（图 2-25、图 2-26）。

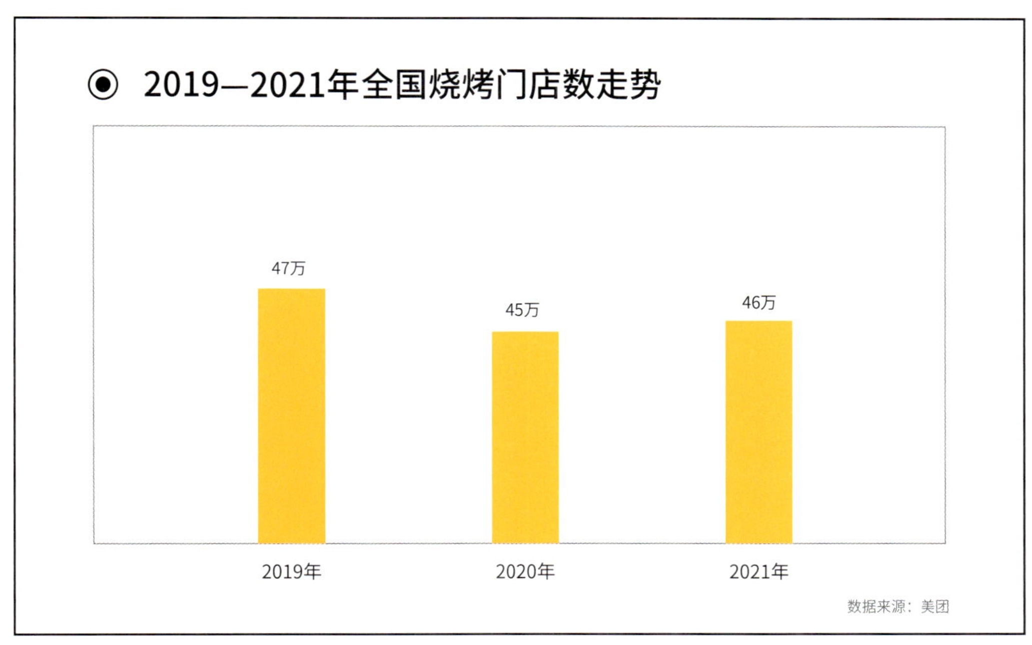

图 2-25 2019—2021 年全国烧烤门店数走势

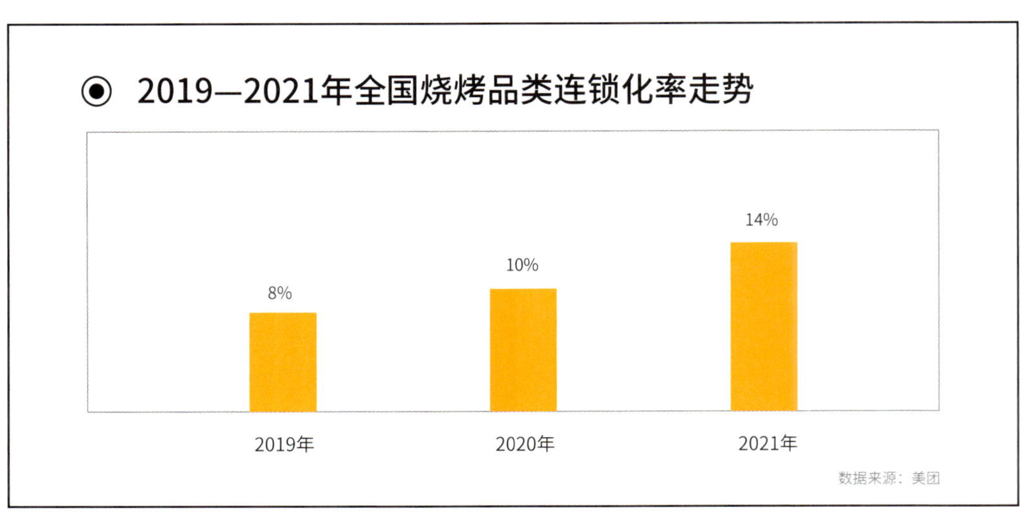

图 2-26　2019—2021 年全国烧烤品类连锁化率走势

4. 30~90 元人均消费区间的订单量占比近八成，主要订单量占比向 91~120 元人均消费区间迁移

美团数据显示，2019—2021 年烧烤人均消费区间分布及占比变化中，烧烤外卖人均主流消费区间在 31~60 元，烧烤到店人均主流消费区间在 61~90 元，主要订单量占比的价格带从 30~90 元向 91~120 元迁移。随着餐饮行业的数字化发展，中式烧烤借助外卖提升门店销售额，拓展消费场景，但外卖烧烤始终不能替代到店烧烤所赋予人们的体验，数字化的发展逐渐拉大到店和外卖的消费场景差异，扩大烧烤行业的可运营空间（图 2-27、图 2-28）。

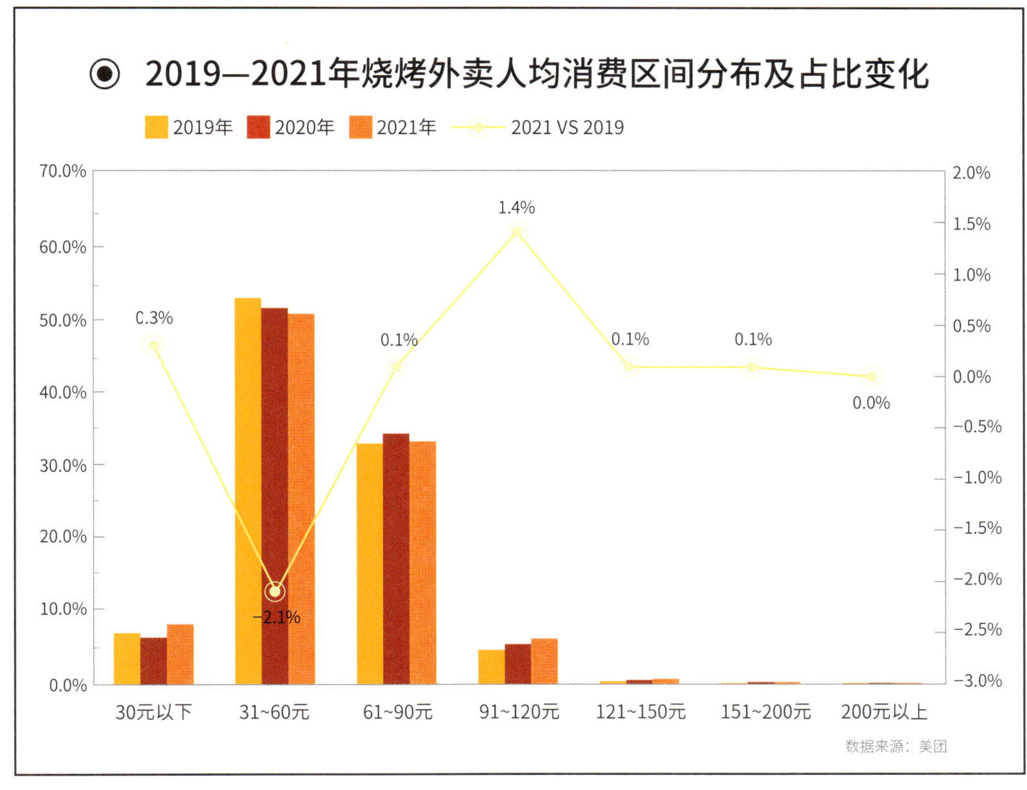

图2-27 2019—2021年烧烤外卖人均消费区间分布及占比变化

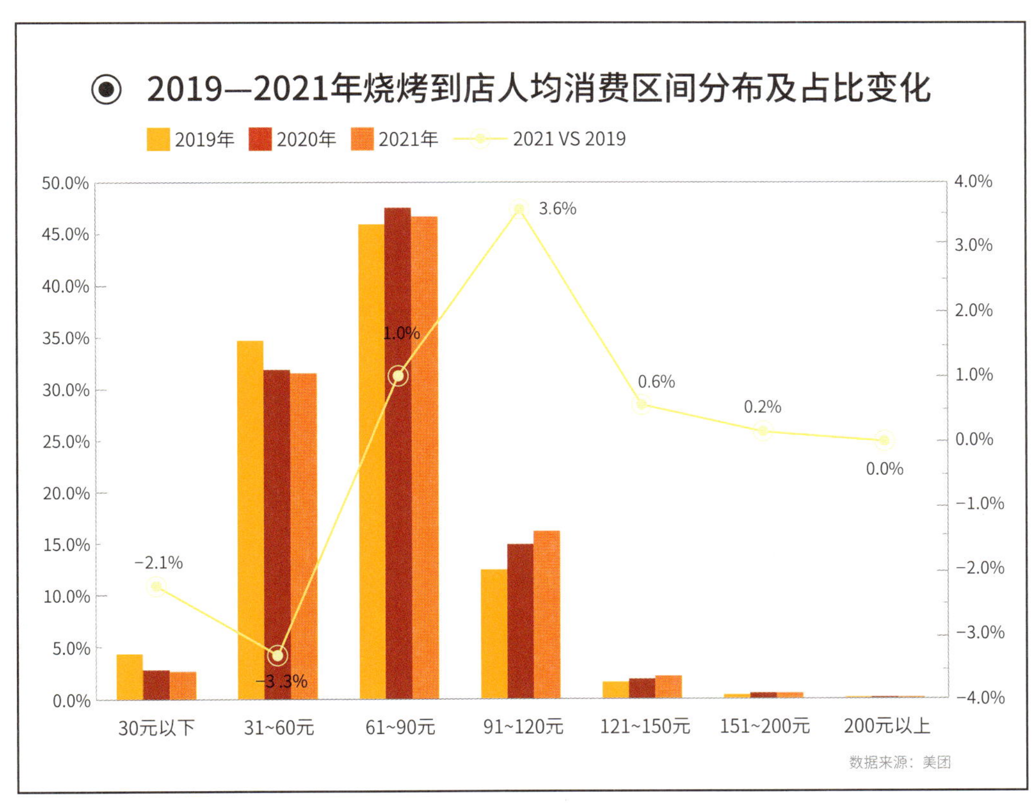

图2-28 2019—2021年烧烤到店人均消费区间分布及占比变化

5. 川渝烧烤门店数最多，东北三省仍是烧烤主力

美团数据显示，在 2021 年烧烤线上门店数城市排名 top20 中，区域分布核心城市为重庆、成都、北京，深圳、长春、沈阳等次之。川渝地区仍是烧烤赛道门店数冠军，东北烧烤紧随其后。值得一提的是，泉州、昆明等城市也入榜，这一定程度说明了南北烧烤正在并驱发展，烧烤类夜宵经济逐渐繁荣（图 2–29）。

2021年烧烤线上门店数城市排名 top20

城市	线上门店数(千家)
重庆市	12.8
成都市	9.7
北京市	9.0
深圳市	8.6
长春市	7.8
沈阳市	7.7
上海市	7.2
武汉市	7.1
广州市	6.8
哈尔滨市	6.7
昆明市	6.0
东莞市	5.3
天津市	5.2
青岛市	5.2
西安市	5.1
大连市	4.8
济南市	4.4
苏州市	4.4
杭州市	4.4
泉州市	4.3

数据来源：美团

图 2–29　2021 年烧烤线上门店数城市排名 top20

6. 新冠肺炎疫情过后，烧烤细分品类中的烤串门店占比增速第一

美团数据显示，在 2019—2021 年烧烤不同细分品类线上门店数分布中，烤串是烧烤品类门店中的主力，从 2019 年的 30.3% 上升至 2021 年的 37.8%，烤羊腿、韩式烤肉门店数也逐年增加，融合烤肉占比略有下降。综合分析来看，疫情缓解后，能够满足消费者大口吃肉和社交需求的仍是烧烤，而烤串正是烧烤品类最具市井气息的代表（图 2-30）。

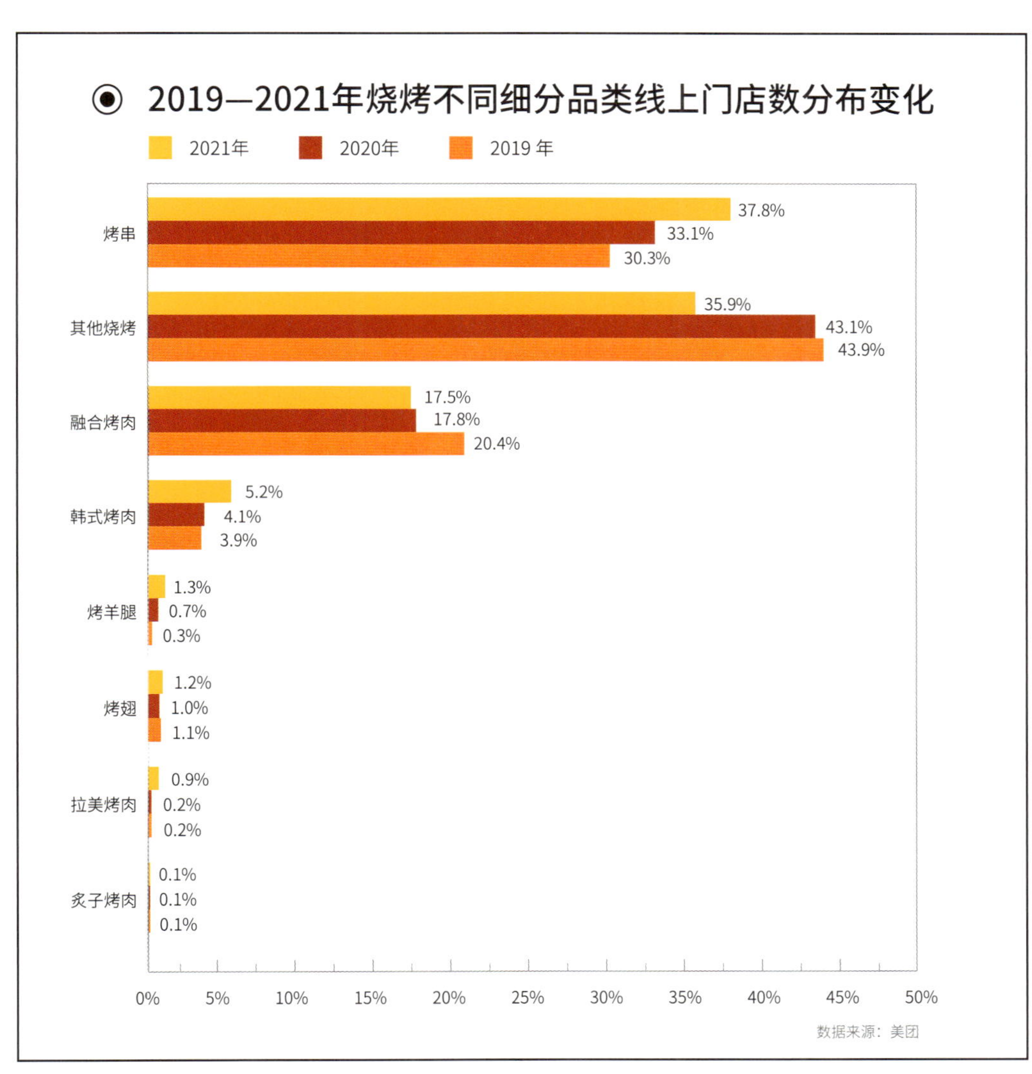

图 2-30　2019—2021 年烧烤不同细分品类线上门店数分布变化

四、地方菜

1. 地方菜回暖迅速，2021 年到店消费订单年同比涨幅为 55.3%

美团数据显示，在 2019—2021 年中国地方菜线上消费订单年同比涨幅中，2021 年的总线上消费订单年同比涨幅为 43.3%，外卖消费订单年同比涨幅达 38.2%，到店消费订单年同比涨幅为 55.3%。对比前两年，整体呈现大幅度回调趋势。新冠肺炎疫情常态化下，到店消费开始逐渐恢复增长（图 2-31）。

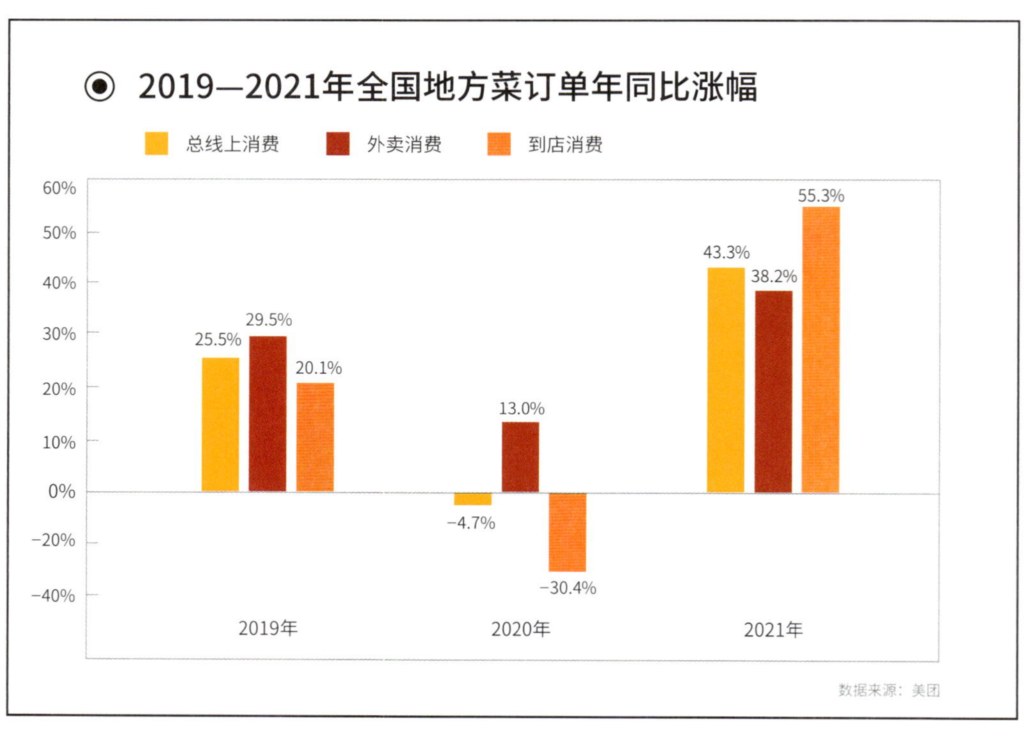

图 2-31　2019—2021 年全国地方菜订单年同比涨幅

2. 地方菜线上消费大幅增长，7 月同比涨幅位居下半年增长的最高点

美团数据显示，在 2021 年中国地方菜线上消费走势及下半年同比涨幅中，7 月同比涨幅位居下半年增长的最高点，为 33.8%，外卖消费在 7 月的同比涨幅为 28.0%，到店消费在 7 月的同比涨幅为 42.5%。2021 年中国地方菜整体消费呈现大幅度的增长，到店消费年同比涨幅比外卖消费更高（由于 2020 年上半年疫情影响严重，2021 年上半年的同比数据不具参考性，暂不体现）（图 2-32、图 2-33、图 2-34）。

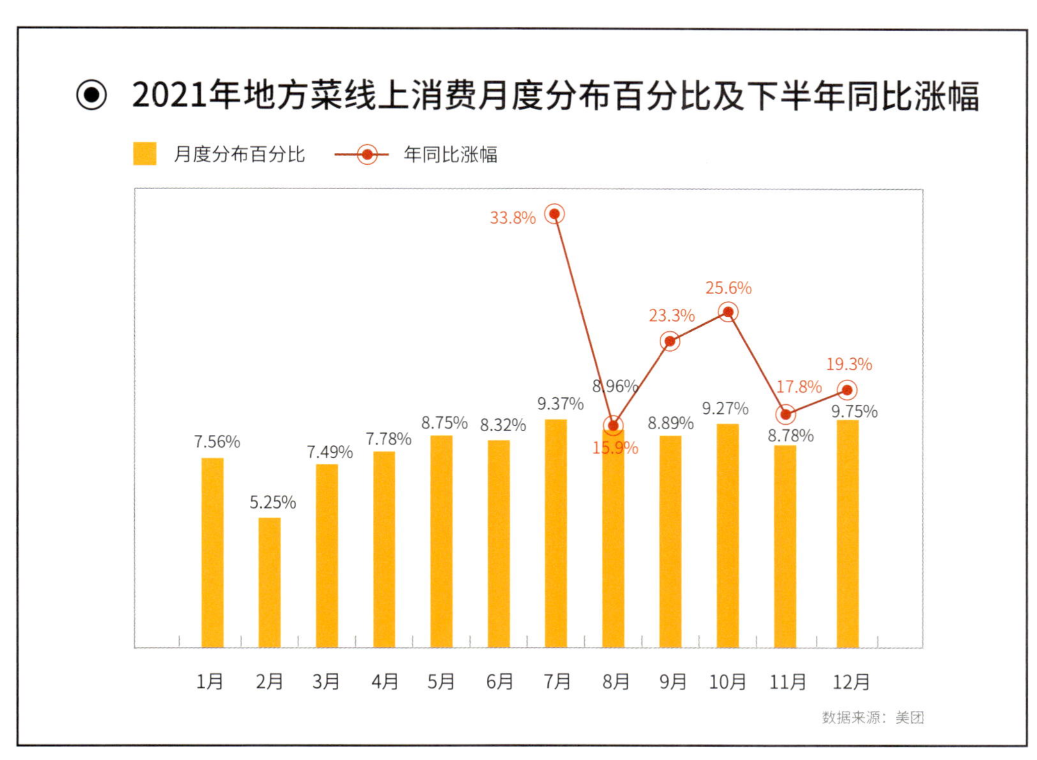

图 2-32　2021 年地方菜线上消费月度分布百分比及下半年同比涨幅

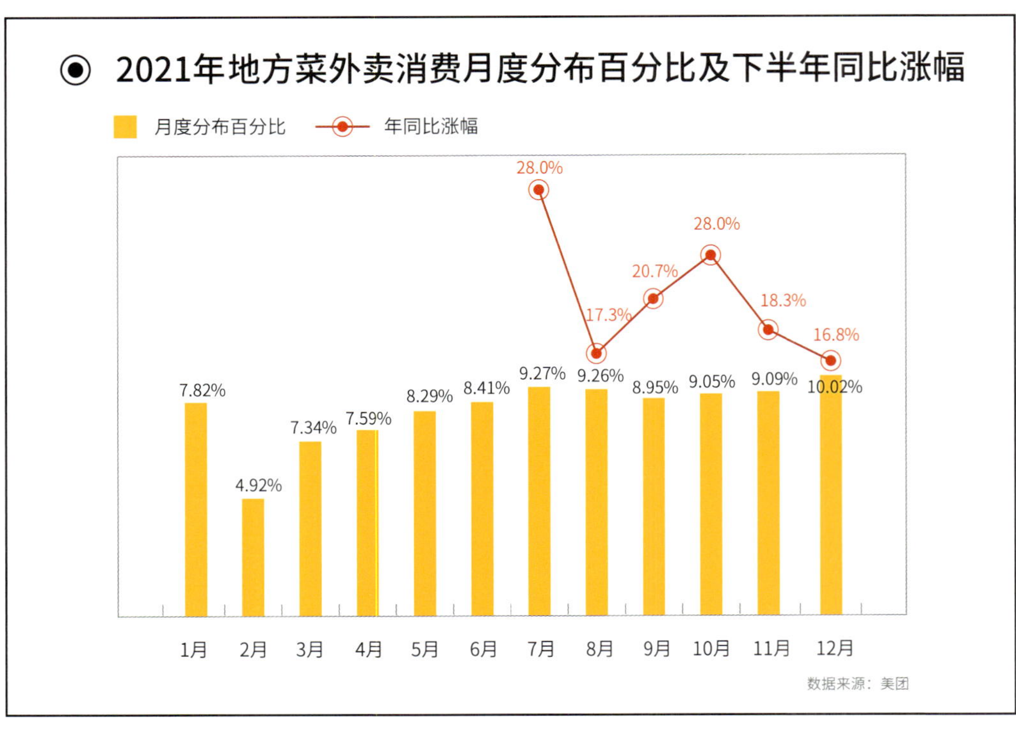

图 2-33　2021 年地方菜外卖消费月度分布百分比及下半年同比涨幅

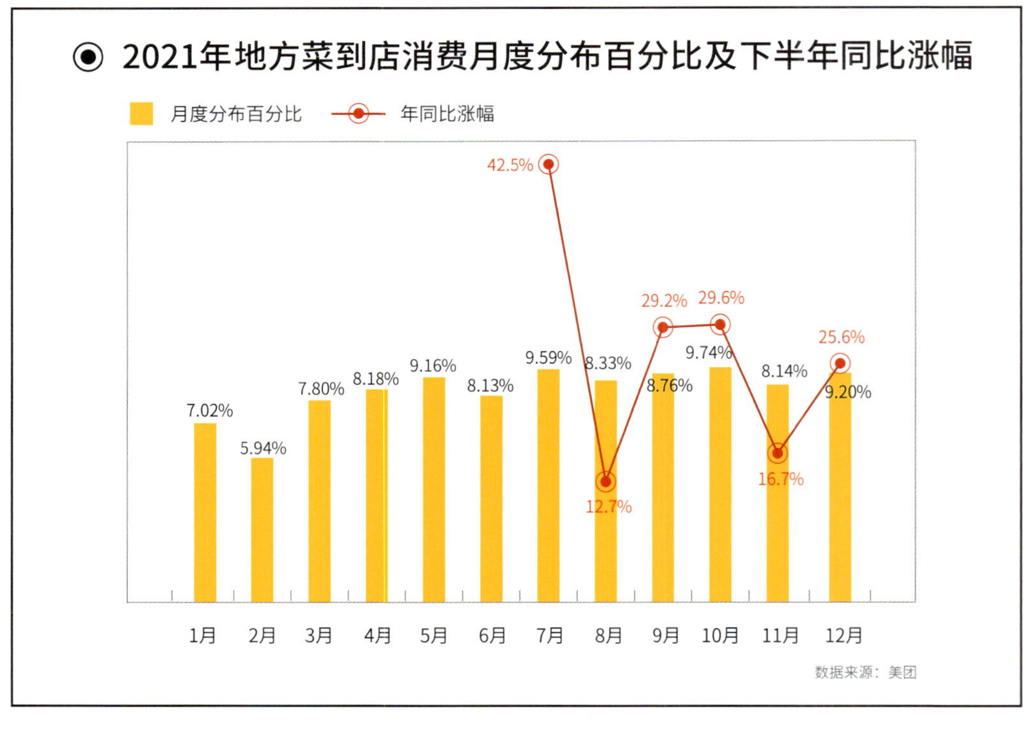

图 2-34　2021 年地方菜到店消费月度分布百分比及下半年同比涨幅

3. 川菜门店数量最多，粤菜门店数占比进一步扩大

美团数据显示，川菜、粤菜、苏菜、东北菜、湘菜的门店数量在2020—2021这两年间一直位于前五。2021年，川菜门店数量占29.2%，粤菜占12.1%，苏菜占11.1%，东北菜占8.4%，湘菜占7.8%。其中，粤菜、湘菜门店数占比在进一步扩大。反观北京菜、鲁菜、江西菜等菜系，门店数量虽然赶不上川菜、粤菜，但总量上也呈现逐年增多的趋势（图2-35）。

4. 川菜门店数占有绝对优势，河北菜门店数年同比涨幅创新高

美团数据显示，在2021年地方菜各菜系门店数及年同比涨幅中，川菜以34万家门店数的绝对优势位居各大菜系门店数量首位。粤菜门店数量为14万家，位于第二，紧随其后的是13万家门店的苏菜。而纵观2021年地方菜门店数年同比涨幅，河北菜以同比82.4%的涨幅位居门店数年同比涨幅榜首，内蒙菜同比涨幅35.1%，位居第二；西藏菜同比涨幅34.6%，位居第三；北京菜、海南菜也有30.2%的涨幅。地方菜作为美食承载文化的重要载体，开始呈现百花齐放的局面（图2-36）。

5. 川菜以绝对优势占据中国地方菜线上总交易榜首，新疆菜2021年线上总交易年同比涨幅最高

美团数据显示，在2019—2021年中国地方菜线上总交易分布top20中，川菜以2021年线上总交易占比35.6%的绝对优势占据首位，粤菜、湘菜也紧随其后。从2019—2021年中国地方菜top20品类的线上总交易年同比涨幅变化情况来看，除了2020年受到新冠肺炎疫情的制约外，整体都有所增长。其中，2021年线上总交易年同比涨幅最高的为新疆菜，其次为海南菜、徽菜（图2-37、图2-38）。

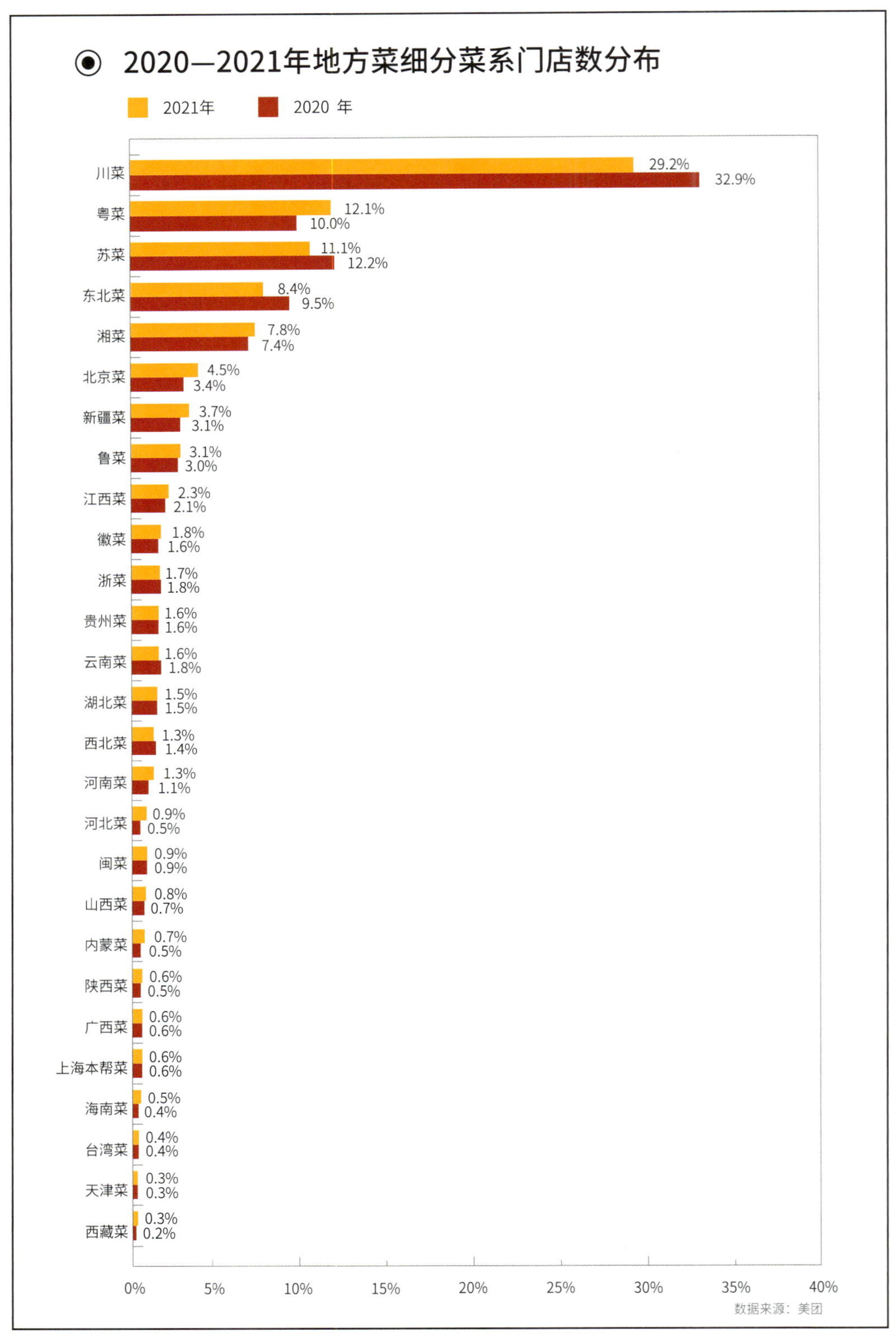

图 2-35　2020—2021 年地方菜细分菜系门店数分布

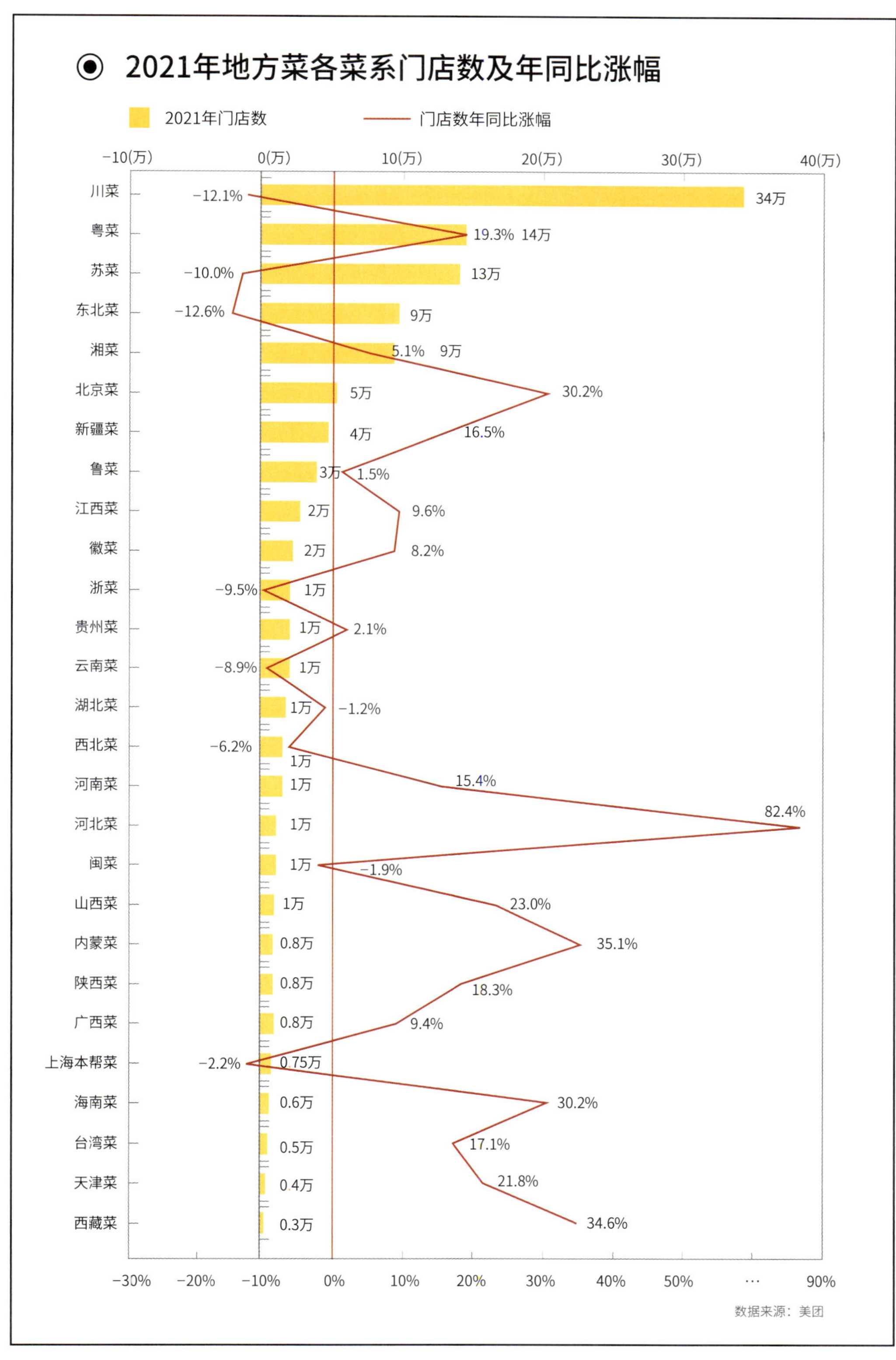

图 2-36　2021 年地方菜各菜系门店数及年同比涨幅

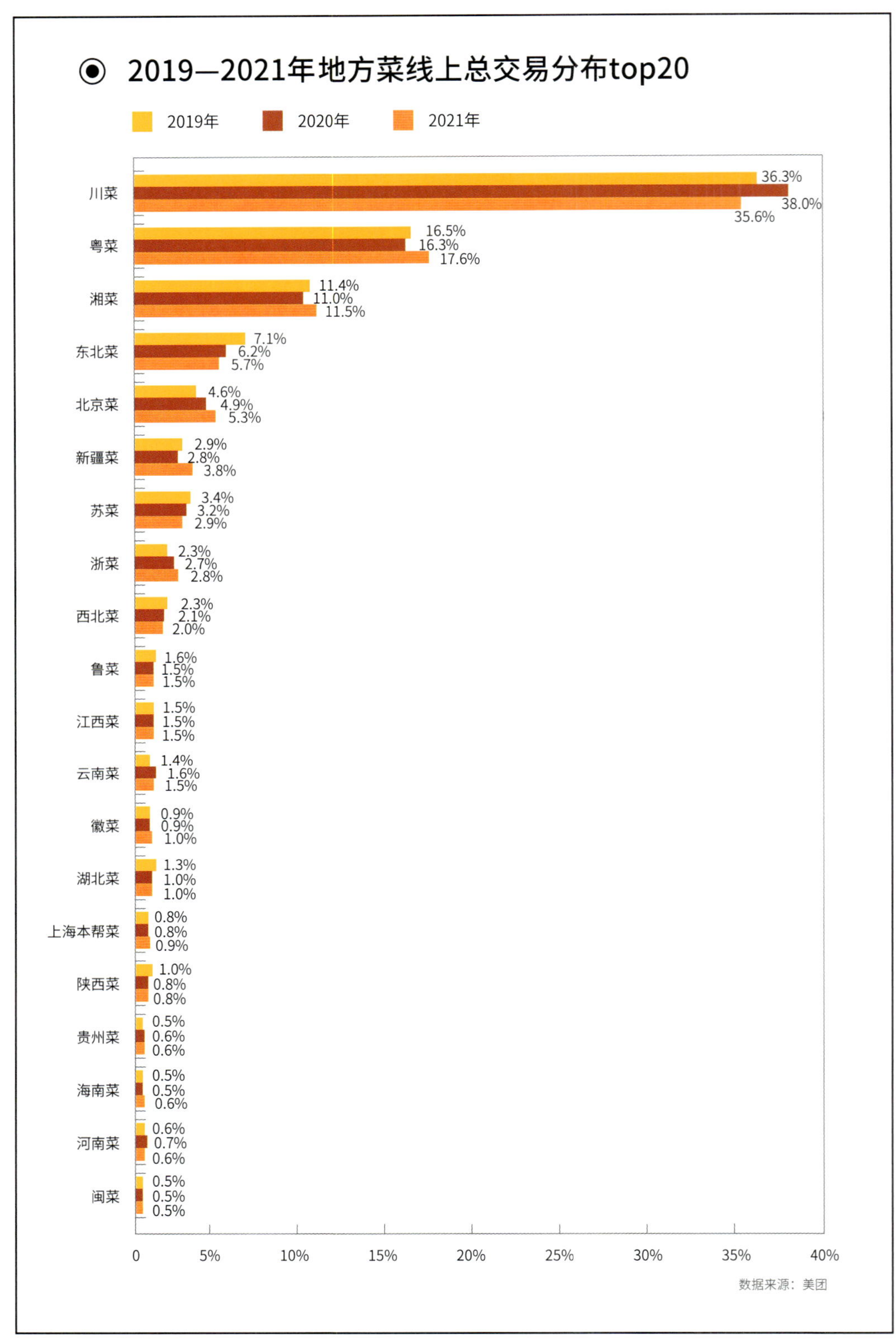

图 2-37　2019—2021 年地方菜线上总交易分布 top20

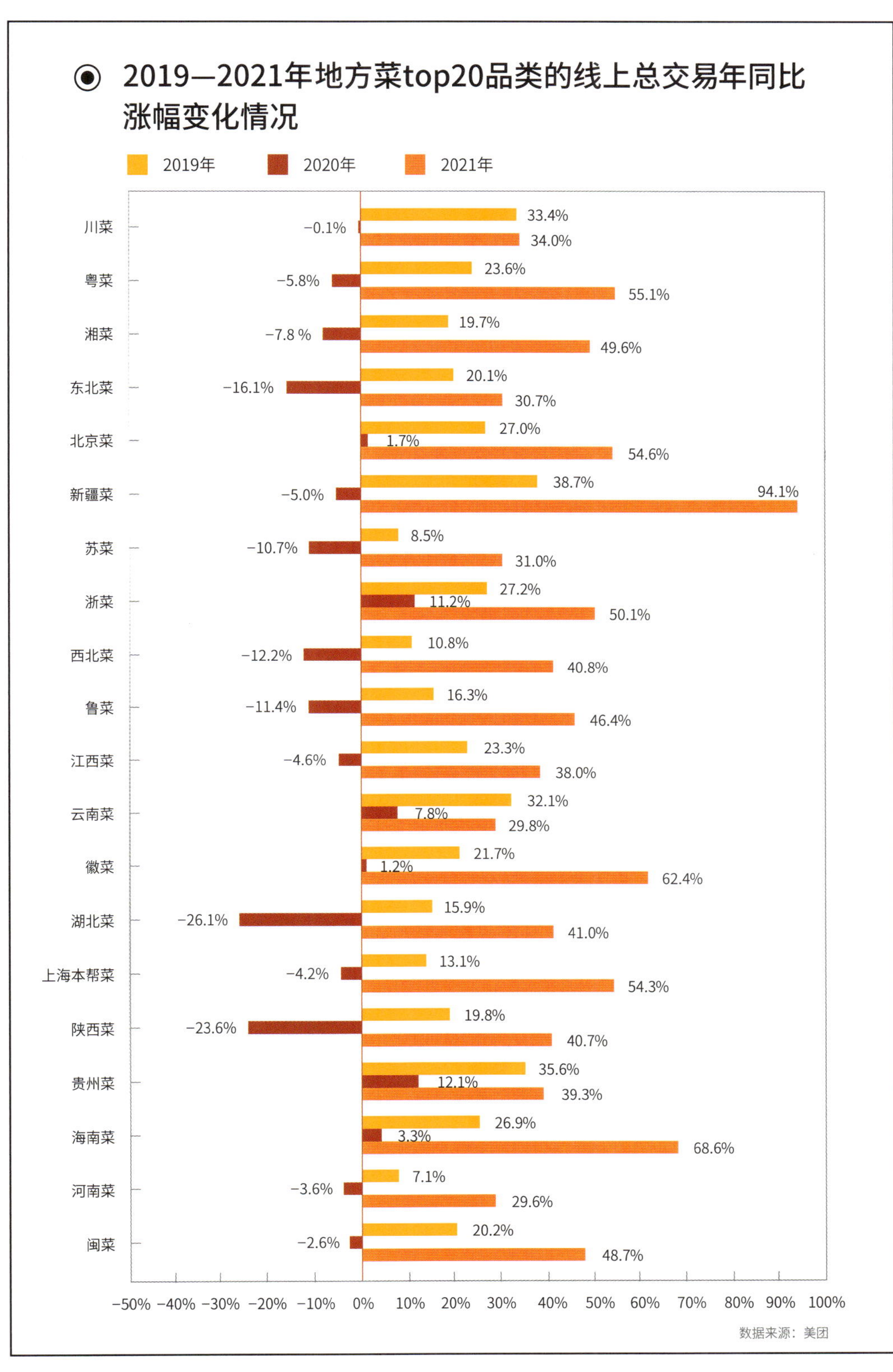

图 2-38 2019—2021 年地方菜 top 20 品类的线上总交易年同比涨幅变化情况

6. 川菜外卖交易额占据半壁江山，新疆菜、河南菜同比涨幅显著

美团数据显示，2019—2021 年，川菜、粤菜、湘菜连续 3 年为中国地方菜外卖交易额前三名，其中，2021 年川菜外卖交易额占 38.9%，以绝对优势位居榜首。中国地方菜外卖年同比涨幅较大的分别为新疆菜、河南菜、徽菜、粤菜、北京菜与上海本帮菜。在当今社会当中，人们对于饮食的菜色讲求味道有特点、有记忆点，比如川菜辣、粤菜鲜。但值得一提的是新疆菜、河南菜在众多品类中异军突起，量大实惠也逐渐成为大众点外卖的选择（图 2–39、图 2–40）。

7. 川菜、粤菜根基深，浙菜、闽菜到店订单涨幅显著

美团数据显示，2021 年中国地方菜到店交易排名前五的菜系分别为川菜、粤菜、湘菜、苏菜与东北菜。其中，苏菜反超东北菜成为全国第四。而中国地方菜到店交易同比涨幅最高的为浙菜，其次为闽菜与徽菜。随着健康消费的升级发展，“吃调料”的市场正在萎缩，一些口味相对清爽、清淡，更加注重食材本身的品类深受年轻消费者欢迎，江浙地区等保留食物原汁原味、偏清淡的口味逐渐在市场上崭露头角（图 2–41、图 2–42）。

8. 地方菜到店人均消费更高，上海本帮菜、苏菜稳居人均消费前列

美团数据显示，在 2021 年各地方菜品外卖、到店人均消费水平中，外卖排名前五名的分别为上海本帮菜 86.5 元、苏菜 80.5 元、浙菜 70.6 元、北京菜 68.3 元、徽菜 64.9 元；到店人均消费水平排名前五名的分别为上海本帮菜 124.2 元、苏菜 105.9 元、闽菜 102.1 元、北京菜 89.6 元、浙菜 86.8 元。近 3 年，各地方菜品外卖人均消费范围在 40~90 元，而到店人均消费范围在 40~125 元。上海本帮菜与苏菜因其选料严谨、制作精细，稳居各地方菜品人均消费前列（图 2–43、图 2–44）。

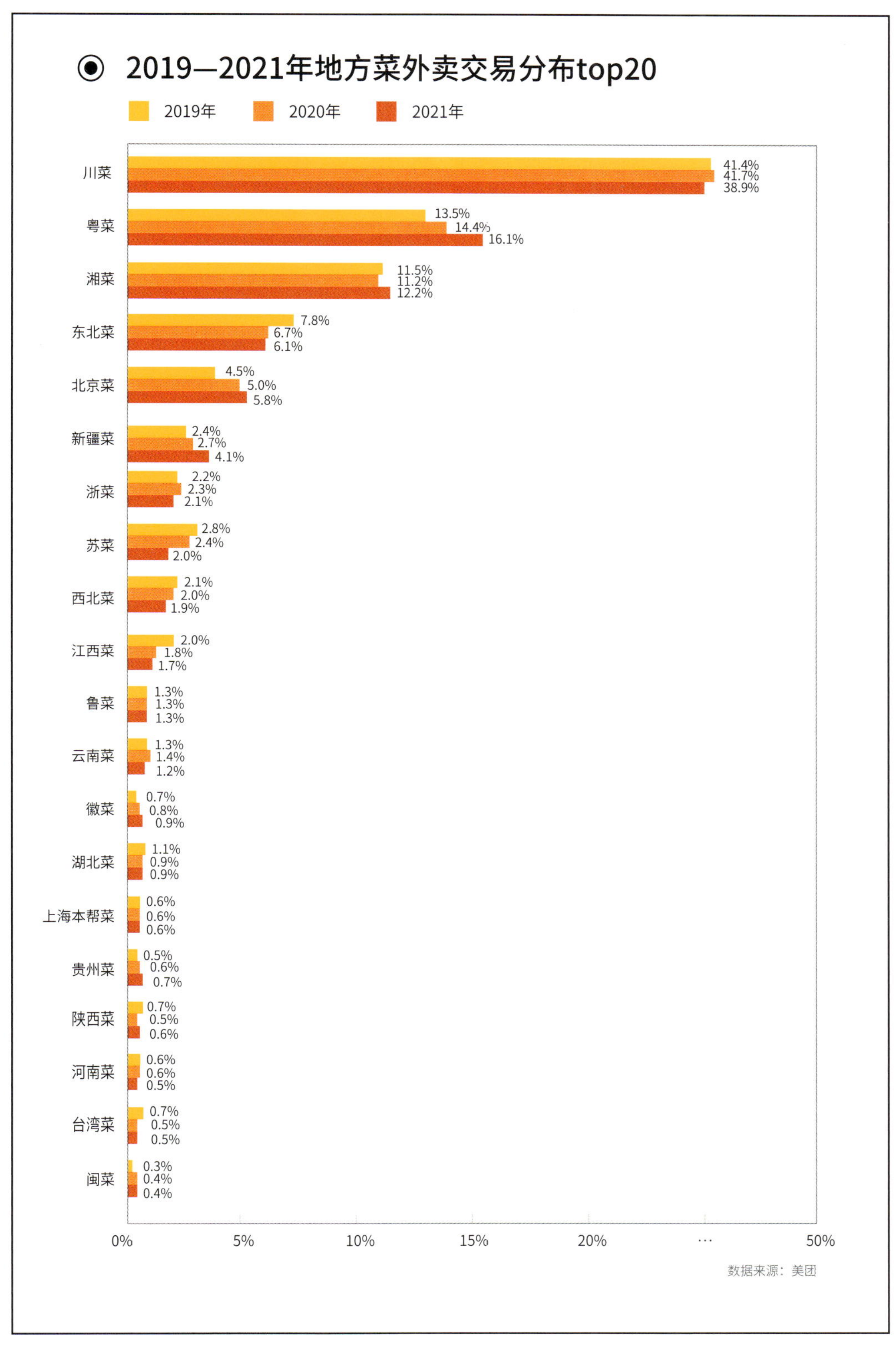

图 2-39　2019—2021 年地方菜外卖交易分布 top20

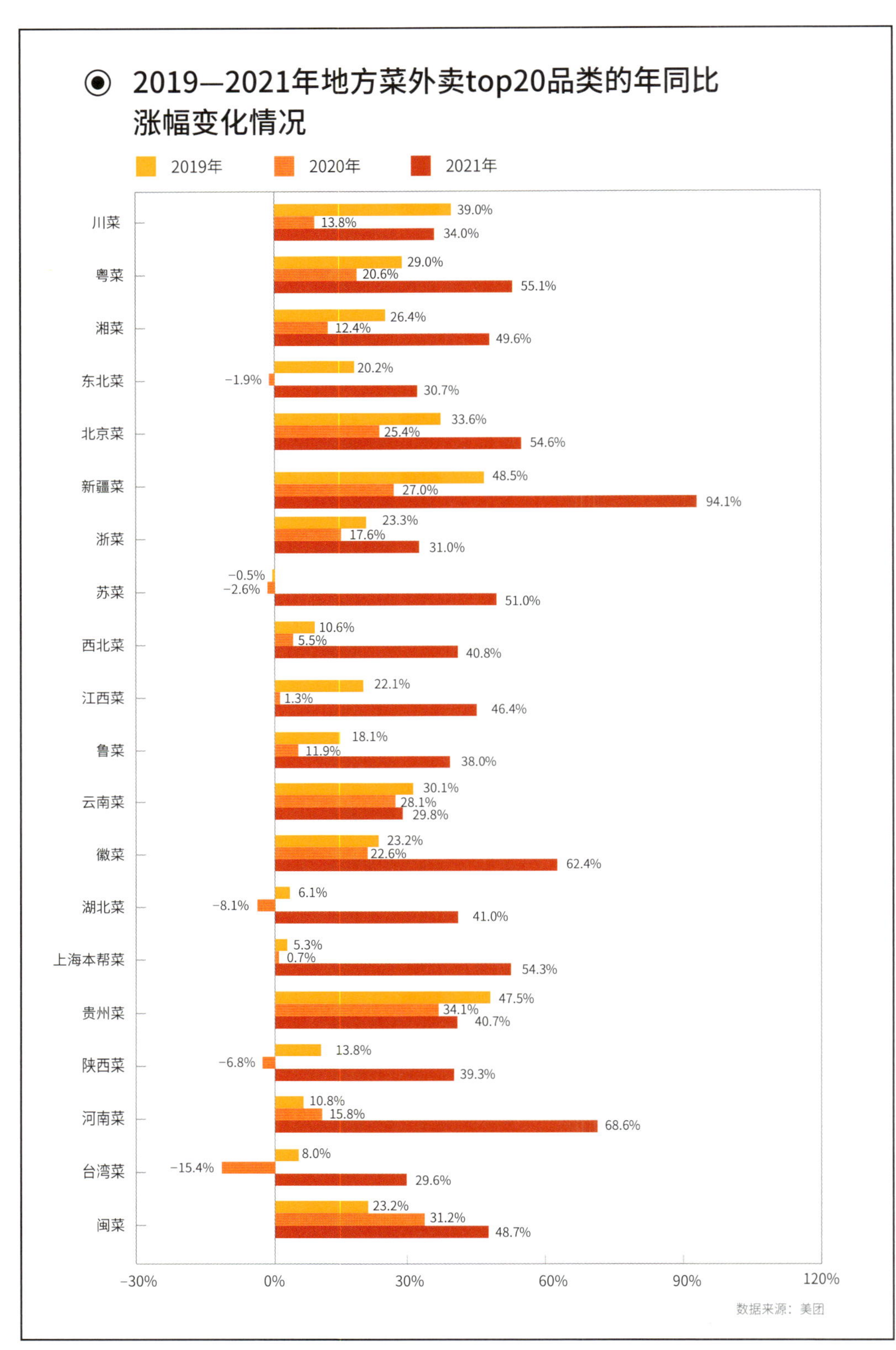

图 2-40 2019—2021 年地方菜外卖 top20 品类的年同比涨幅变化情况

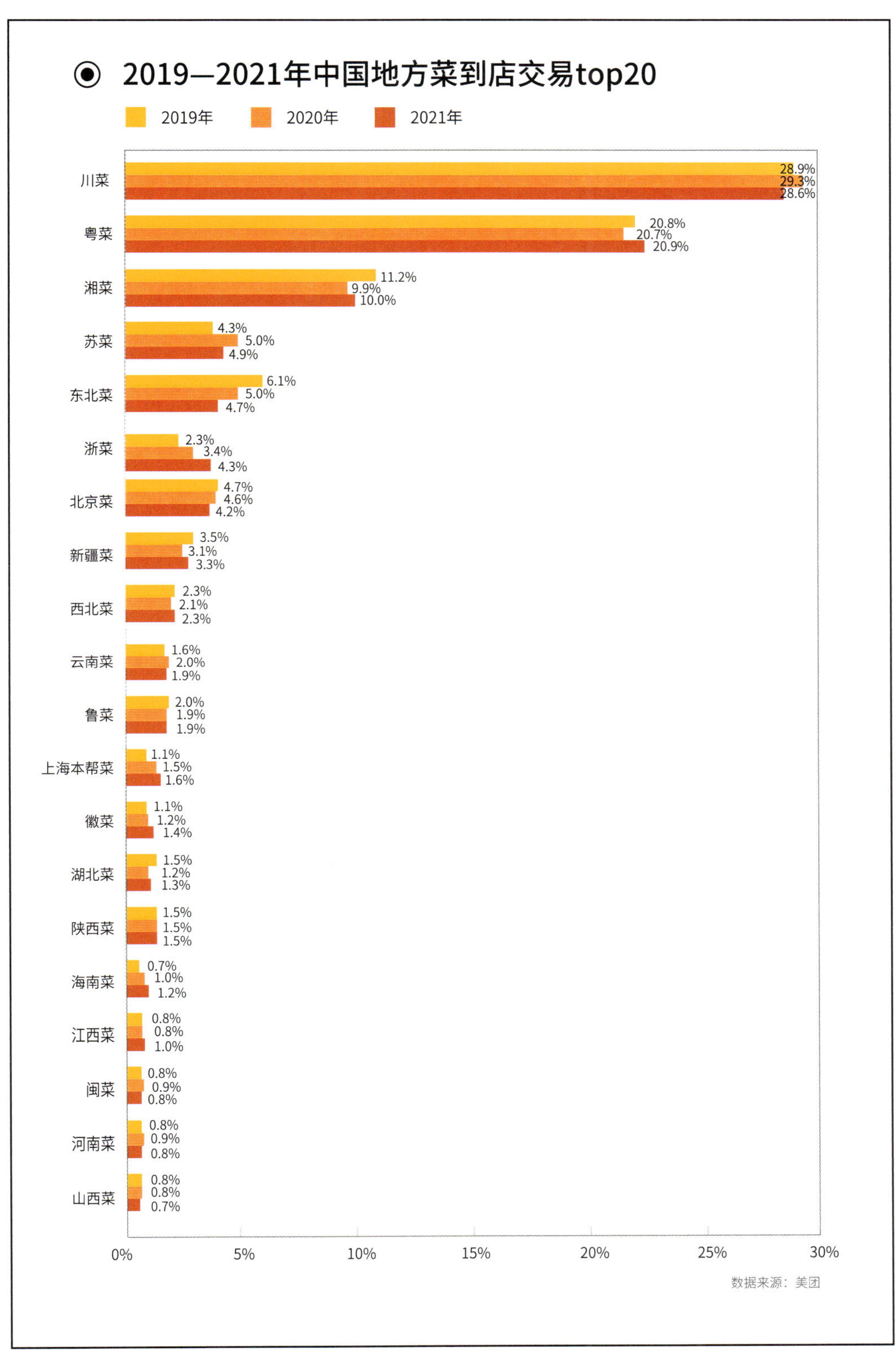

图 2-41　2019—2021 年中国地方菜到店交易 top20

图 2-42　2019—2021 年地方菜到店交易 top 20 的年同比涨幅变化

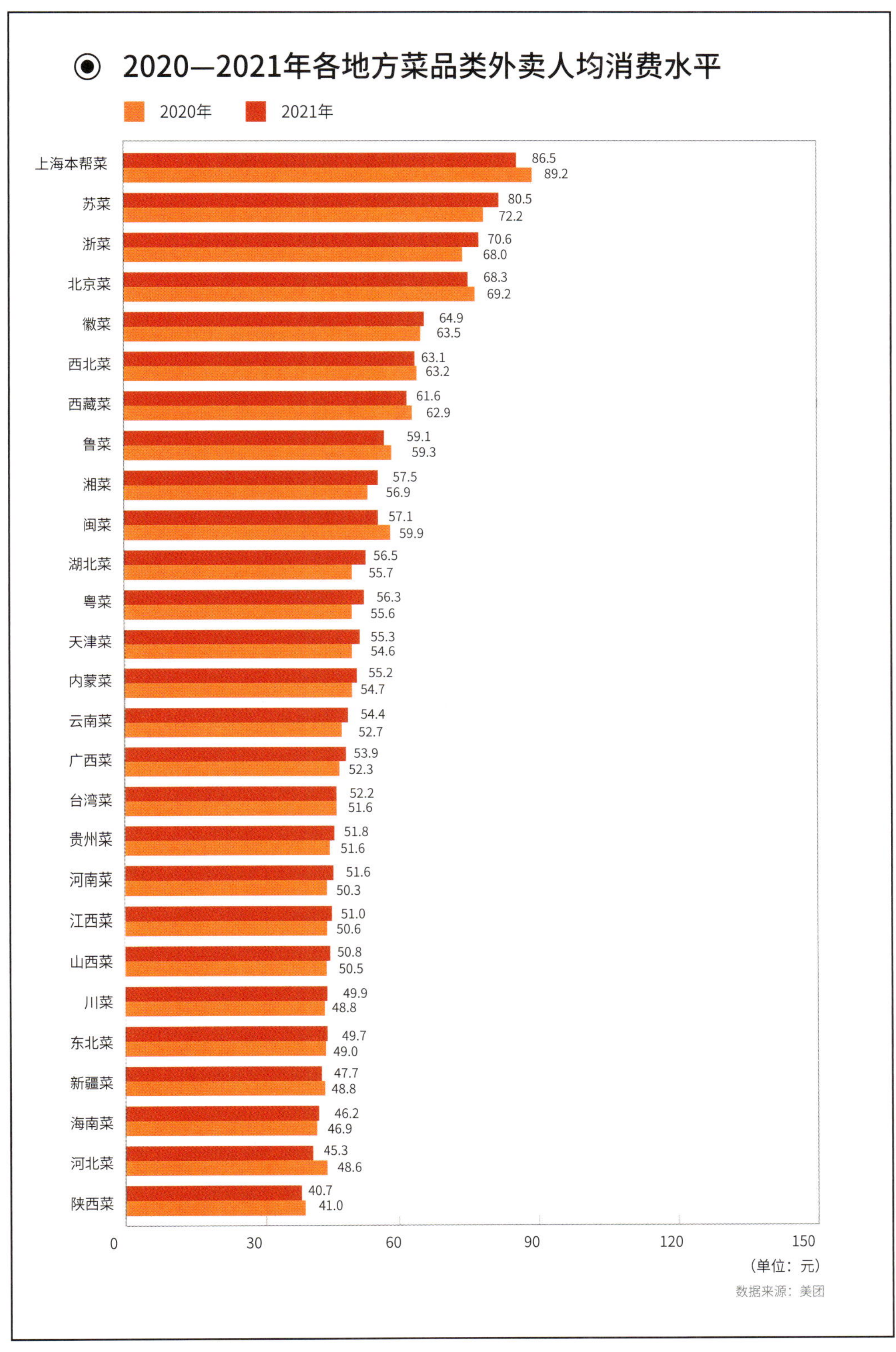

图 2-43 2020—2021 年各地方菜品类外卖人均消费水平

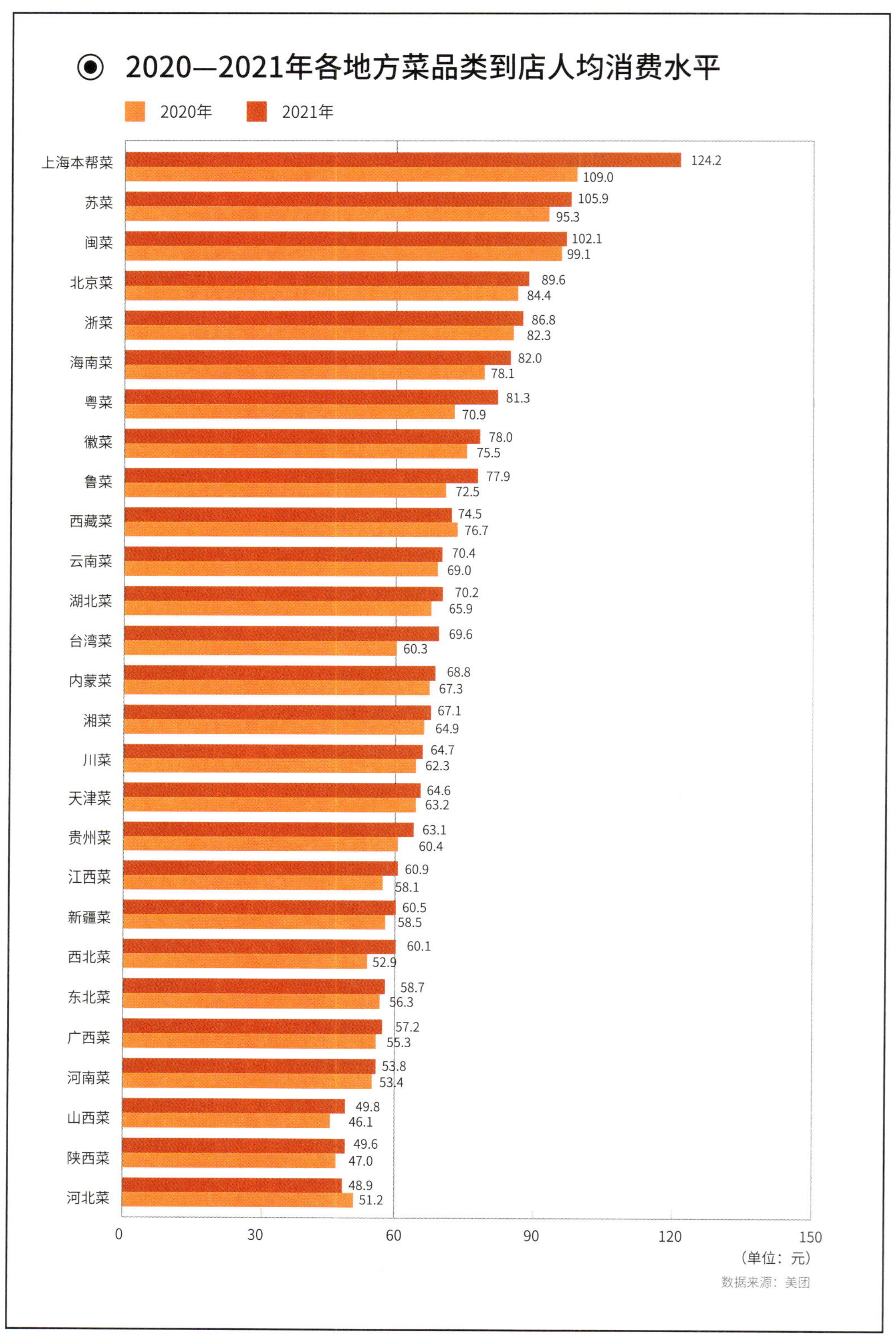

图 2-44 2020—2021 年各地方菜品类到店人均消费水平

9. 苏菜外卖人均消费涨幅最高，粤菜到店消费优势明显

美团数据显示，各地方菜外卖人均消费两年涨幅（2021 VS 2019）最高的为苏菜，涨幅为 21.8%，紧随其后的是河南菜，外卖人均消费涨幅为 18.9%。除河北菜人均消费两年涨幅为 –6.7% 外，其他各地方菜系的外卖人均消费均有 0.5%~21.8% 的涨幅。到店人均消费两年涨幅（2021 VS 2019）最高的为粤菜，涨幅为 32.5%，紧随其后的是台湾菜，到店人均消费涨幅为 32.0%。除西藏菜与河北菜人均消费两年涨幅分别为 –11.6% 与 –5.9% 以外，其他各地方菜系的到店人均消费均有 2.5%~32.5% 的涨幅（图 2–45、图 2–46）。

10. 川菜、粤菜、湘菜、东北菜、北京菜，是线上总交易量最高的 5 个地方菜系，也是我国餐饮业最具代表性的 5 个样本菜系

从它们背后代表的城市来说，成都是联合国教科文组织在亚洲评定的第一个“美食之都”，同时也是全国加盟连锁发展较集中的城市之一；广州作为粤菜的大本营，餐饮业极为发达，一直保持着稳定的发展；长沙不仅是历史文化名城，也是美食之都，以辣闻名的湘菜火遍全国；素有“东方莫斯科”“东方小巴黎”之称的哈尔滨遍布典型正宗的东北菜，同时也是集聚东北三省美食的中心城市；北京是政治、经济、文化中心，也是连锁品牌门店最密集的品牌打造基地。

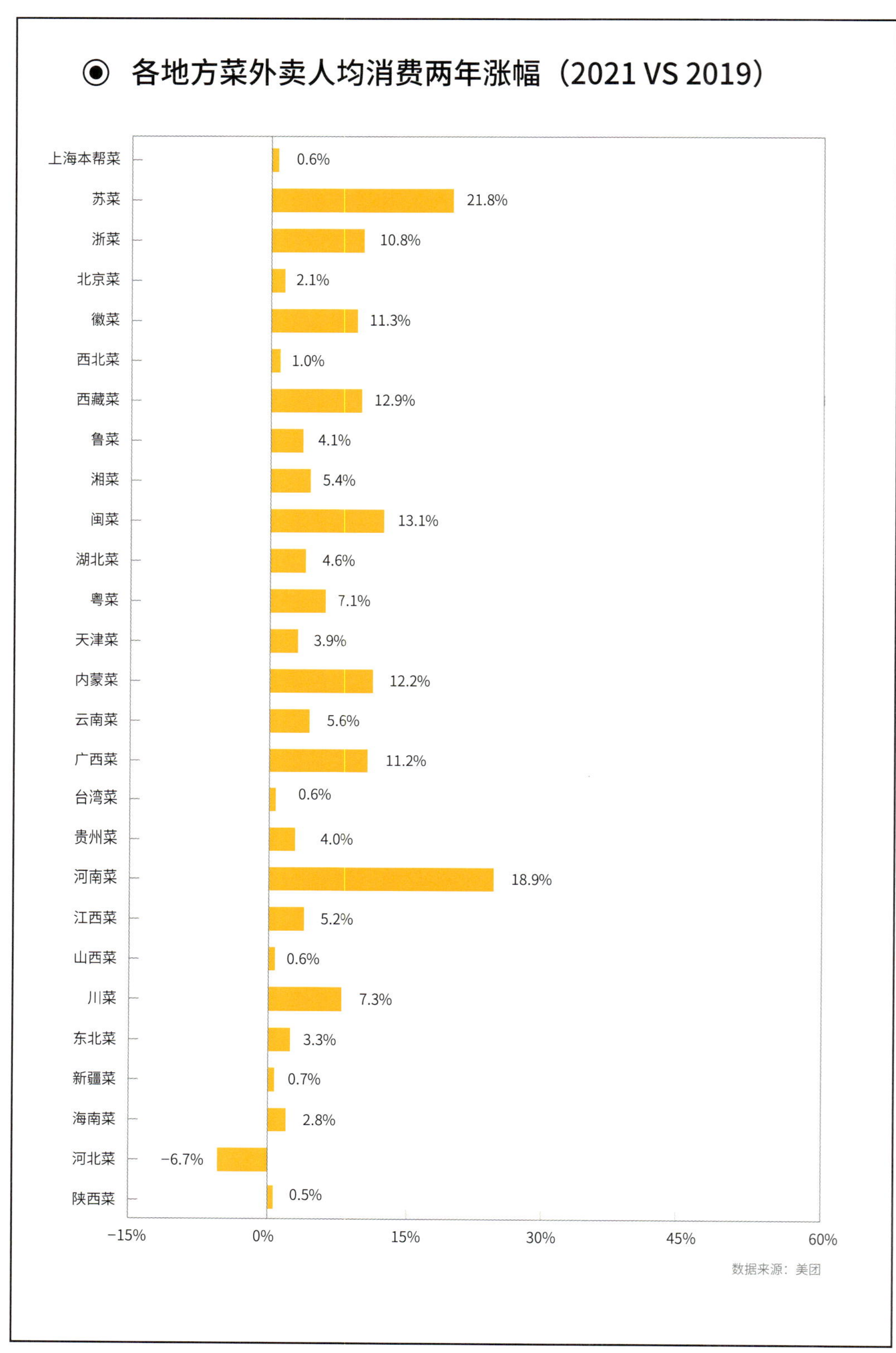

图 2-45　各地方菜外卖人均消费两年涨幅（2021 VS 2019）

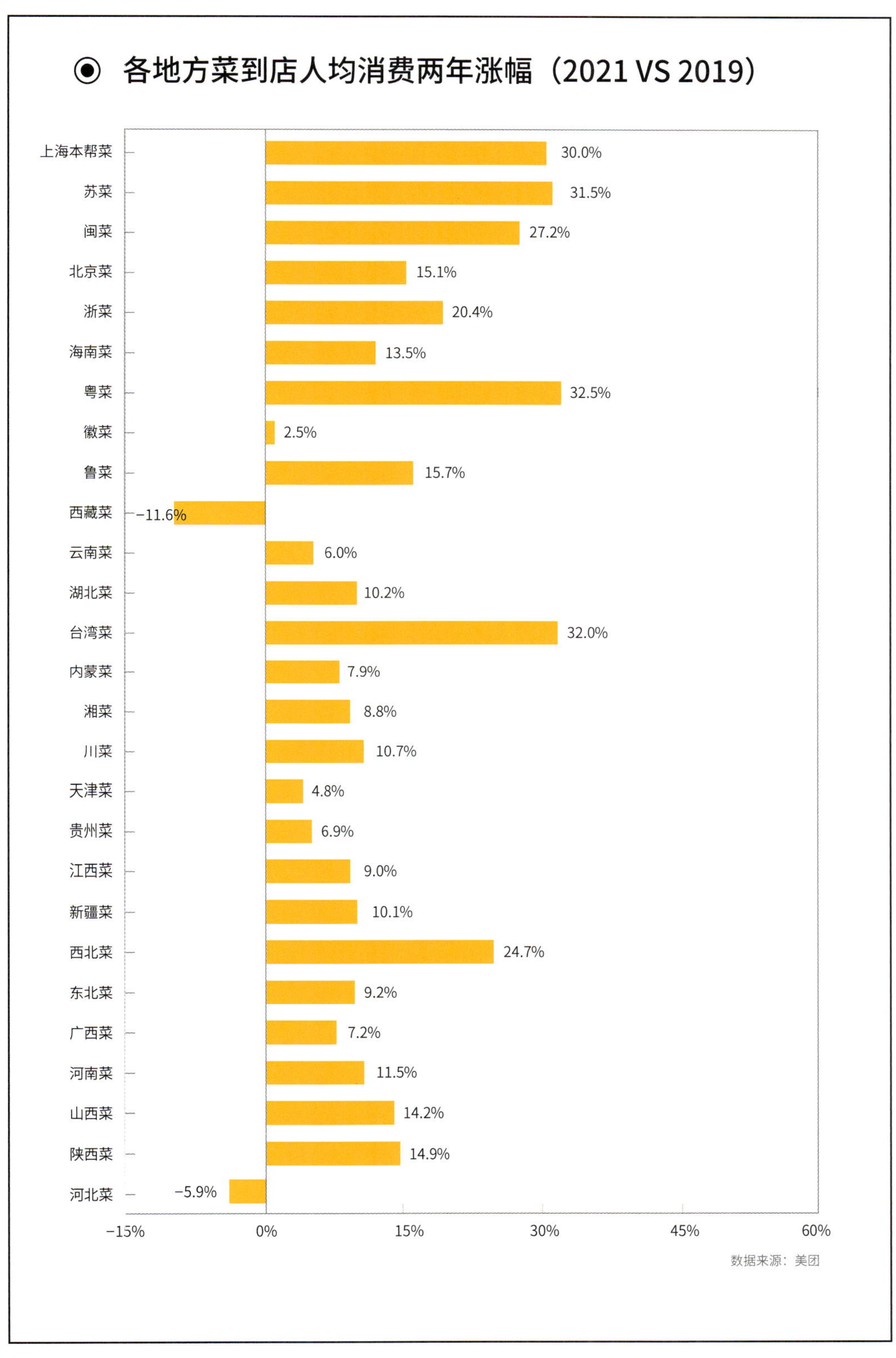

图 2-46 各地方菜到店人均消费两年涨幅（2021 VS 2019）

11. 川菜到店人均消费占比更高，31～60 元外卖人均消费区间逐渐向 61～90 元迁移

美团数据显示，无论外卖还是到店，2019—2021 年川菜的人均消费主流区间都在 31～60 元。自 2019 年起，31～60 元外卖人均消费区间逐渐向 61～90 元外卖人均消费区间迁移。在 61～90 元这个区间，川菜的到店人均消费占比高于外卖（图 2-47、图 2-48）。

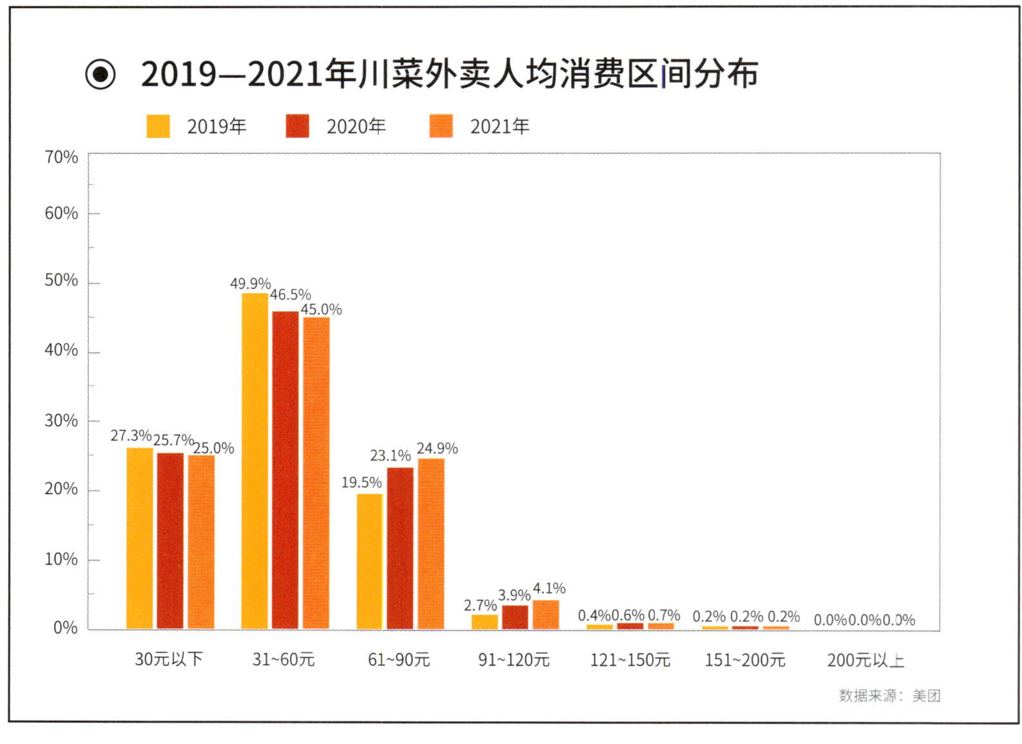

图 2-47　2019—2021 年川菜外卖人均消费区间分布

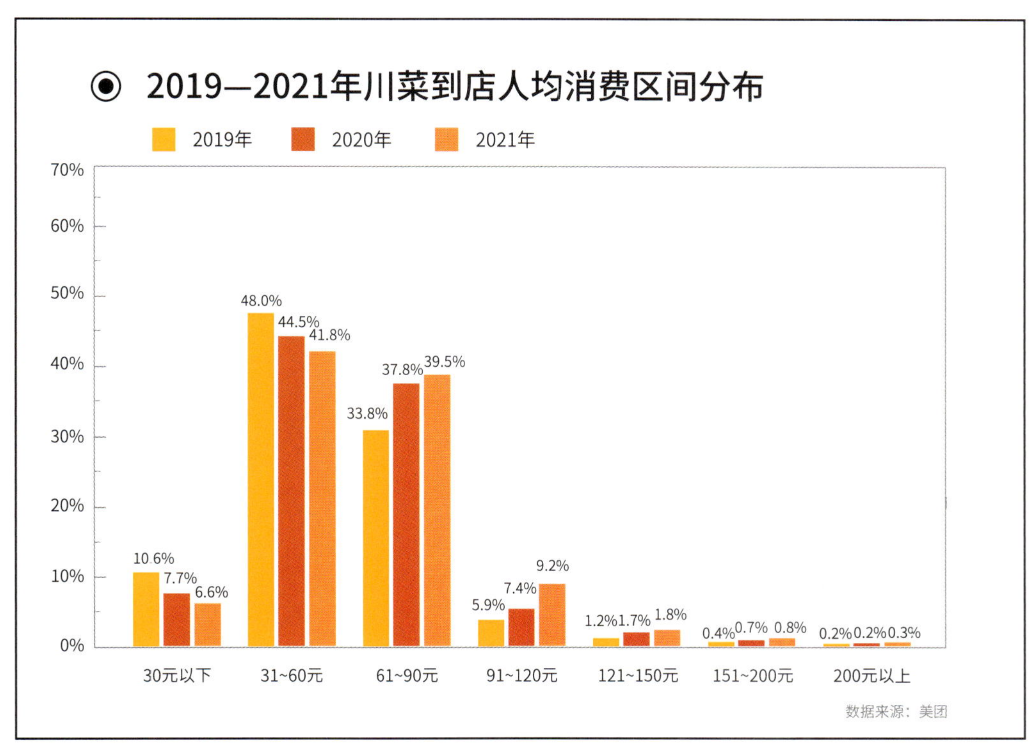

图 2-48 2019—2021 年川菜到店人均消费区间分布

12. 连锁门店规模品牌数集中在 3~10 家店，川菜更偏向小规模连锁

美团数据显示，2019—2021 年底中国川菜连锁化率持续走高，从 2019 年的 12% 上升至 2021 年的 18%，增加了 6 个百分点。501~1000 家店以上连锁门店数占比持续增长，从 2019 年的 4.8% 上涨至 2021 年的 7.9%。川菜连锁门店规模品牌数占比集中在 3~10 家店，从 2019 年的 64.2% 平稳增长到 2021 年的 65.6%，11~50 家店从 2019 年的 27.5% 减少至 2021 年的 26.7%，由此可以看出川菜更偏向于小规模连锁（图 2-49、图 2-50、图 2-51）。

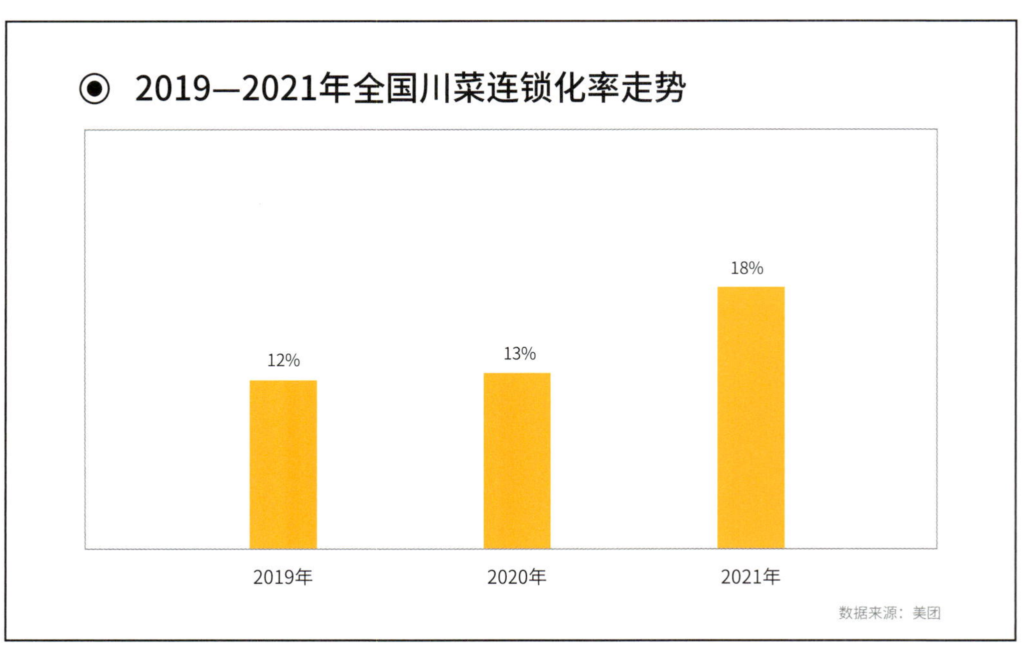

图 2-49　2019—2021 年全国川菜连锁化率走势

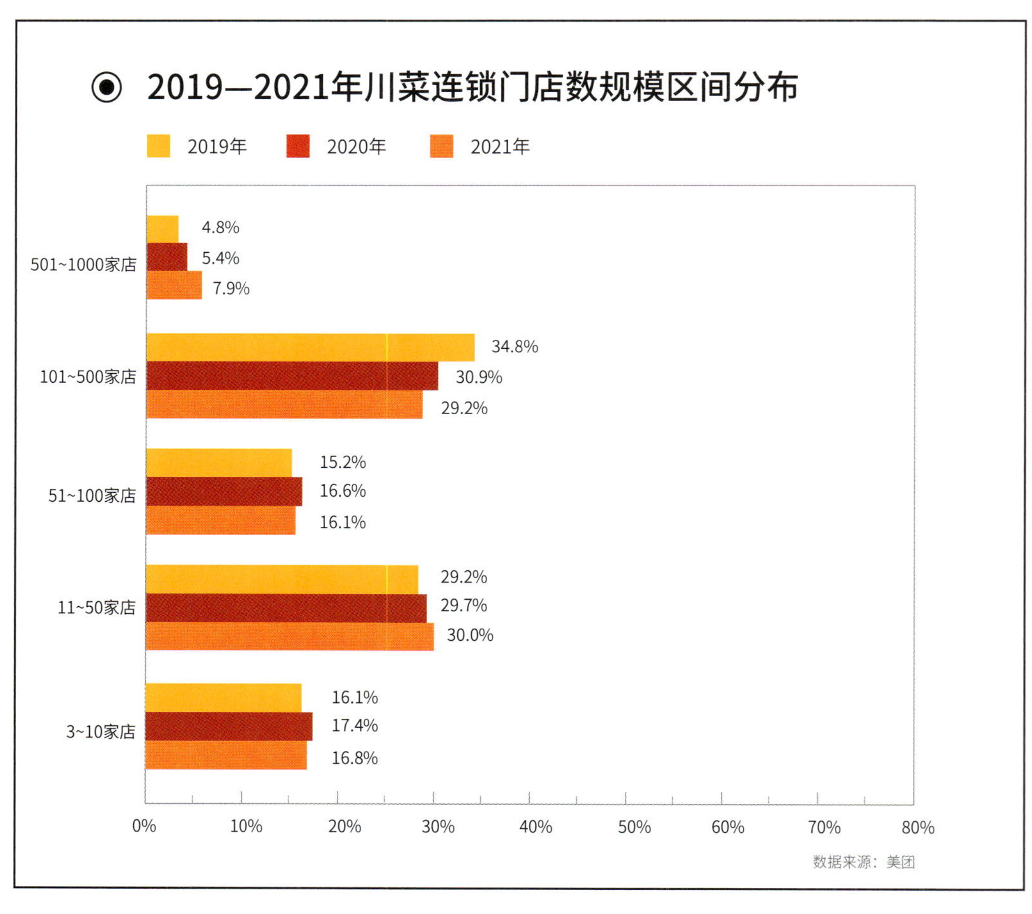

图 2-50　2019—2021 年川菜连锁门店数规模区间分布

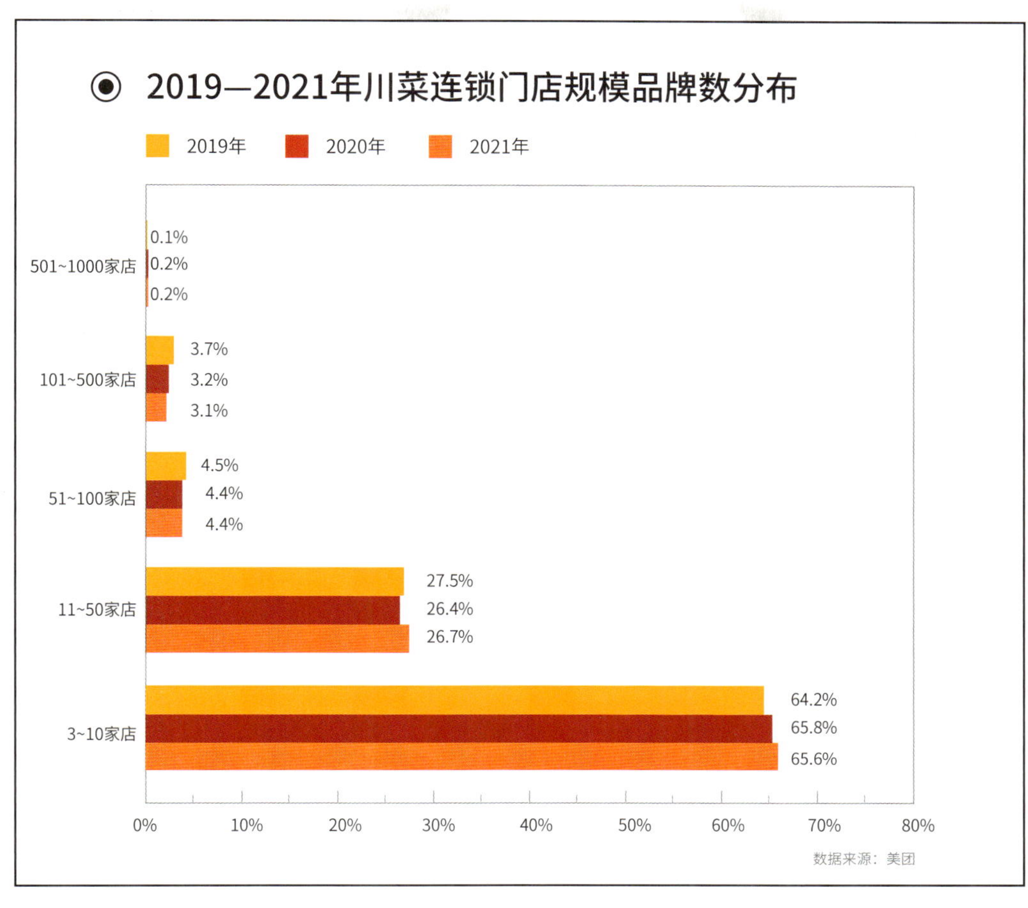

图2-51　2019—2021年川菜连锁门店规模品牌数分布

13. 川渝地区仍是川菜赛道的主力军，江浙闽也爱“重口味”

美团数据显示，在2021年川菜线上门店数城市排名top20中，区域分布核心城市为重庆市、成都市，一线城市上海市、北京市、广州市次之。川渝地区仍是川菜赛道的主力军，一线城市紧随其后。值得一提的是，江浙闽等以清淡著称的城市也入榜，这一定程度说明了川菜标准化、大众化程度高（图2-52）。

◉ 2021年川菜线上门店数城市排名top20

城市	线上门店数(千家)
重庆市	20.0
成都市	17.2
上海市	9.6
北京市	7.4
广州市	7.2
深圳市	6.6
西安市	6.6
武汉市	6.2
东莞市	5.6
苏州市	5.5
杭州市	4.9
宁波市	4.3
南京市	4.2
温州市	4.1
泉州市	3.9
郑州市	3.8
佛山市	3.4
贵阳市	3.2
天津市	3.2
福州市	3.2

数据来源：美团

图 2-52　2021 年川菜线上门店数城市排名 top20

（1）粤菜

粤菜客单价普遍较高，31~60 元人均消费区间逐渐向 60~120 元迁移

美团数据显示，无论外卖还是到店，粤菜的人均消费主流区间都在 31~60 元。其中，31~60 元消费区间从 2019 年至 2021 年稳步下降，61~90 元、91~120 元消费区间稳步上升，30 元以下及 31~60 元的消费区间有逐渐向 61~90 元、91~120 元消费区间转移的趋势。由此不难看出，经济发达地区的食客消费能力强，粤菜作为“复古菜”客单价普遍较高，这与它的食材、制作工序、品类定位有关（图 2-53、图 2-54）。

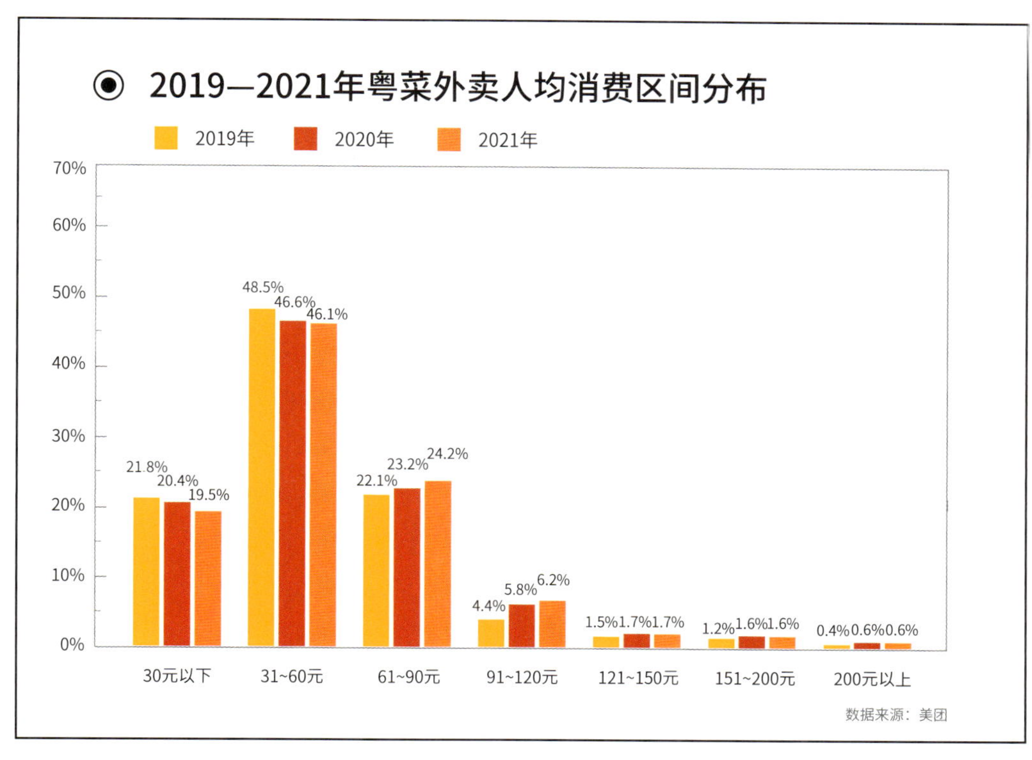

图2-53　2019—2021年粤菜外卖人均消费区间分布

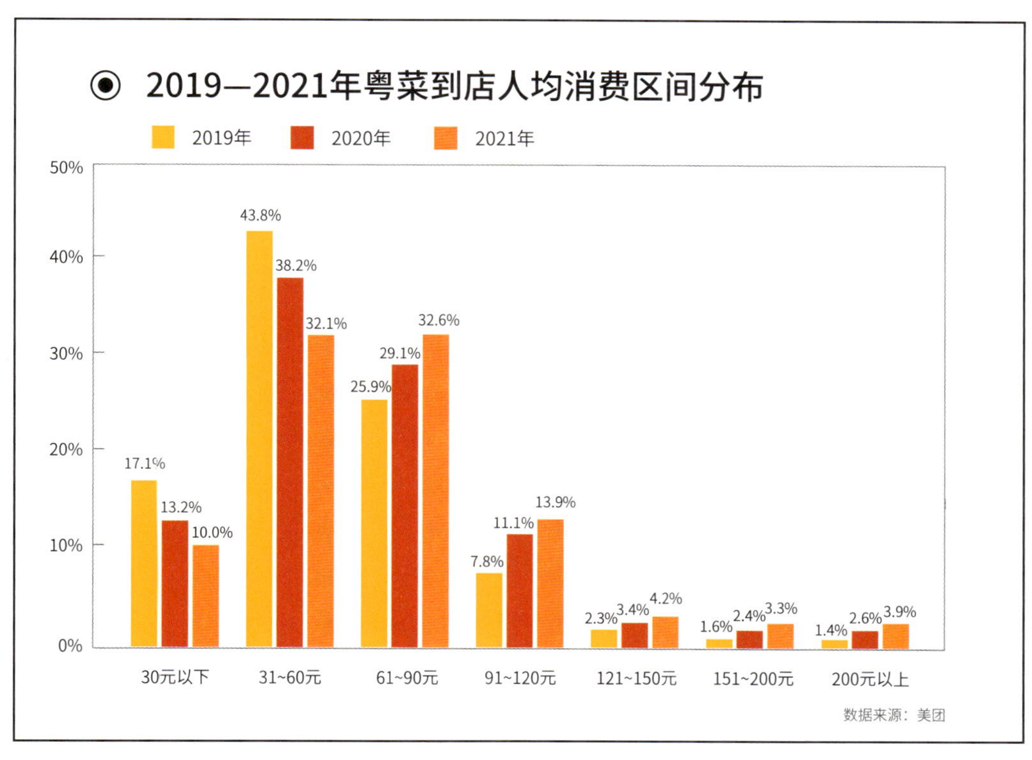

图2-54　2019—2021年粤菜到店人均消费区间分布

3~10 家店连锁门店规模品牌数占比最高，粤菜更偏向于小规模连锁

美团数据显示，2019—2021 年底中国粤菜连锁化率走势逐年上升，2019—2021 年粤菜连锁门店数规模区间占比集中在 3~10 家店、11~50 家店，2021 年 3~10 家店占比达 33.3%，11~50 家店占比达 35.3%，相较于 2019 年有小幅缩减。而反观 101~500 家店的门店数规模占比呈现逐渐增长，粤菜连锁门店规模品牌数在 3~10 家店的占比可达 78.1%。粤菜由于受到食材新鲜度、运输供应链、门店管理复杂度等多方面因素的影响，目前仍以小规模连锁发展为主（图 2-55、图 2-56、图 2-57）。

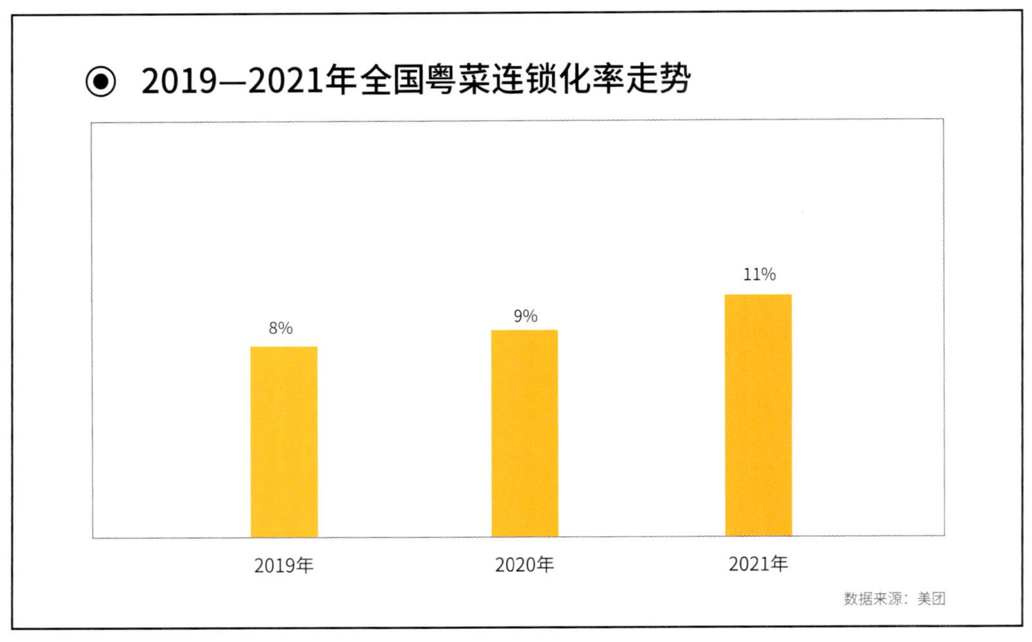

图 2-55　2019—2021 年全国粤菜连锁化率走势

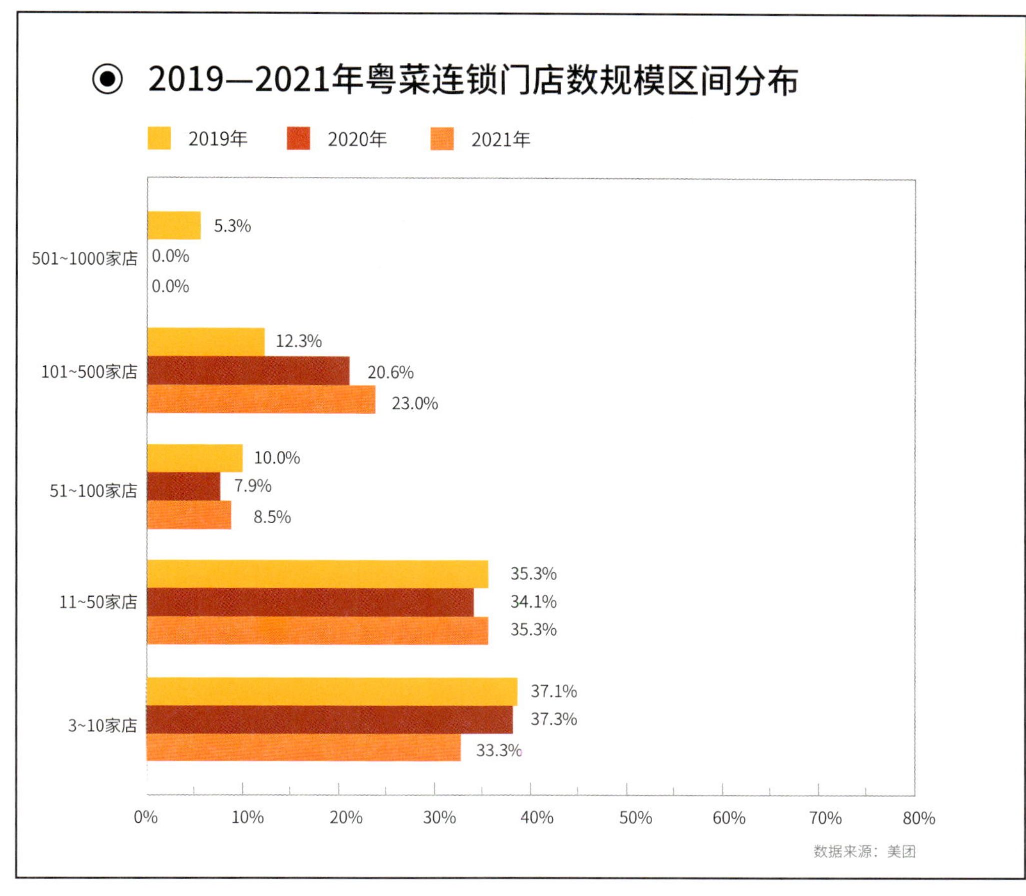

图 2-56 2019—2021 年粤菜连锁门店数规模区间分布

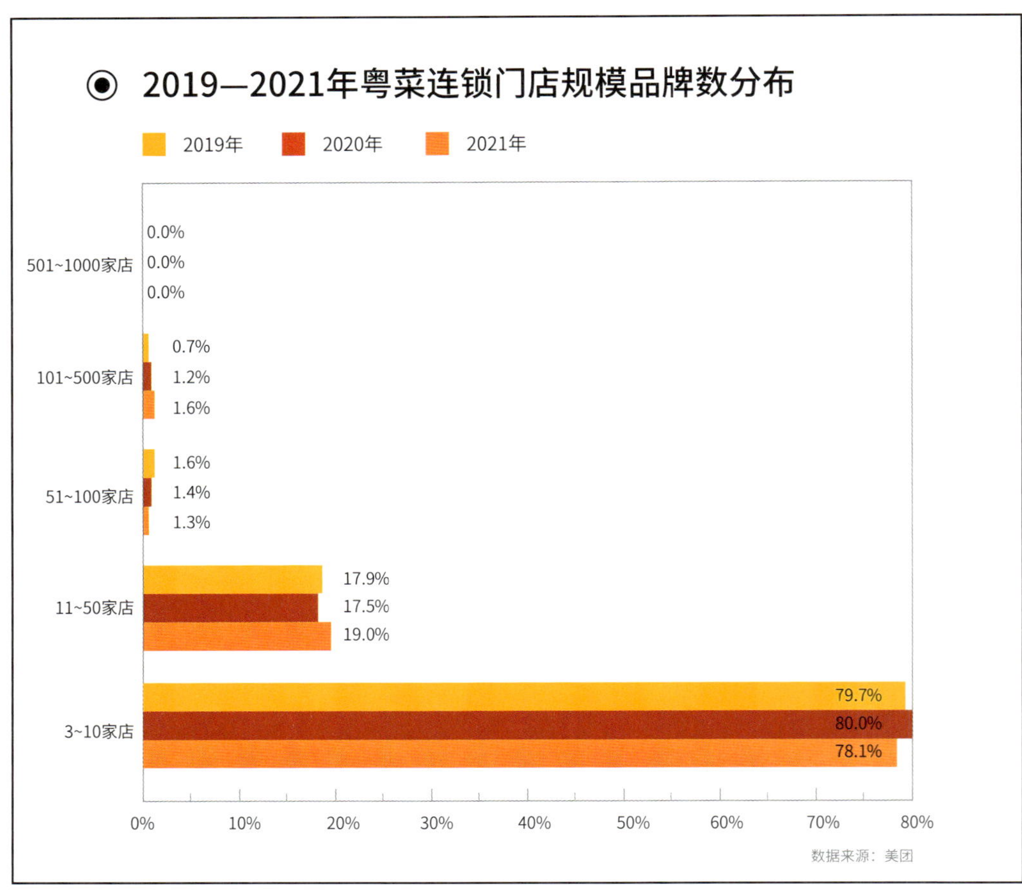

图 2-57　2019—2021 年粤菜连锁门店规模品牌数分布

广东地区为粤菜大本营，一线城市中北京、上海入榜

美团数据显示，在 2021 年粤菜线上门店数城市排名 top 20 中，区域分布核心城市以广东地区为代表，广州市、深圳市、佛山市、东莞市、惠州市、中山市等位于前列。一线城市中上海、北京也入榜，粤菜是中国较为知名的菜系之一，在地域发展上仍具有鲜明的特点（图 2-58）。

◉ 2021年粤菜线上门店数城市排名top20

城市	线上门店数(千家)
广州市	18.3
深圳市	12.2
佛山市	9.0
东莞市	8.6
惠州市	5.7
中山市	3.9
江门市	3.7
上海市	3.3
清远市	2.4
肇庆市	2.4
珠海市	2.3
梅州市	2.3
湛江市	2.2
南宁市	1.9
重庆市	1.9
汕头市	1.7
河源市	1.6
韶关市	1.5
揭阳市	1.4
北京市	1.4

数据来源：美团

图 2-58　2021 年粤菜线上门店数城市排名 top20

（2）湘菜

湘菜人均消费逐渐走高，31~60 元人均消费区间逐渐向 60~120 元迁移

美团数据显示，无论外卖还是到店，湘菜的人均消费主流区间都在 31~60 元，自 2019 年起，31~60 元消费区间开始逐年平稳下降，61~90 元、91~120 元消费区间开始有所上升。受新冠肺炎疫情影响，食材成本、供应链成本上升带来了人均消费的上涨，同时，随着中国居民人均消费水平的提高，消费者也愿意为更具品质和极致性价比的生活买单（图 2-59、图 2-60）。

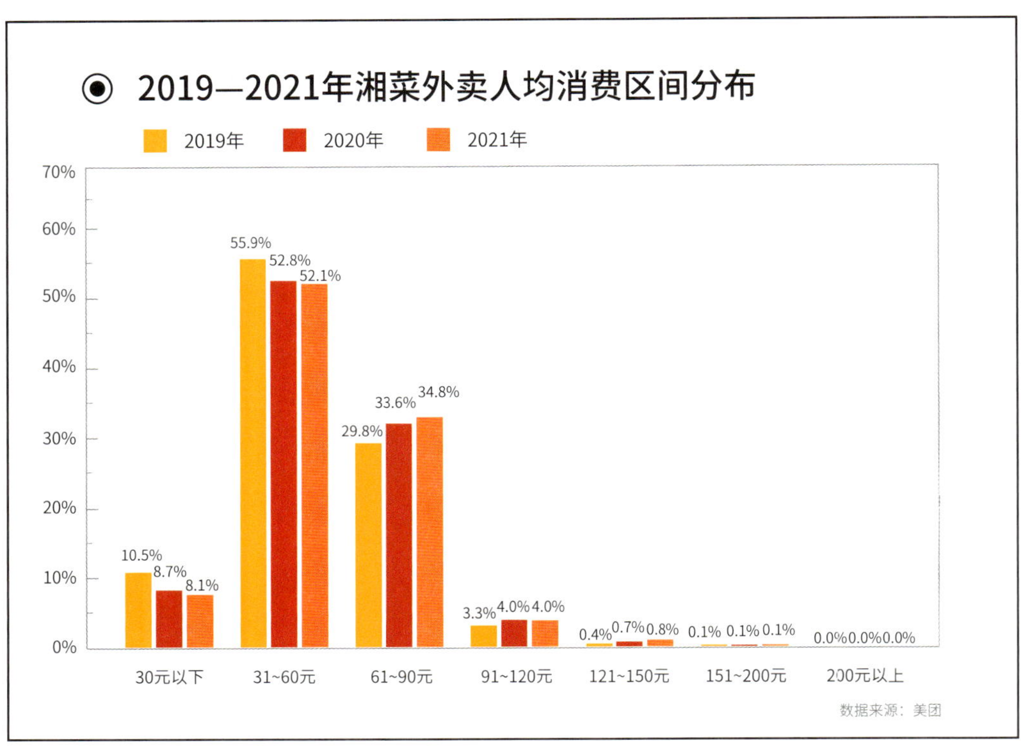

图 2-59　2019—2021 年湘菜外卖人均消费区间分布

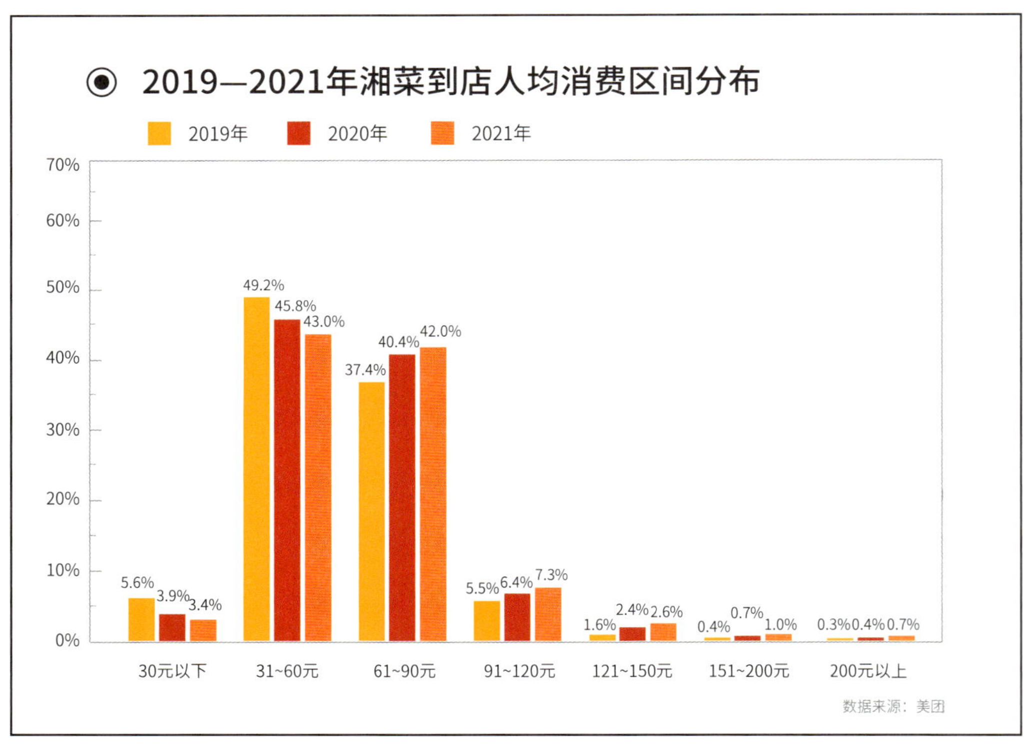

图 2-60　2019—2021 年湘菜到店人均消费区间分布

湘菜连锁门店规模品牌数分布集中在 3~10 家店，小规模连锁发力

美团数据显示，2019—2021 年湘菜连锁化率持续走高，11~50 家店的连锁门店数规模最为集中，从 2019 年的 31.8% 增长到 2021 年的 36.3%。湘菜连锁门店规模品牌数多集中分布在 3~10 家店，从 2019 年的 67.5% 增长至 2021 年的 68.2%。因香辣口味而闻名的湘菜能够为消费者的味蕾留下鲜明的记忆点，为湘菜的品牌化发展提供了有利的条件（图 2-61、图 2-62、图 2-63）。

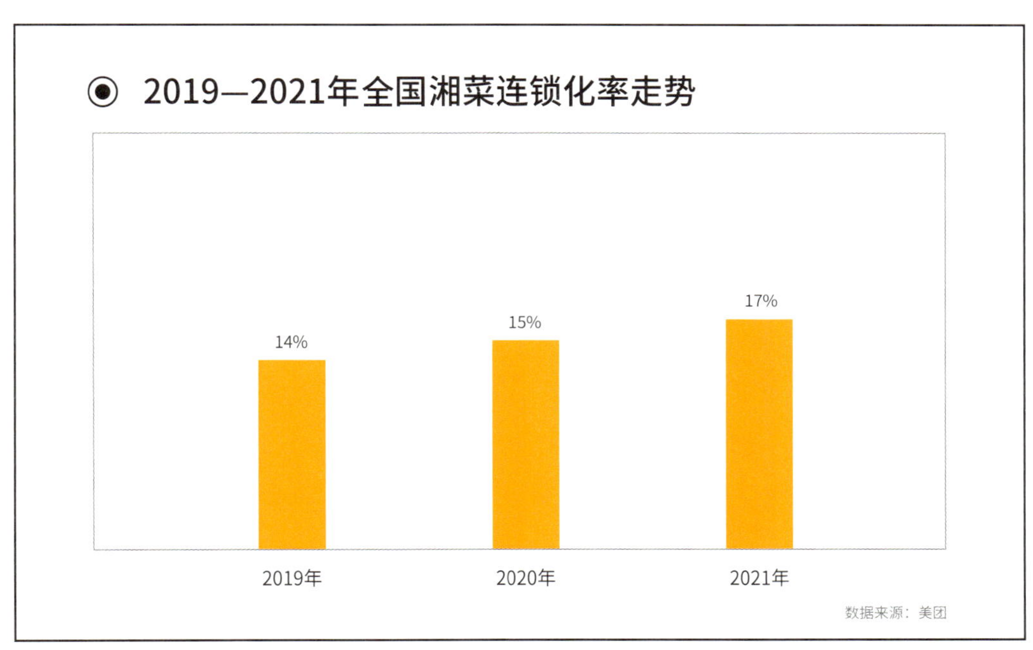

图 2-61　2019—2021 年全国湘菜连锁化率走势

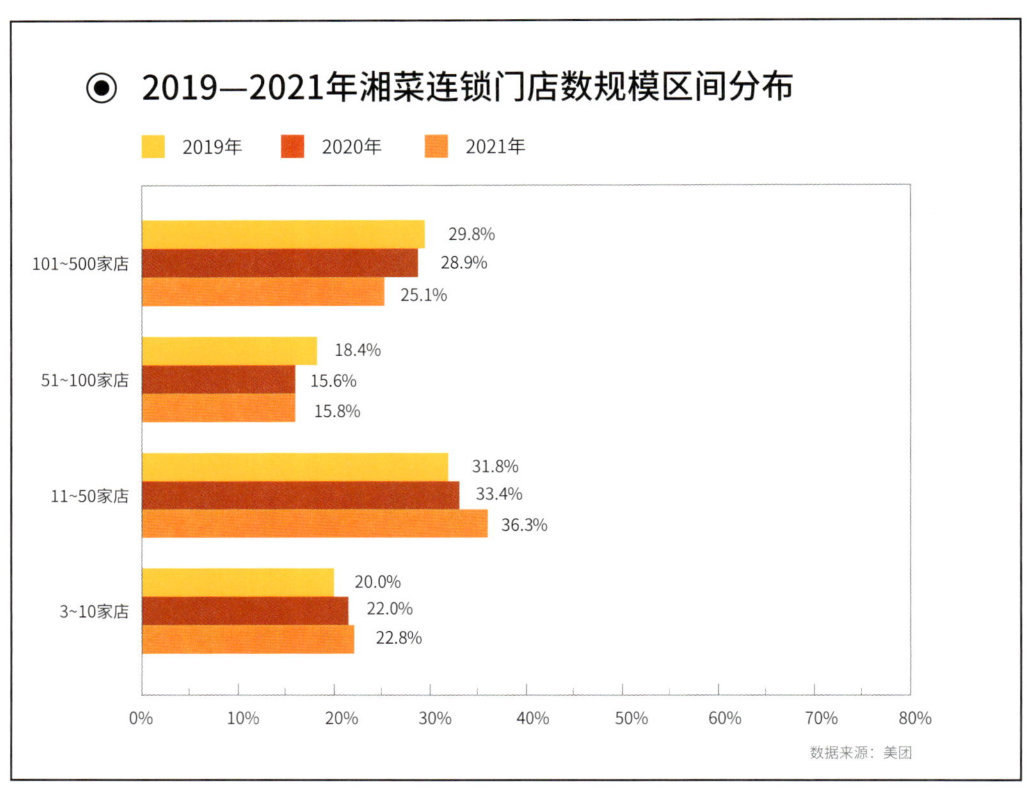

图 2-62　2019—2021 年湘菜连锁门店数规模区间分布

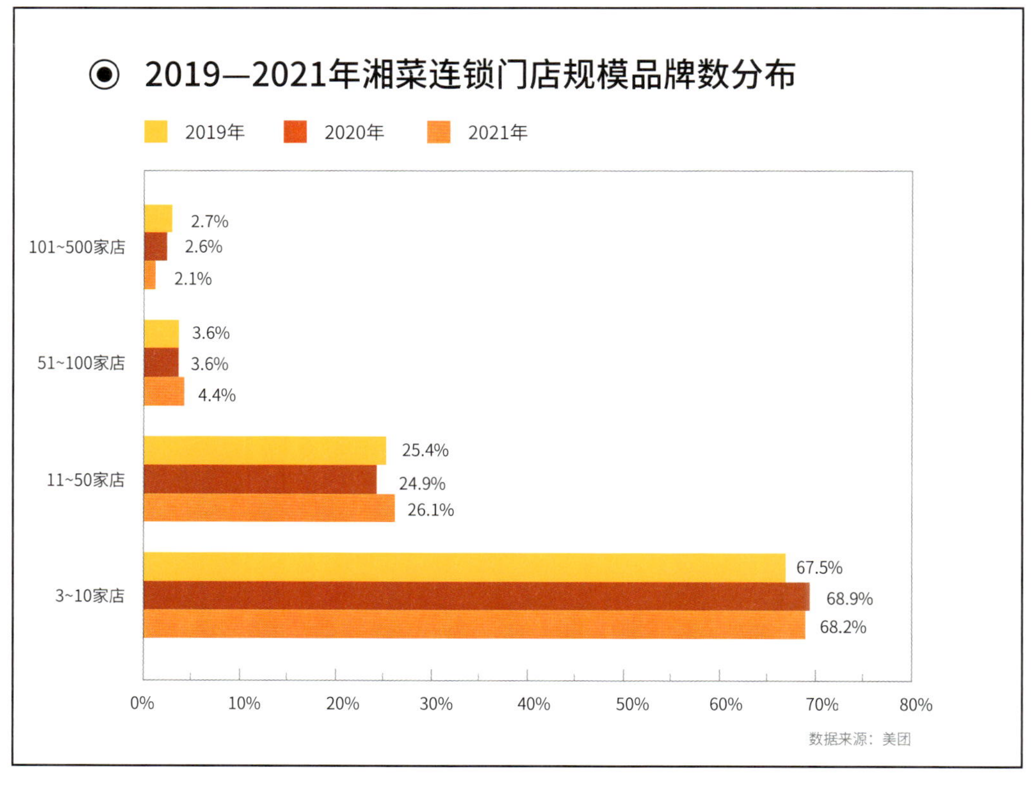

图 2-63　2019—2021 年湘菜连锁门店规模品牌数分布

湘菜门店数在南方分布更广，北方城市有待挖掘

美团数据显示，在2021年湘菜线上门店数城市排名top20中，区域分布核心城市为长沙市、深圳市、东莞市、广州市等南方地区，北方地区只有北京、西安入榜。北京、西安分别作为一线城市与新一线城市，汇聚了中国地方各地特色美食，包容性更高（图2-64）。

◉ 2021年湘菜线上门店数城市排名top20

城市	线上门店数(千家)
长沙市	8.7
深圳市	6.1
东莞市	4.8
广州市	4.6
株洲市	2.1
上海市	2.1
佛山市	2.0
衡阳市	2.0
岳阳市	2.0
常德市	1.9
湘潭市	1.9
北京市	1.7
郴州市	1.4
惠州市	1.4
武汉市	1.4
中山市	1.2
永州市	1.1
西安市	1.0
苏州市	1.0
益阳市	1.0

数据来源：美团

图2-64　2021年湘菜线上门店数城市排名top20

（3）东北菜

东北菜惠民普适，主流人均消费区间集中在 31~60 元

美团数据显示，无论外卖还是到店，东北菜的人均消费主流区间均集中在 31~60 元，自 2019 开始，31~60 元的消费区间逐年平稳下降，61~90 元的消费区间逐年平稳上涨。相对其他菜系，东北菜价格更加实惠（图 2-65、图 2-66）。

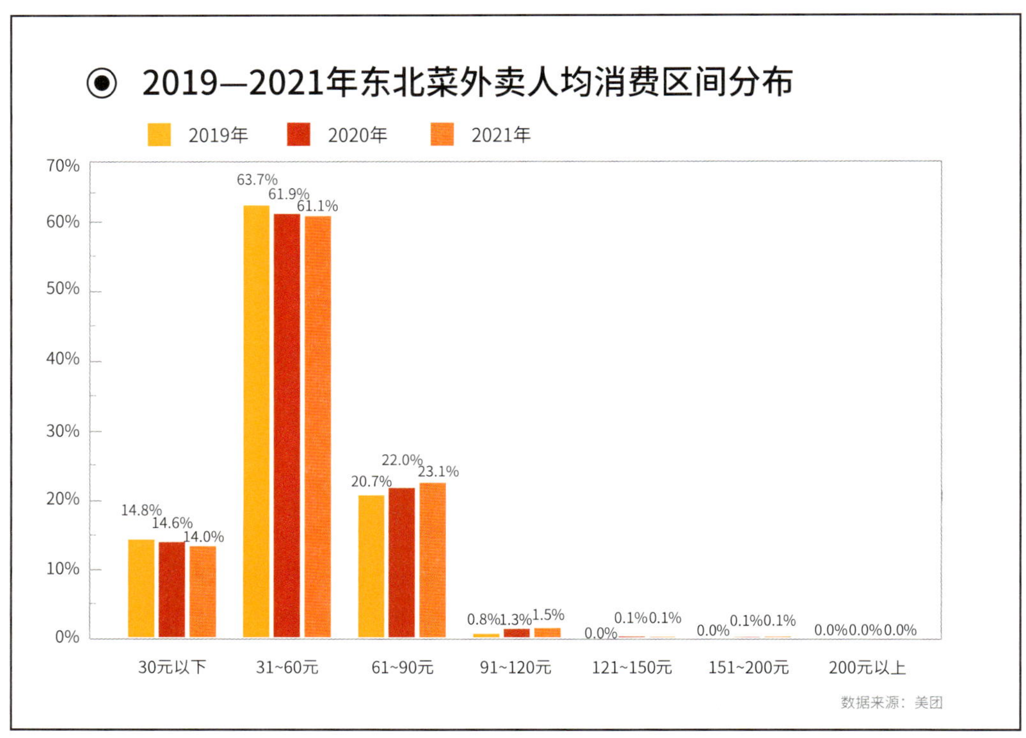

图 2-65　2019—2021 年东北菜外卖人均消费区间分布

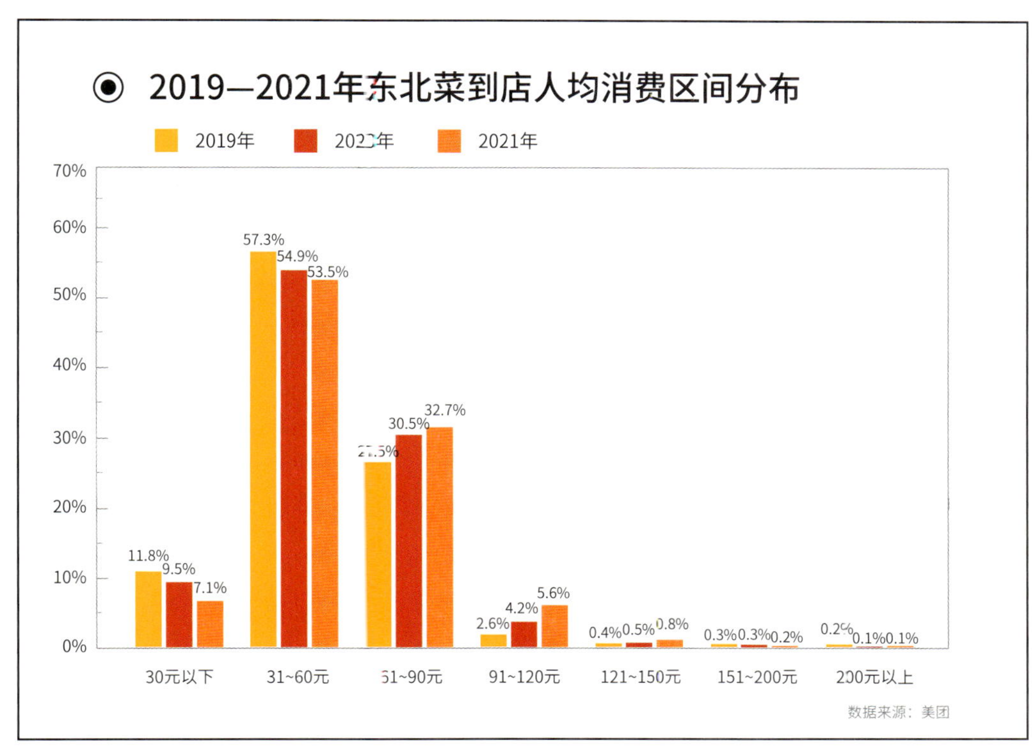

图 2-66　2019—2021 年东北菜到店人均消费区间分布

东北菜近一半连锁门店数规模小于 50 家店，10 家店的微型连锁发展迅速

美团数据显示，2019—2021 年底中国东北菜连锁化率持续走高。从 2019 年的 7% 上升至 2021 年的 [illegible]1%。东北菜连锁门店数规模区间分布集中在 11~50 家店，2019 年占比达 35.2%，2020 年占比达 33.9%，2021 年底占比达 36.5%。东北菜连锁门店规模品牌数分布集中在 3~10 家店，从 2019 年的 66.9% 逐年增加到 2021 年的 72.5%。综上所述，东北菜地方特色更浓，目前以小微型的连锁规模为主（图 2-67、图 2-68、图 2-69）。

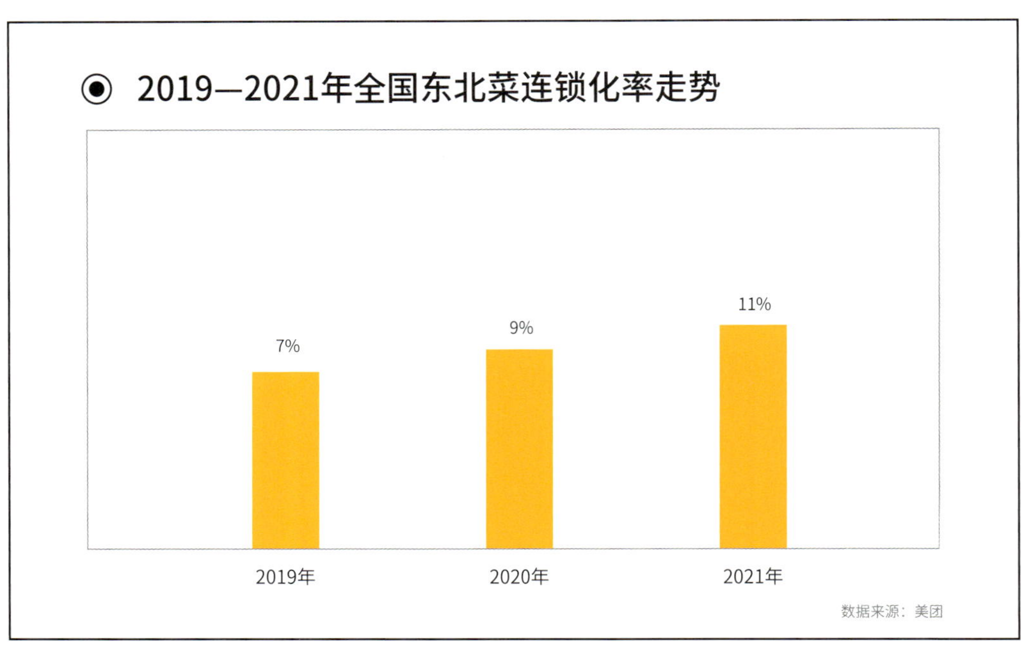

图 2-67　2019—2021 年全国东北菜连锁化率走势

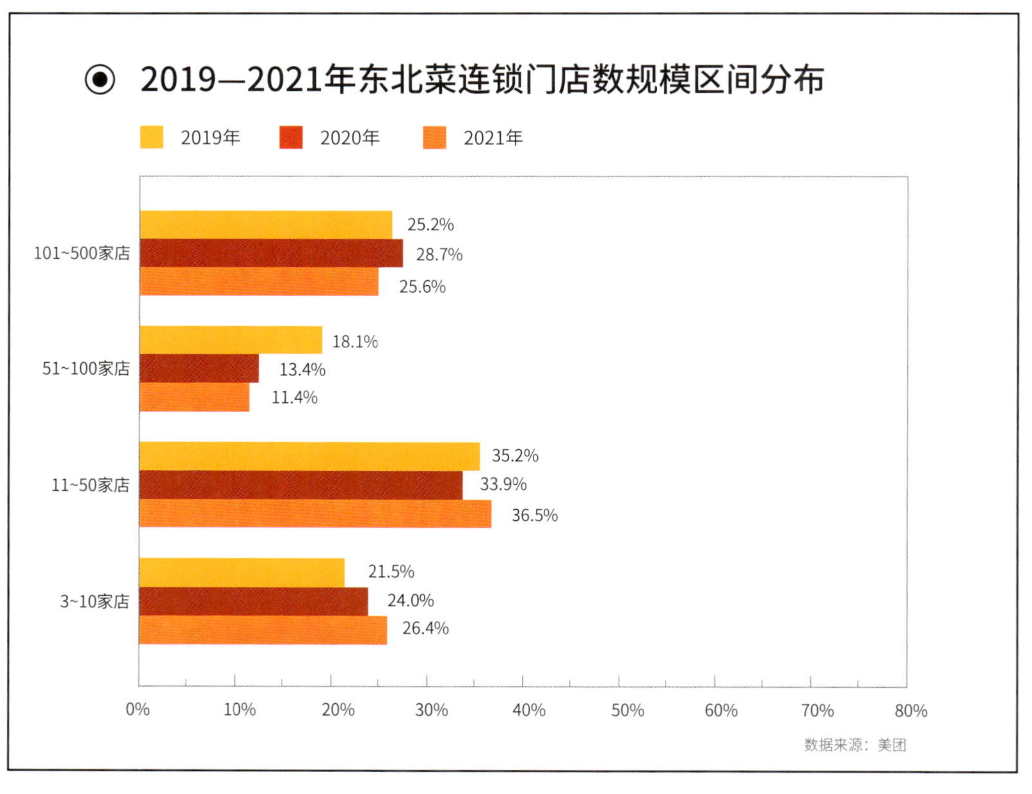

图 2-68　2019—2021 年东北菜连锁门店数规模区间分布

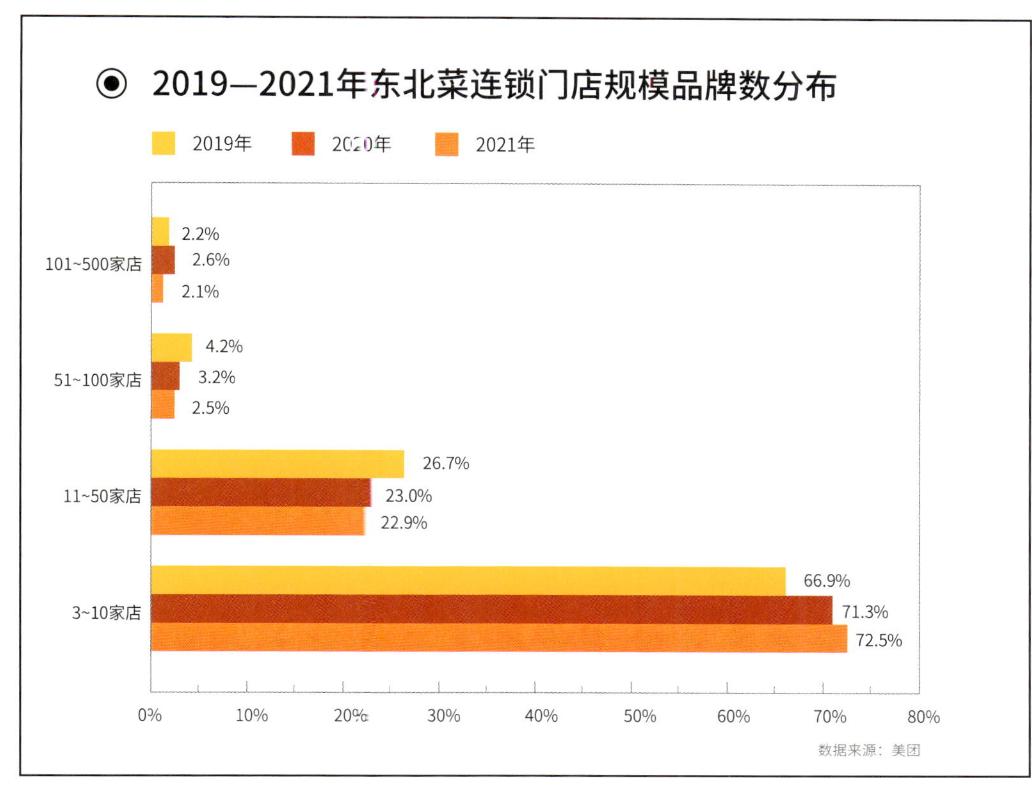

图 2-69 2019—2021 年东北菜连锁门店规模品牌数分布

东北菜更偏向于家常菜，门店多集中在北方地区

美团数据显示，在 2021 年东北菜线上门店数城市排名 top 20 中，区域分布核心城市依次为哈尔滨市、沈阳市、长春市、北京市、大连市等北方地区，东北地区是东北菜赛道的主力军，北京市、上海市也入榜。由此不难看出，东北菜偏向于更具北方特色的家常菜口味，因南北饮食习惯差异，在南方的普及和发展仍然有很大空间（图 2-70）。

◉ 2021年东北菜线上门店数城市排名top20

城市	线上门店数(千家)
哈尔滨市	4.6
沈阳市	3.1
长春市	2.9
北京市	2.7
大连市	2.6
西安市	1.8
天津市	1.6
郑州市	1.4
青岛市	1.4
吉林市	1.2
大庆市	1.2
石家庄市	1.1
齐齐哈尔市	1.1
保定市	1.0
上海市	1.0
呼伦贝尔市	0.9
绥化市	0.9
呼和浩特市	0.9
佳木斯市	0.8
唐山市	0.8

数据来源：美团

图 2-70　2021 年东北菜线上门店数城市排名 top20

（4）北京菜

北京菜地域特色明显，兼顾市场普惠和消费体验感

美团数据显示，无论外卖还是到店，2019—2021 年北京菜的人均消费主流区间都分布在 31~60 元、61~90 元这两个区间。其中，北京菜外卖人均消费在 2021 年 31~60 元的占比略高于 61~90 元的占比，北京菜到店人均消费在 2021 年 61~90 元的占比最高，31~60 元的占比次之。由此可以看出，北京菜在兼顾市场普惠的同时，也有部分餐饮企业开始关注更具品质和消费体验感的精致餐饮市场（图 2-71、图 2-72）。

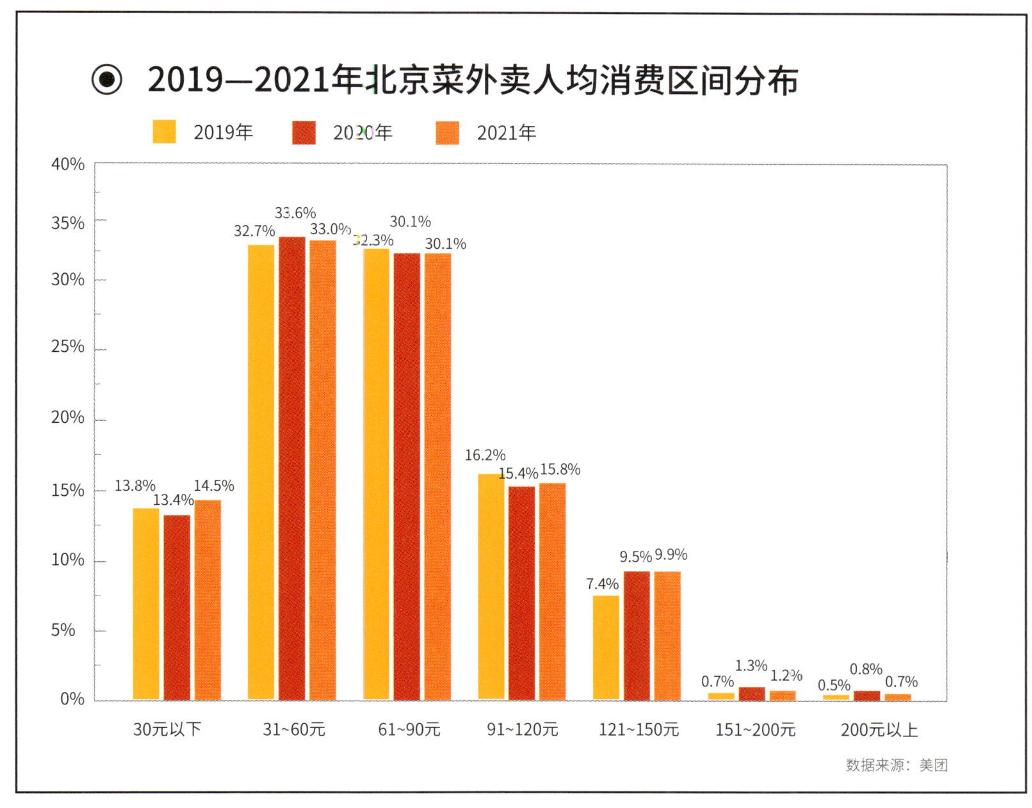

图 2-71 2019—2021 年北京菜外卖人均消费区间分布

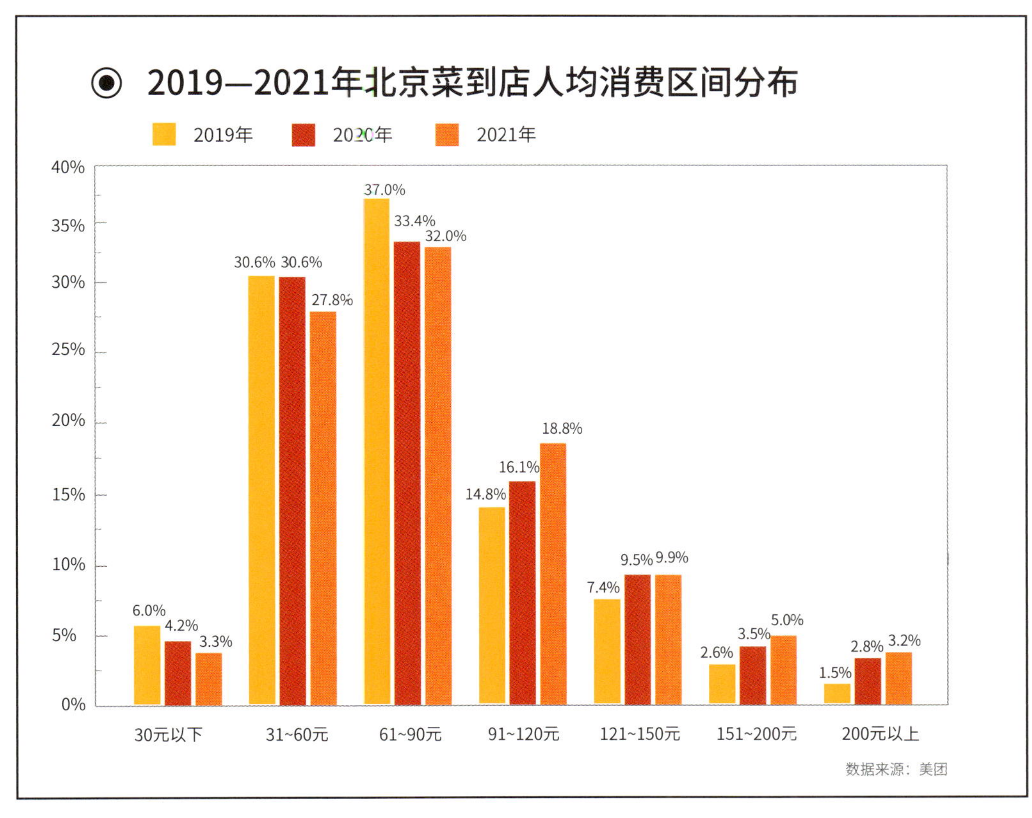

图 2-72 2019—2021 年北京菜到店人均消费区间分布

北京菜连锁化率走势逐年上升，连锁门店规模品牌数集中分布在 3~10 家店

美团数据显示，2019—2021 年底北京菜连锁化率走势逐年上升，从 2019 年的 10% 上涨至 2021 年的 15%。从 2019—2021 年北京菜连锁门店数规模区间分布来看，101~500 家店、11~50 家店这两个占比最高，2019—2021 年北京菜连锁门店规模品牌数集中分布在 3~10 家店，2021 年占比达 60.3%（图 2-73、图 2-74、图 2-75）。

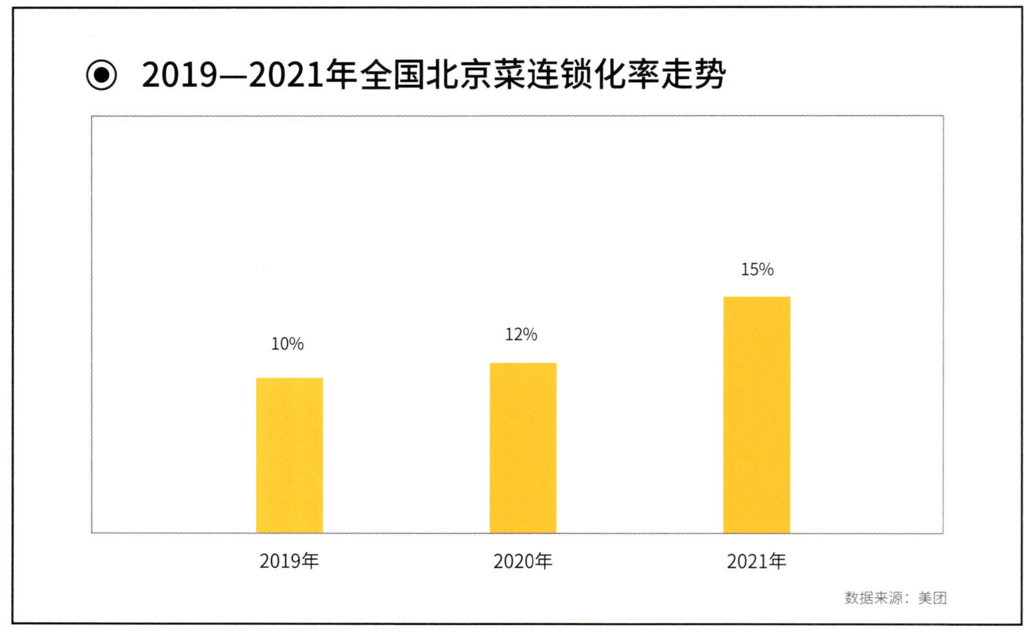

图 2-73　2019—2021 年全国北京菜连锁化率走势

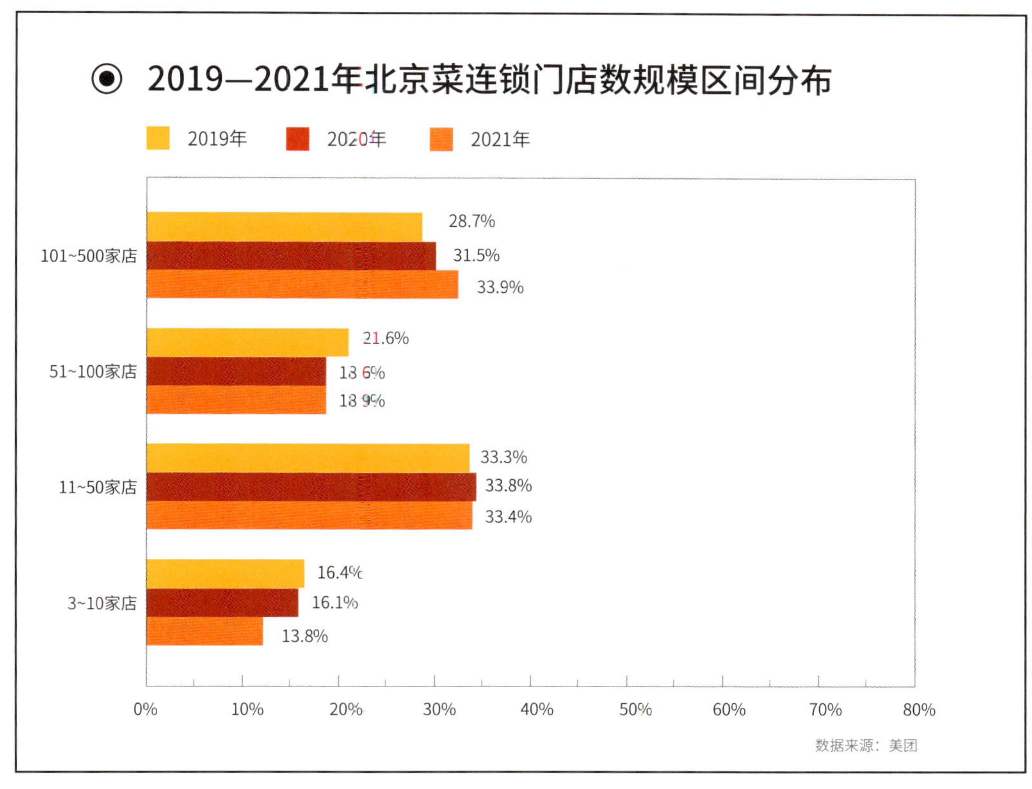

图 2-74　2019—2021 年北京菜连锁门店数规模区间分布

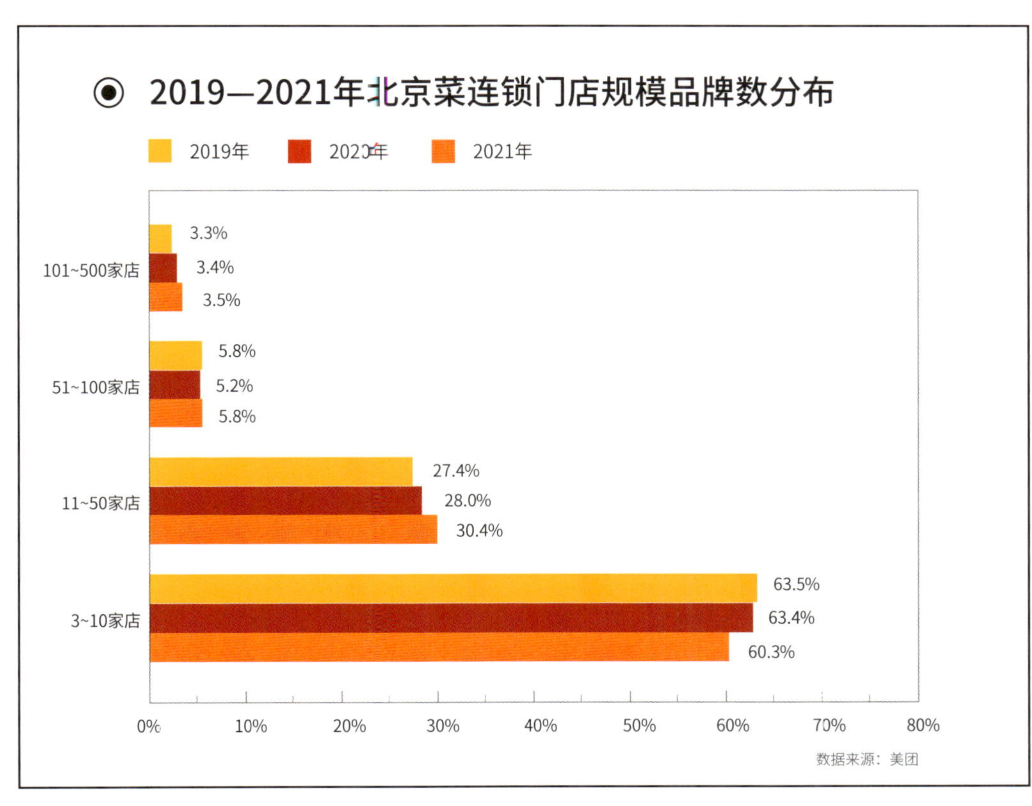

图 2-75　2019—2021 年北京菜连锁门店规模品牌数分布

北京菜分布区域较为广泛，多在一线、新一线城市

美团数据显示，在2021年北京菜线上门店数城市排名top20中，区域分布核心城市依次为北京市、上海市、重庆市、成都市、南京市等。可以看出北京菜分布区域较为广泛，京式宫廷风格的菜品卖相精致，更易打破地域边界，加速京式饮食文化的输出（图2-76）。

◉ 2021年北京菜线上门店数城市排名top20

城市	线上门店数(千家)
北京市	3.8
上海市	1.5
重庆市	1.2
成都市	1.0
南京市	0.9
石家庄市	0.9
昆明市	0.8
苏州市	0.7
武汉市	0.7
合肥市	0.7
济南市	0.7
天津市	0.7
青岛市	0.7
郑州市	0.6
保定市	0.5
深圳市	0.5
宁波市	0.5
杭州市	0.5
无锡市	0.5
西安市	0.5

数据来源：美团

图2-76　2021年北京菜线上门店数城市排名top20

五、小吃快餐

1.2021 年小吃快餐线上订单稳步回暖

美团数据显示，2019 年小吃快餐品类总线上消费订单与外卖消费订单的年同比涨幅基本持平，到店消费的订单同比涨幅则为 37.1%，略高于前两者。受新冠肺炎疫情冲击，2020 年小吃快餐品类总线上消费订单与到店消费订单同比均有大幅下降。随着疫情好转，2021 年小吃快餐品类总线上消费订单与外卖消费订单年同比涨幅有了明显改善，到店消费同比涨幅也有了提升（图 2-77）。

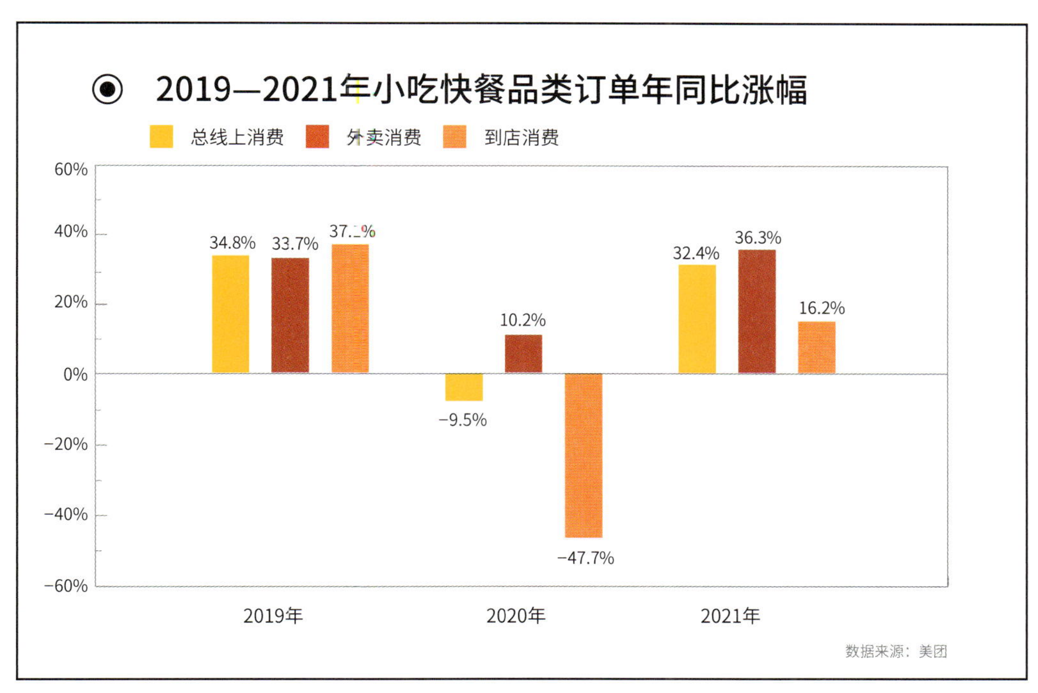

图 2-77 2019—2021 年小吃快餐品类订单年同比涨幅

2. 小吃快餐稳中求变，总线上消费有明显涨幅

美团数据显示，2021 年小吃快餐外卖消费与到店消费走势相近，2021 年下半年，两者呈现出不同幅度的 W 形同比涨幅。相较受新冠肺炎疫情影响较大的 2020 年，2021 年总线上消费有了明显的涨幅。但零散出现的疫情仍然制约着人们到店就餐的意愿，2021 年到店消费同比涨幅在 7 月回温后又呈现下降趋势，直到 12 月实现了年同比涨幅回正（图 2-78、图 2-79、图 2-80）。

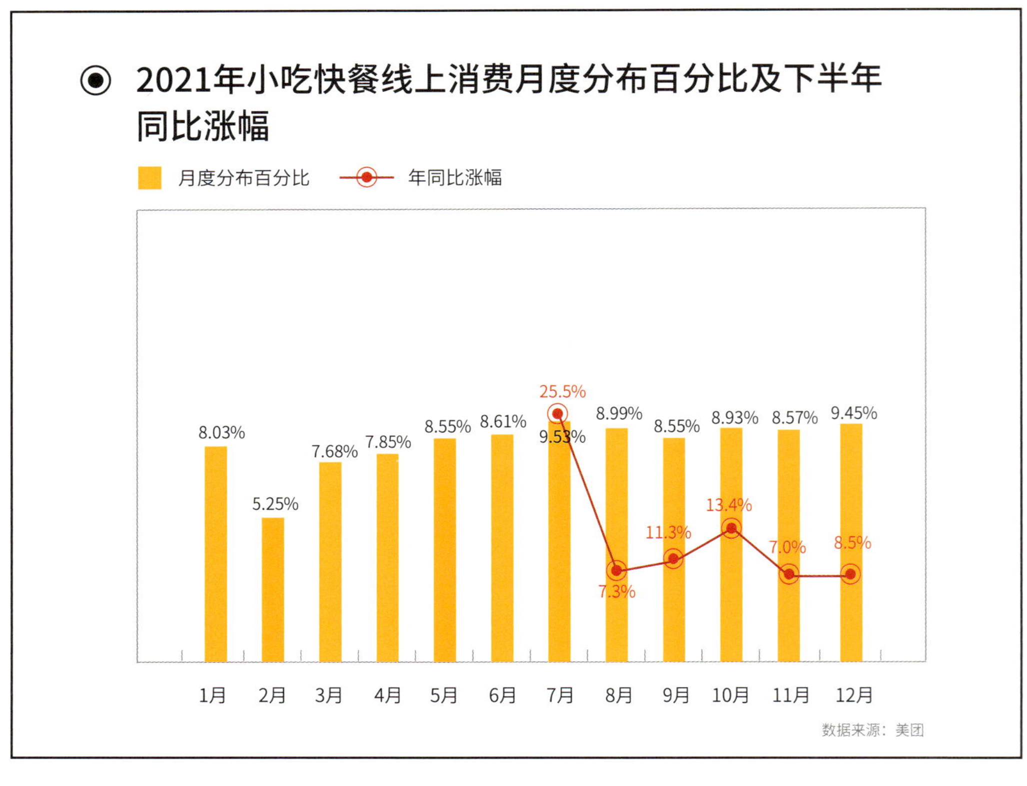

图 2-78　2021 年小吃快餐线上消费月度分布百分比及下半年同比涨幅

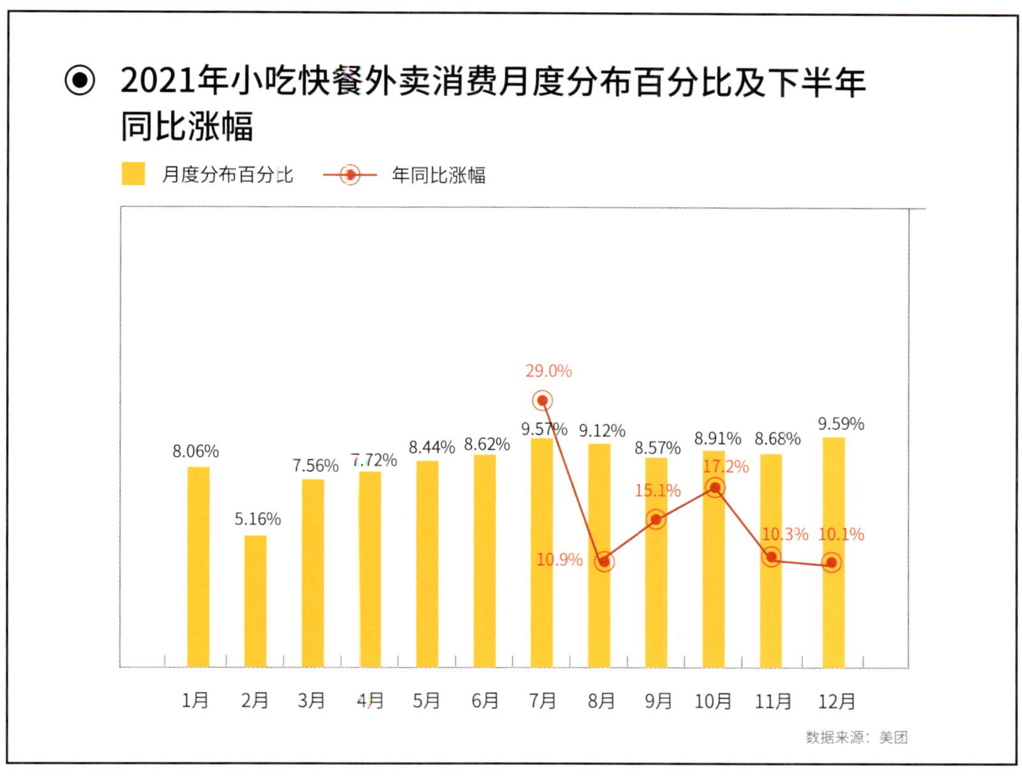

图 2-79　2021 年小吃快餐外卖消费月度分布百分比及下半年同比涨幅

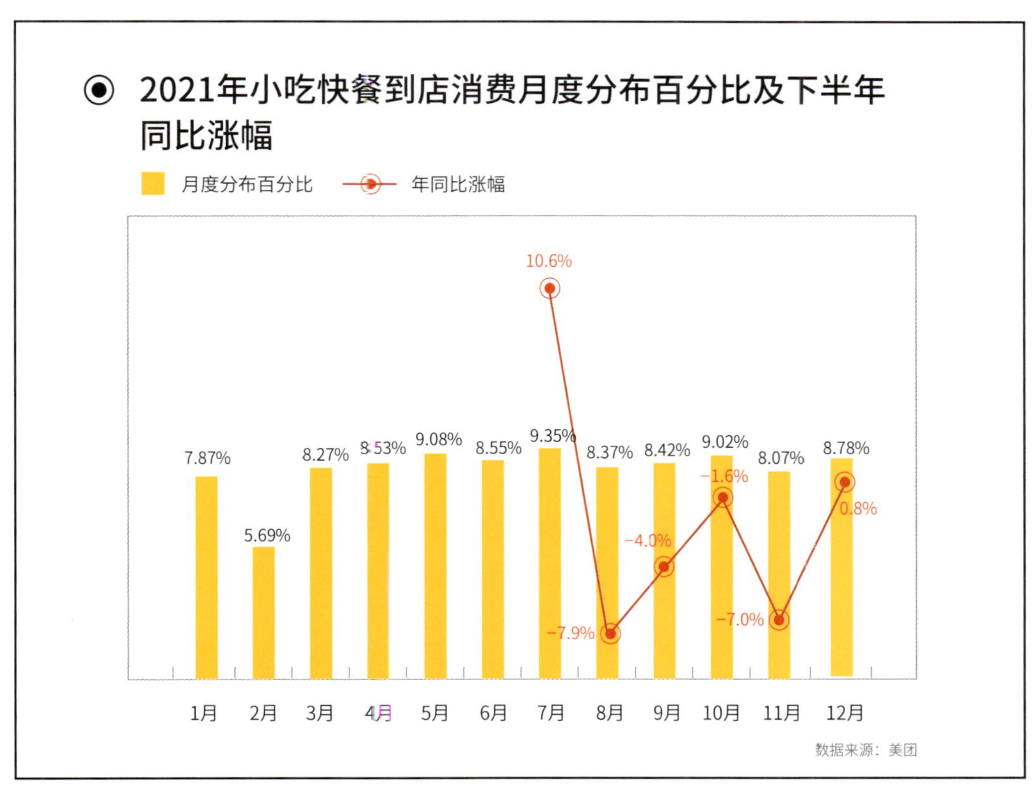

图 2-80　2021 年小吃快餐到店消费月度分布百分比及下半年同比涨幅

3. 连锁扩张成为行业趋势，小吃快餐品类连锁化率持续走高

美团数据显示，2019—2021 年小吃快餐品类连锁化率持续走高，2019 年小吃快餐连锁化率为 14%，而 2021 年的小吃快餐连锁化率已高达 20%。经历了新冠肺炎疫情后，小吃快餐品类的连锁化明显增速，一方面是小吃快餐本身的品类优势，进入门槛低，能够快速在街头巷尾复制，尤其是米面粉类的小吃快餐，不论是一线城市还是五线城市都能够有很好的市场接受度；另一方面是投资机构的关注，让好的品牌有足够的资源快速发展。由于小吃快餐关系到地方产业振兴，政府层面也对小吃快餐的产业发展给予较以往更多的关注和支持，让小吃快餐的连锁化扩张有了更好的发展土壤（图 2-81）。

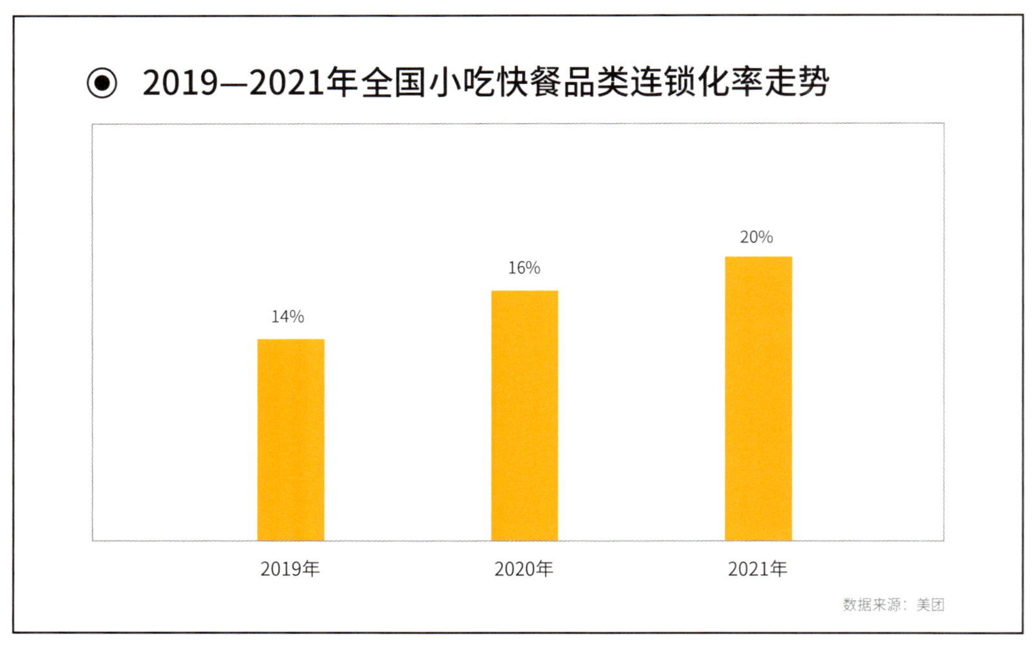

图 2-81　2019—2021 年全国小吃快餐品类连锁化率走势

4. 小吃快餐升级趋势明显，11~20 元人均消费区间逐渐向 21~60 元迁移

美团数据显示，2019—2021 年小吃快餐外卖与到店人均消费的各个价格区间占比没有明显变化，人均消费区间多集中分布在 11~20 元与 21~30 元。10 元以下与 60 元以上的消费占比较少，客单价相对稳定。值得注意的是，在 2019—2021 年到店人均消费数据统计中，11~20 元占比逐年下降，21~30 元与 31~60 元的消费占比逐年上升（图 2-82、图 2-83）。

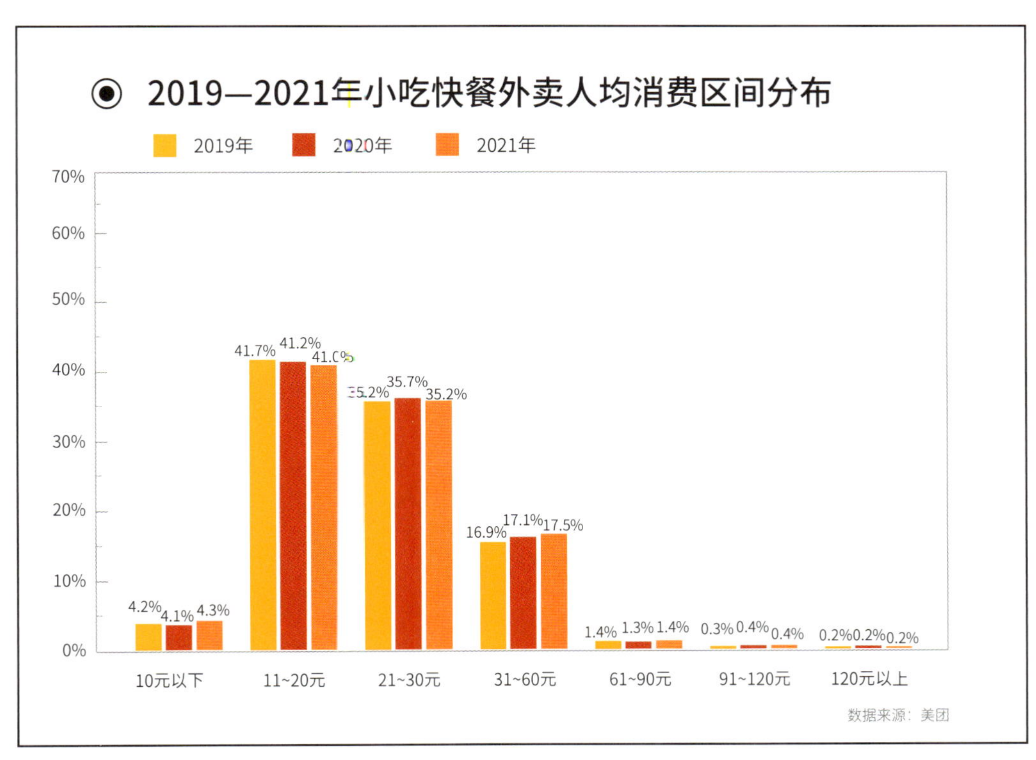

图 2-82 2019—2021 年小吃快餐外卖人均消费区间分布

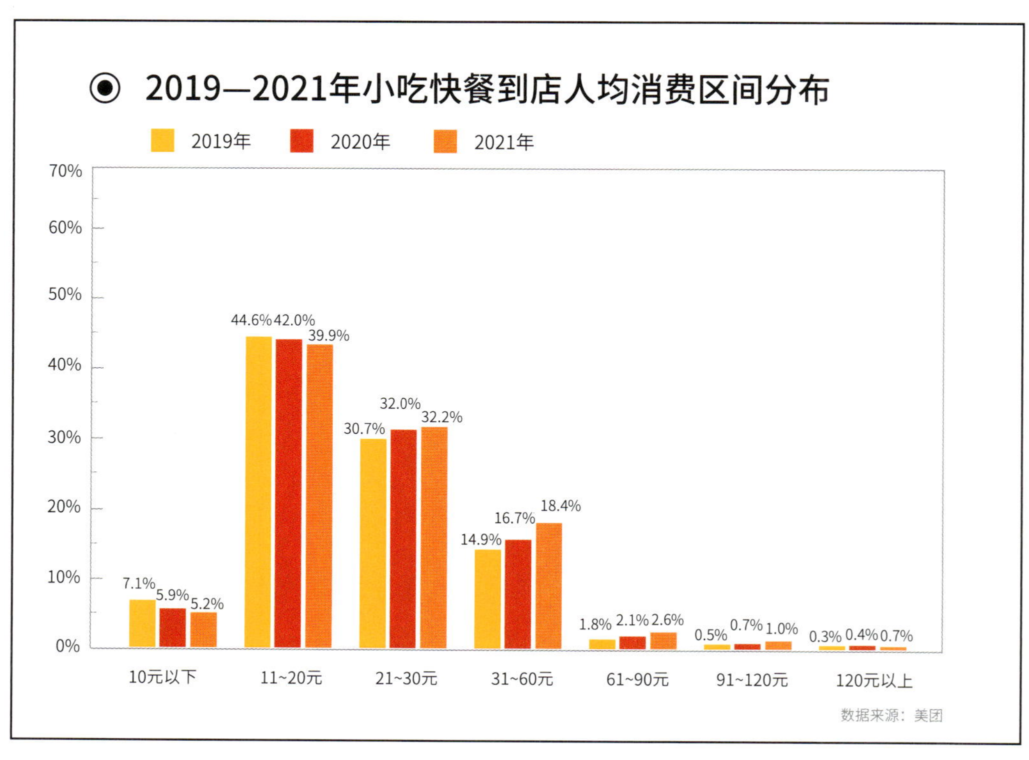

图 2-83　2019—2021 年小吃快餐到店人均消费区间分布

5. 快餐简餐门店数占比最多，西式快餐线上表现优秀

美团数据显示，在 2020—2021 年小吃快餐不同细分品类到店门店交易分布变化中，位居前三的是快餐简餐、面条与地方小吃。其中，快餐简餐在 2020 年的线上门店数占比较高，2021 年占比有了一定的减少，为 26.6%；面条相对稳定，2021 年占比为 13.6%，这与我国很多省市以面食为主的饮食习惯紧密相关；地方小吃较前两年的占比有了一定程度的提升，2021 年的占比为 11.5%（图 2-84）。

从 2020—2021 年小吃快餐细分品类外卖交易分布来看，虽然 2021 年西式快餐 / 汉堡的门店数量占比仅为 2.3%，但其外卖交易占比却排名第二，达到 10.5%。西式快餐 / 汉堡赛道中，肯德基、麦当劳、华莱士等头部代表品牌有较大的拉升与示范作用。西式快餐 / 汉堡易标准化、规模化以及品牌化的特点，也让其外卖化表现更为突出（图 2-85、图 2-86）。

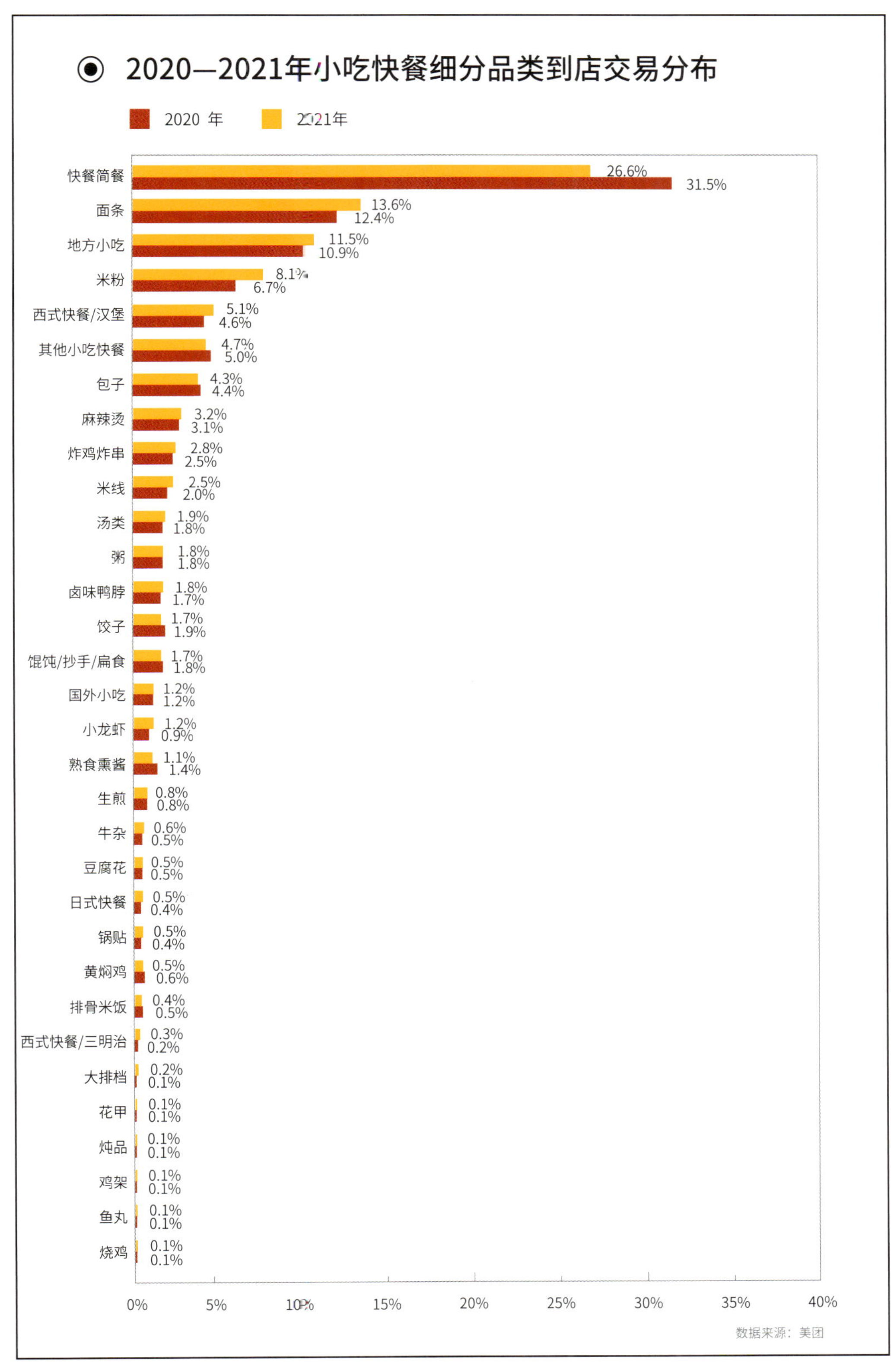

图 2-84 2020—2021 年小吃快餐细分品类到店交易分布

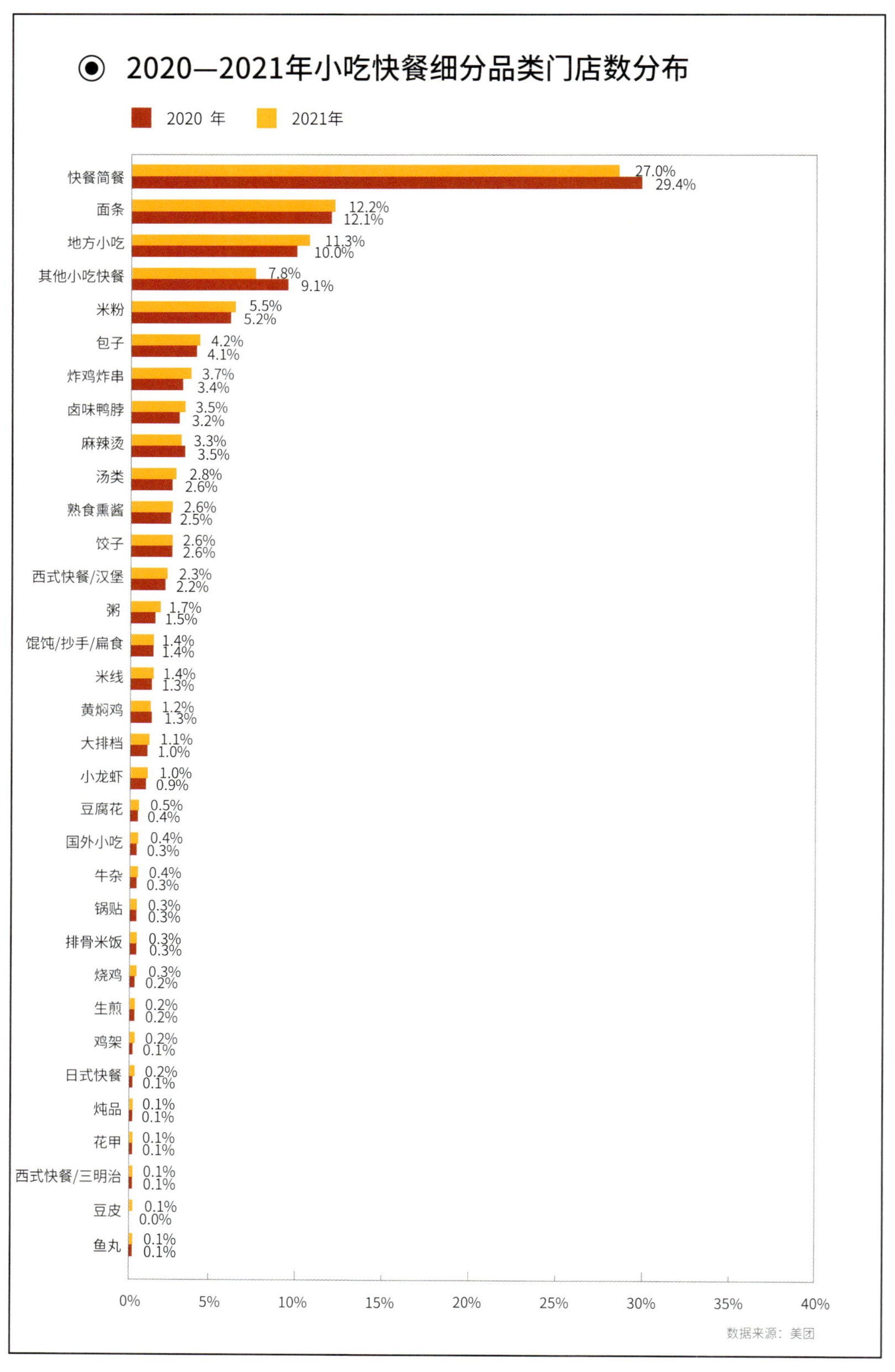

图 2-85　2020—2021 年小吃快餐细分品类门店数分布

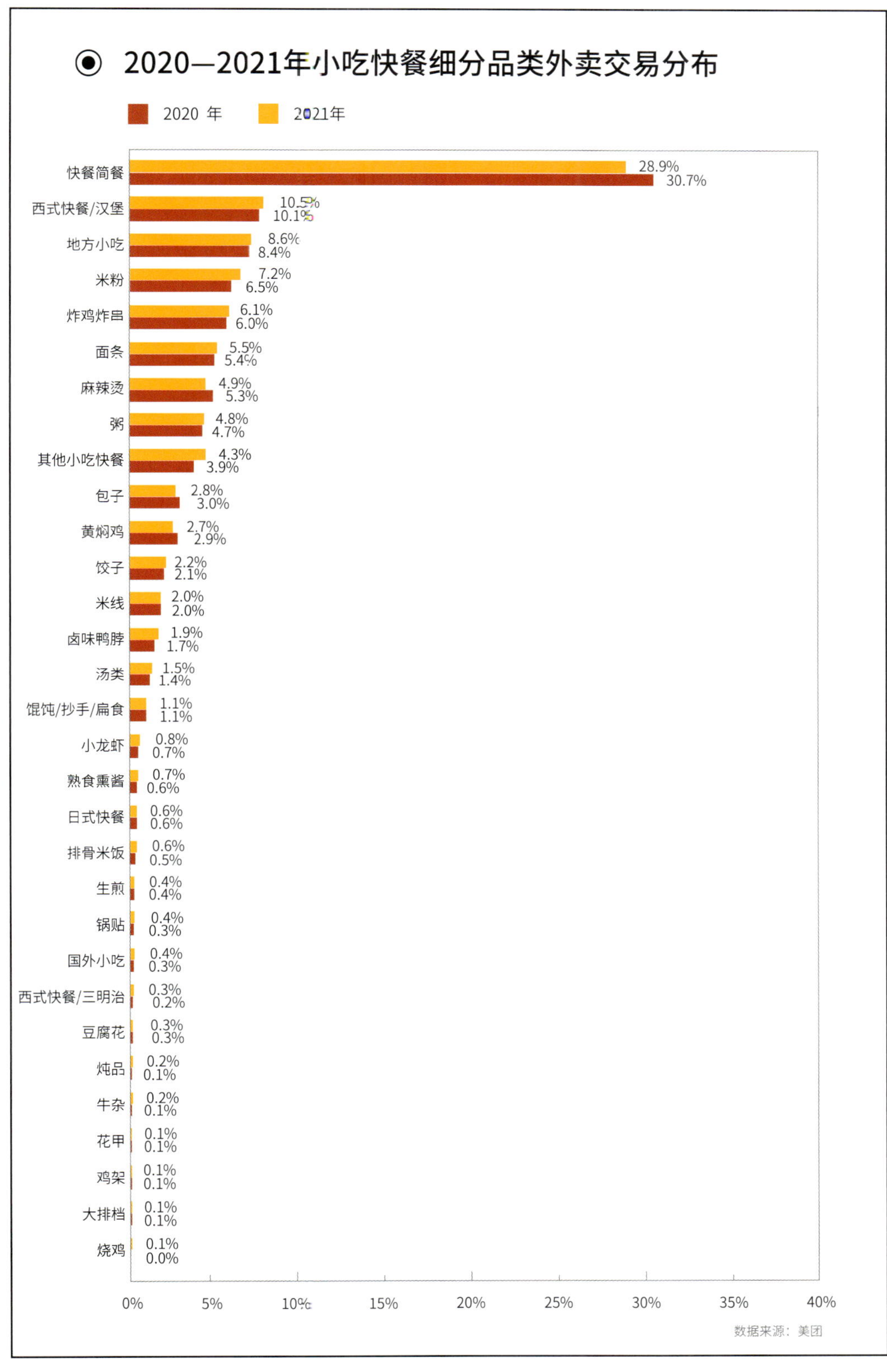

图2-86 2020—2021年小吃快餐细分品类外卖交易分布

6. 烧鸡、大排档人均消费水平靠前，小龙虾更吸金

美团数据显示，小龙虾的 2021 年门店与线上订单占比虽不靠前，但由于客单价较高，其外卖人均消费与到店人均消费位列小吃快餐榜首，分别为 83.5 元与 94.2 元。烧鸡与大排档的客单价相对其他小吃快餐较高，外卖与到店人均消费水平也较为靠前（图 2-87、图 2-88）。

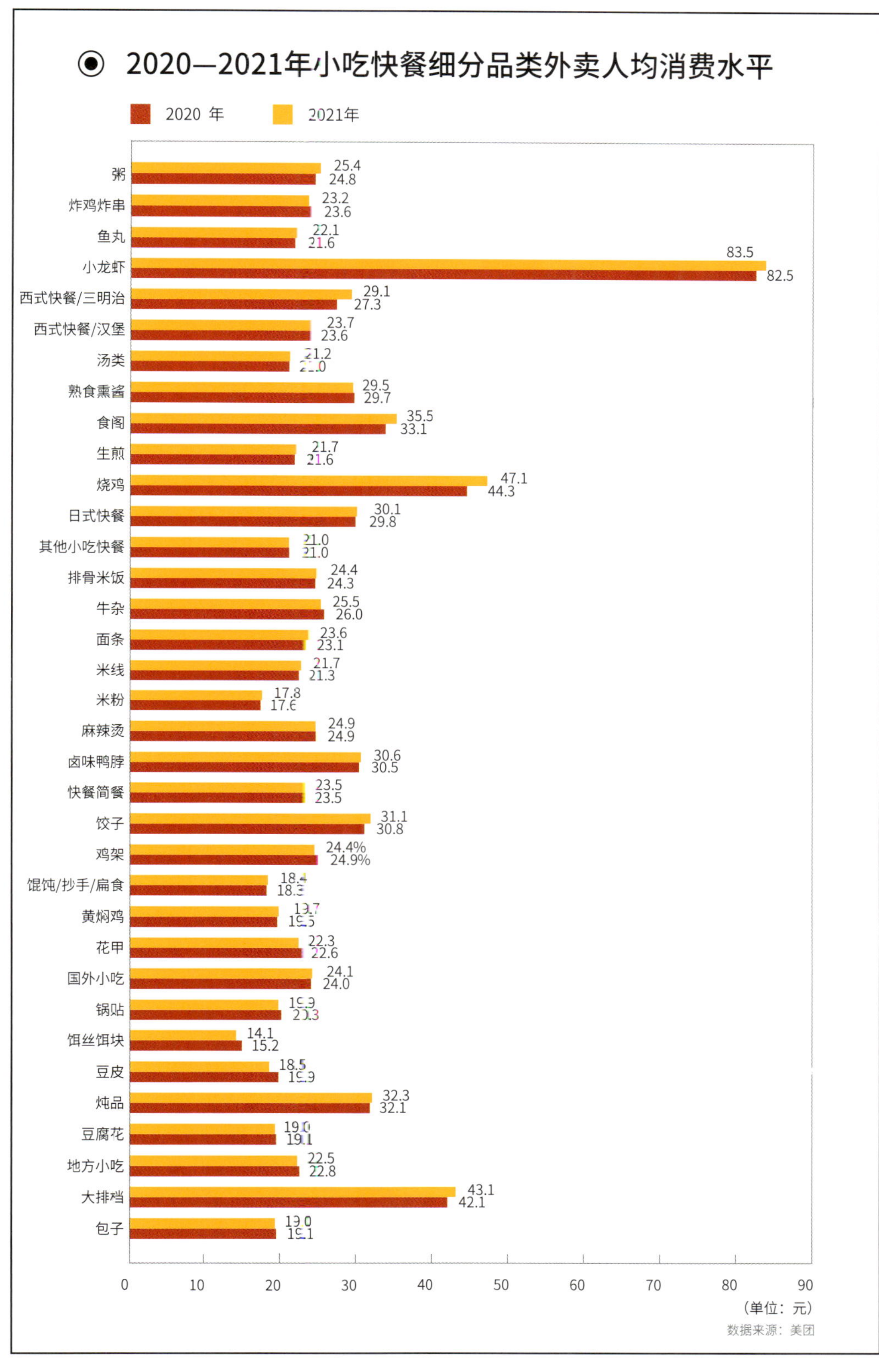

图 2-87　2020—2021 年小吃快餐细分品类外卖人均消费水平

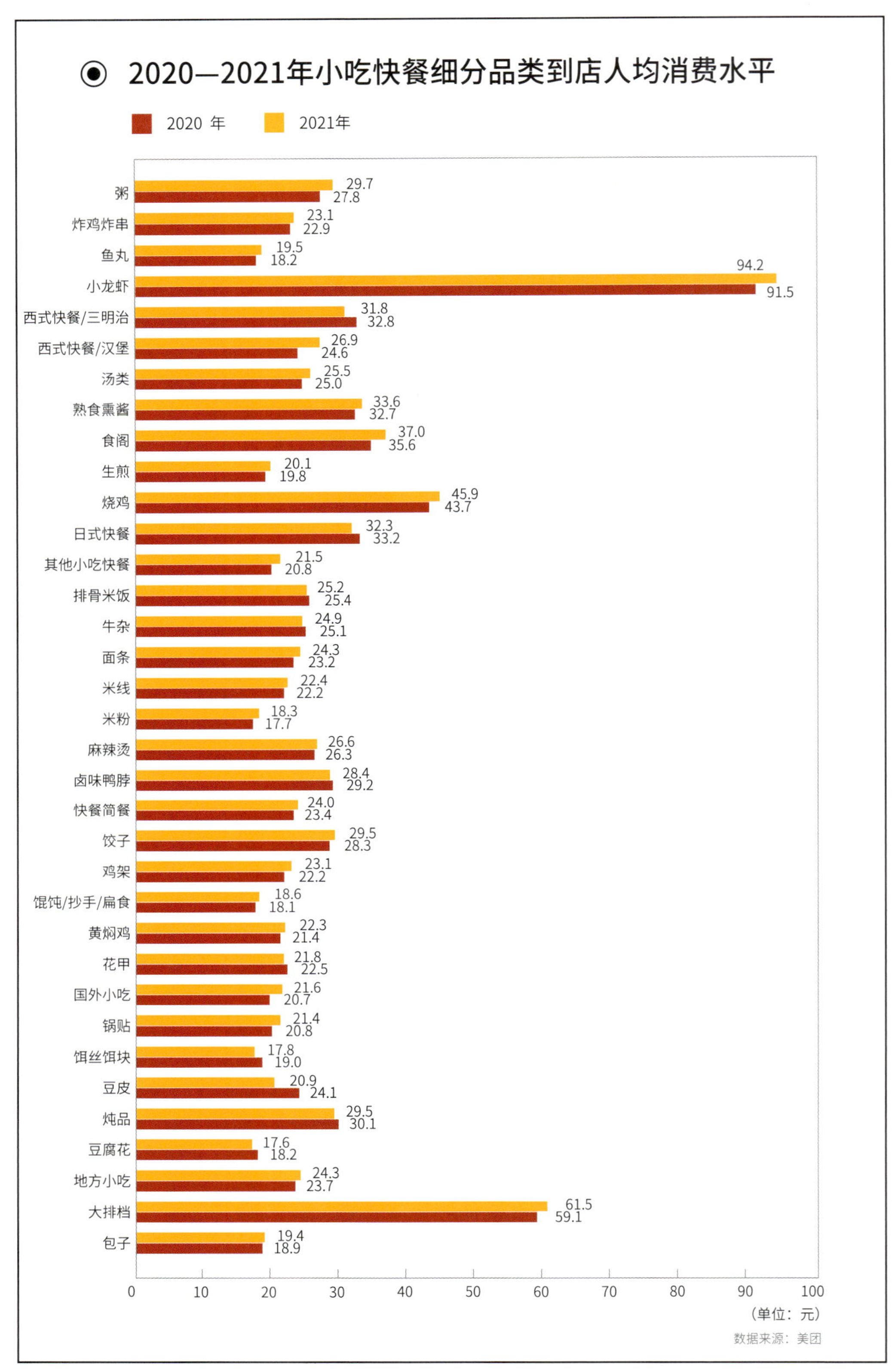

图 2-88　2020—2021 年小吃快餐细分品类到店人均消费水平

六、饮品

1. 饮品外卖年订单增长达 71.5%，数字化提升饮品行业发展效率与效益

美团数据显示，在 2019—2021 年饮品品类订单年同比涨幅中，2019 年上涨幅度较大，总线上消费年同比涨幅为 55.2%；2020 年受新冠肺炎疫情影响，总线上消费年同比涨幅为 7.4%；2021 年总线上消费同比涨幅为 50.5%，其中，外卖消费年同比涨幅为 71.5%，到店消费年同比涨幅为 15.5%。相较其他品类，饮品在疫情高峰期过后的恢复速度更快，饮品品类订单呈现正向增长趋势（图 2-89）。

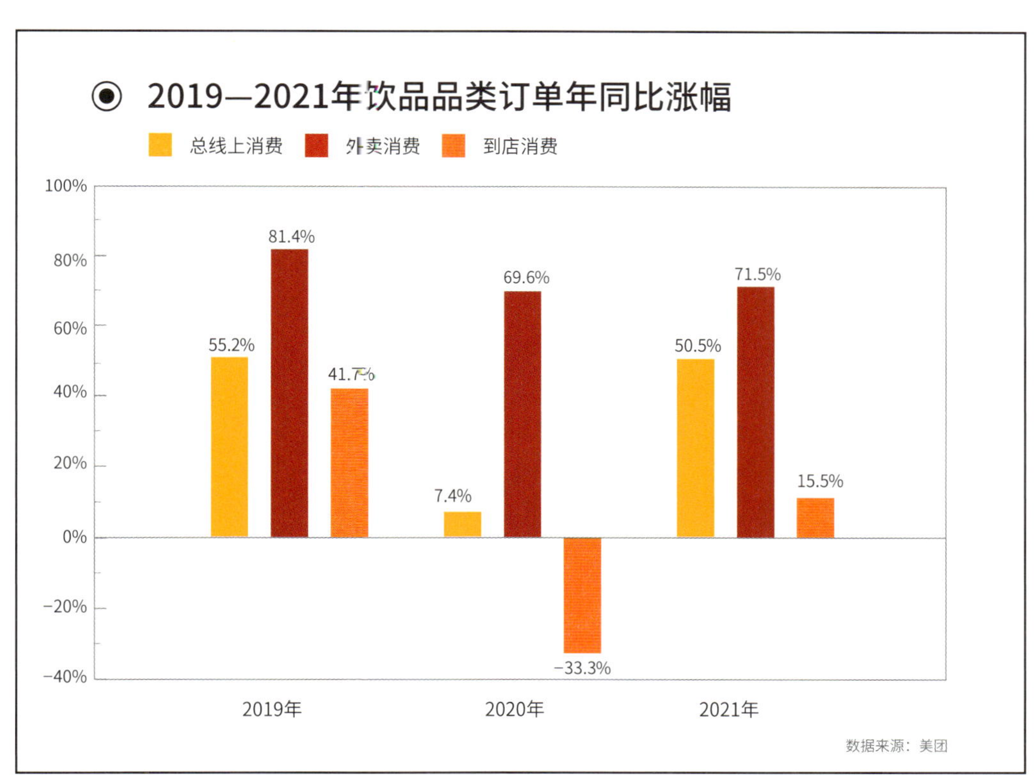

图 2-89　2019—2021 年饮品品类订单年同比涨幅

2.“秋天的第一杯奶茶”在 8 月掀起小高潮，当月线上消费占比全年的近 12%

美团数据显示，在线上消费月分布中，2021 年 2—8 月逐月稳步上升，9—次年 1 月开始稳步下降。“秋天的第一杯奶茶”在 8 月掀起小高潮，线上消费占比更高（图 2-90）。

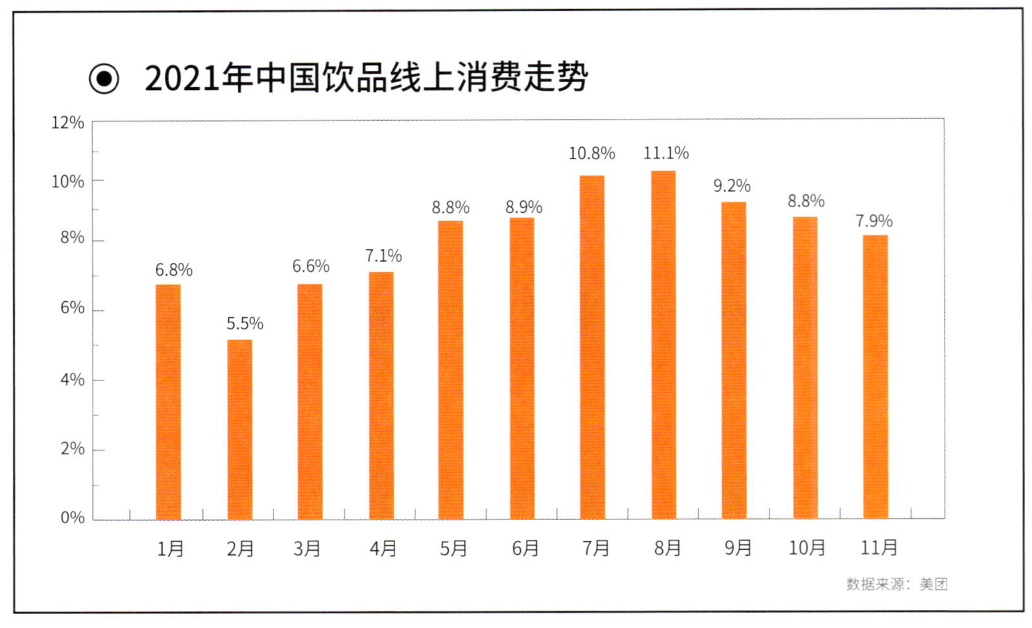

图 2-90　2021 年中国饮品线上消费走势

3. 饮品连锁化率突破 40%，人均消费主流区间集中在 11~20 元

美团数据显示，2019—2021 年中国饮品品类连锁化率持续走高，从 2019 年的 31% 上涨到 2021 年的 41%。无论外卖还是到店，饮品的人均消费主流区间都集中在 11~20 元。

从不同人均消费区间的占比变化来看，2021 年对比 2019 年，饮品外卖人均消费在 10 元以下的区间占比上涨了 4.3 个百分点，11~20 元的区间消费占比下降了 4.2 个百分点。饮品到店人均消费在 11~20 元的区间占比下降了 4.1 个百分点，21~30 元的区间占比下降了 1.3 个百分点，31~60 元的区间占比增长最多，上涨了 5 个百分点。

综合来看，饮品外卖的人均消费在向10元以下消费区间转移，而到店的消费在向30元以上的消费区间转移，数字化工具让饮品行业更加充分地看到外卖和到店消费的场景差异，在不同场景下更好地满足消费者的需求差异（图2-91、图2-92、图2-93）。

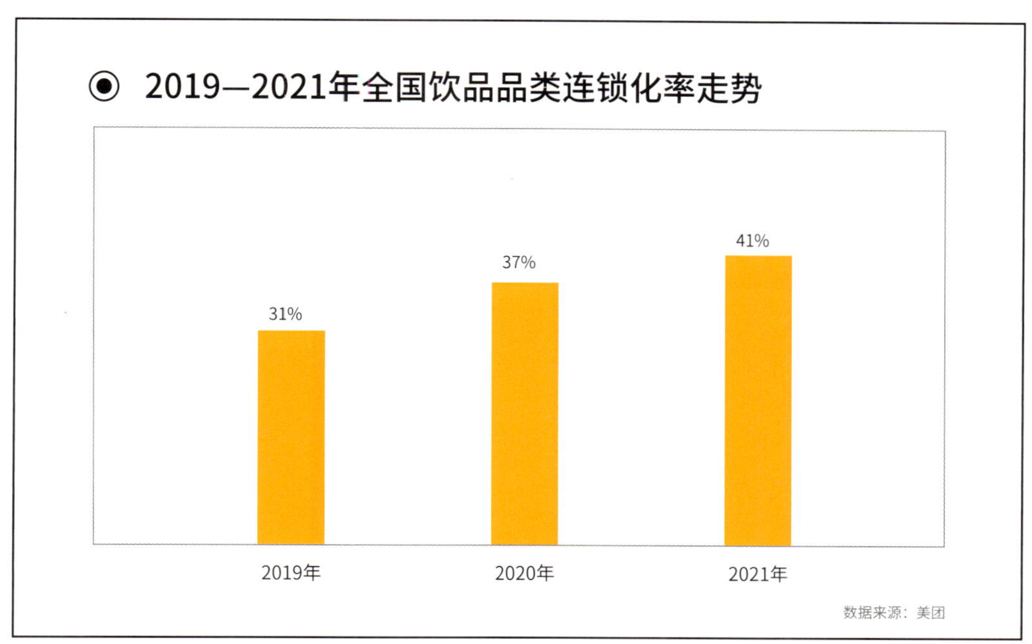

图2-91 2019—2021年全国饮品品类连锁化率走势

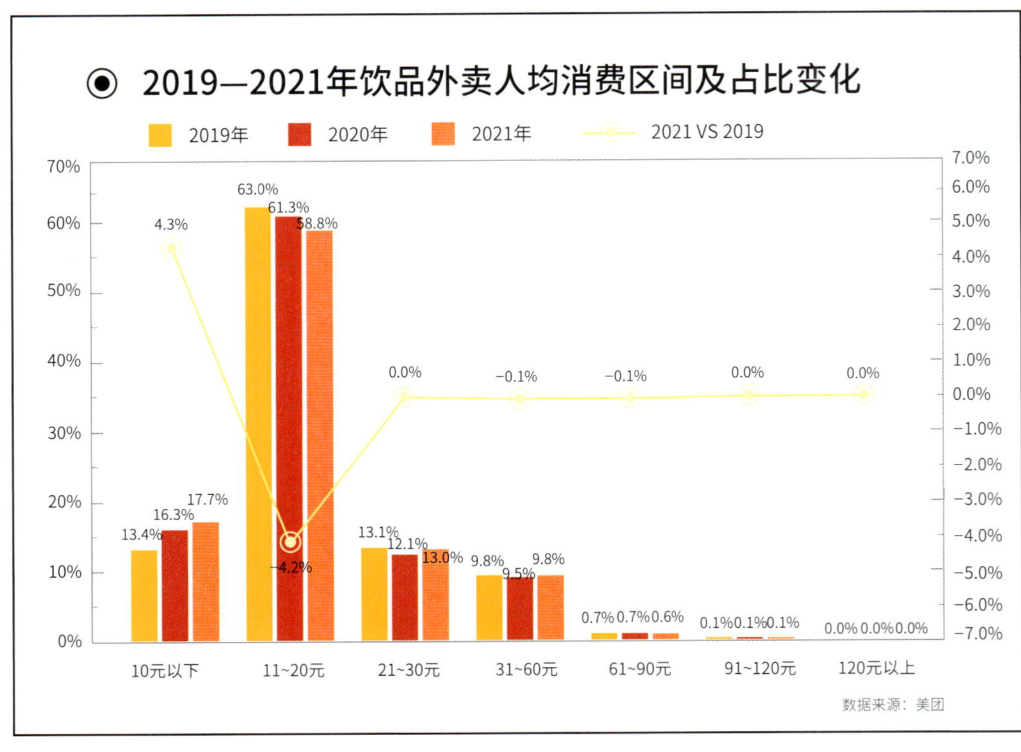

图 2-92　2019—2021 年饮品外卖人均消费区间及占比变化

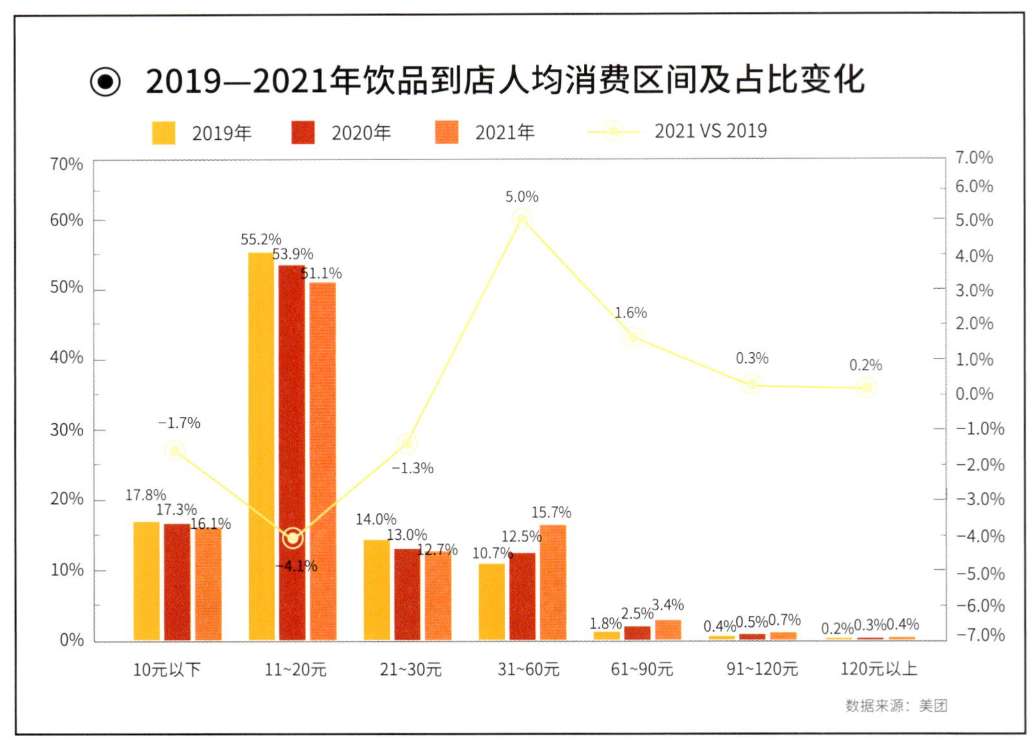

图 2-93　2019—2021 年饮品到店人均消费区间及占比变化

4. 广东省成饮品店大户，华南地区的奶茶店最为集中

美团数据显示，在 2021 年饮品线上门店数城市排名 top 20 中，区域分布核心城市依次为广州市、上海市、深圳市、成都市、东莞市、北京市等地区。综合来看，除了北京市，饮品店多集中在南方等发达地区，南方气候较炎热，对于茶饮的需求更强，华南地区是奶茶行业最集中的地区（图 2-94）。

2021年饮品线上门店数城市排名top20

城市	线上门店数(千家)
广州市	20.1
上海市	17.7
深圳市	14.8
成都市	13.2
东莞市	12.4
北京市	11.9
佛山市	11.0
重庆市	10.9
苏州市	8.9
杭州市	8.9
南宁市	8.0
武汉市	7.3
泉州市	6.8
南京市	6.7
长沙市	6.2
昆明市	6.2
天津市	5.9
西安市	5.9
厦门市	5.6
中山市	5.5

数据来源：美团

图 2-94　2021 年饮品线上门店数城市排名 top 20

5. 奶茶 / 果汁仍是饮品市场主力军，咖啡门店数占比增长显著

美团数据显示，在 2019—2021 年饮品门店品类分布中，奶茶 / 果汁仍是主力军，2019 年门店数占比为 60.6%，2020 年占比为 63.8%，2021 年占比为 62.2%；咖啡厅门店数次之，2019 年占比为 16.4%，2020 年占比为 15.7%，2021 年占比为 17.6%（图 2-95）。

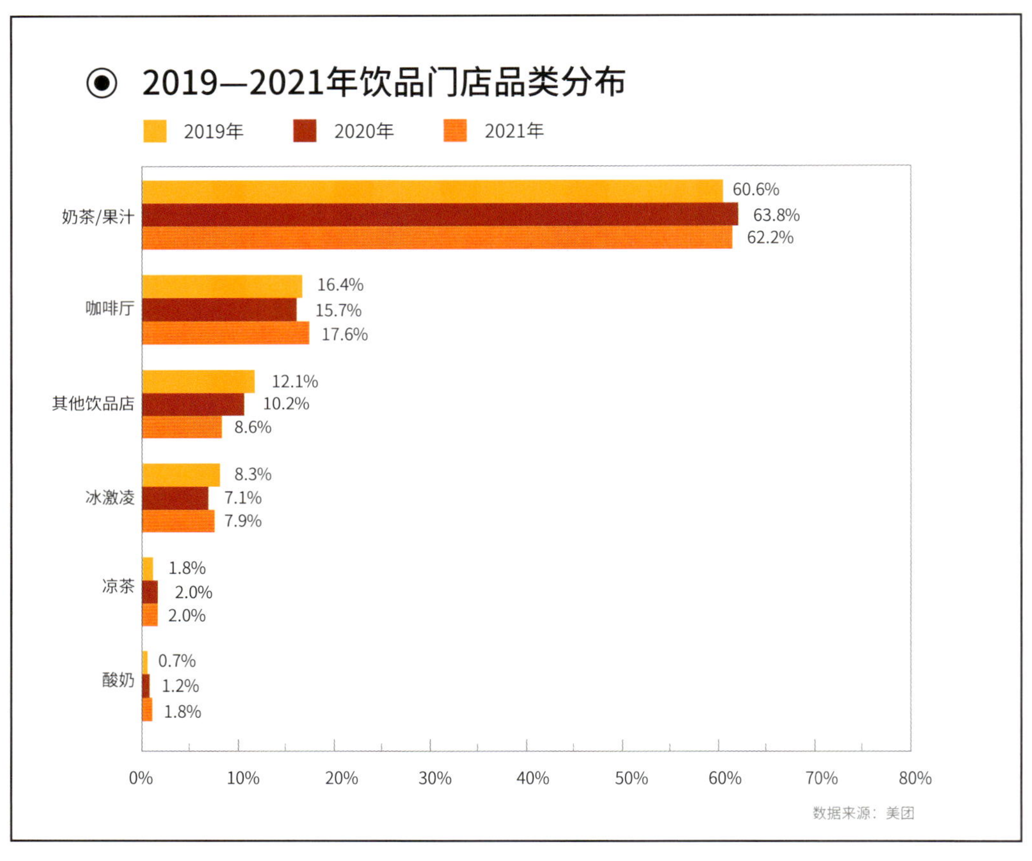

图 2-95　2019—2021 年饮品门店品类分布

七、烘焙

1. 面包甜点：连续 3 年外卖订单年涨幅均超 30%

美团数据显示，在 2019—2021 年面包甜点品类订单年同比涨幅中，2019 年的总线上消费年同比涨幅为 40.2%；2020 年受新冠肺炎疫情影响，总线上消费呈现下降趋势，较 2019 年下降了 18 个百分点，到 2021 年恢复线上订单的增长，总线上消费同比涨幅为 28%。其中，外卖消费同比涨幅为 51.9%，到店消费同比涨幅为 8.9%。

面包甜点因其零售体制，在 2019—2021 年的连续 3 年中，外卖订单年同比涨幅均超过了 30%（图 2-96）。

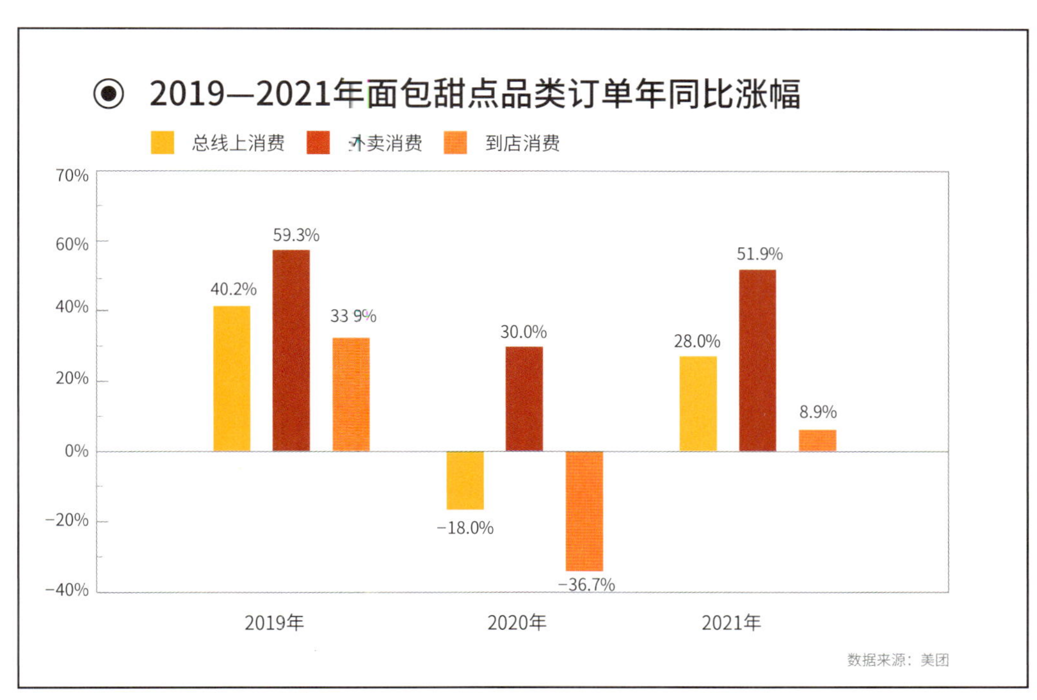

图 2-96　2019—2021 年面包甜点品类订单年同比涨幅

2. 面包甜点品类全年销售分布体现出显著的假日营销特征

美团数据显示，在 2021 年面包甜点品类总体线上月度订单分布中，2 月占比最少，为 5.5%；12 月占比最高，达 10.4%，其余几个波峰依次为 10 月、7—8 月、5 月，体现出显著的假日营销特征（图 2-97）。

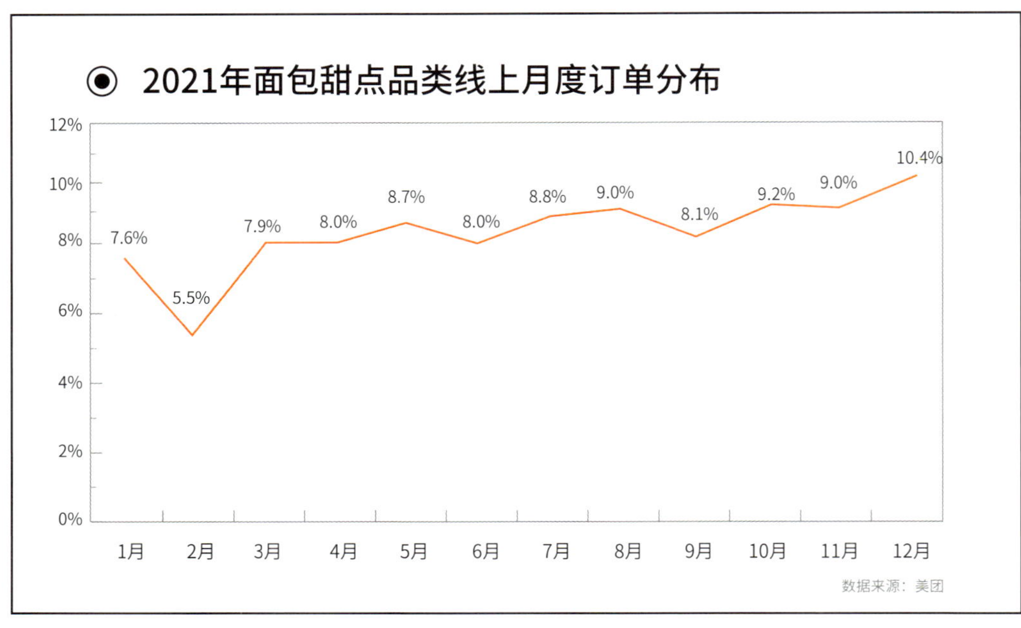

图 2-97　2021 年面包甜点品类线上月度订单分布

3. 面包甜点连锁化率稳步提升，面包蛋糕占比过半，中式糕饼门店占比增长显著

美团数据显示，2019—2021 年面包甜点品类连锁化率持续走高，从 2019 年的 22% 上涨到 2021 年的 25%。

从细分品类门店数分布来看，面包蛋糕依然是主流，2021 年门店数占比达 58.4%，从门店分布的变化来看，2020—2021 年中式糕饼门店数占比扩大了 1.5 个百分点，在近两年的面包甜点细分品类中，门店数占比上涨最为显著（图 2-98、图 2-99）。

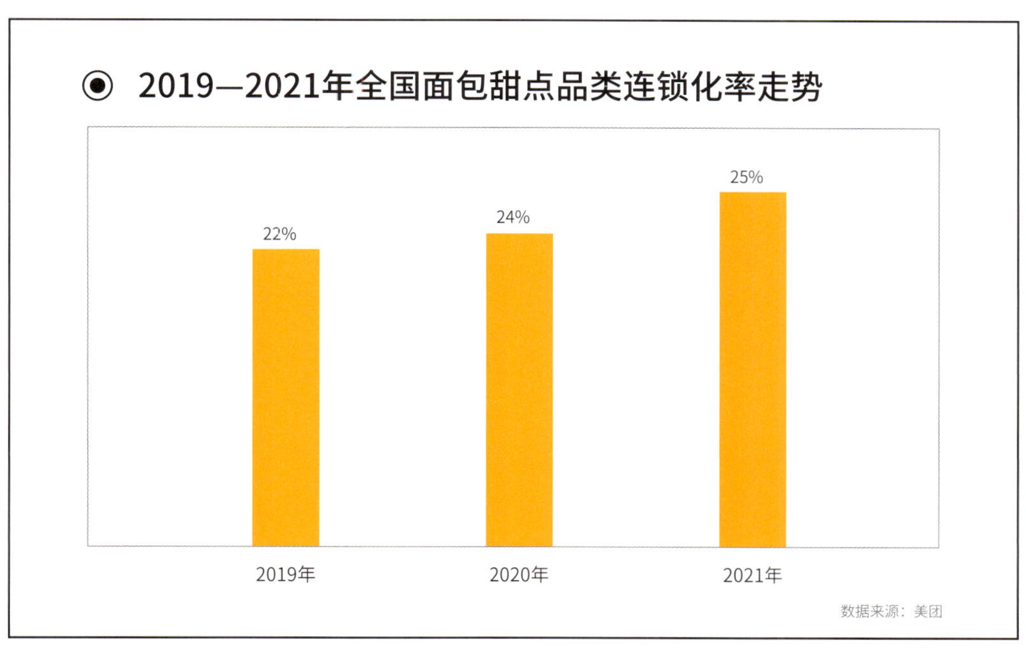

图 2-98 2019—2021 年全国面包甜点品类连锁化率走势

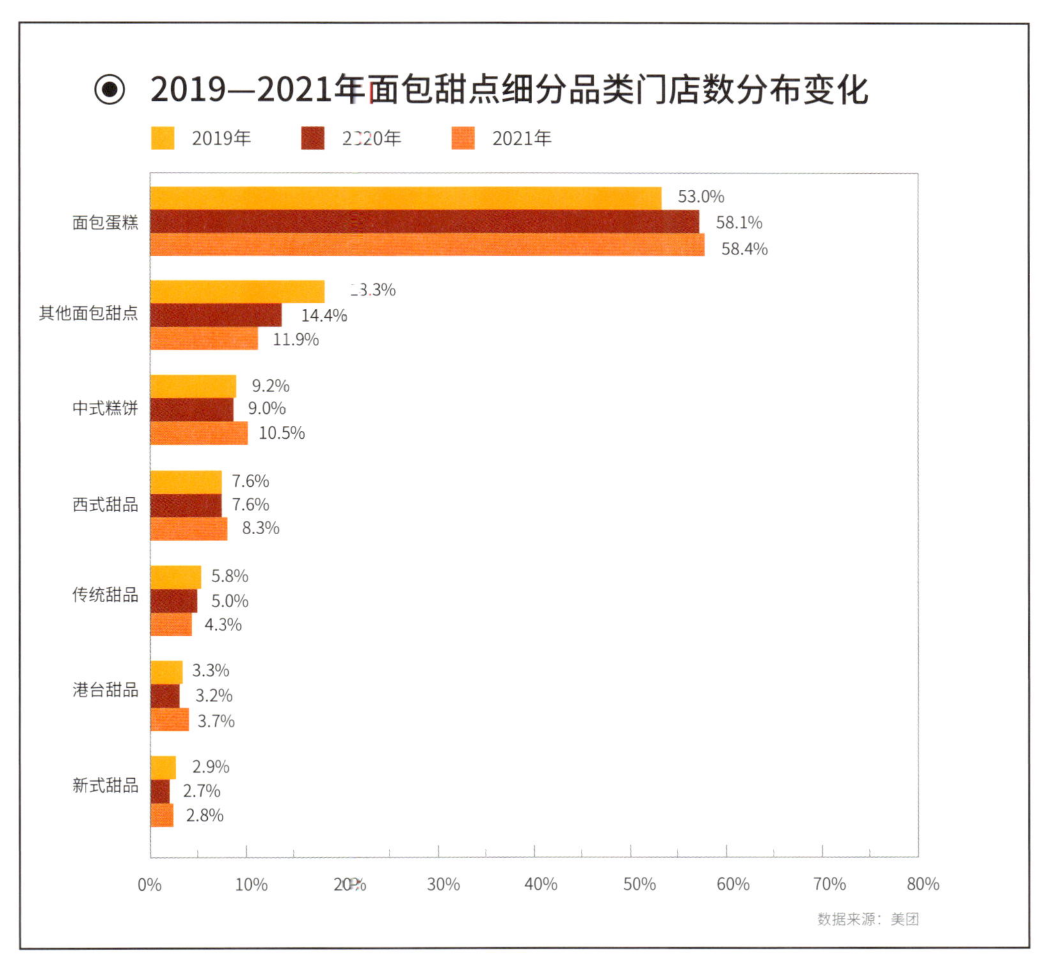

图 2-99 2019—2021 年面包甜点细分品类门店数分布变化

4.30 元是面包甜点人均消费分水岭，主流消费区间从 30 元以下逐步向 30 元以上迁移

从 2019—2021 年人均消费数据来看，无论外卖还是到店，面包甜点的人均消费主流区间都以 30 元以下为主，31~60 元的消费占比紧随其后。

从不同区间人均消费占比变化来看，30 元以下区间的消费占比呈显著下降趋势，而 30 元以上的消费占比呈上升趋势，其中 31~60 元区间的消费占比上升最为显著（图 2-100、图 2-101）。

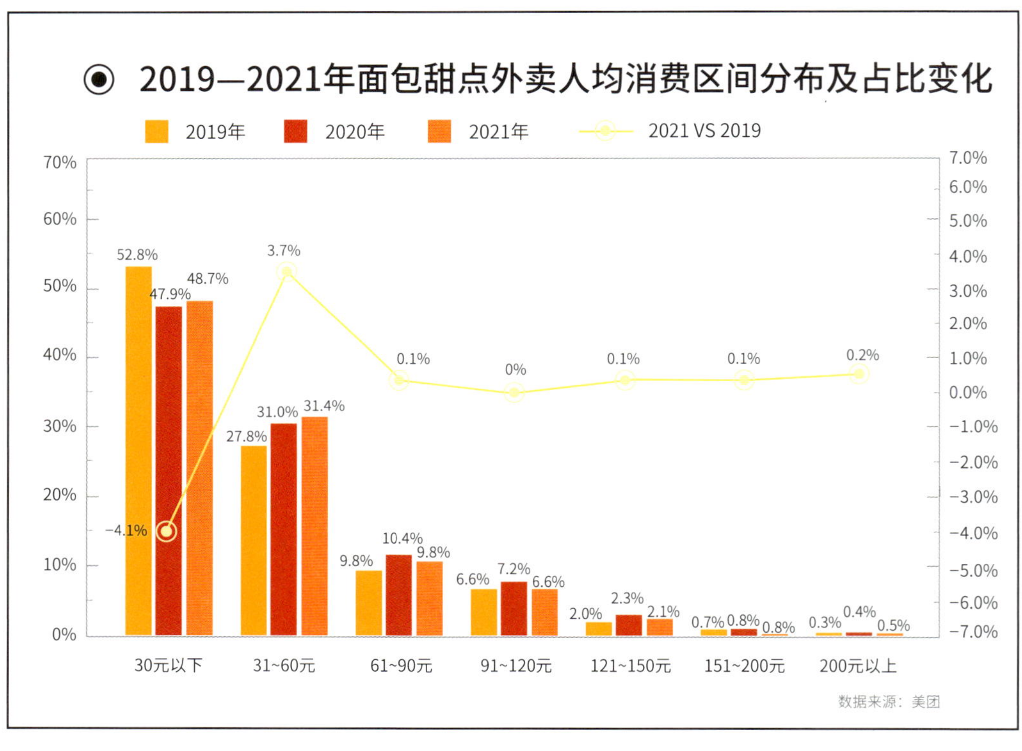

图 2-100　2019—2021 年面包甜点外卖人均消费区间分布及占比变化

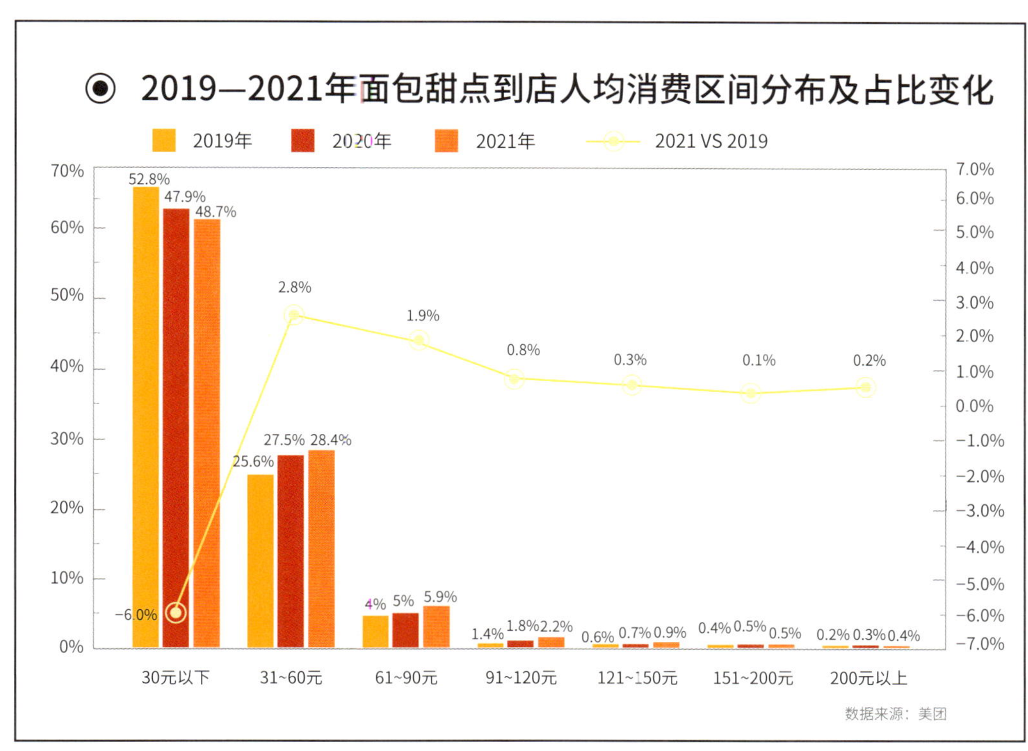

图 2-101　2019—2021 年面包甜点到店人均消费区间分布及占比变化

5. 广东人更喜甜食，面包甜点门店数多集中于南部地区

美团数据显示，在 2021 年面包甜点线上门店数 top20 城市中，门店数排名前五的城市依次为广州市、重庆市、成都市、上海市、深圳市。可以看出，南部地区的面包甜点门店集中度更高，即使是在重庆、成都这种偏爱“辣”的地区，面包甜点也深受欢迎，对于该品类门店的城市密度而言，北方城市可拓展潜力更大（图 2-102）。

◉ 2021年面包甜点线上门店数top20城市

城市	线上门店数(千家)
广州市	12.9
重庆市	10.2
成都市	9.7
上海市	9.4
深圳市	8.6
北京市	7.6
东莞市	6.8
佛山市	6.6
杭州市	6.0
青岛市	6.0
郑州市	5.8
苏州市	5.6
武汉市	5.5
天津市	5.2
西安市	4.9
长沙市	4.6
石家庄市	4.5
南京市	4.5
南宁市	4.4
沈阳市	4.3

数据来源：美团

图 2-102　2021 年面包甜点线上门店数 top20 城市

八、国际美食

1. 国际美食到店消费恢复快，7—8 月是全年消费高峰点

美团数据显示，在 2019—2021 年国际美食线上订单年同比涨幅中，2020 年因新冠肺炎疫情影响，国际美食到店线上消费同比涨幅为负值，但外卖消费同比涨幅为 26.2%，到 2021 年国际美食的到店消费快速恢复，年同比消费涨

幅达 50.0%。

从 2021 年国际美食全年线上订单月度分布来看，7 月的订单分布占比达 10.1%，其次是 8 月，主要原因可能是 7 月正式进入暑期，8 月迎来七夕情人节，年轻群体对国际美食的消费贡献显著（图 2-103、图 2-104）。

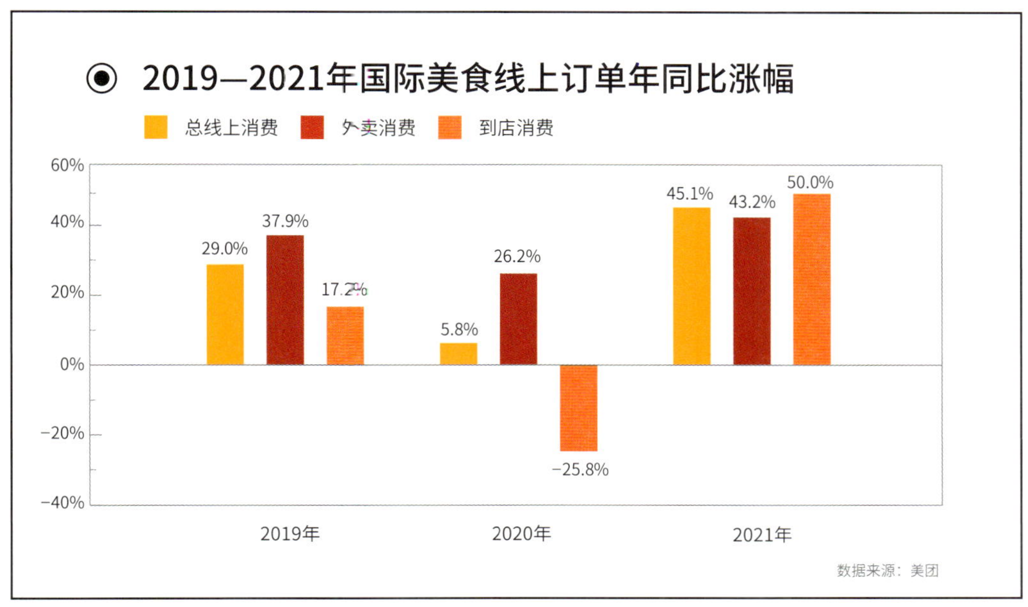

图 2-103 2019—2021 年国际美食线上订单年同比涨幅

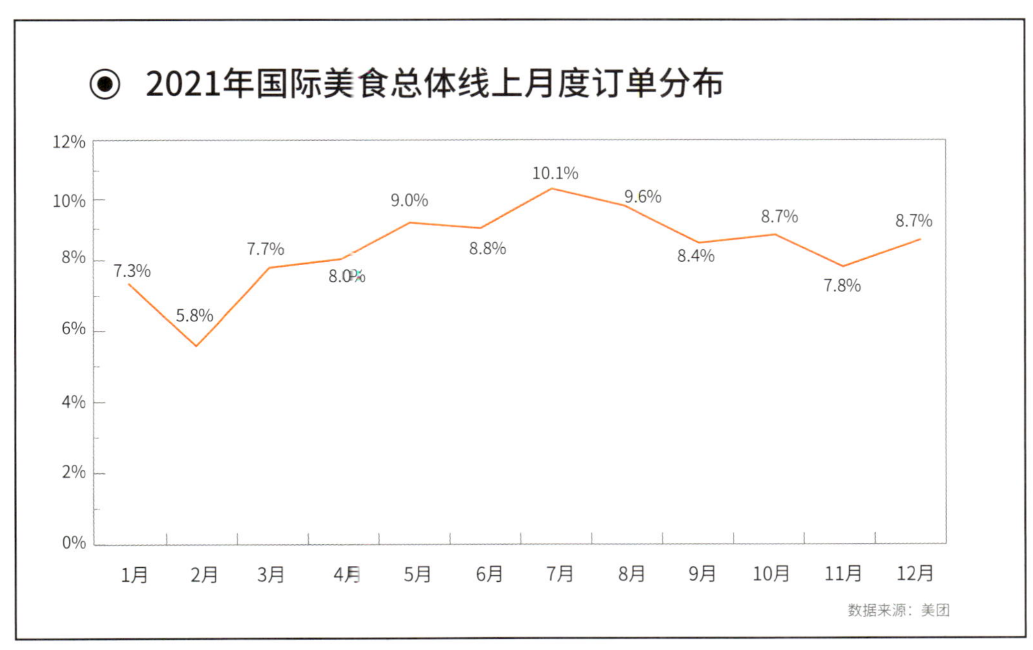

图 2-104 2021 年国际美食总体线上月度订单分布

2. 西餐、日本菜占据国际美食半壁江山，东南亚菜、中东菜门店数增多

美团数据显示，2019—2021 年中国境内国际美食门店连锁化率持续走高，从 2019 年的 19% 增至 2021 年的 23%（图 2-105）。

在 2019—2021 年中国境内国际美食细分品类门店数分布中，西餐占比最高，2019 年门店数占比为 52.5%，2021 年有 2.5 个百分点的小幅度回落；日本菜则从 2019 年的 27.9% 增长到 2021 年的 29.2%（图 2-106）。

从国际美食细分品类在国内门店数年同比变化情况来看，西餐同比增长为负值，2021 年东南亚菜、非洲菜、中东菜门店数有显著增长。中国市场对世界各国的美食文化展现出较高的包容度，小众的海外餐饮门店也开始纷纷进驻中国发展（图 2-107）。

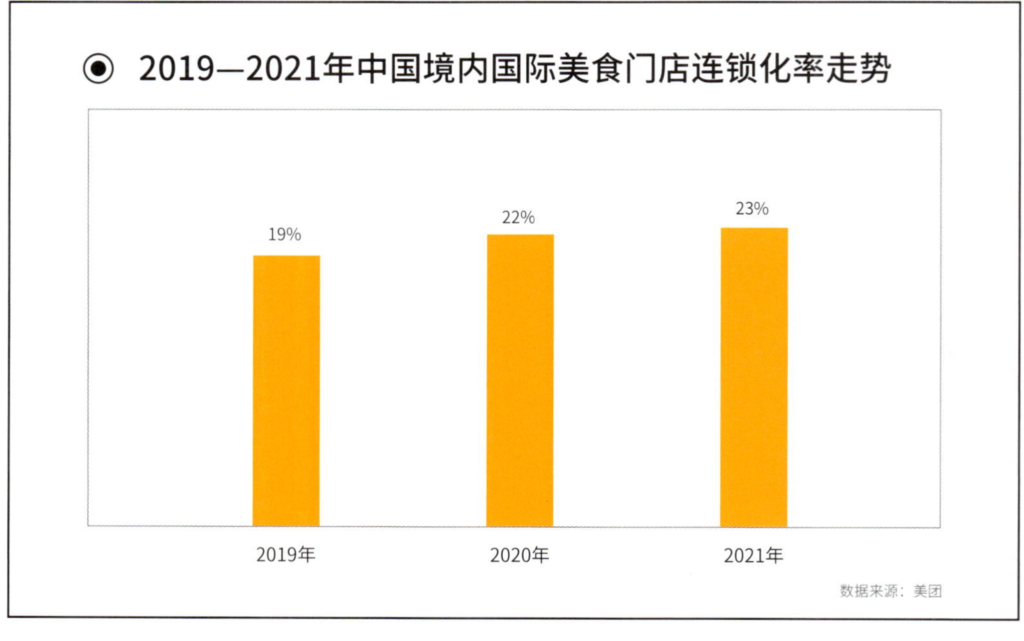

图 2-105　2019—2021 年中国境内国际美食门店连锁化率走势

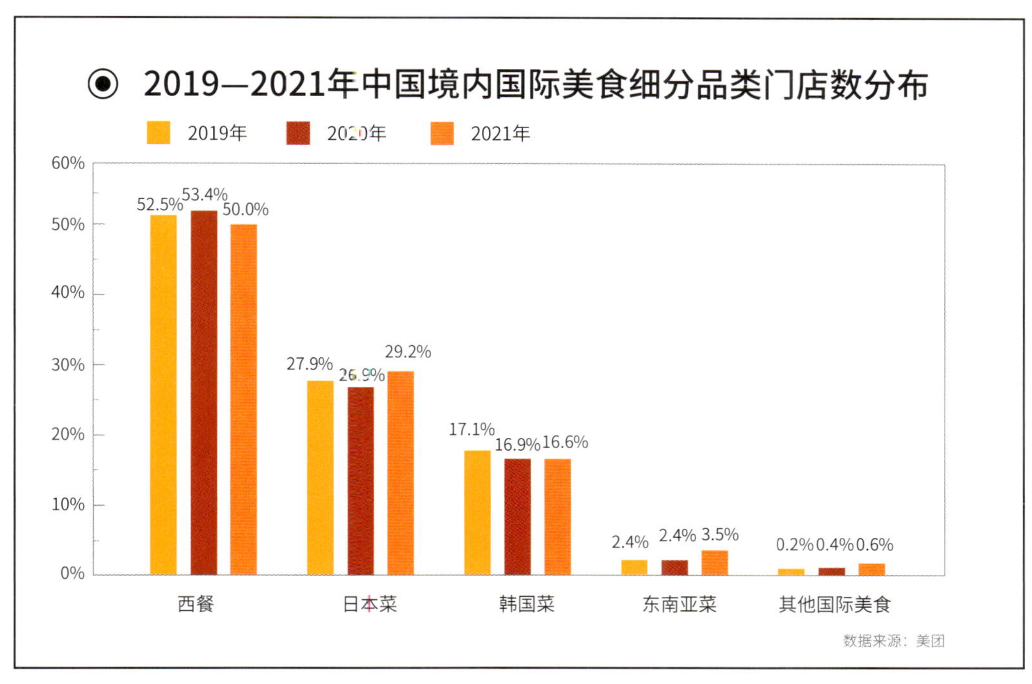

图 2-106　2019—2021 年中国境内国际美食细分品类门店数分布

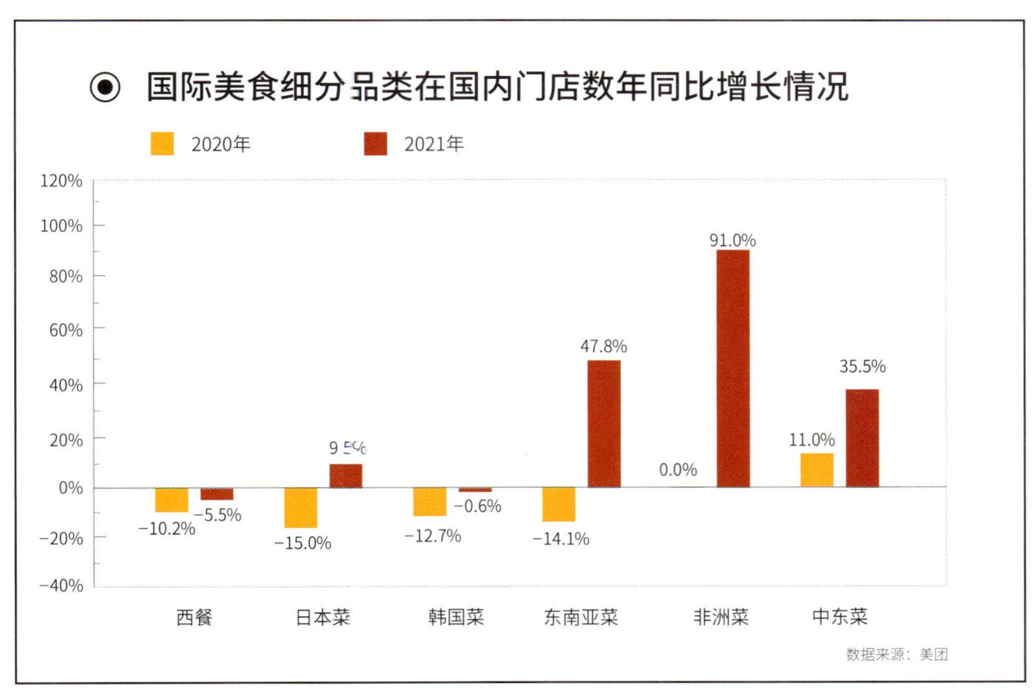

图 2-107　国际美食细分品类在国内门店数年同比增长情况

3. 健康餐饮理念流行，轻食沙拉备受欢迎

美团数据显示，在 2019—2021 年西餐细分品类门店数 top5 分布中，比萨、轻食沙拉、牛排门店数分布靠前，反观西餐细分品类在国内门店数年同比增长情况，轻食沙拉在 2020 年、2021 年国内门店数年同比增长最高，2020 年同比增长为 20.7%，2021 年同比增长为 45.0%。这几年因为健康餐饮的理念兴起，轻食沙拉受到众多人士的喜爱（图 2-108、图 2-109）。

4. 日本菜逐步扩大市场消费占比，东南亚菜和其他国际美食的年消费涨幅超100%

美团数据显示，在 2019—2021 年国际美食细分品类线上消费分布中，日本菜从 2019 年的 35.5% 增长到 2021 年的 42.8%，西餐则从 2019 年的 44.2% 下降到 2021 年的 34.7%，反观中国境内国际美食细分品类线上餐饮消费年同比涨幅变化情况，东南亚菜和其他国际美食在 2021 年涨幅均超过了 100%，除了在国内发展较为成熟的日本菜和西餐外，随着信息的多元化，消费者开始尝试和接受更加多样化的国际美食消费体验（图 2-110、图 2-111）。

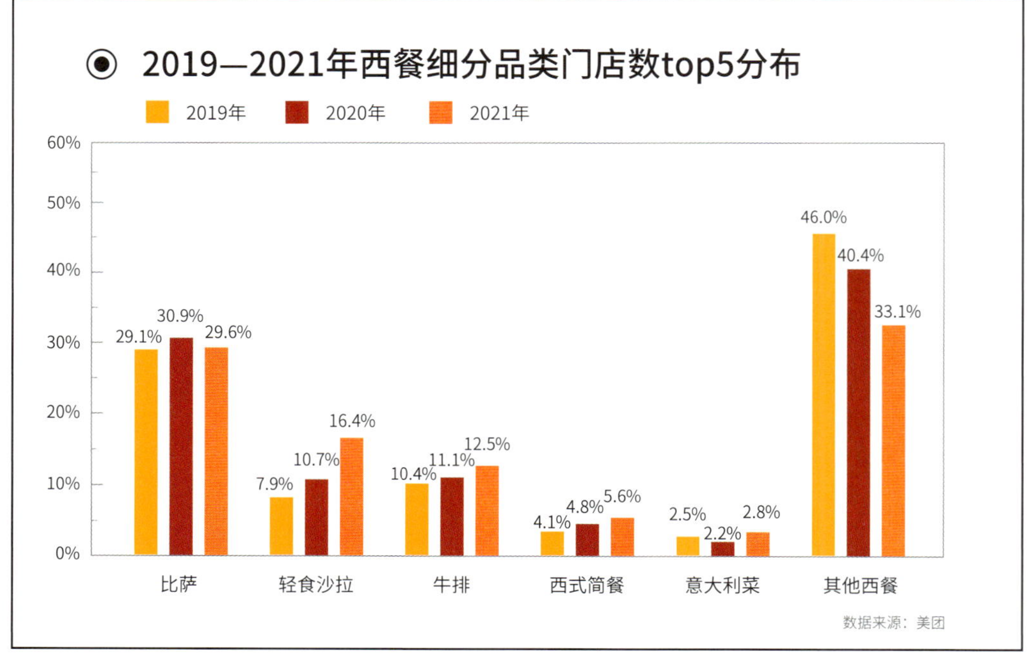

图 2-108　2019—2021 年西餐细分品类门店数 top5 分布

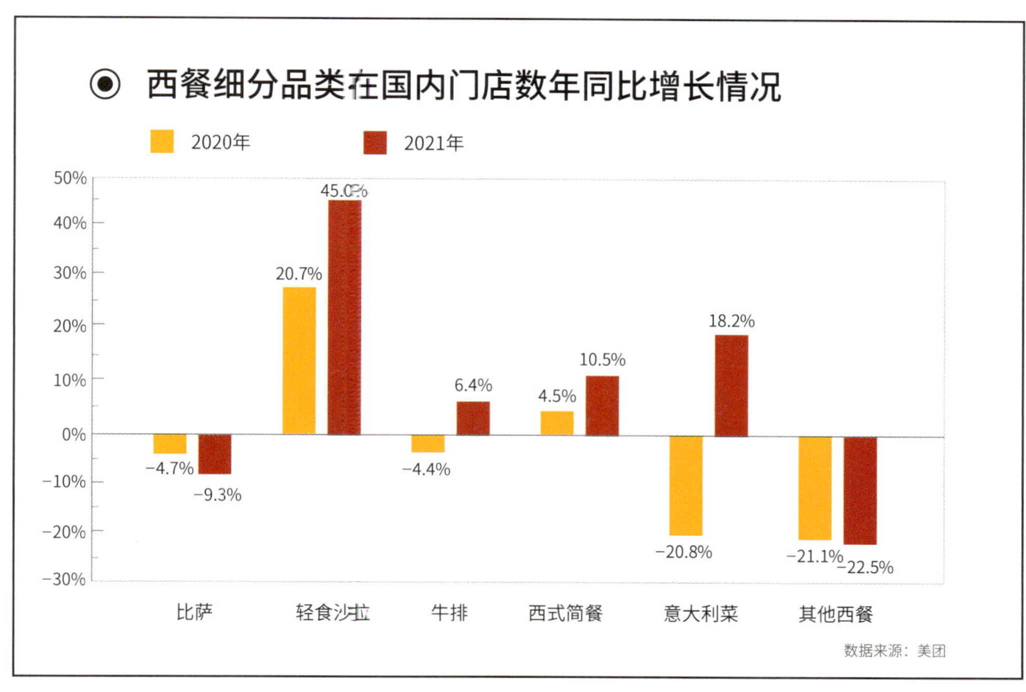

图 2-109　西餐细分品类在国内门店数年同比增长情况

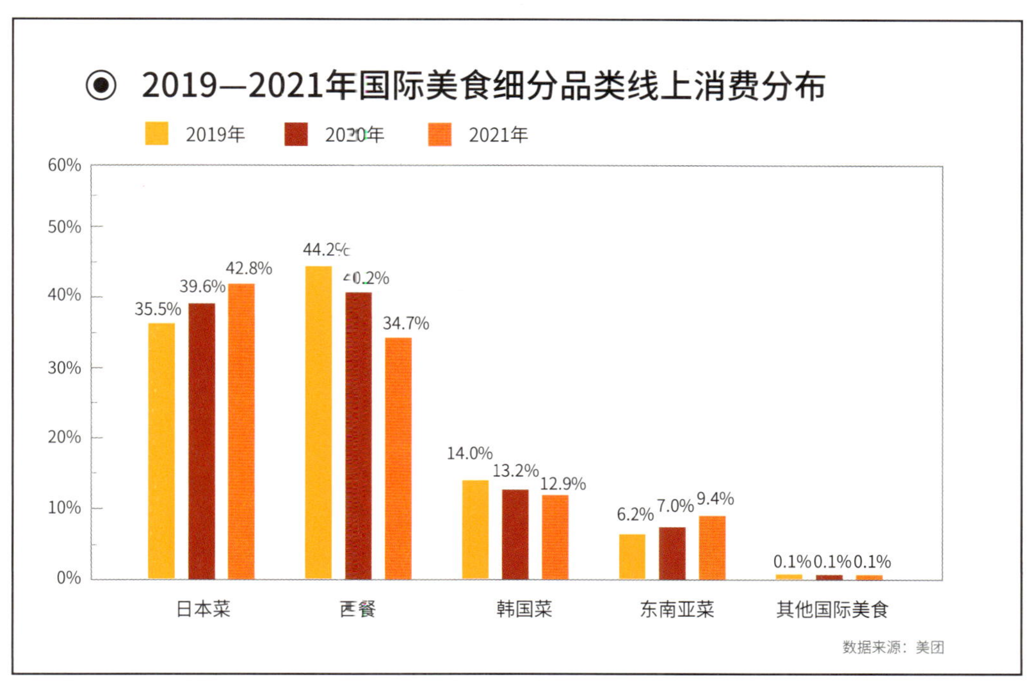

图 2-110　2019—2021 年国际美食细分品类线上消费分布

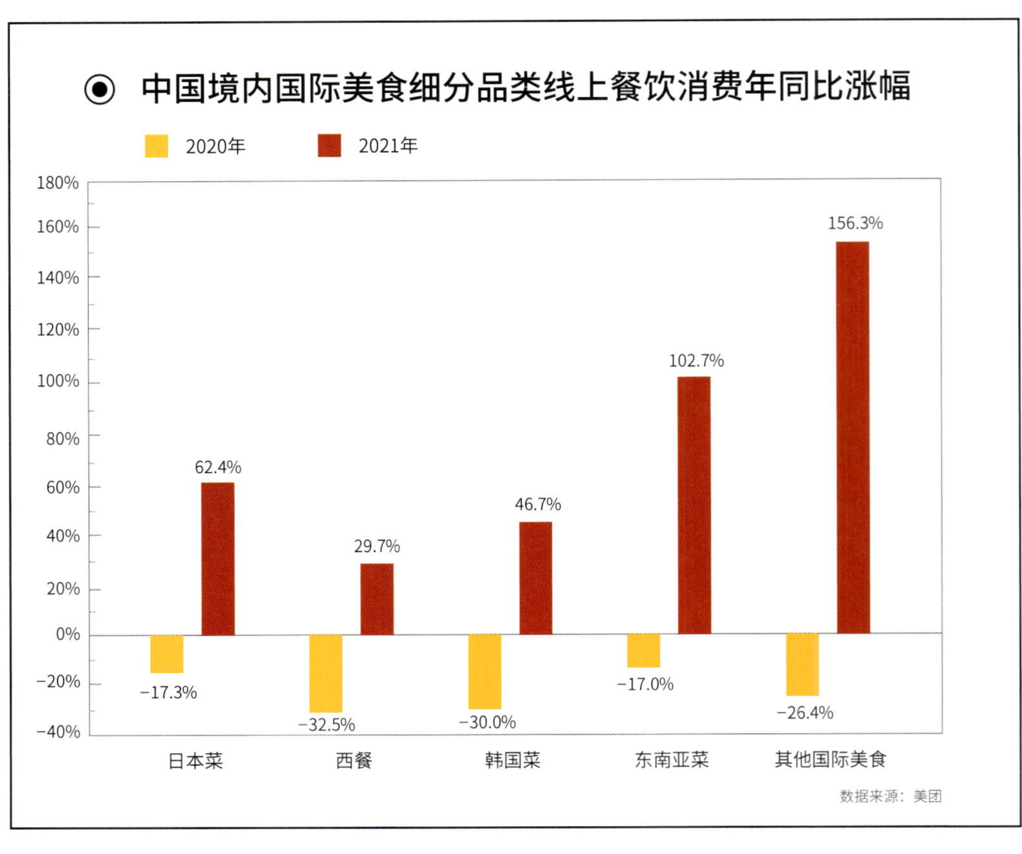

图 2-111　中国境内国际美食细分品类线上餐饮消费年同比涨幅

5. 国际美食人均消费水平高，日本料理到店人均消费破百

美团数据显示，在 2019—2021 年中国境内国际美食细分品类到店人均消费水平中，日本菜从 2019 年的 122.4 元增长到 2021 年的 146.8 元；西餐从 2019 年的 91.3 元增长到 2021 年的 120.7 元（图 2-112）。

从 2019—2021 年中国境内国际美食细分品类外卖人均消费水平来看，东南亚菜从 2019 年的 68.6 元增长到 2021 年的 71.2 元；日本菜从 2019 年的 55.0 元增长到 2021 年的 62.3 元（图 2-113）。

对比到店和外卖的人均消费水平来看，西餐和日本菜在不同场景下的人均消费呈现显著差异，到店人均消费水平是外卖人均消费水平的 2~3 倍。

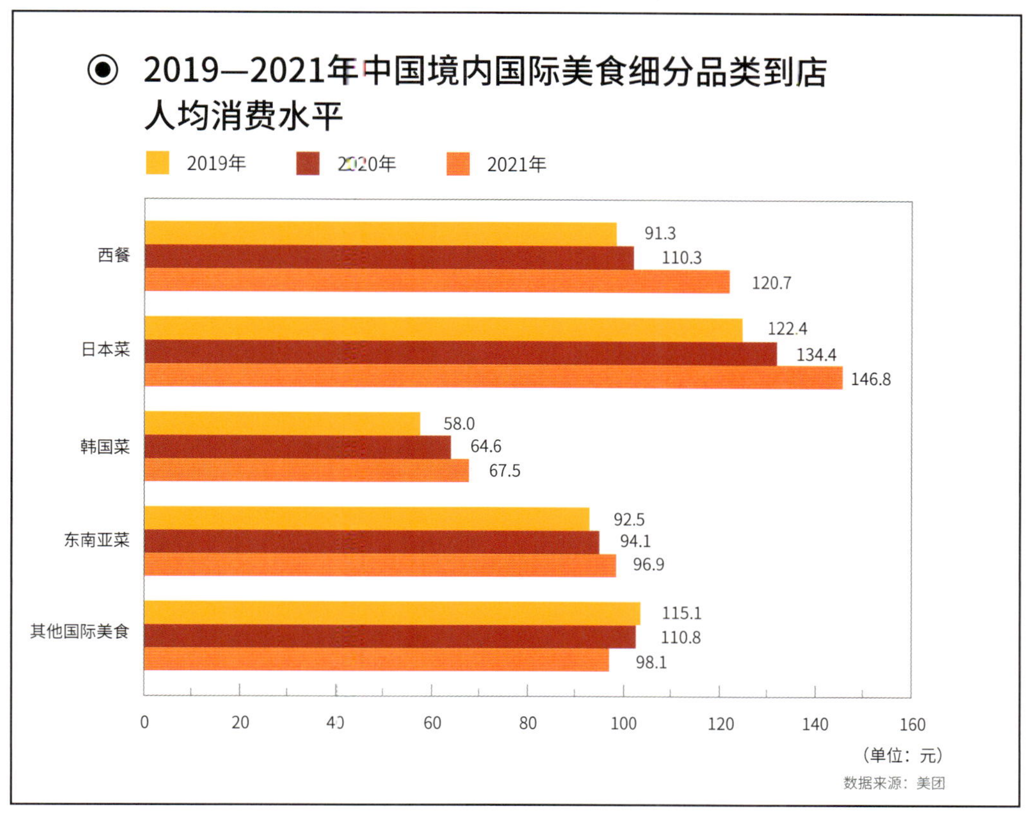

图 2-112 2019—2021 年中国境内国际美食细分品类到店人均消费水平

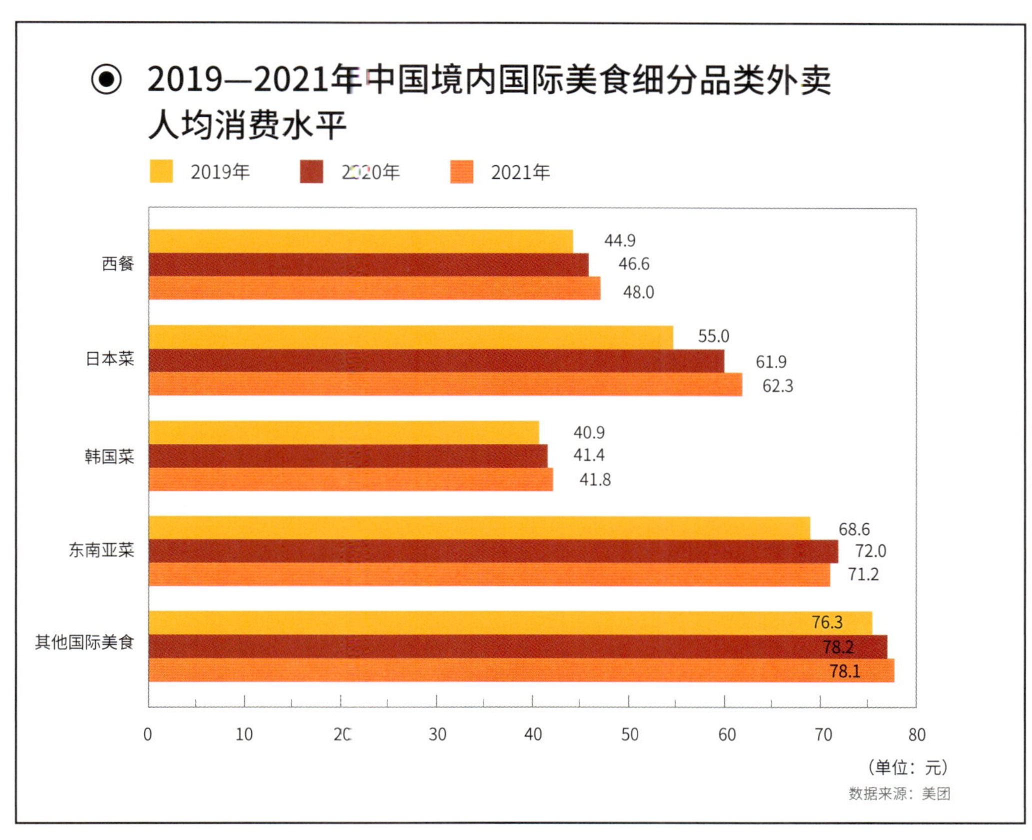

图 2-113 2019—2021 年中国境内国际美食细分品类外卖人均消费水平

6. 60 元是国际美食在外卖和到店场景下消费的分水岭

美团数据显示，2019—2021 年中国境内国际美食到店人均消费，在不同区间的分布相对其他品类更加均衡，2021 年国际美食订单量占比最高的人均消费区间为 61~90 元，其次为 91~120 元；人均消费 60 元以下的订单占比显著下降，90 元以上的区间均呈现消费占比上涨的趋势（图 2-114）。

从 2019—2021 年中国境内国际美食外卖人均消费区间分布来看，主流人均消费区间为 60 元以下的区间，但是从不同区间的订单分布变化情况来看，外卖场景下，人均消费 60 元以上的区间订单占比也呈现出逐年增长的趋势（图 2-115）。

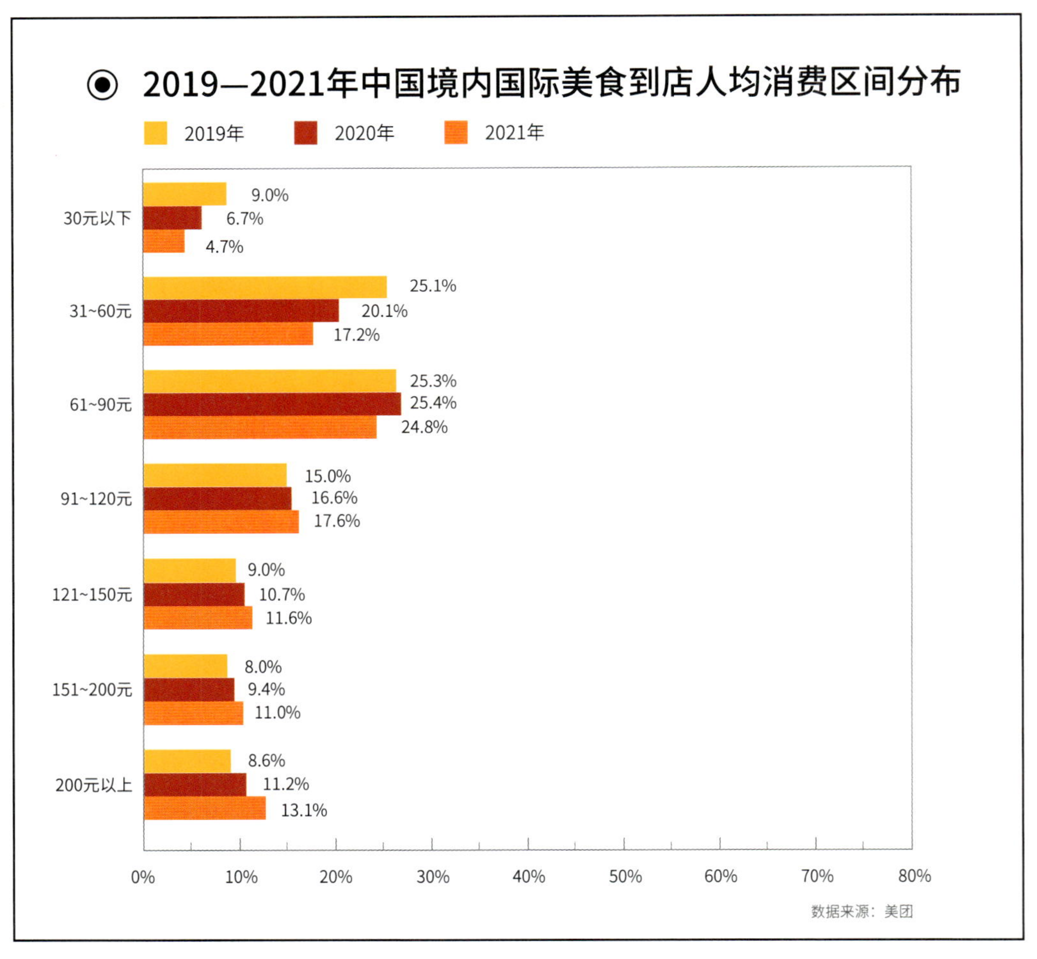

图 2-114　2019—2021 年中国境内国际美食到店人均消费区间分布

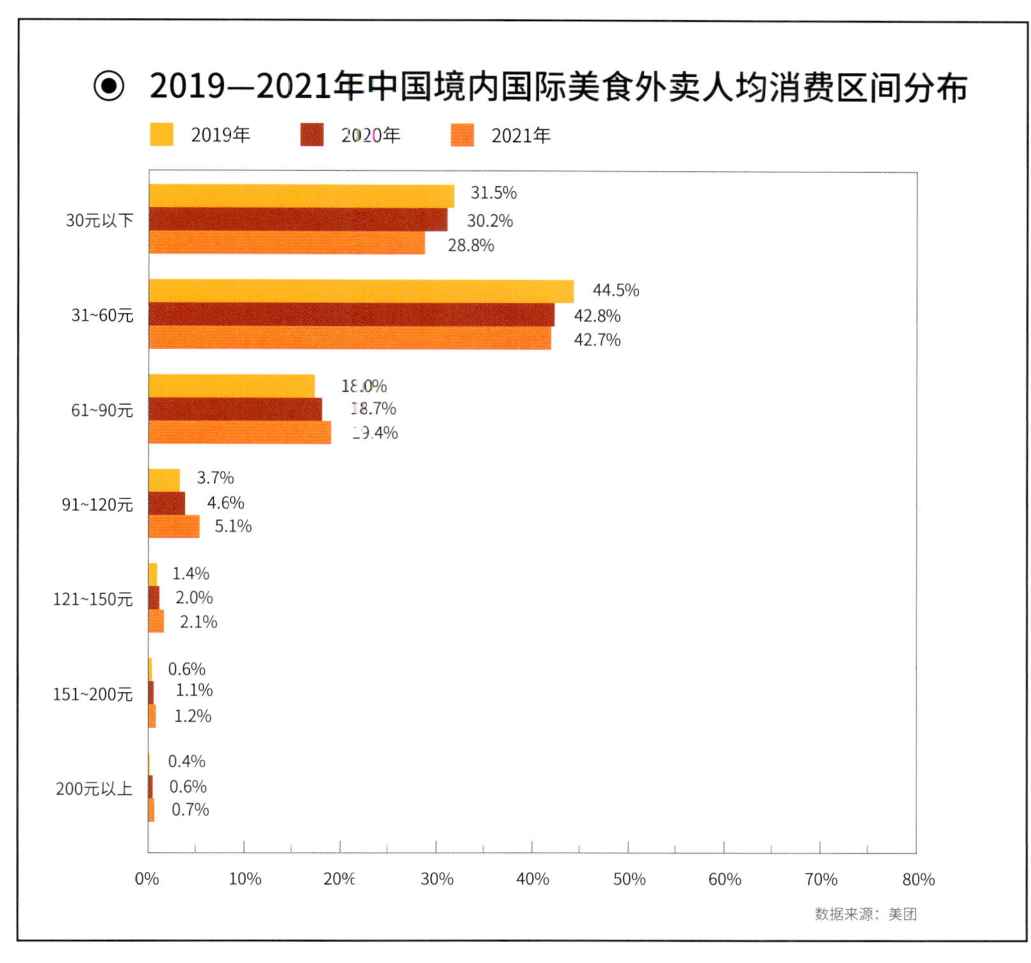

图 2-115　2019—2021 年中国境内国际美食外卖人均消费区间分布

03

餐饮场景篇

一、连锁餐饮发展总览

连锁门店数据口径说明：

同一品牌下，门店数 >2，视为连锁品牌；

连锁化率 = 全国餐饮连锁品牌下门店数量总和 / 全国餐饮行业门店数总和 × 100%

品类连锁化率 = 品类连锁品牌下的门店数量总和 / 全国品类门店数总和 × 100%

本文数据内容仅限美团平台线上门店数据，不代表全国精准数据，仅供行业人士参考。对本文数据引用请标明数据来源。

1. 中国餐饮连锁化率再上新台阶，连锁进程加速

美团数据显示，2019—2021 年中国餐饮连锁化率持续走高，2021 年连锁化率占比达到 18%。纵观 2019—2021 年品牌连锁门店数区间等级分布，11~100 家店、101~500 家店的占比排前两位，在 2021 年占比分别为 5.9%、4.6%（图 3-1、图 3-2）。

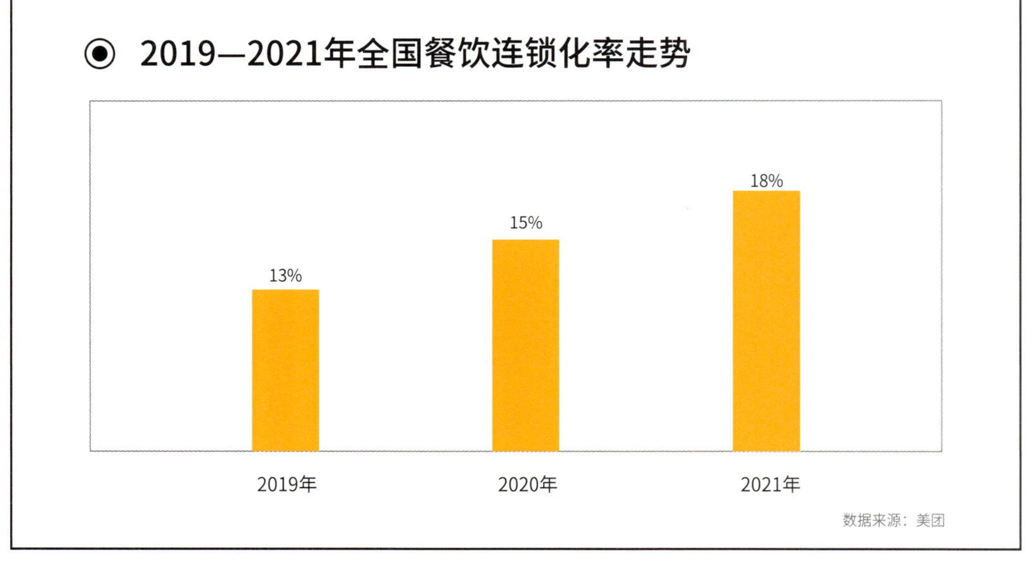

图 3-1　2019—2021 年全国餐饮连锁化率走势

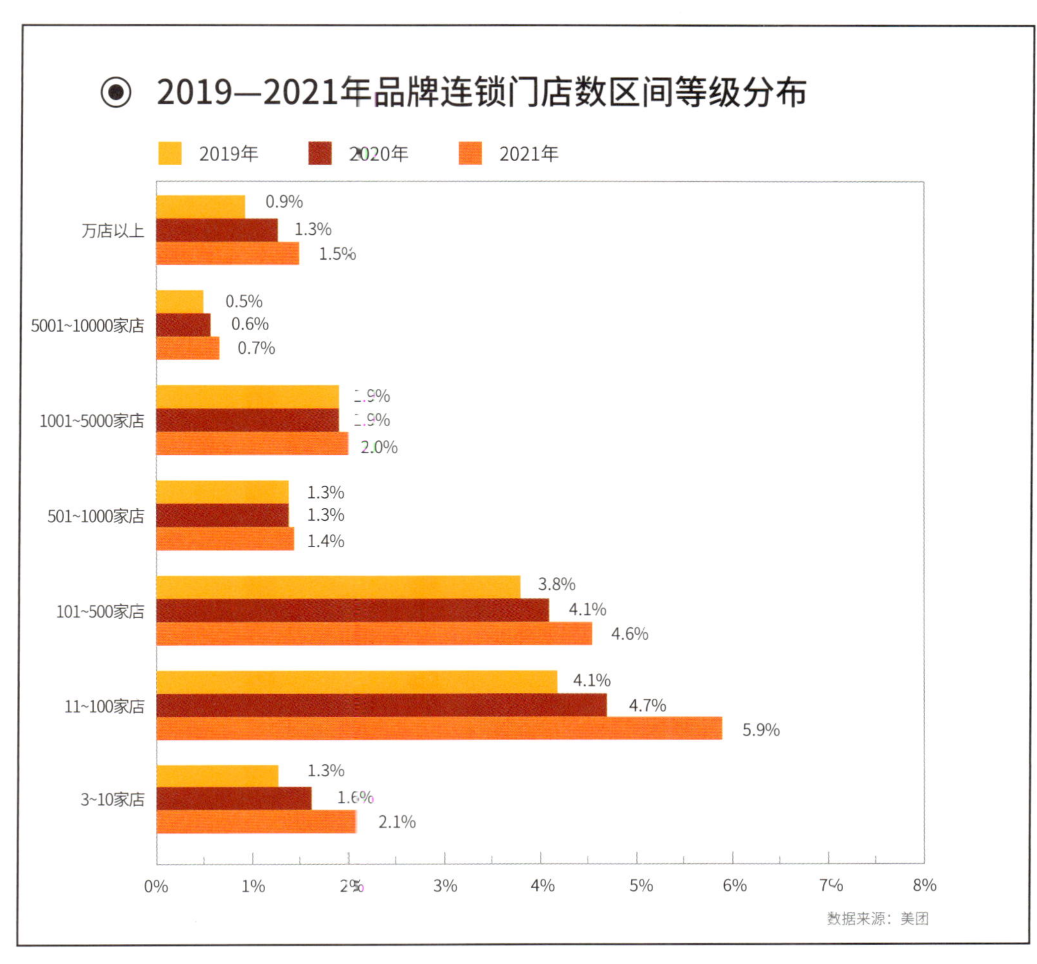

图 3-2　2019—2021 年品牌连锁门店数区间等级分布

数据说明：每年数据在小数点后两位存在数据计算的误差，四舍五入后会与上一年度的数据存在 0.1% 左右的偏差，属于数据计算的正常范畴。

对比 2021 年不同规模区间的品牌门店数年同比涨幅，100 家门店规模以下的餐饮连锁化率增速最快，3~10 家店的同比涨幅最高。一方面，优秀的中小餐饮经营者，在新冠肺炎疫情后寻求机会进一步扩大门店优势；另一方面，大量小微创业者选择以加盟品牌门店的形式参与到餐饮行业中来（图 3-3）。

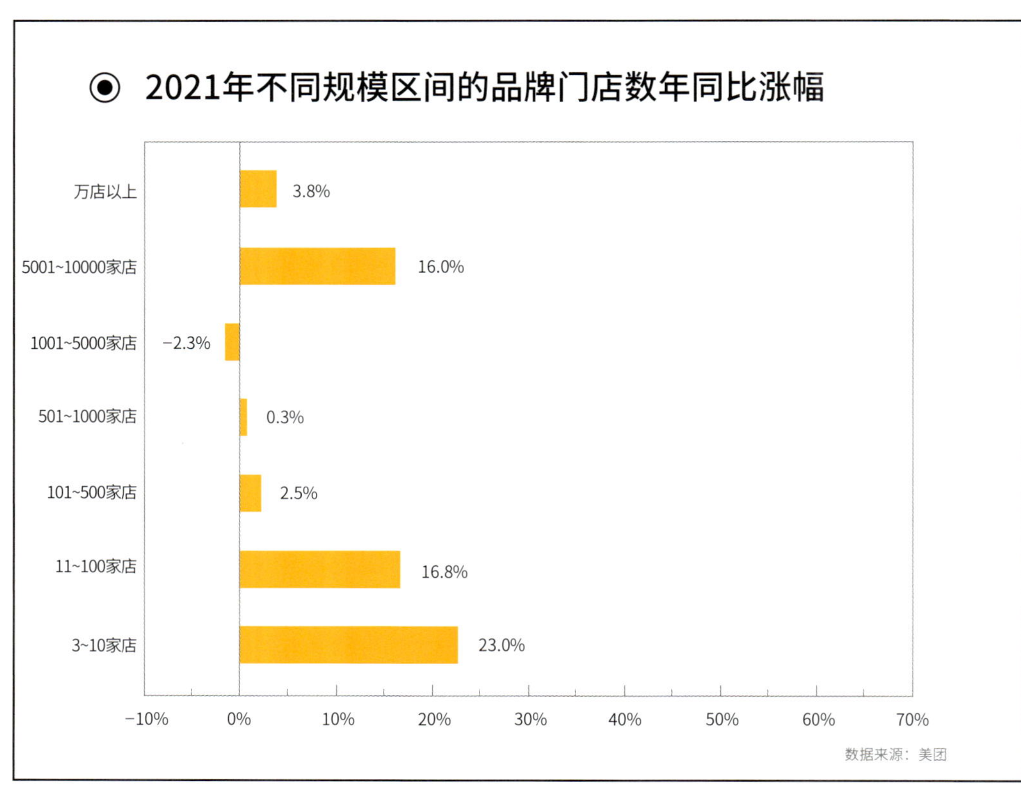

图 3-3　2021 年不同规模区间的品牌门店数年同比涨幅

2. 饮品连锁化率破 40%，小吃快餐门店数占据半壁江山

美团数据显示，在 2019—2021 年各品类连锁化率走势中，位列前三的品类为饮品店、面包甜点、国际美食。

从不同品类的连锁化率变化情况来看，连锁化提升最快的是饮品店，连锁化率从 2019 年的 31.5% 增长至 2021 年的41.8%。饮品连锁化率的快速提升，一方面和投资机构的高度关注有关，另一方面是饮品更偏零售体制的产业特性，能够快速统一标准进行复制，是小本创业者的首选。其次是小吃快餐和烧烤，从 2019 年到 2021 年连锁化率提升接近 6 个百分点，小吃快餐的粉面类品牌在 2021 年也迎来部分投资机构的关注，使得这种普适性的大众化品牌得以快速发展，烧烤因其具有鲜明的记忆点、体验感以及市场包容度，在数字化工具的加持下，一些地方性的烧烤品牌快速获得大众认知，并得以复制（图 3-4）。

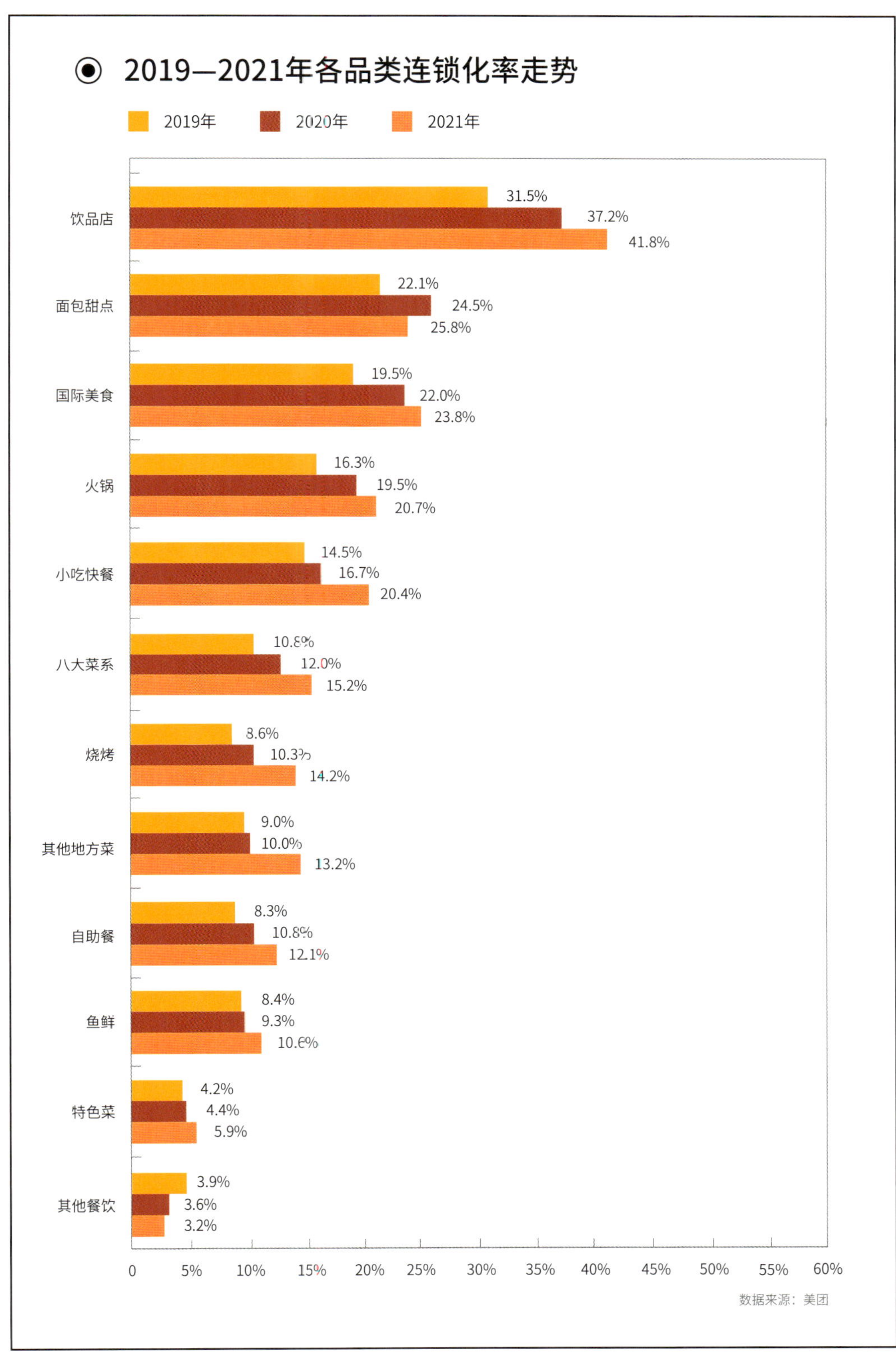

图 3-4　2019—2021 年各品类连锁化率走势

3. 本土文化自信，中餐多品类连锁发展再提速

美团数据显示，在 2019—2021 年连锁餐饮门店数品类分布中，小吃快餐的门店数稳居榜首，2021 年占比达 51.7%。

连续 3 年连锁门店数占比提升的品类有八大菜系、烧烤，中餐品类不仅在连锁化率上提升显著，同时在餐饮连锁市场的门店比重也在稳步上涨，中餐的品牌连锁发展呈现出加速态势（图 3-5）。

4. 三线城市连锁门店分布比例提升显著，下沉成为连锁发展长期趋势

美团数据显示，在 2019—2021 年餐饮连锁门店数城市等级分布中，新一线、二线、三线城市整体呈现稳步增长之势，四线、五线略有下降，其中三线城市的连锁门店分布提升显著，从 2020 年的 18.6% 提升至 2021 年的 20.1%（图 3-6）。

从 2019—2021 年不同等级城市下连锁门店占当地门店数的比例及变化来看，各等级城市的连锁门店占当地门店数的比例在这两年中均呈现明显上涨趋势。尤其一线城市连锁门店比例在 2021 年已达 23.9%，相较于 2019 年，2021 年新一线城市的连锁化率上涨超 5 个百分点，二三四线城市也都保持超 4 个百分点的涨幅，下沉成为连锁发展的长期趋势（图 3-7）。

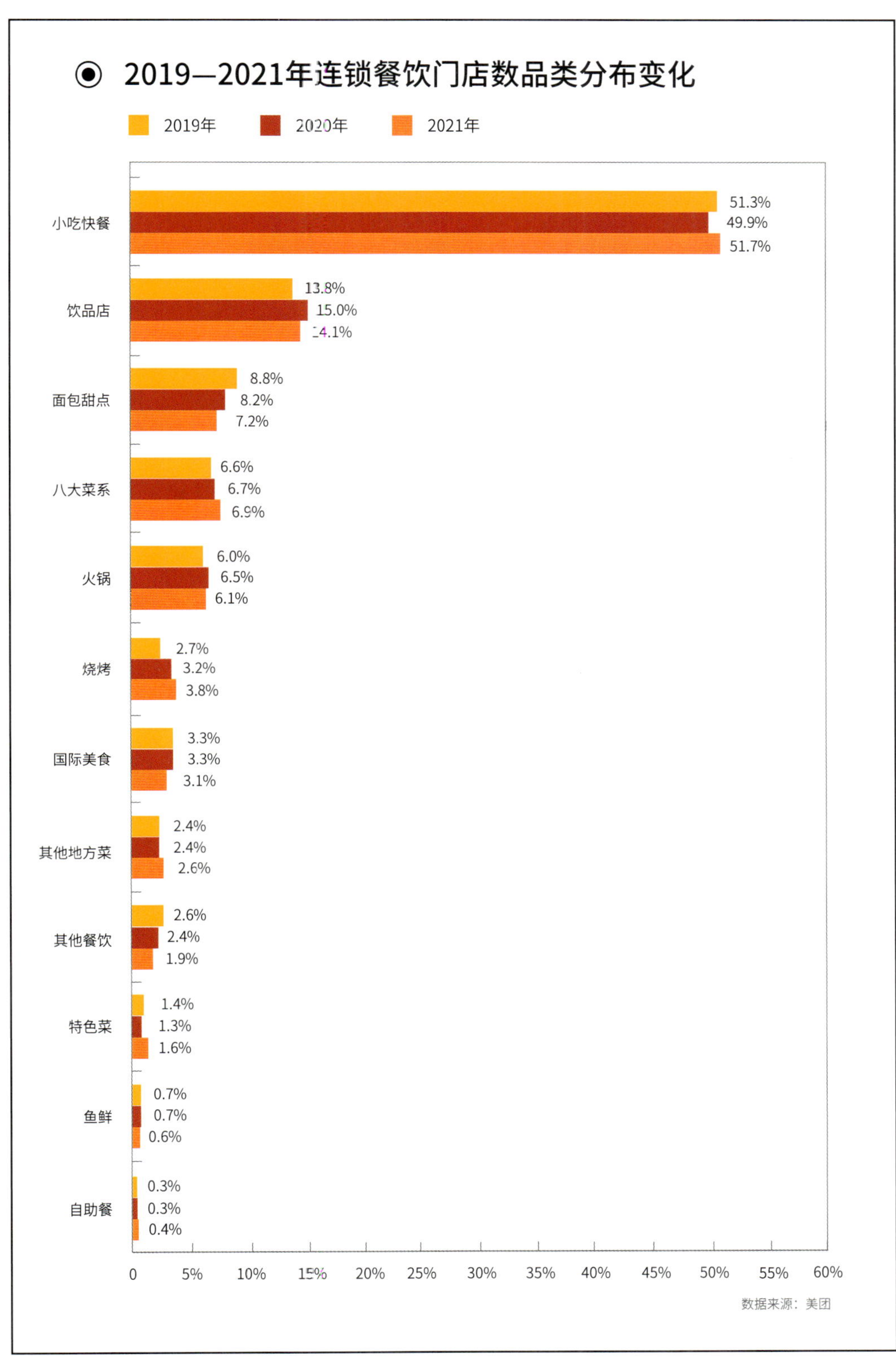

图 3-5　2019—2021 年连锁餐饮门店数品类分布变化

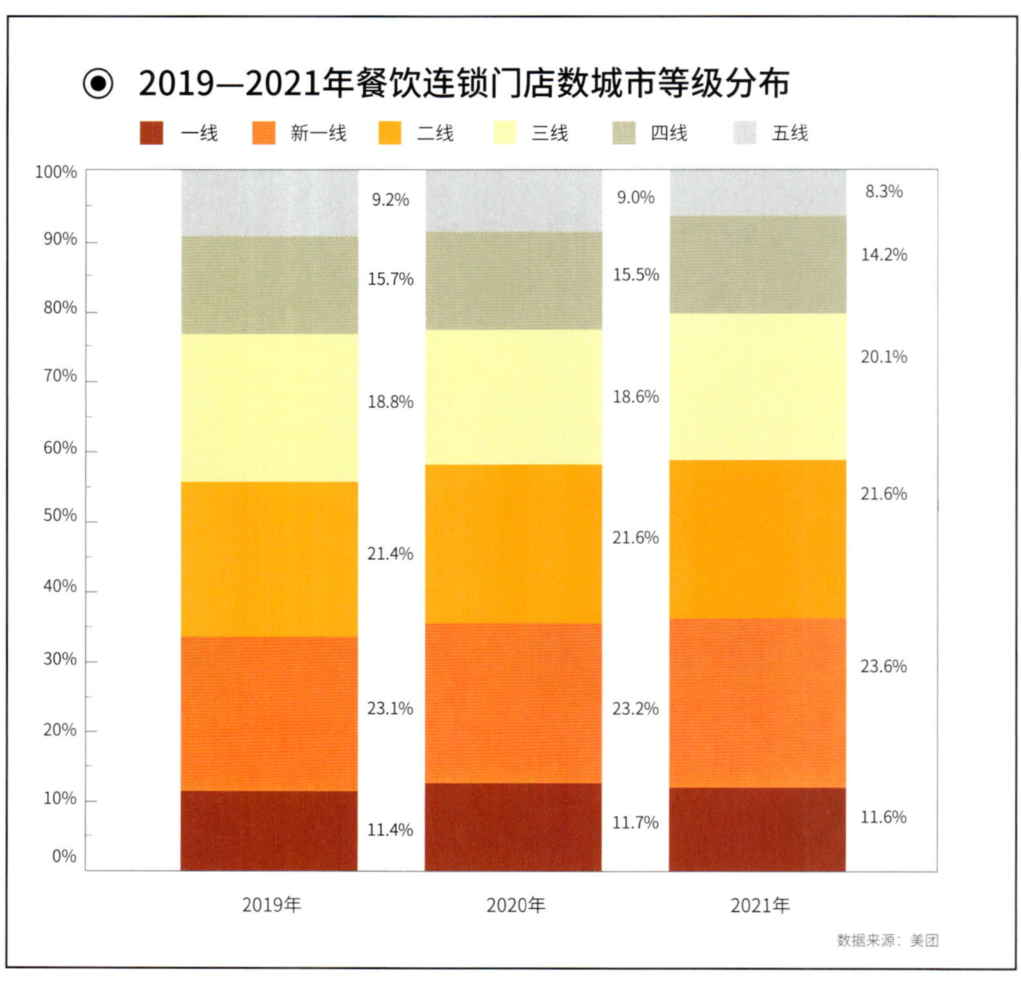

图 3-6 2019—2021 年餐饮连锁门店数城市等级分布

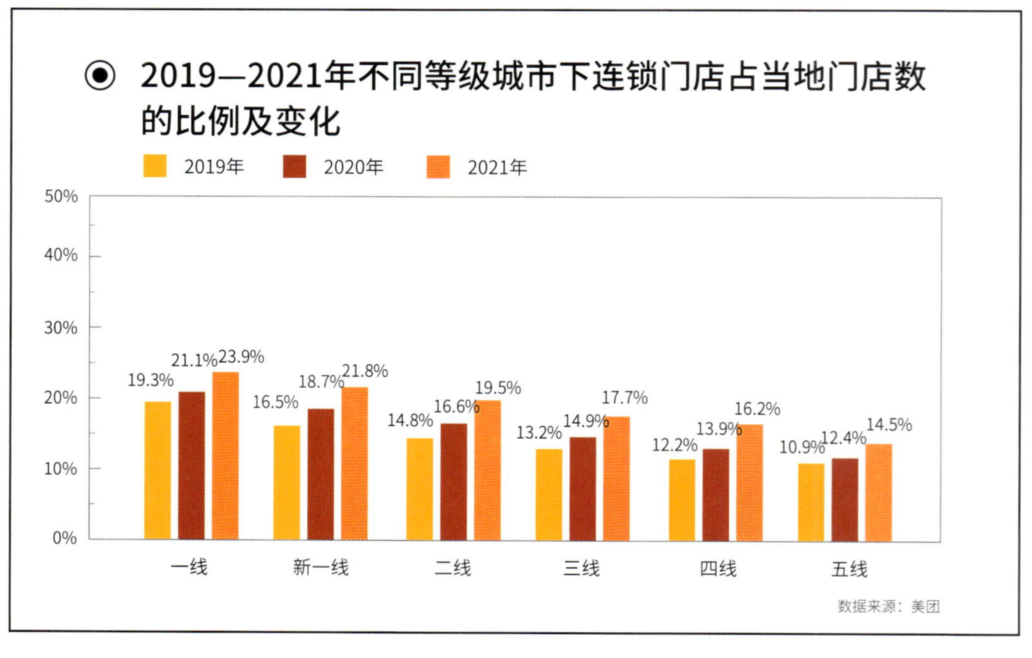

图 3-7 2019—2021 年不同等级城市下连锁门店占当地门店数的比例及变化

二、商圈餐饮

1. 商圈的流量优势依然明显，非商圈餐饮后续发力

美团数据显示，在 2019—2021 年中国餐饮门店分布中，非商圈的占比从 2019 年的 37% 下降到 2021 年的 35%，商圈的占比从 2019 年的 63% 上涨到 2020 年和 2021 年的 65%，从商圈门店占比变化来看，受到 2020 年新冠肺炎疫情影响，商圈的流量优势，让商圈餐饮的门店占比较 2019 年进一步扩大（图 3-8）。

从 2021 年商圈及非商圈餐饮门店数年同比涨幅中可以看出，商圈的同比涨幅为 1.0%，非商圈的同比涨幅为 1.6%，在疫情常态化的市场环境下，社区餐饮以及其他非商圈餐饮开始快速恢复到经营中来（图 3-9）。

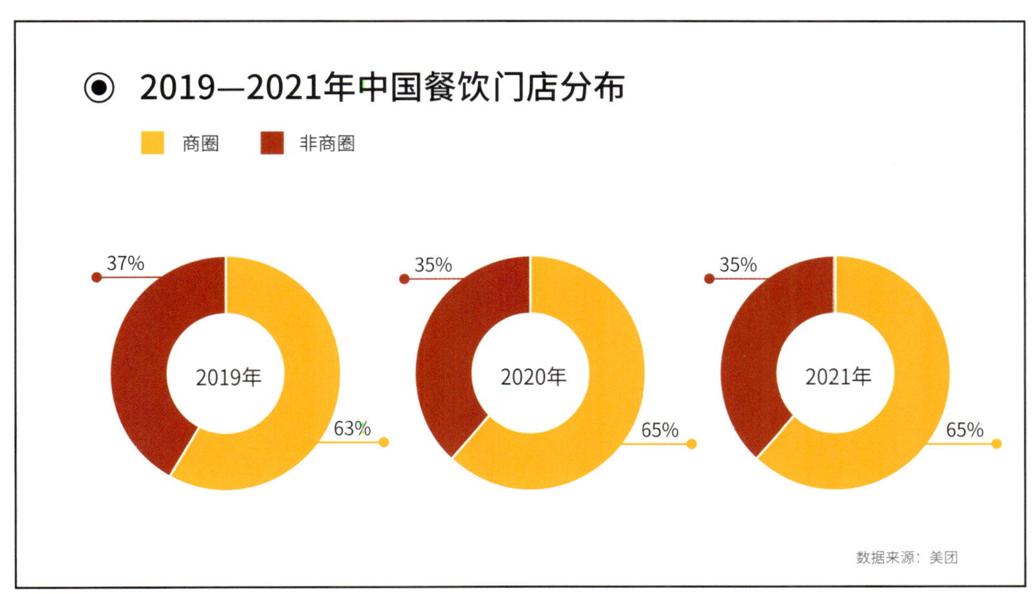

图 3-8　2019—2021 年中国餐饮门店分布

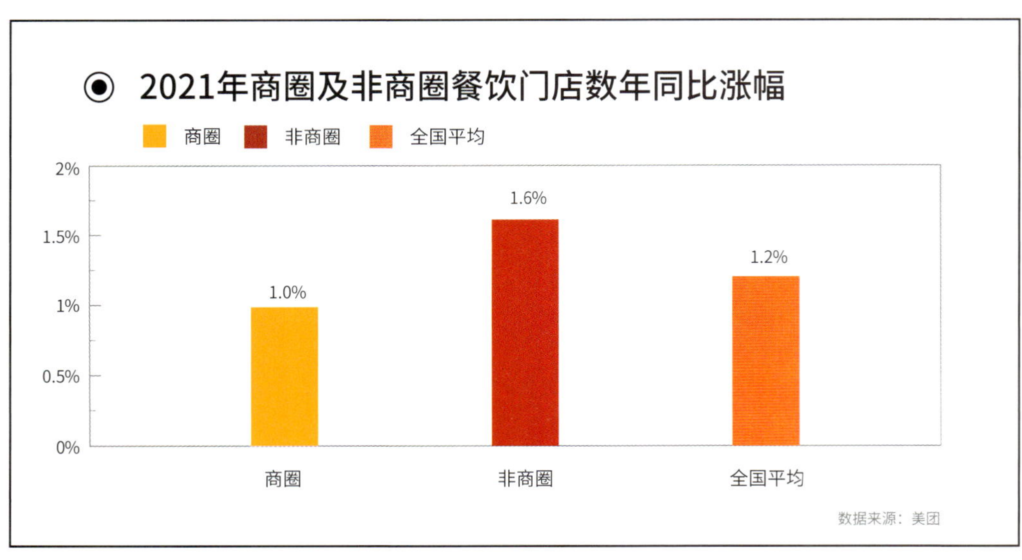

图 3-9　2021 年商圈及非商圈餐饮门店数年同比涨幅

2. 90% 以上的商圈餐饮人均消费不过百，50 元以内人均消费区间是主流

美团数据显示，在 2021 年不同城市类别下的商圈餐饮人均消费区间分布中，一线城市人均 50 元以下的餐饮消费占 68.2%，人均 51~100 元的餐饮消费占 24.7%，人均 101~150 元的餐饮消费占 5.2%，人均 151~200 元及 200 元以上的餐饮消费则不足 2%。新一线城市中，人均 50 元以下的餐饮消费占 76.6%，人均 51~100 元的餐饮消费占 20.7%，人均 101~150 元的餐饮消费占 2.0%，人均 151~200 元及 200 元以上的餐饮消费则不足 1%（图 3-10）。

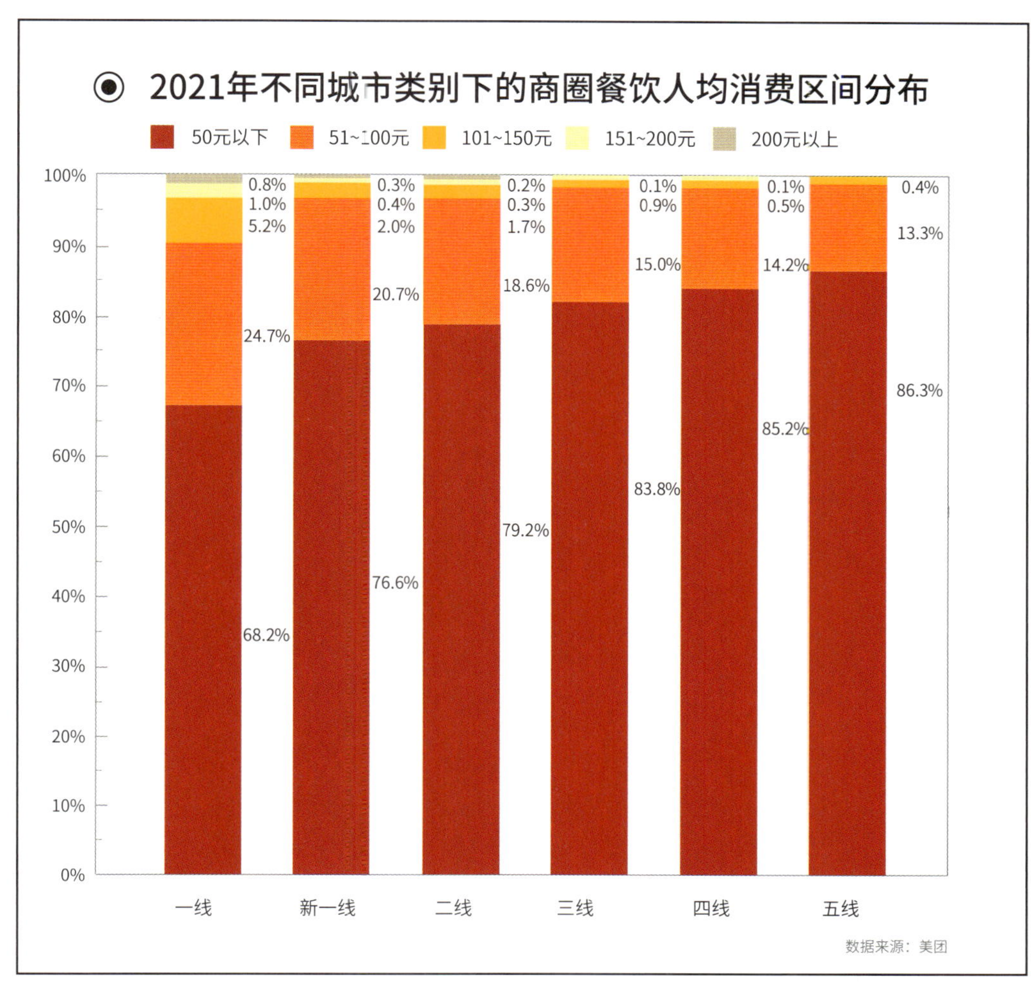

图 3-10　2021 年不同城市类别下的商圈餐饮人均消费区间分布

从 2020—2021 年不同地域商圈餐饮线上人均消费及年增长情况来看，一线城市商圈人均消费水平最高，同时仍然保持高速增长，新一线和二线城市的人均消费和增长速度差异不大，四五线城市的商圈餐饮人均消费增速相对缓慢（图 3-11）。

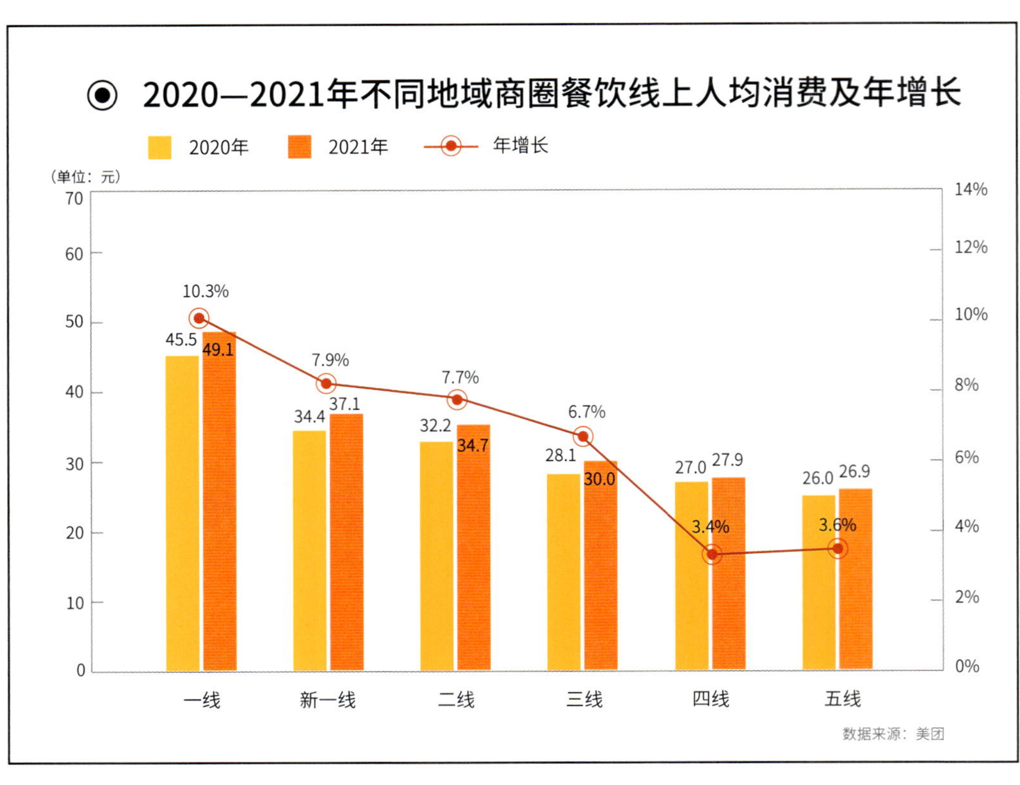

图 3-11　2020—2021 年不同地域商圈餐饮线上人均消费及年增长

数据说明：综合外卖及到店的人均消费水平。

3. 小吃快餐门店数量独占鳌头，饮品店、火锅等持续发力

美团数据显示，在 2019—2021 年商圈餐饮门店数量分布中，小吃快餐独占鳌头，2019 年的数量占比为 50.5%，2021 年的数量占比略有下降，但仍以 48.2% 的高占比位居榜首。小吃快餐之外，2021 年商圈中的其他餐饮门店数量占比为 8.9%、饮品店占比为 6.9%、火锅占比为 5.6%、面包甜点占比为 5.2%、烧烤占比为 5.1%，这 5 类门店数量占比较其他餐饮类别有明显优势（图 3-12）。

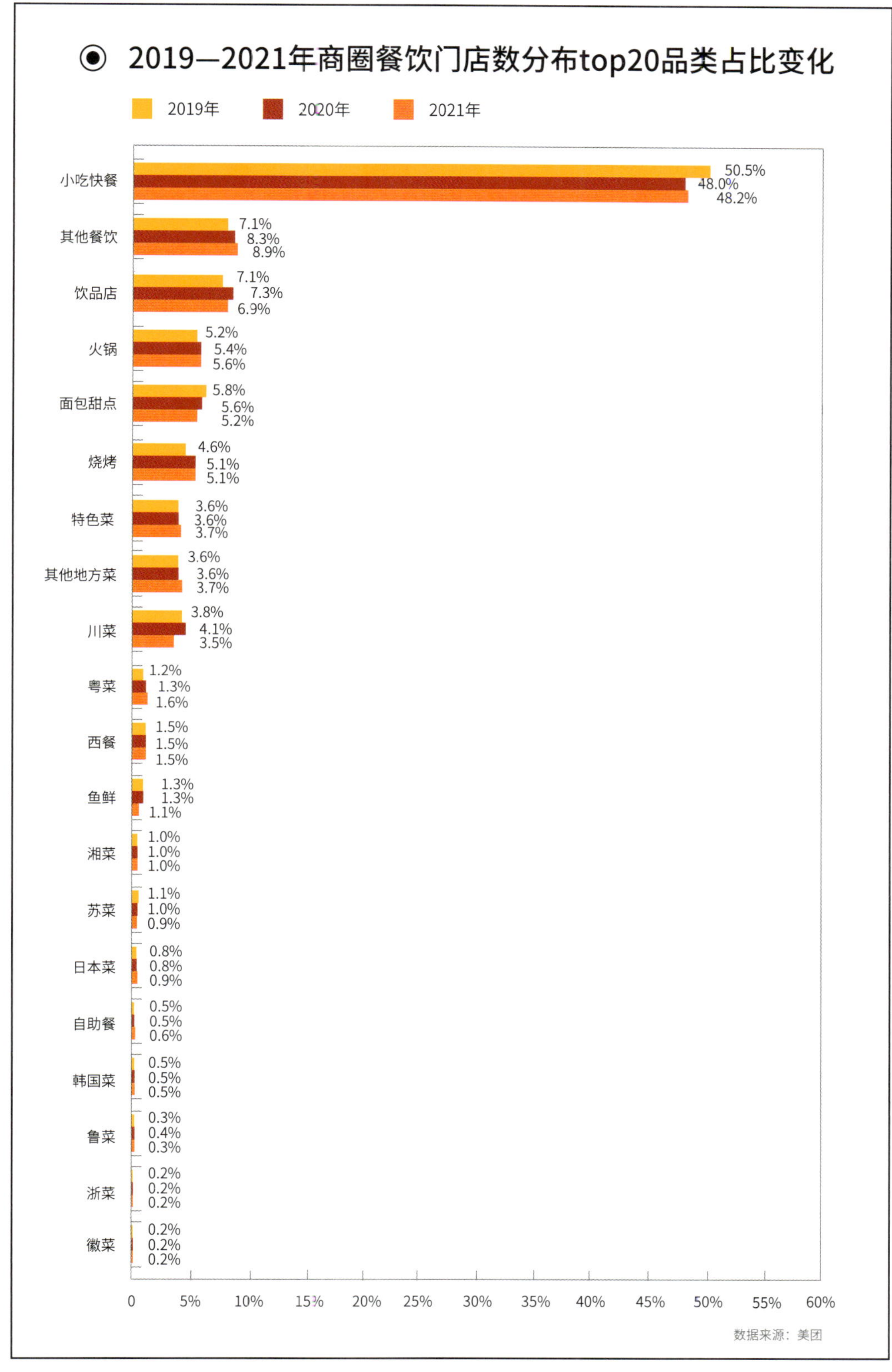

图3-12 2019—2021年商圈餐饮门店数分布top20品类占比变化

三、假日餐饮

1. 春节

时间说明：

2019 年春节指的是 2019 年 2 月 4 日—2 月 10 日。

2020 年春节指的是 2020 年 1 月 24 日—2 月 2 日。

2021 年春节指的是 2021 年 2 月 11 日—2 月 17 日。

春节期间餐饮消费品类数据说明：线上消费包含了外卖和到店消费的数据汇总。

（1）春节期间消费者更喜食烧烤，国际美食、饮品也颇受欢迎

美团数据显示，在 2019—2021 年春节期间消费者线上消费品类分布中，小吃快餐位居榜首，饮品、八大菜系、国际美食、火锅（除 2020 年外）均呈现加速上升趋势。从春节期间不同品类线上消费订单量增长（2021 VS 2019）可以看出，烧烤的线上消费订单量增长幅度最高，同比增长 133.9%，其他餐饮、国际美食、饮品次之。

由此可以看出，吃烧烤如今已经成为亲朋好友聚会休闲娱乐的方式，春节期间消费者更喜食烧烤，国际美食、饮品等品类也颇受欢迎（图 3-13、图 3-14）。

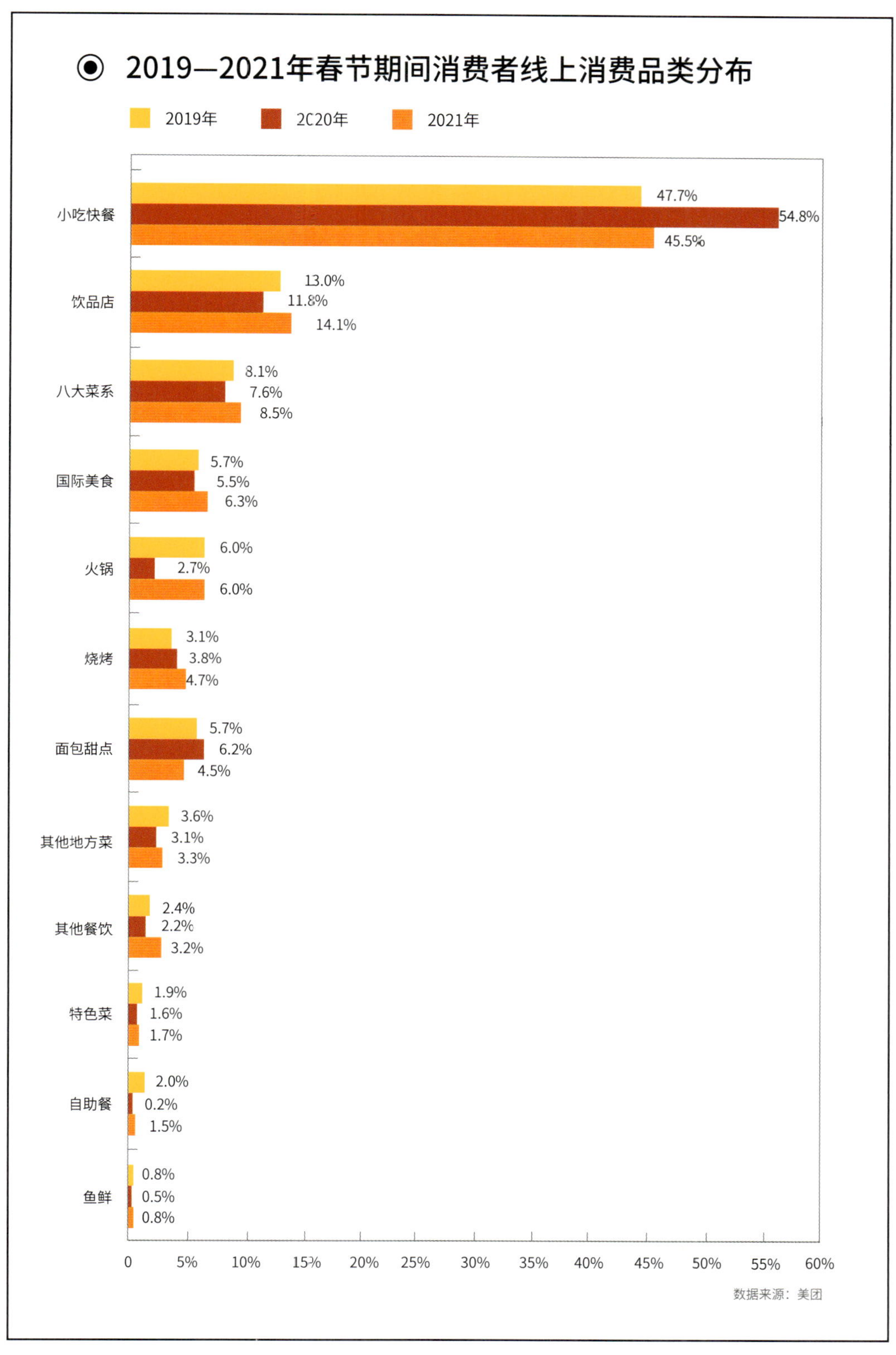

图 3-13　2019—2021 年春节期间消费者线上消费品类分布

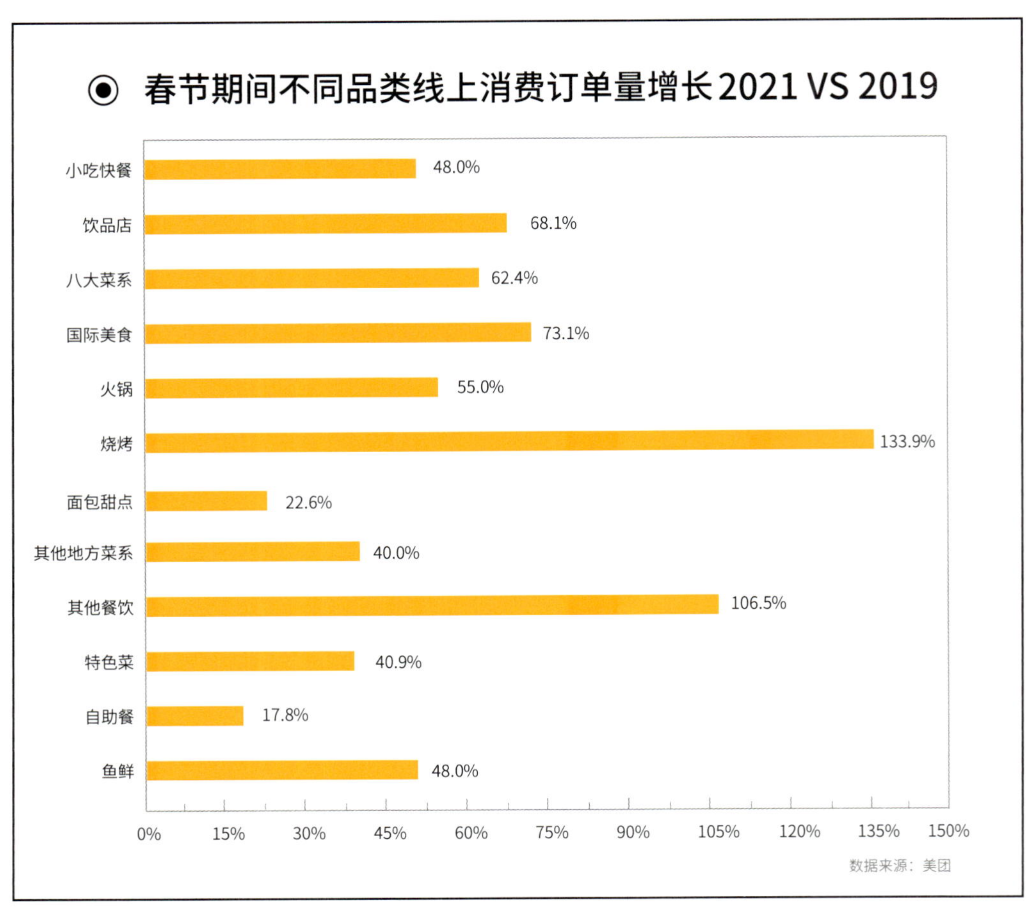

图 3-14 春节期间不同品类线上消费订单量增长 2021 VS 2019

（2）干净整洁、朋友聚会成为春节期间消费评价热词

美团数据显示，在 2021 年春节期间餐饮消费评价热词 top 20 榜中，评价热度最高的词是服务热情，其次依次是好吃、味道赞、环境很好。值得注意的是，对比 2019 年春节，2021 年涨幅最高的词为干净整洁。受新冠肺炎疫情影响，人们十分享受能聚在一起的时光，但对用餐卫生也有了更多要求（图 3-15）。

从春节期间评价关键词涨幅 top 5 来看，消费者对于餐厅的需求不仅要有功能属性，例如“朋友聚餐”，还要有配套服务的便利性，比如停车方便。随着年轻人聚餐消费的计划性越来越强，是否可以“提前预约”也成为餐厅服务必不可少的关注点（图 3-16）。

从 2019—2021 年春节期间餐饮线上人均消费情况来看，2021 年春节期间到店和外卖的人均消费都有显著增长，其中 2021 年到店人均消费较 2020 年上涨了 18.9 个百分比，较 2019 年上涨了 12.8 个百分点，消费者对于得来不易的相聚时光更加珍惜（图 3-17）。

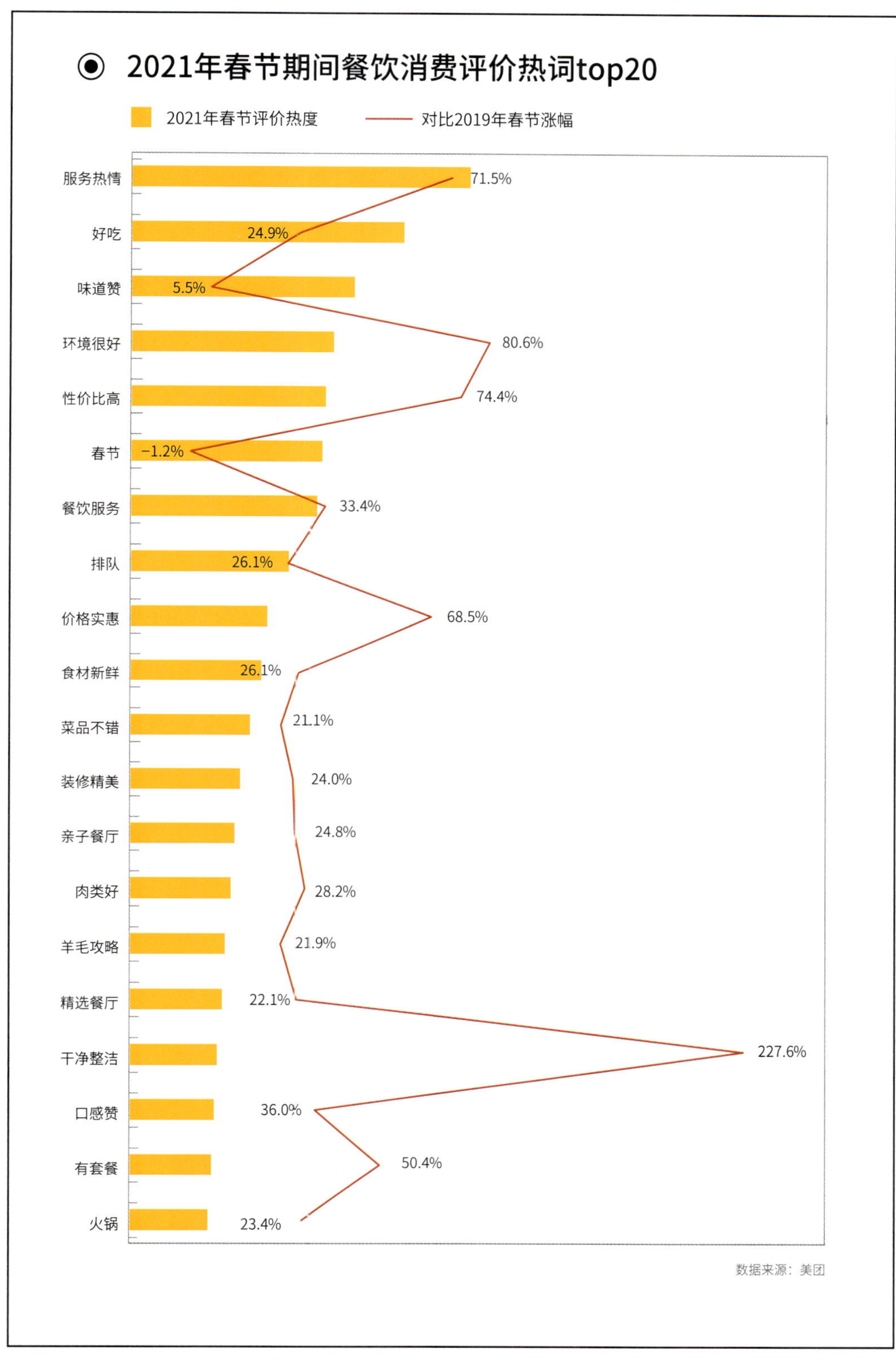

图3-15 2021年春节期间餐饮消费评价热词top20

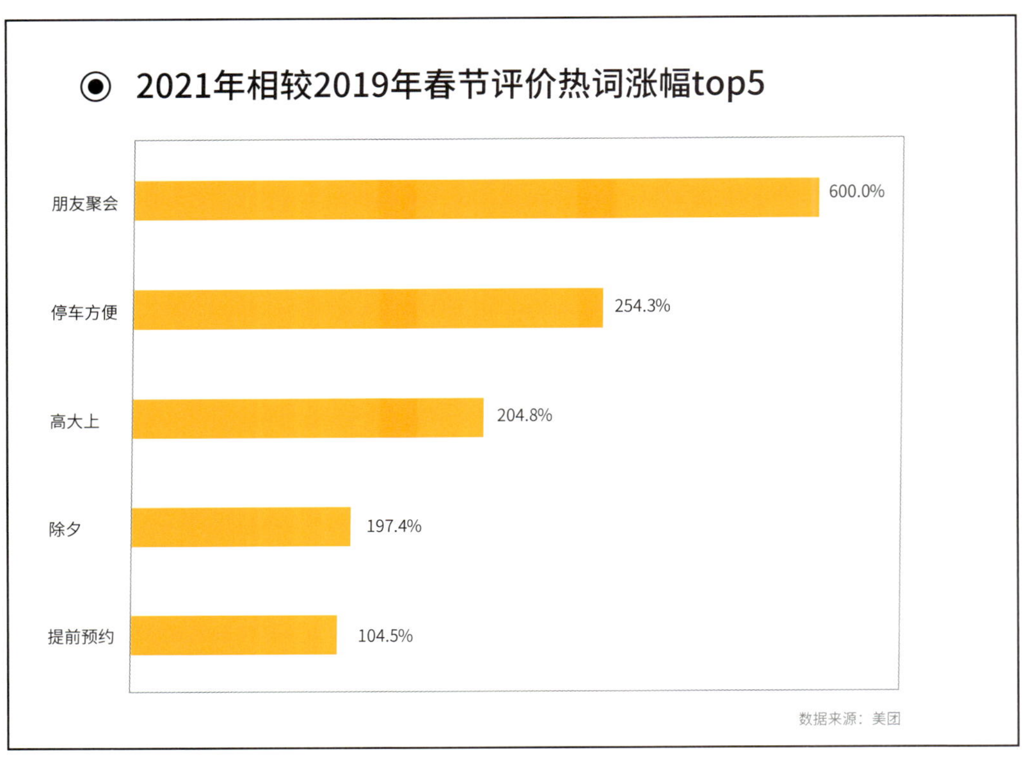

图 3-16　2021 年相较 2019 年春节评价热词涨幅 top5

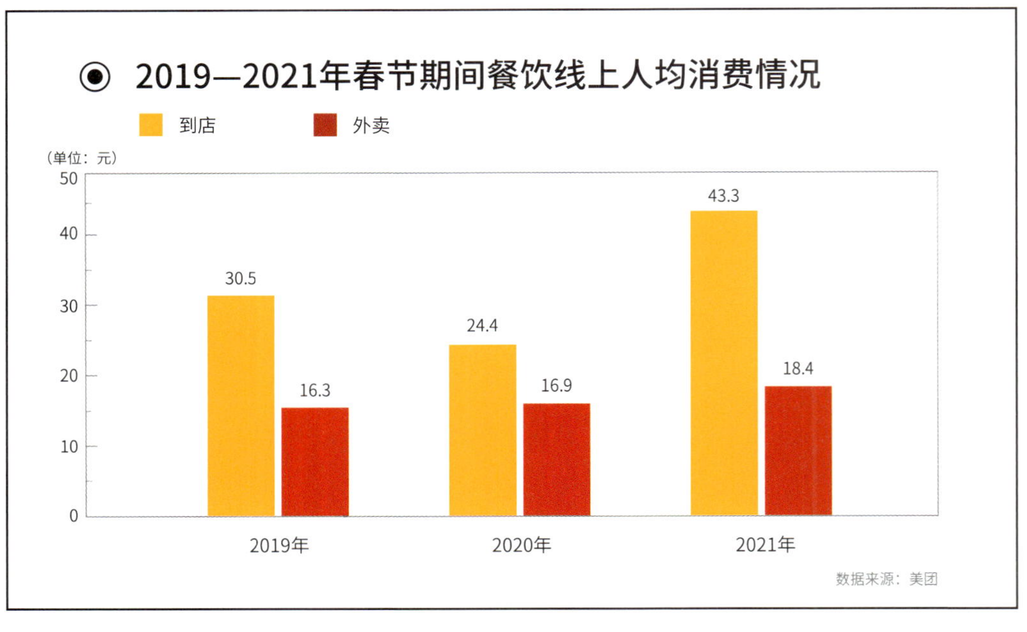

图 3-17　2019—2021 年春节期间餐饮线上人均消费情况

2. 劳动节

时间说明：

2019 年劳动节指的是 2019 年 5 月 1 日—5 月 4 日。

2020 年劳动节指的是 2020 年 5 月 1 日—5 月 5 日。

2021 年劳动节指的是 2021 年 5 月 1 日—5 月 5 日。

劳动节期间餐饮消费品类数据说明：线上消费包含了外卖和到店消费的数据汇总。

（1）小吃快餐热度居高不下，烧烤、鱼鲜受到热捧

美团数据显示，在 2019—2021 年劳动节期间消费者线上消费品类分布中，小吃快餐位居榜首，八大菜系、国际美食、烧烤均呈现加速上升趋势。从劳动节期间不同品类线上消费订单量增长（2021 VS 2019）可以看出，烧烤的线上消费订单量增长幅度最高，同比增长 69.3%。值得注意的是，鱼鲜的线上消费订单量仅次于烧烤，同比增长为 62.0%，天气晴好加上气温变暖，五一假期鱼鲜产品开始受到热捧（图 3-18、图 3-19）。

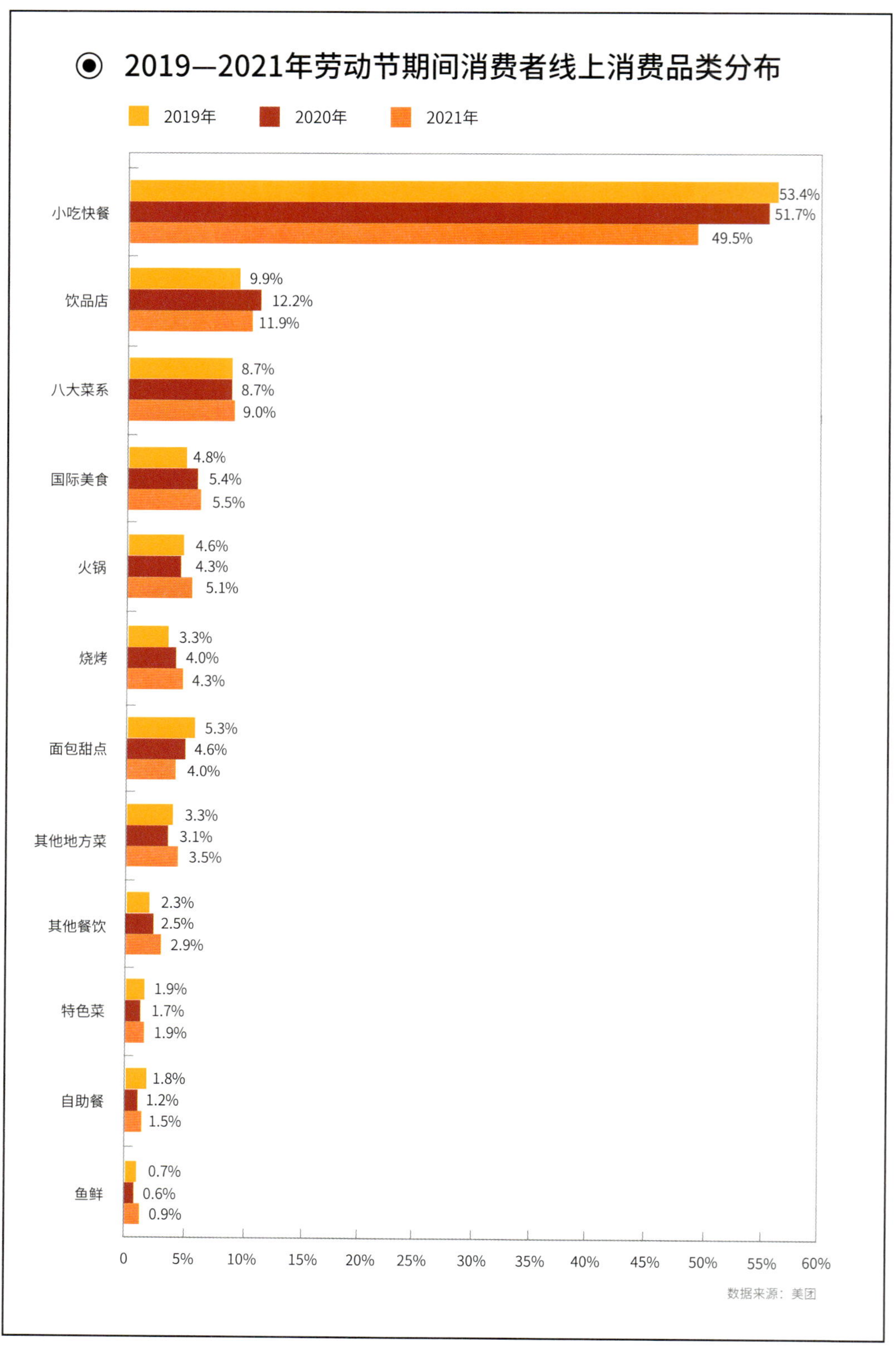

图 3-18　2019—2021 年劳动节期间消费者线上消费品类分布

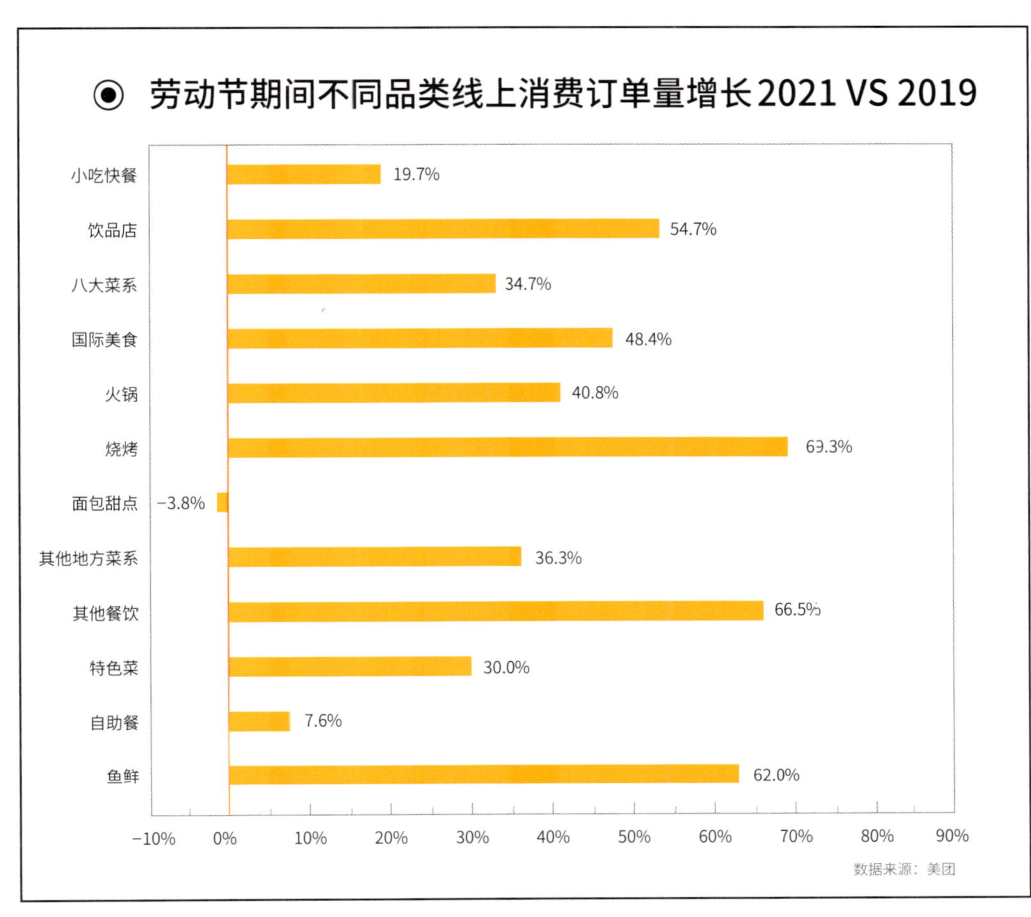

图 3-19 劳动节期间不同品类线上消费订单量增长 2021 VS 2019

数据说明：因 2019 年比 2020 年、2021 年的劳动节假期时间少一天，此图订单量增长为劳动节期间品类日均订单量的同比增长，排除因假期时间长度不一致导致的增长偏差。

（2）好吃成为评价热词 top 1，提前预约成为五一假期常态

美团数据显示，在 2021 年劳动节期间餐饮消费评价热词 top 20 中，评价热度最高的词是好吃，其次依次是服务热情、味道赞、环境很好。值得注意的是，对比 2019 年，2021 年涨幅最高的词为提前预约，“五一”小长假适合朋友欢聚，但由于疫情防控、消费高峰等因素，提前预约也成为常态（图 3-20）。

从 2019—2021 年劳动节评价热词涨幅 top 10 来看，除了朋友聚餐和商务会谈外，现场消毒也成为消费者关注的焦点。此外，消费者开始青睐更加有记忆点的消费体验，例如“有舞台”“庭院餐厅”（图 3-21）。

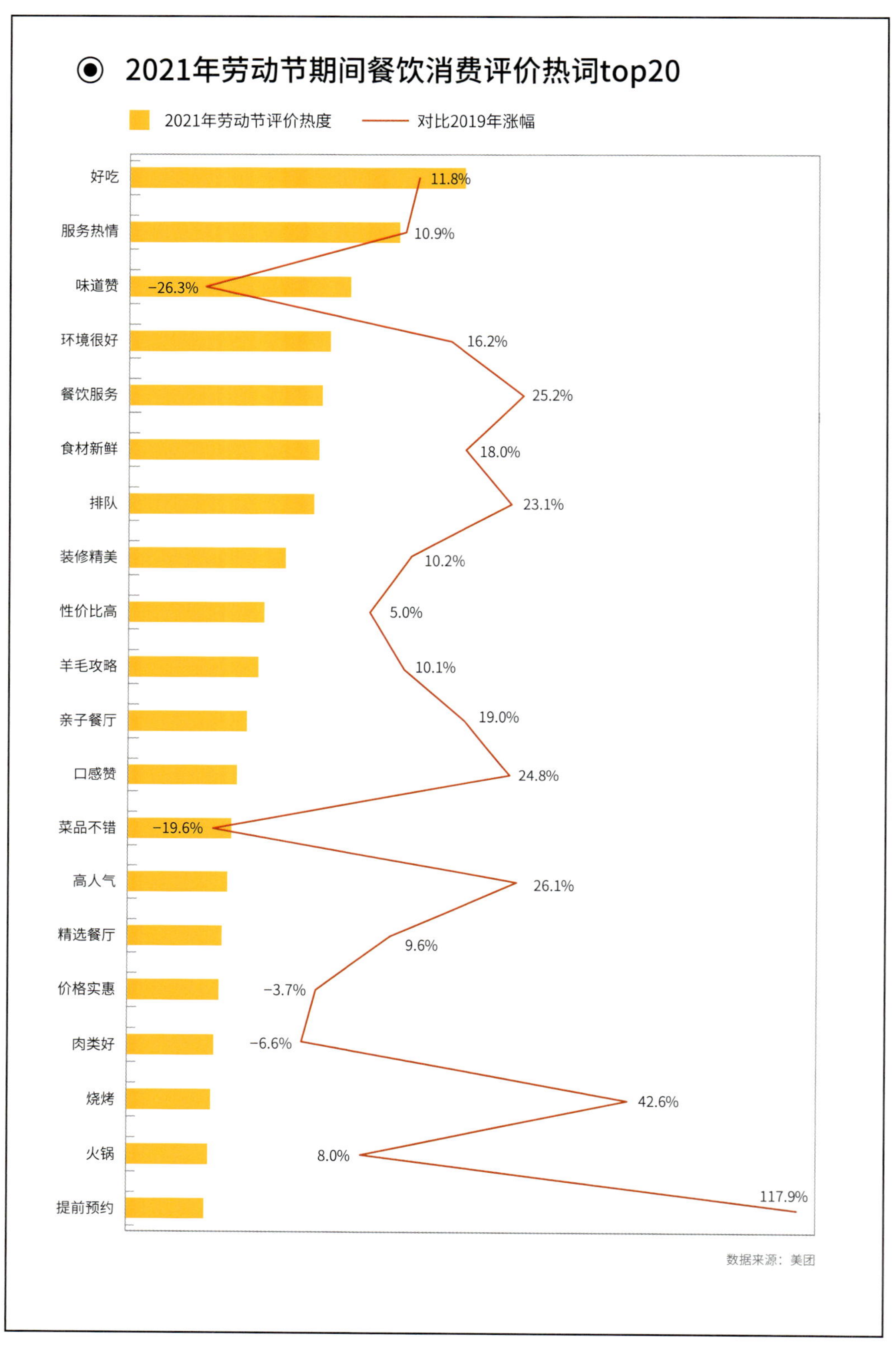

图 3-20　2021 年劳动节期间餐饮消费评价热词 top20

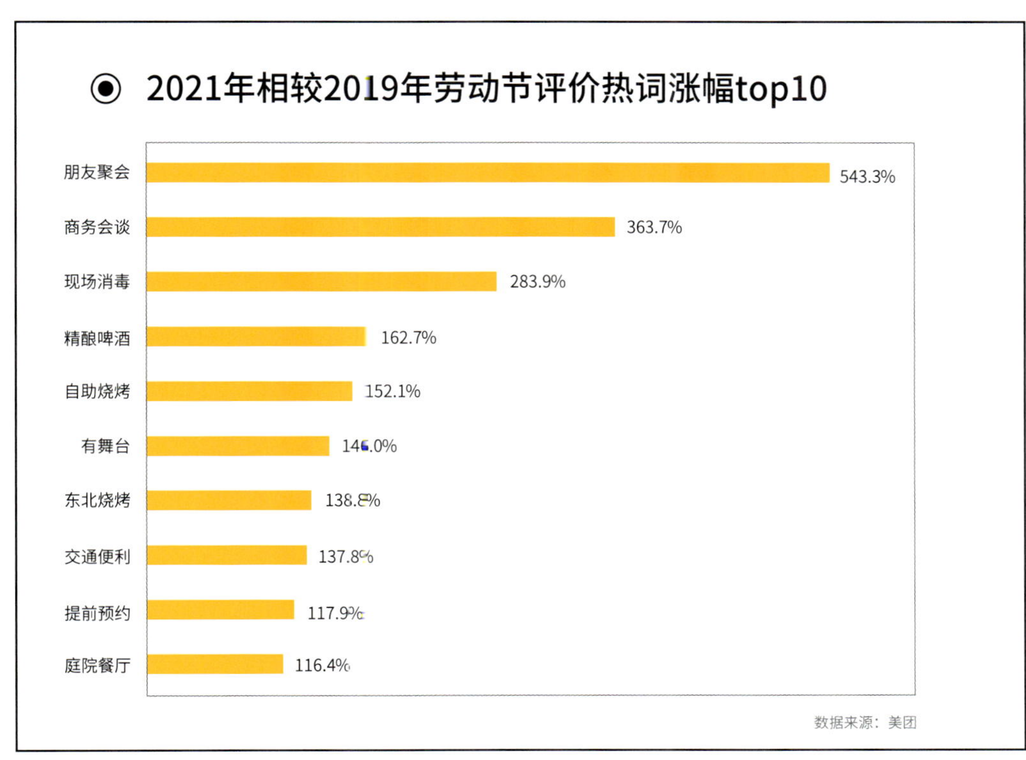

图 3-21 2021 年相较 2019 年劳动节评价热词涨幅 top 10

从 2019—2021 年劳动节期间餐饮线上人均消费情况来看，到店和外卖的人均消费整体都有增长，对比 2020 年劳动节餐饮到店人均消费情况，2021 年增长显著，假日消费是商家营销的重要时间节点，不仅有流量，更有消费力（图 3-22）。

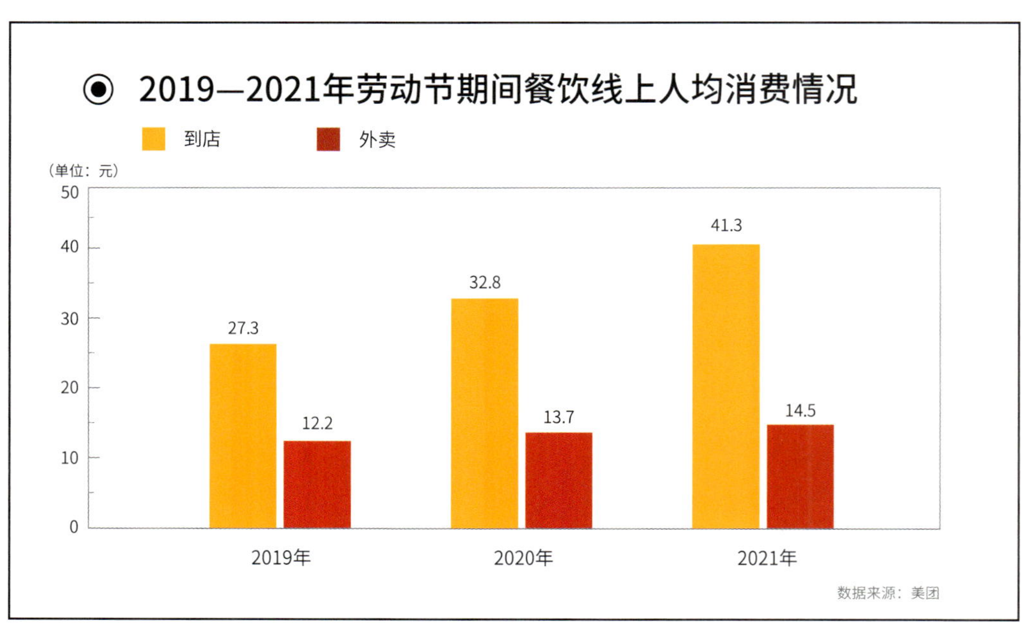

图 3-22　2019—2021 年劳动节期间餐饮线上人均消费情况

3. 国庆节

时间说明：

2019 年国庆节指的是 2019 年 10 月 1 日—10 月 7 日。

2020 年劳动节指的是 2020 年 10 月 1 日—10 月 7 日。

2021 年劳动节指的是 2021 年 10 月 1 日—10 月 7 日。

国庆期间餐饮消费品类数据说明：线上消费包含了外卖和到店消费的数据汇总。

（1）秋季限定奶茶在国庆期间爆发，烧烤、海鲜假期需求旺盛

美团数据显示，在 2019—2021 年国庆节期间消费者线上消费品类分布中，小吃快餐位居榜首，饮品、八大菜系、国际美食、火锅、烧烤均呈现加速上升趋势。从国庆节期间不同品类线上消费订单量增长（2021 VS 2019）可以看出，烧烤的线上消费订单量增长幅度最高，同比增长 70.3%；鱼鲜、饮品的线上消费订单量也较高，同比增长依次为 68.1%、58.5%。中国人认为秋季是吃鲜鱼、鲜虾的好季节，国庆期间消费者对海鲜的需求量攀升，秋季限定奶茶也在假期爆发（图 3-23、图 3-24）。

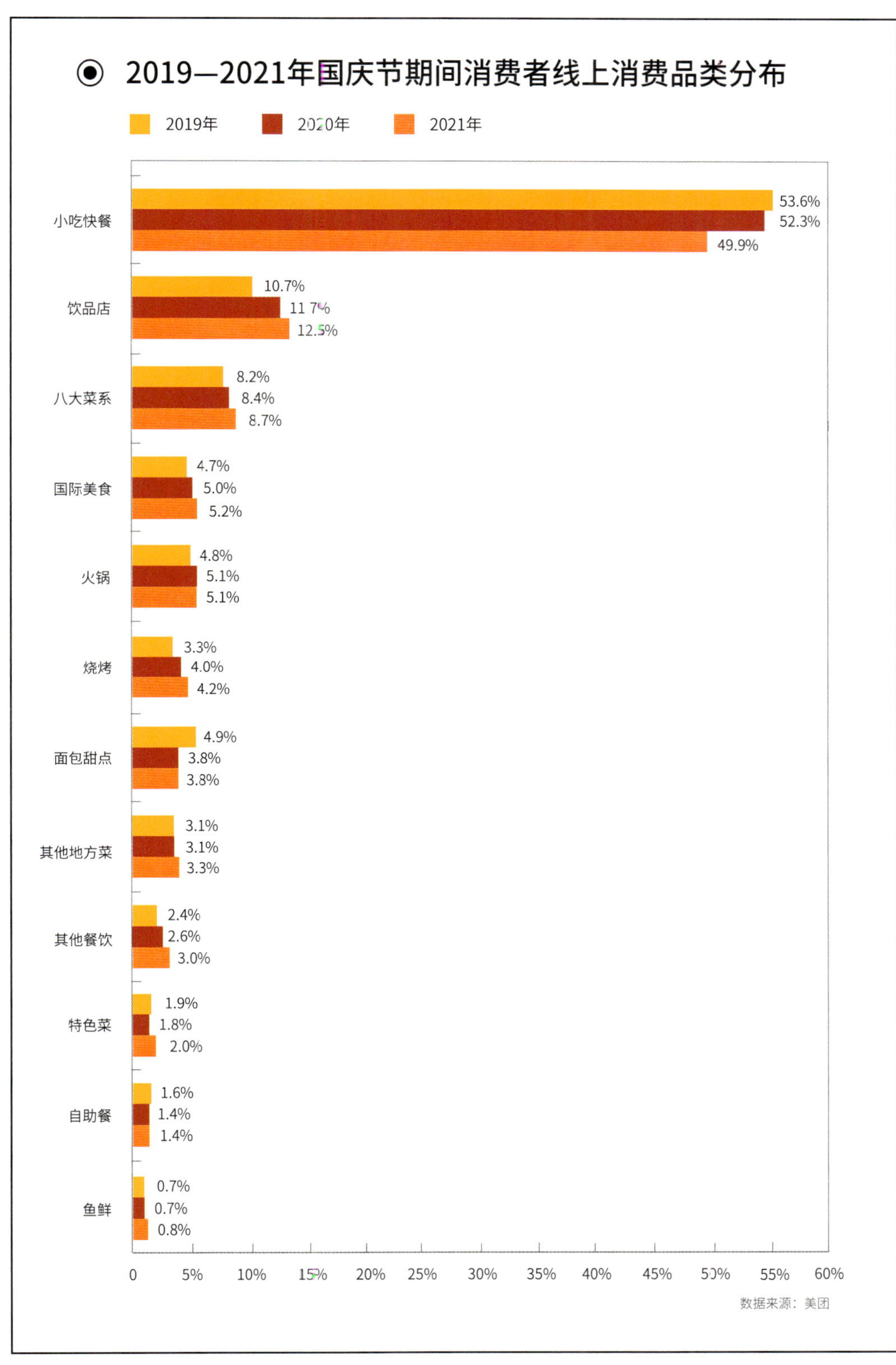

图3-23 2019—2021年国庆节期间消费者线上消费品类分布

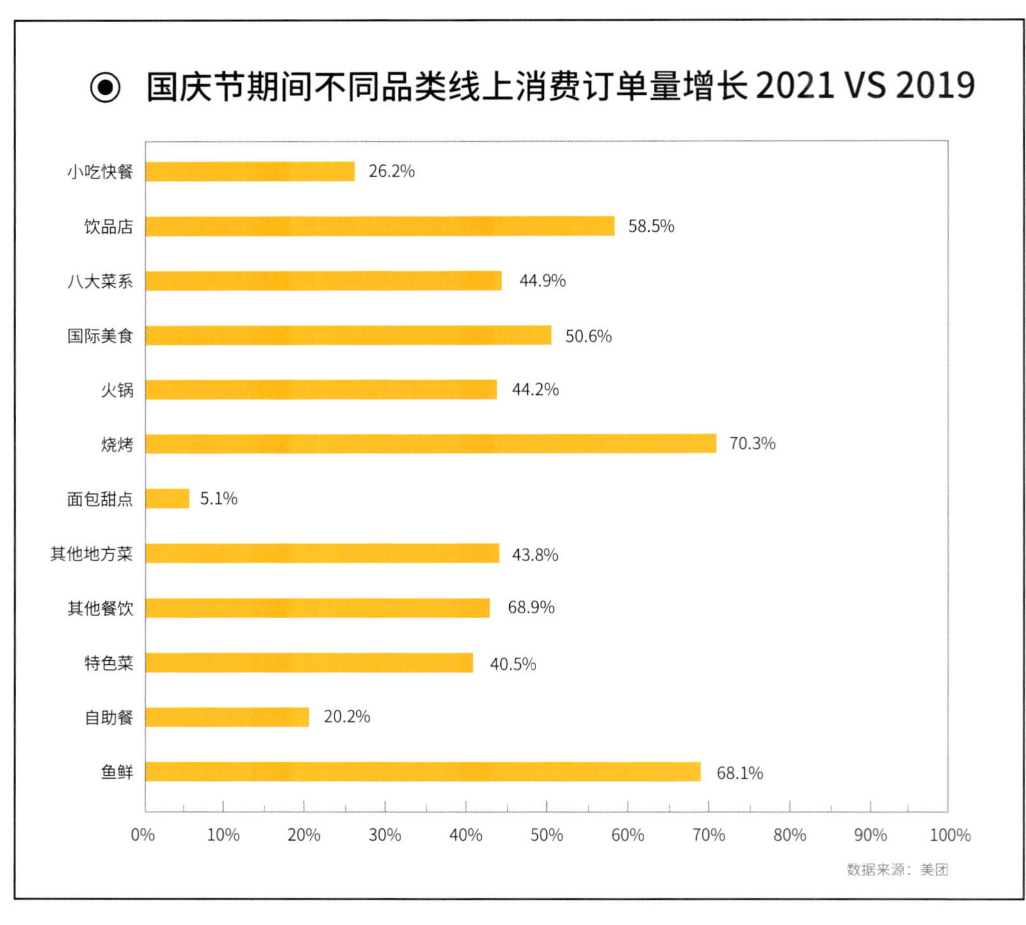

图 3-24　国庆节期间不同品类线上消费订单量增长 2021 VS 2019

（2）服务热情成为国庆节评价热词，现场消毒一词引发消费者关注

美团数据显示，在 2021 年国庆节期间餐饮消费评价热词 top 20 中，评价热度最高的词是服务热情，其次依次是好吃、味道赞、环境很好。值得注意的是，2021 年评价热词涨幅最高的为朋友聚会，其次为现场消毒。受新冠肺炎疫情等因素影响，十一黄金周期间，国内游成为大家首选的旅游过节方式，卫生条件是否达标也引起了部分消费者的关注（图 3-25、图 3-26）。

从 2019—2021 年国庆节期间餐饮线上人均消费情况来看，到店和外卖的人均消费整体都有增长，到店人均消费比外卖人均增长幅度更高（图 3-27）。

图 3-25　2021 年国庆节期间餐饮消费评价热词 top20

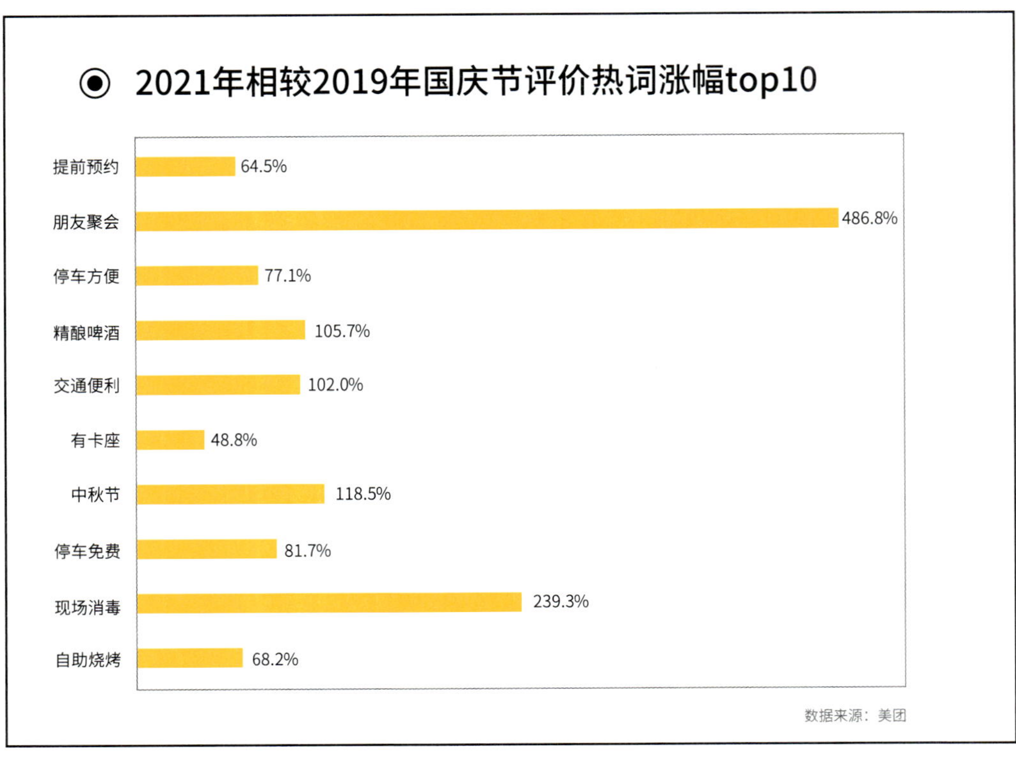

图 3-26　2021 年相较 2019 年国庆节评价热词涨幅 top 10

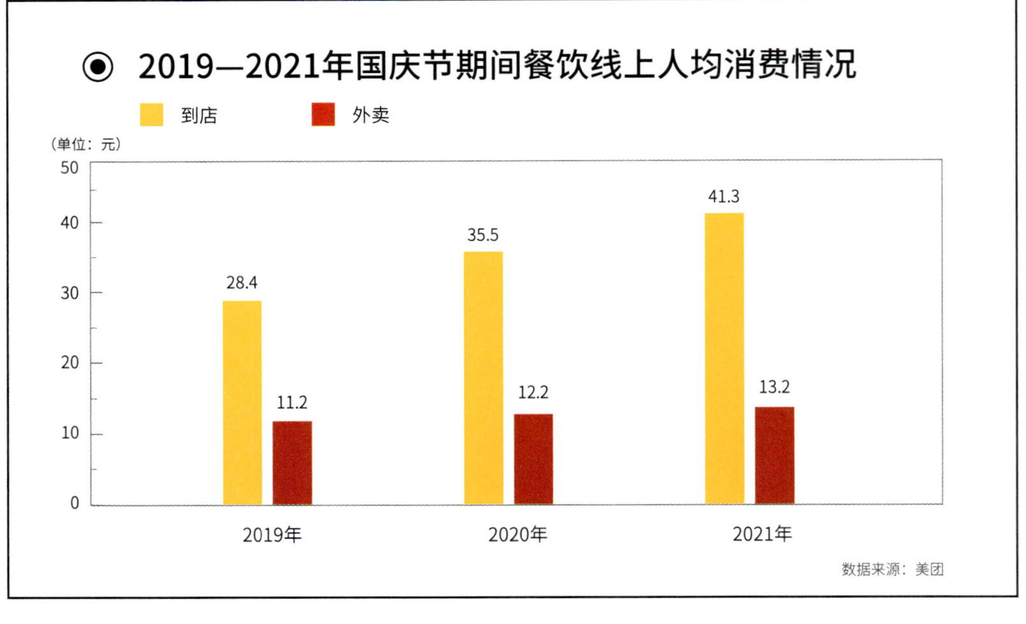

图 3-27　2019—2021 年国庆节期间餐饮线上人均消费情况

四、夜间餐饮

夜间餐饮的数据时段说明：晚餐时段为 17—20 时，宵夜时段为 21—23 时；深夜时段为 0—凌晨 2 时。

1. 夜间餐饮到店消费占比逐年走高，21—23 时外卖订单优势进一步扩大

美团数据显示，在 2019—2021 年到店餐饮消费夜间时段订单分布中，2021 年 17—20 时的晚餐时段占比 38.5%，17—凌晨 2 时的订单占比达 48.9%，且呈现显著上涨趋势。消费者对夜间到店消费的需求不断攀升（图 3-28）。

从餐饮外卖夜间消费时段分布来看，21—凌晨 2 时的消费占比高于到店消费的占比，其中 21—23 时的外卖订单占比在逐年攀升（图 3-29）。

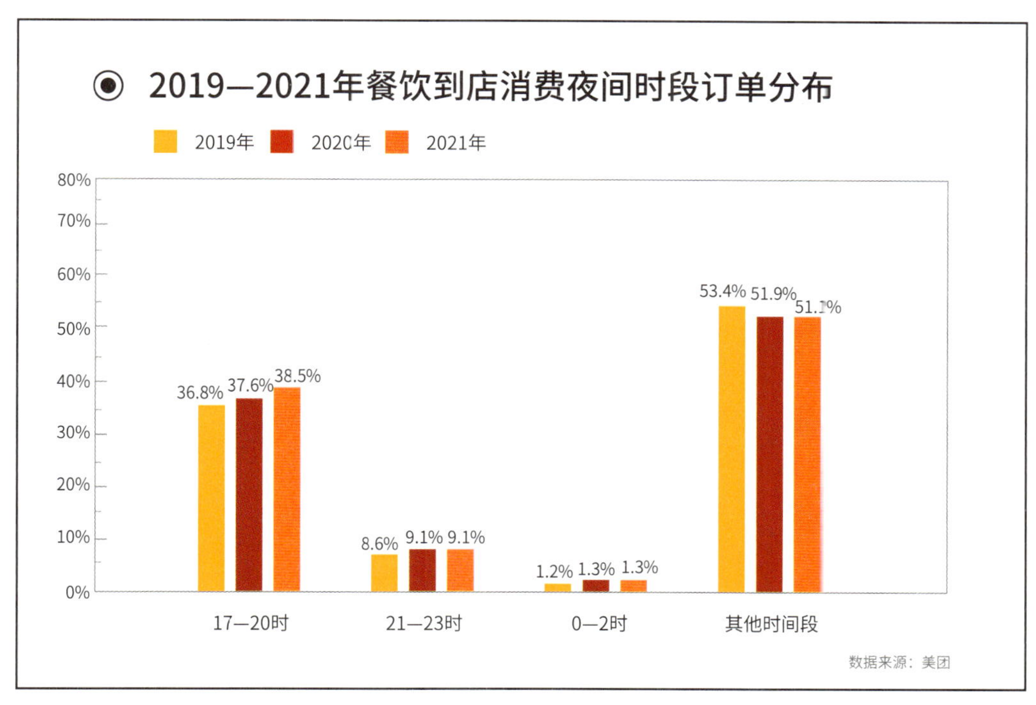

图 3-28　2019—2021 年餐饮到店消费夜间时段订单分布

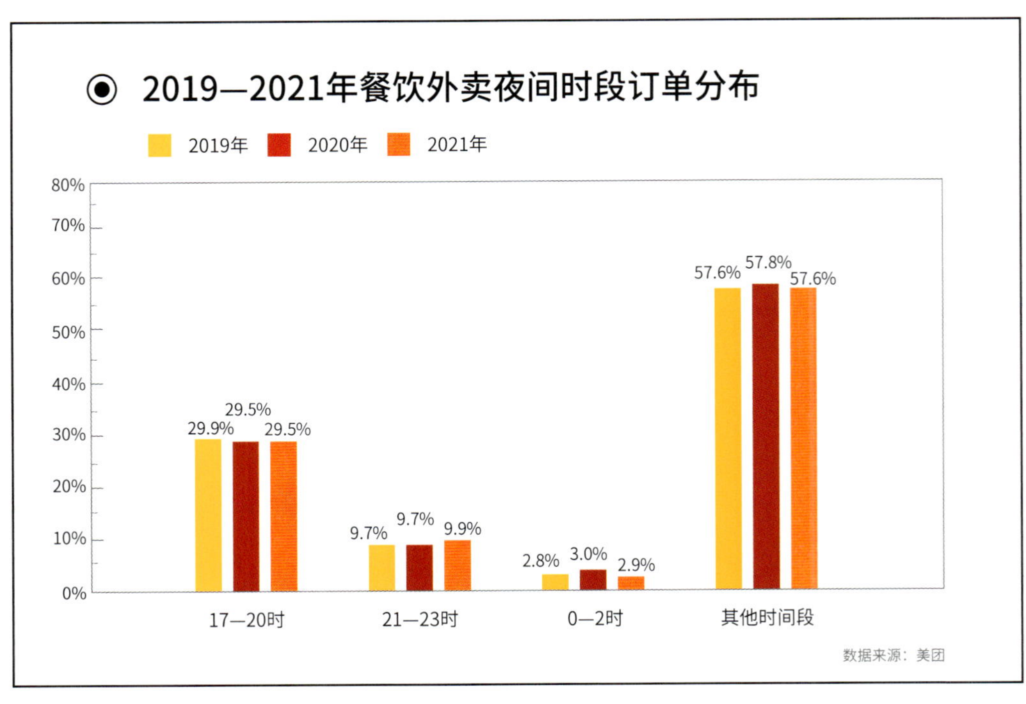

图 3-29　2019—2021 年餐饮外卖夜间时段订单分布

2. 夜间餐饮到店消费涨幅超其他时段，外卖成就全时段销售

美团数据显示，在晚餐及夜间时段到店消费订单年同比增长情况中，2020 年受到新冠肺炎疫情影响，增长在各时段均为负值，2021 年恢复增长，在 17—20 时同比增长为 35.5%，其次是 21—23 时和 0—2 时，时段订单同比增长幅度均超过其他时段的订单增长（图 3-30）。

从晚餐及夜间时段外卖消费订单年同比增长情况来看，2020 年外卖的同比增长最高的集中在 0—2 时，2021 年外卖的同比增长最高的集中在 21—23 时。人们对夜生活的需求随着市场环境的好转也在显著提升，外卖让全时段销售不再局限于餐厅内的消费场景（图 3-31）。

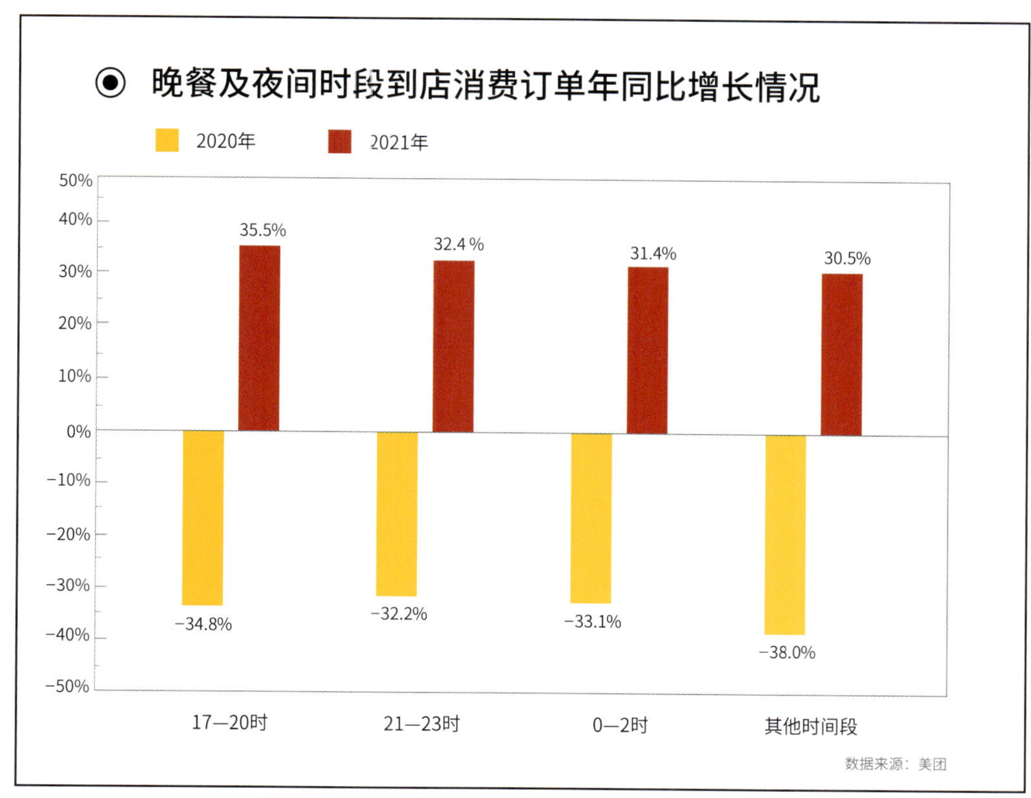

图3-30 晚餐及夜间时段到店消费订单年同比增长情况

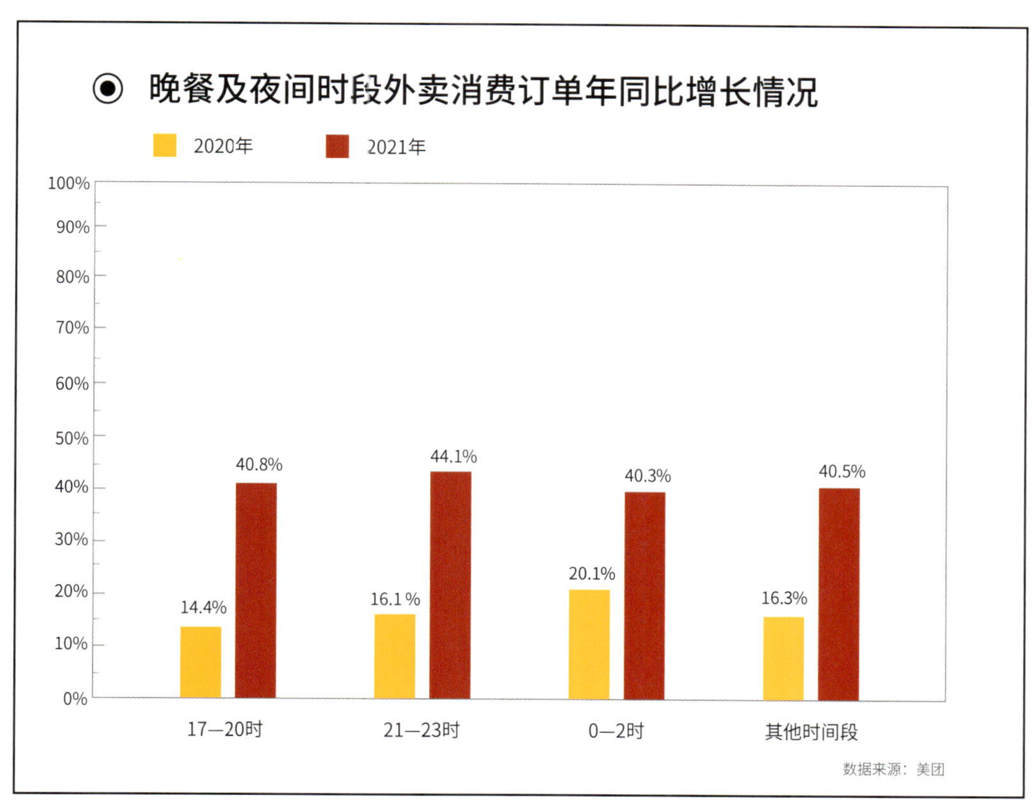

图3-31 晚餐及夜间时段外卖消费订单年同比增长情况

3. 受地理及市场环境等外在条件的影响，南方夜生活较北方更为活跃

美团数据显示，无论是到店还是外卖，在2019—2021年晚餐及夜间消费top 10城市中，北京市、上海市、广州市、深圳市、成都市、重庆市一直位于前列。可以看出，北方城市只有北京、西安两所城市上榜，其他均为南方一线、二线城市（图3-32、图3-33）。

2019—2021年晚餐及夜间到店消费top10城市

排名	2019年	2020年	2021年
1	北京市	深圳市	上海市
2	深圳市	上海市	北京市
3	广州市	广州市	深圳市
4	上海市	成都市	成都市
5	成都市	北京市	广州市
6	重庆市	重庆市	重庆市
7	西安市	西安市	杭州市
8	武汉市	杭州市	西安市
9	东莞市	东莞市	武汉市
10	苏州市	佛山市	苏州市

数据来源：美团

图3-32　2019—2021年晚餐及夜间到店消费top 10城市

◉ 2019—2021年晚餐及夜间外卖消费top10城市

排名	2019年	2020年	2021年
1	北京市	深圳市	广州市
2	深圳市	广州市	深圳市
3	上海市	北京市	北京市
4	广州市	上海市	上海市
5	成都市	成都市	成都市
6	重庆市	重庆市	重庆市
7	杭州市	杭州市	杭州市
8	苏州市	东莞市	东莞市
9	东莞市	苏州市	苏州市
10	武汉市	佛山市	佛山市

数据来源：美团

图 3-33 2019—2021 年晚餐及夜间外卖消费 top 10 城市

4. 烧烤加码，进入到店夜间消费 top5，饮品夜间外卖占比 3 年提高 4.4 个百分点

美团数据显示，无论是到店还是外卖，在 2019—2021 年中国晚餐时段及夜间餐饮消费 top5 品类及订单占比中，小吃快餐都位于榜首。从 2019—2020 年，夜间餐饮到店消费品类 top4 基本不变，top5 由偏零售的面包甜点，变成了烧烤。从占比情况来看，八大菜系、火锅的占比也在逐年上升（图 3-34）。

从 2019—2021 年夜间餐饮外卖消费品类分布来看，top5 品类较为稳定，3 年内仅是排名先后发生了变化；但是从占比情况来看，仅有饮品在夜间外卖消费的占比逐年上涨，从 2019 年的 5.7% 上涨到 2021 年的 10.1%，占比增长显著（图 3-35）。

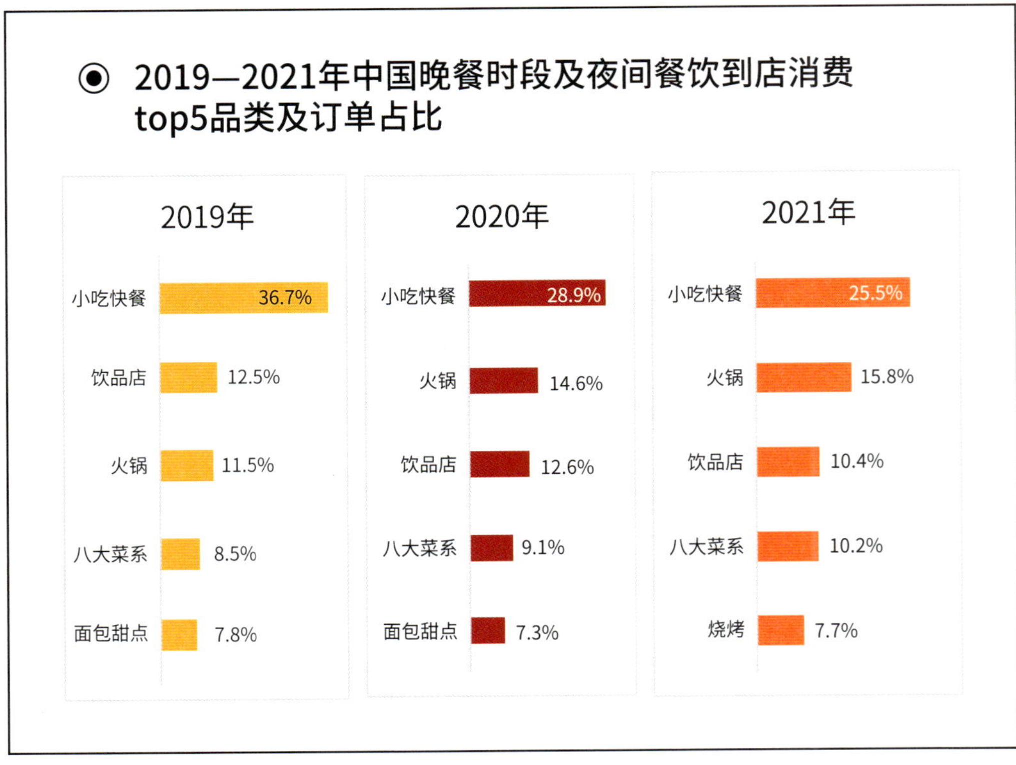

图 3-34　2019—2021 年中国晚餐时段及夜间餐饮到店消费 top5 品类及订单占比

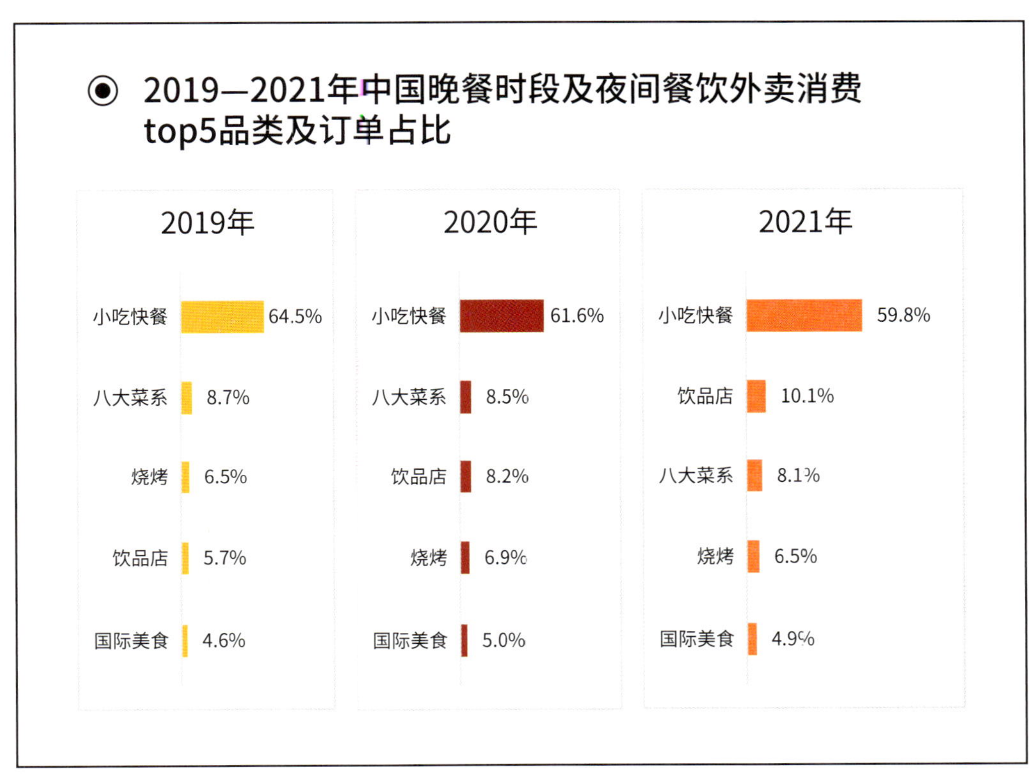

图 3-35 2019—2021 年中国晚餐时段及夜间餐饮外卖消费 top5 品类及订单占比

5. 消费者夜间消费力更强，200 元以上人均消费占比高

美团数据显示，在 2019—2021 年夜间餐饮不同时段到店人均消费区间分布中，21—23 时时段人均消费区间占比最高的为 50 元以下、51~100 元；0—2 时时段人均消费区间占比最高的为 51~100 元、200 元以上；无论是 21—23 时还是 0—2 时，51~100 元都呈现逐年递增的趋势（图 3-36）。反观 2019—2021 年夜间餐饮不同时段外卖人均消费区间分布中，无论是 21—23 时还是 0—2 时，200 元以上的占比最高，50 元以下的呈现逐年递增的趋势（图 3-37）。

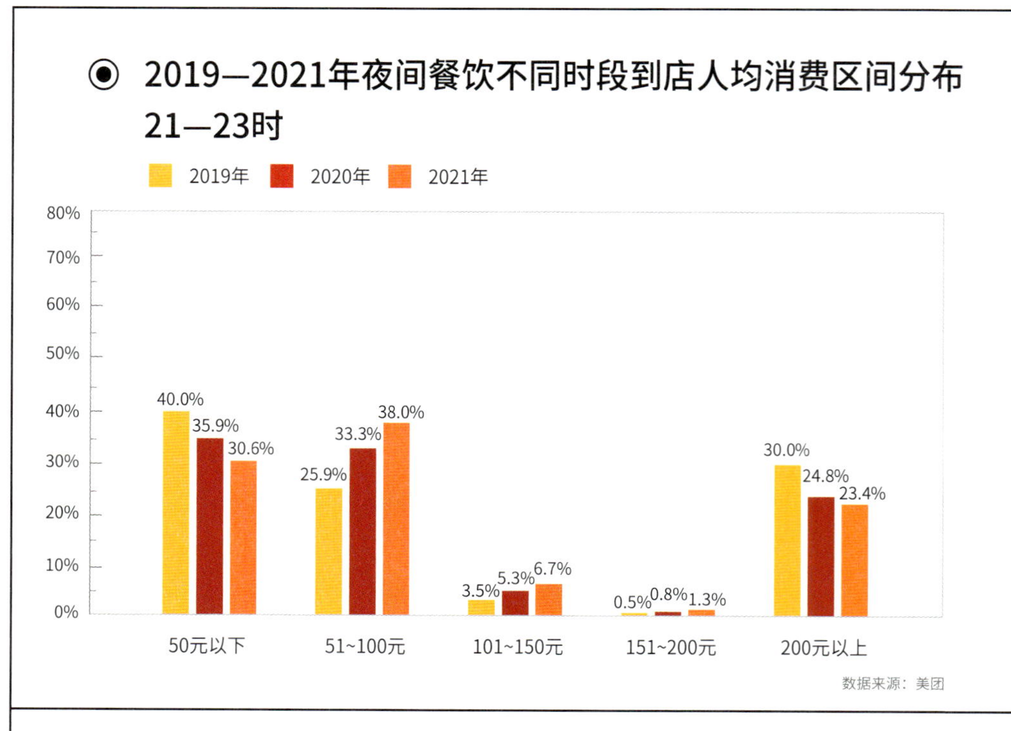

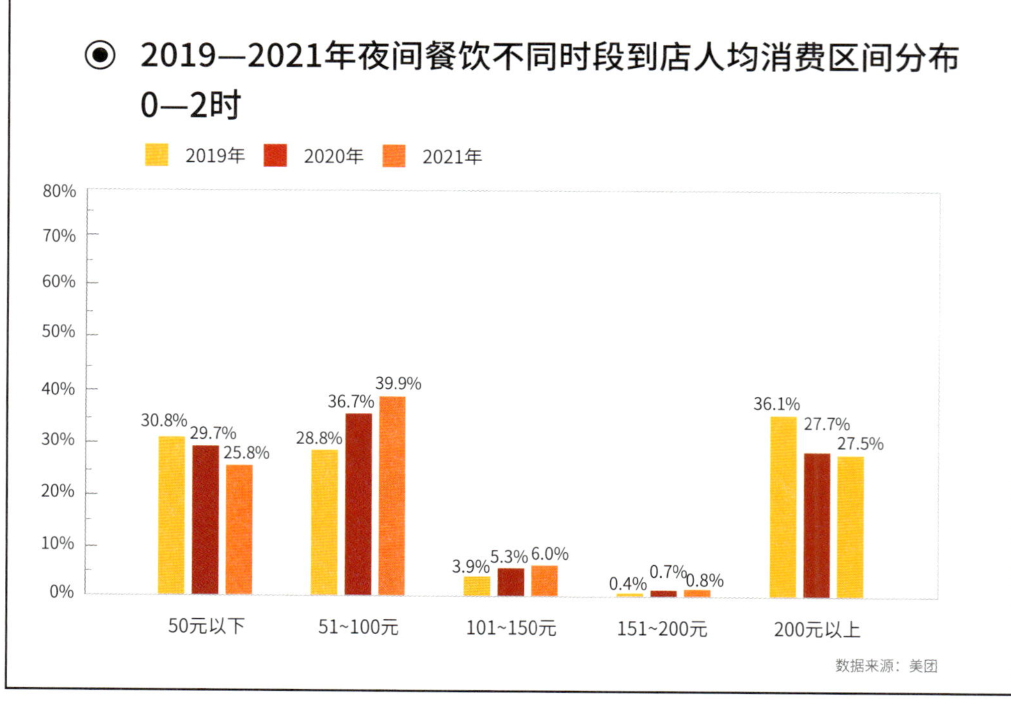

图 3-36　2019—2021 年夜间餐饮不同时段到店人均消费区间分布

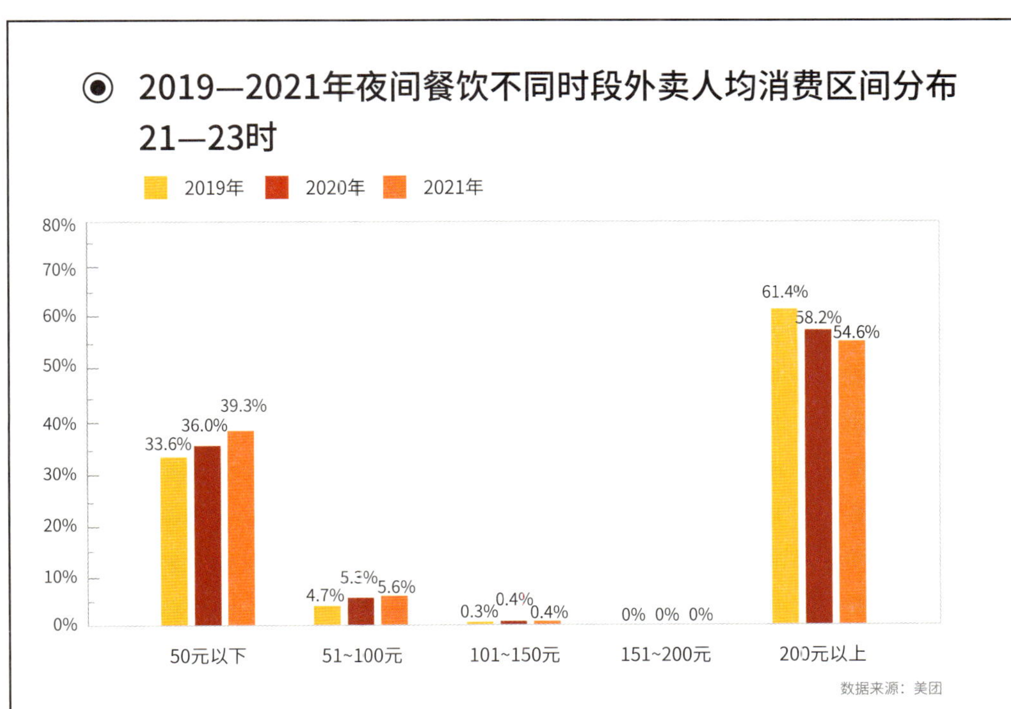

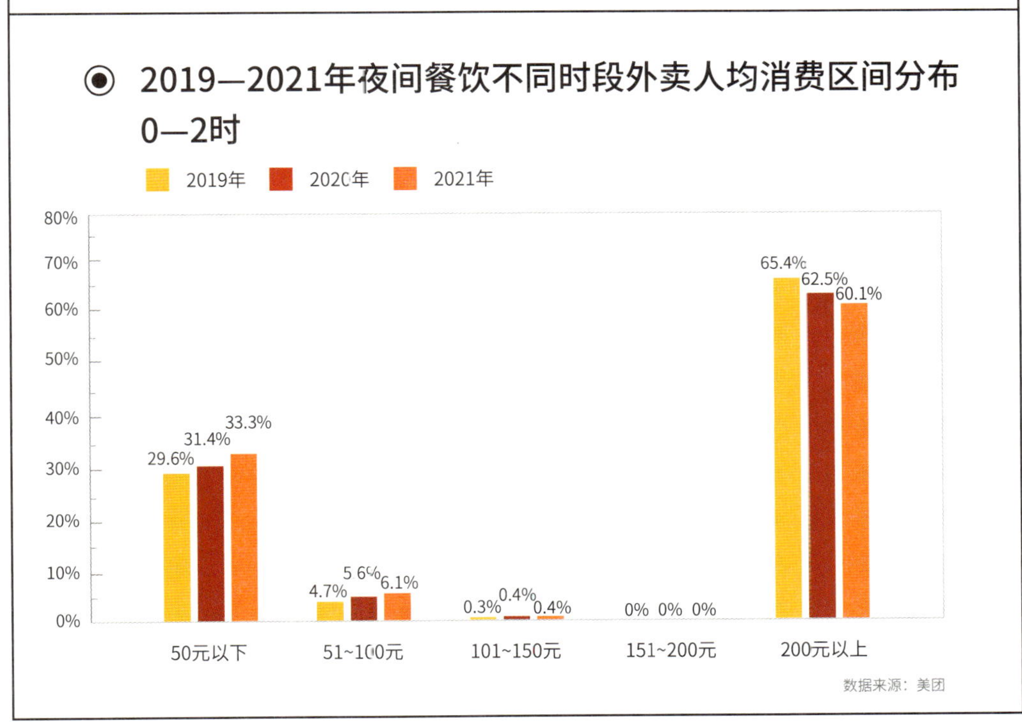

图3-37 2019—2021年夜间餐饮不同时段外卖人均消费区间分布

04

—

用户篇

一、用户画像总览

1. 男性消费者占比呈现显著上涨趋势，线上消费渐成两性消费习惯

美团数据显示，2021 年线上订单消费者中，男性占比 44.4%，女性占比 55.6%，2021 年的女性线上订单消费者虽然整体多于男性，但同比 2020 年，男性线上消费占比呈现明显上涨趋势，两性线上消费分布有望追平（图 4-1）。

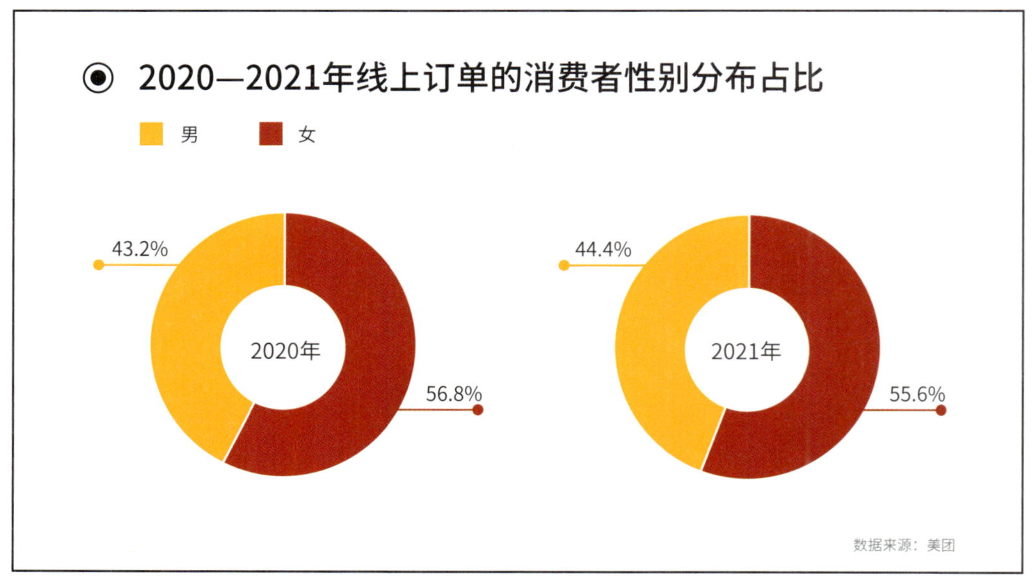

图 4-1　2020—2021 年线上订单的消费者性别分布占比

2. 20~30 岁是线上消费主力军，30~50 岁消费群体占比逐年扩大

美团数据显示，2020—2021 年餐饮线上消费者年龄区间分布中，20~30 岁为主流消费群体，人数占比超 50%；30~40 岁的消费者人数占比超 30%，40~50 岁的群体人数占比不足 10%，但这两个年龄群体人数占比呈现逐年上涨的趋势（图 4-2）。

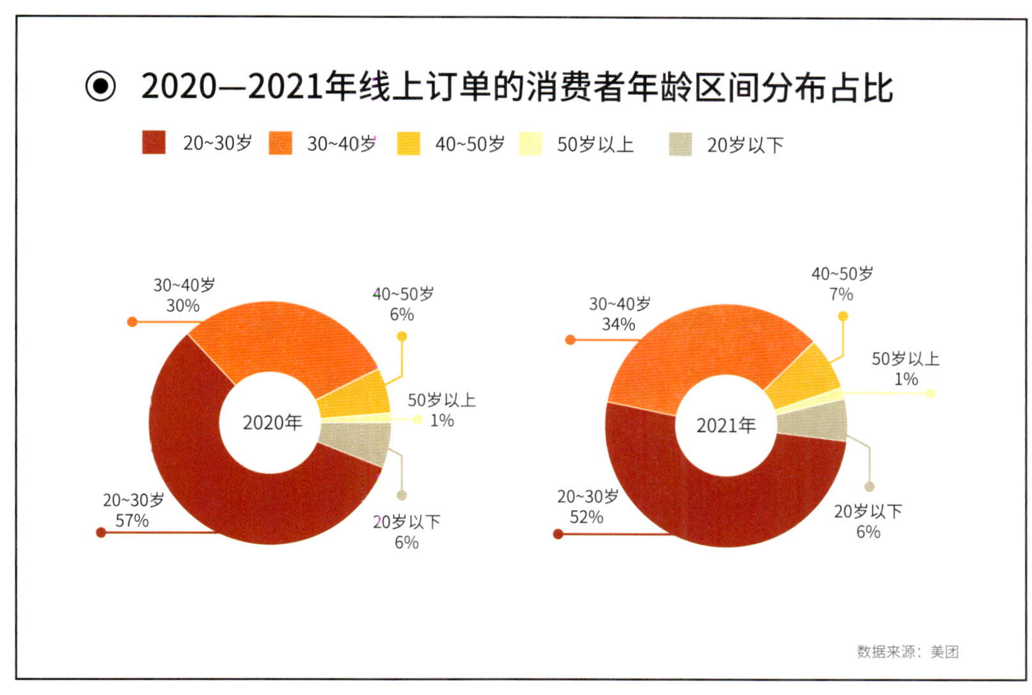

图 4-2 2020—2021 年线上订单的消费者年龄区间分布占比

3. 50 岁以上人群线上消费增长明显，同比涨幅达 68.2%

美团数据显示，在 2021 年不同年龄区间消费者线上订单年同比涨幅中，30 岁以上人群的线上消费涨幅整体偏高，实力不容小觑。50 岁以上人群线上消费涨幅最高，年同比增长 68.2%（图 4-3）。

4. 男性消费能力逐年增长，到店消费习惯渐养成

美团数据显示，在 2019—2021 年不同性别人群外卖人均消费水平中，男性外卖人均消费略低于女性。在 2020 年，男女两性消费持平，为 28.3 元。在 2021 年，男性外卖人均消费为 28.1 元，女性外卖人均消费为 28.4 元。在外卖消费上，男性比女性更加关注性价比（图 4-4）。

从 2019—2021 年不同性别人群到店人均消费水平来看，男性到店人均消费水平都在一定程度上略高于女性。在 2021 年，男性到店人均消费水平为 70 元，女性到店人均消费水平为 63.1 元。男性的到店消费习惯逐渐养成，在到店消费上，男性对于价格的敏感度较女性更低，消费潜力得到释放（图 4-5）。

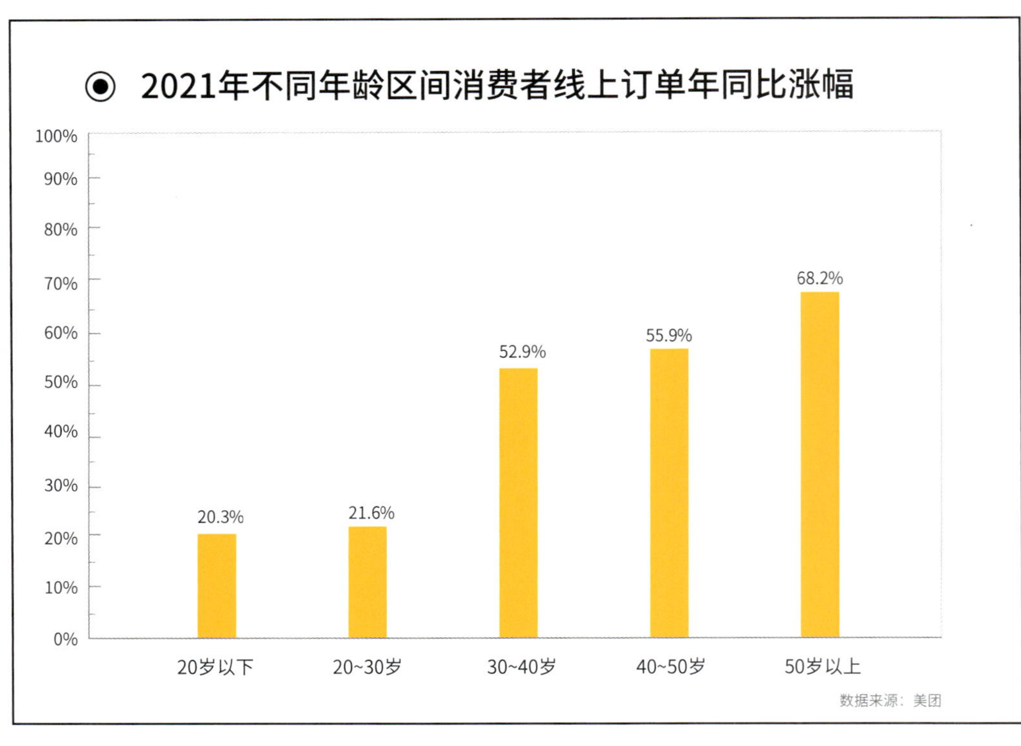

图 4-3　2021 年不同年龄区间消费者线上订单年同比涨幅

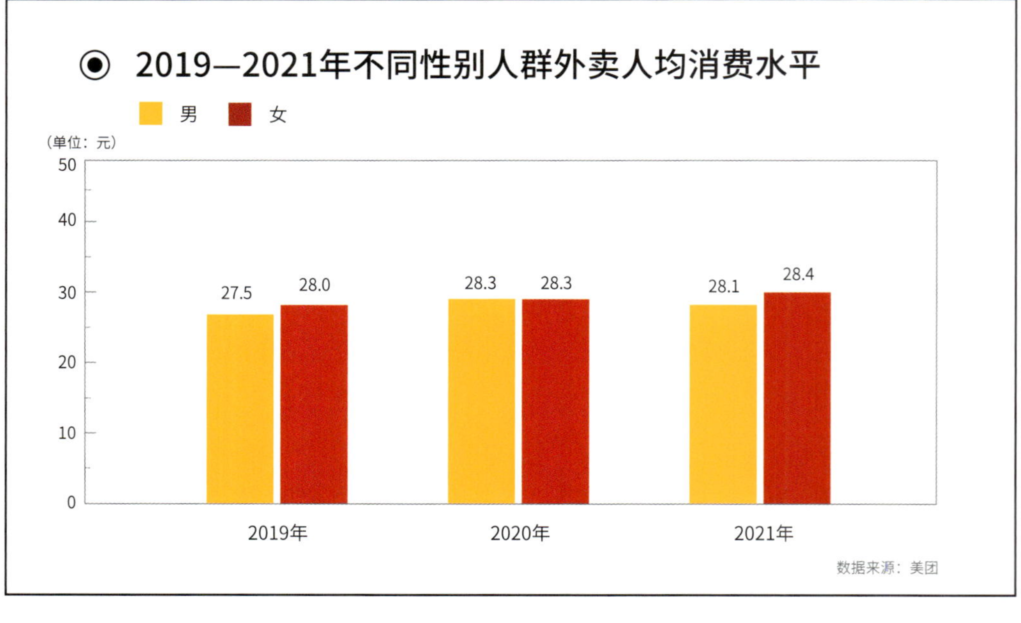

图 4-4　2019—2021 年不同性别人群外卖人均消费水平

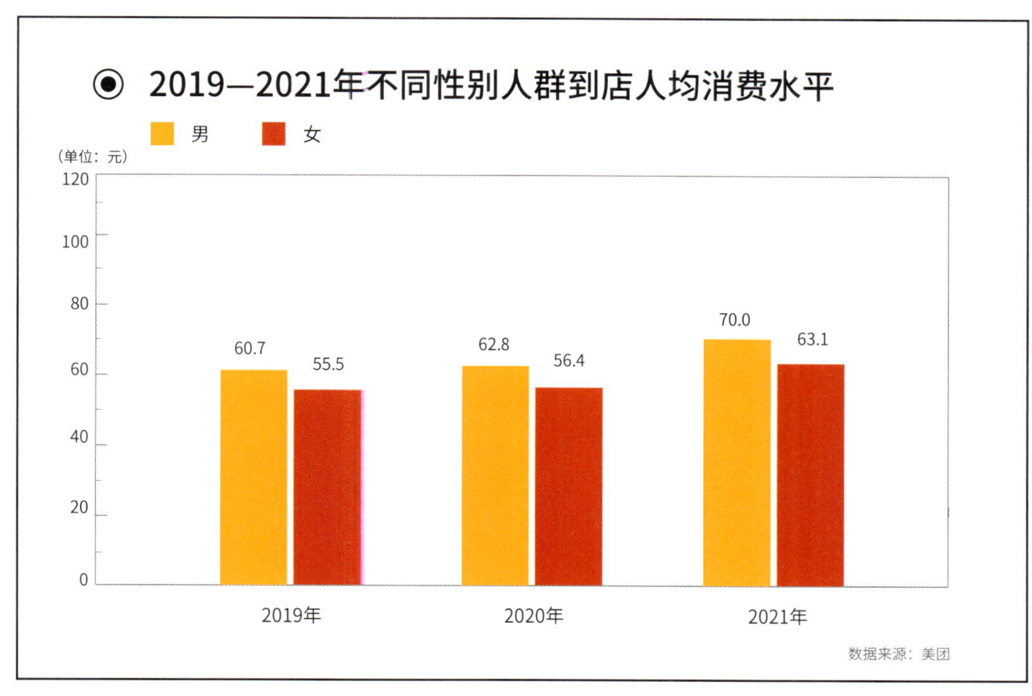

图 4-5 2019—2021 年不同性别人群到店人均消费水平

5.50 岁以上到店人均消费水平达 76.1 元，中老年群体成为线上消费的新力量

美团数据显示，在 2019—2021 年不同年龄群体外卖人均消费水平中，中老年人群消费水平整体偏高。其中，2021 年 30~40 岁的外卖人均消费水平达 30.5 元，40~50 岁的外卖人均消费水平达 33.9 元，50 岁以上的外卖人均消费水平达 35.1 元。从 2019—2021 年不同年龄群体到店人均消费水平来看，中老年人群消费水平整体偏高。其中，2021 年 30~40 岁的到店人均消费水平达 68.6 元，40~50 岁的到店人均消费水平达 71.7 元，50 岁以上的到店人均消费水平达 76.1 元。随着经济的发展，中老年群体逐渐发展成为线上消费的新力量（图 4-6、图 4-7）。

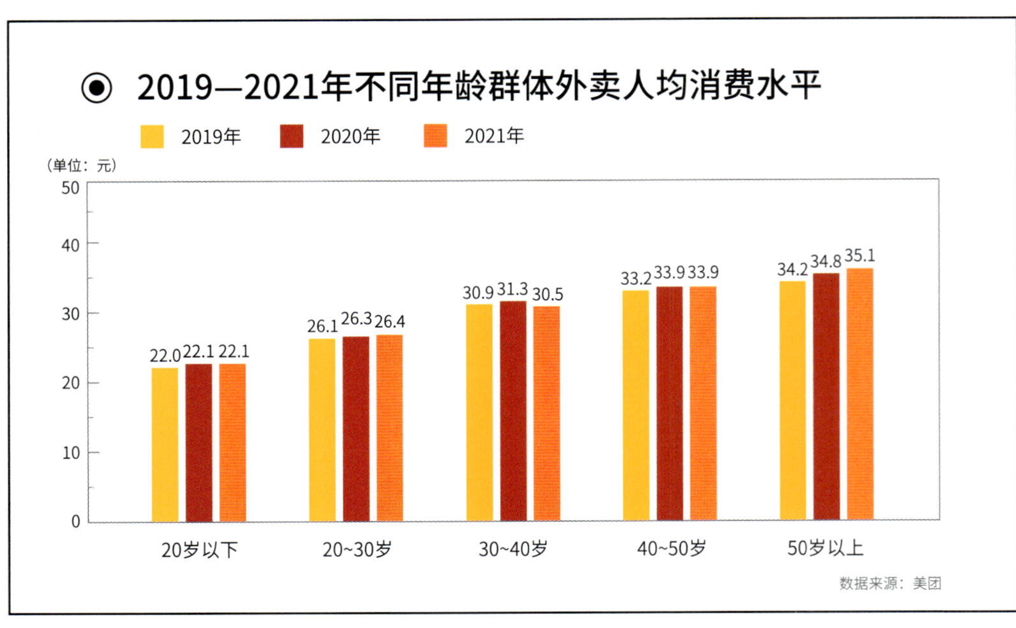

图 4-6　2019—2021 年不同年龄群体外卖人均消费水平

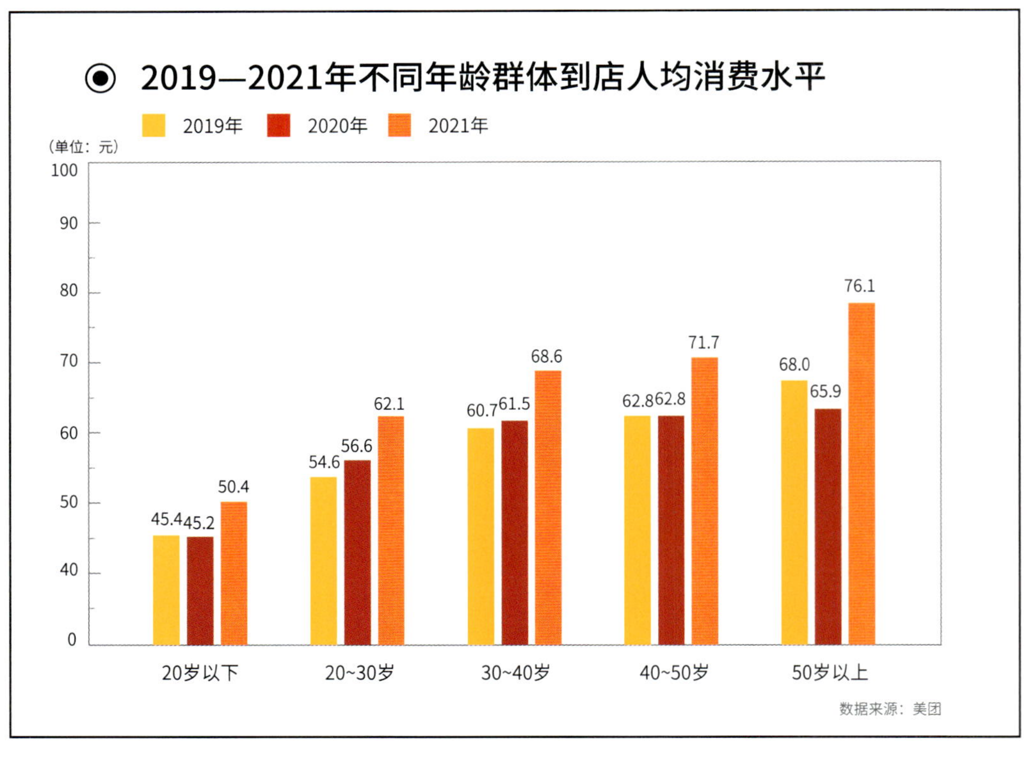

图 4-7　2019—2021 年不同年龄群体到店人均消费水平

6. 一线城市人均消费力更强，2021 年到店人均消费达到 84 元

美团数据显示，在 2019—2021 年不同城市等级外卖人均消费变化中，一线城市外卖人均消费占比最高，并逐年稳定增长，在 2021 年达到 45.4 元。二线、三线、四线、五线城市在 2021 年开始有一定程度的下滑，五线城市在 2021 年人均消费为 26.0 元（图 4-8）。

从 2019—2021 年不同城市等级到店人均消费变化可以看出，无论是一线城市还是五线城市消费都在逐年攀升，一线城市的到店人均消费最高，在 2021 年达到 84 元，且仍然保持较高的增长速度（图 4-9）。

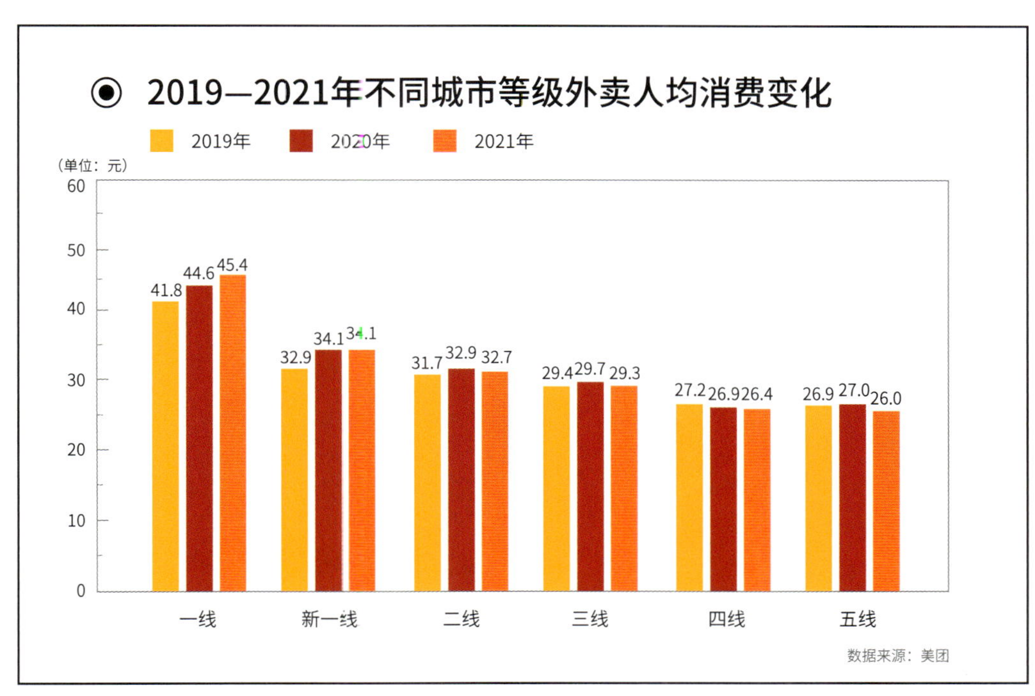

图 4-8　2019—2021 年不同城市等级外卖人均消费变化

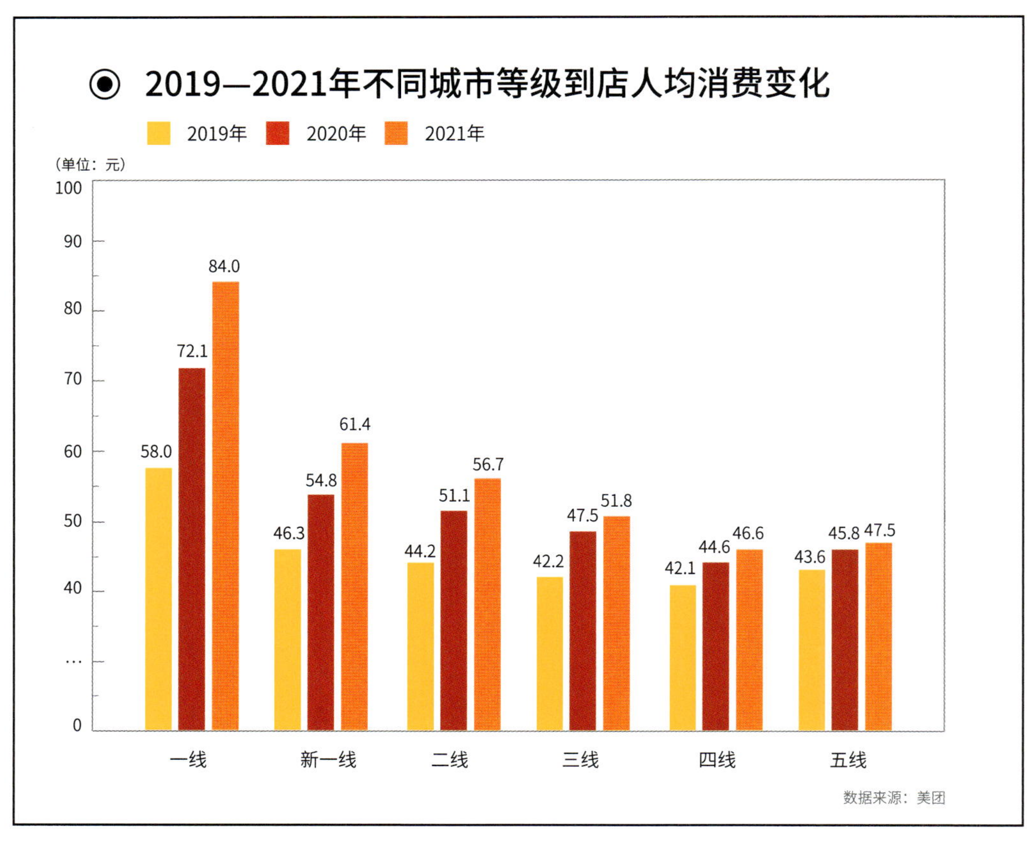

图 4-9　2019—2021 年不同城市等级到店人均消费变化

7. 30~90 元渐成到店主要消费区间，2021 年该区间消费占比超 50%

美团数据显示，在 2019—2021 年到店人均消费区间分布中，30 元以下的消费区间占比最大，但占比呈现逐年缩小的趋势，由 2019 年的 45% 缩小到 2021 年的 29%，占比下降了 16 个百分点；30 元以上的消费区间逐年增加，人均消费区间逐渐从 30 元以下向 30 元以上转移（图 4-10）。

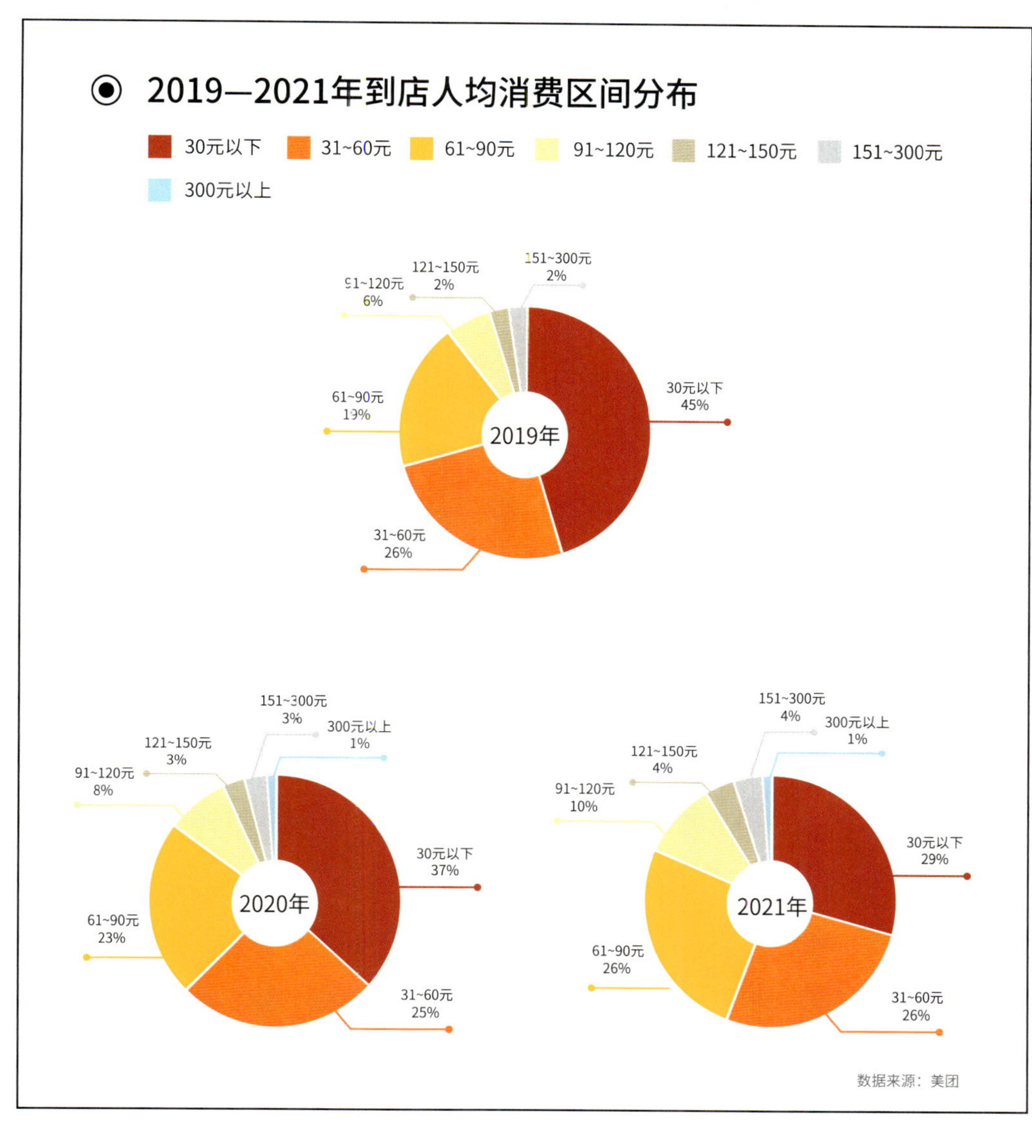

图 4-10　2019—2021 年到店人均消费区间分布

8. 30 元以下是外卖人均消费主流区间，61~120 元人均消费区间占比微涨

美团数据显示，2019—2021 年外卖人均消费区间分布中，30 元以下的人均消费区间仍占主流，31~60 元次之。从不同消费区间的分布变化情况来看，61~90 元、91~120 元区间呈现出微涨的趋势（图 4-11）。

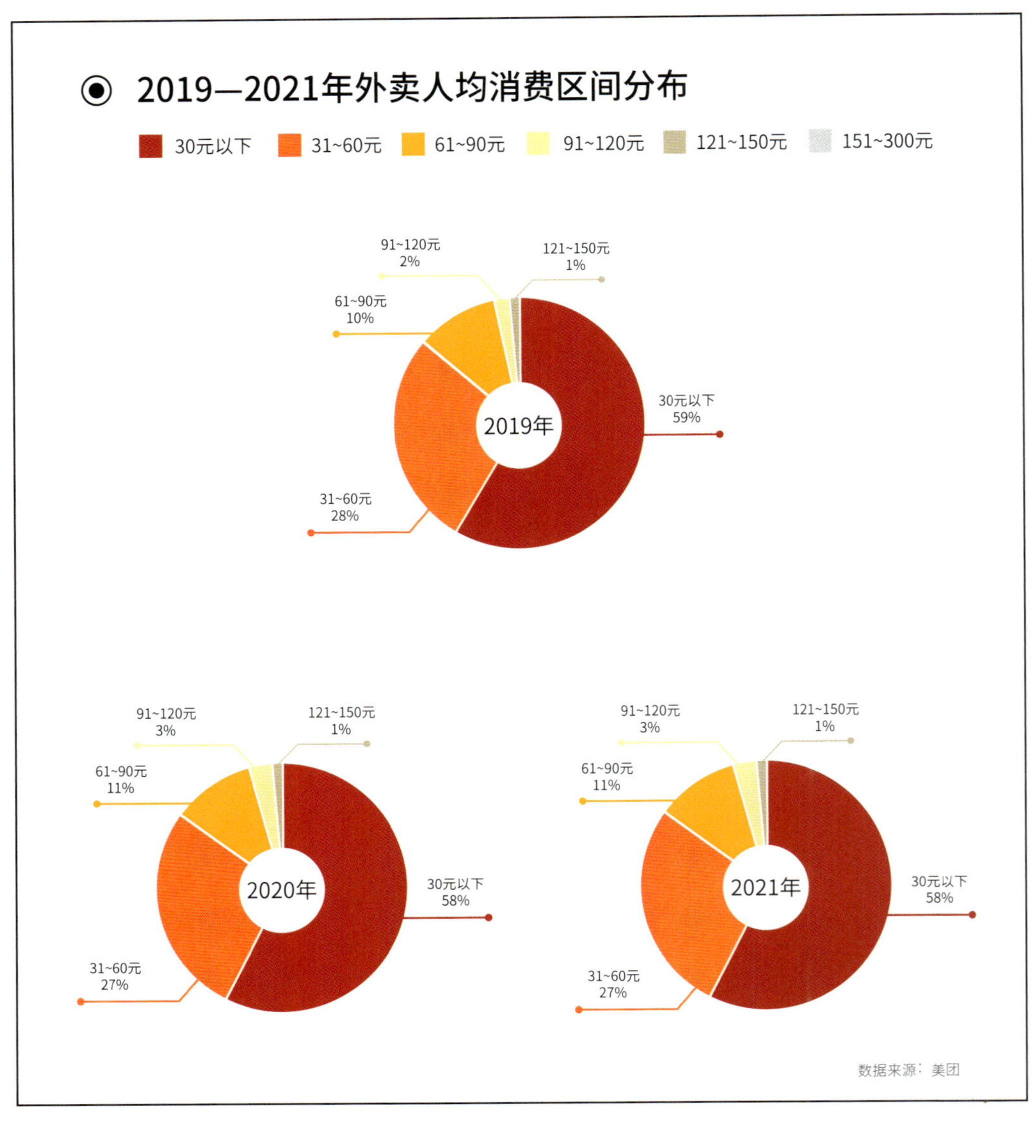

图 4-11　2019—2021 年外卖人均消费区间分布

9.20~30 岁的一线城市消费者线上消费频次最高

美团数据显示，在 2019—2021 年不同年龄群体消费者线上年度消费频次中，消费者线上年度消费频次呈现逐年递增趋势，其中，20~30 岁消费频次最高，2021 年的消费频次为 40.4。反观 2019—2021 年不同城市等级的餐饮消费者线上年均消费频次变化，除了 2020 年外，整体都有所增长，一线城市消费频次最高，2021 年的消费频次为 36（图 4-12、图 4-13）。

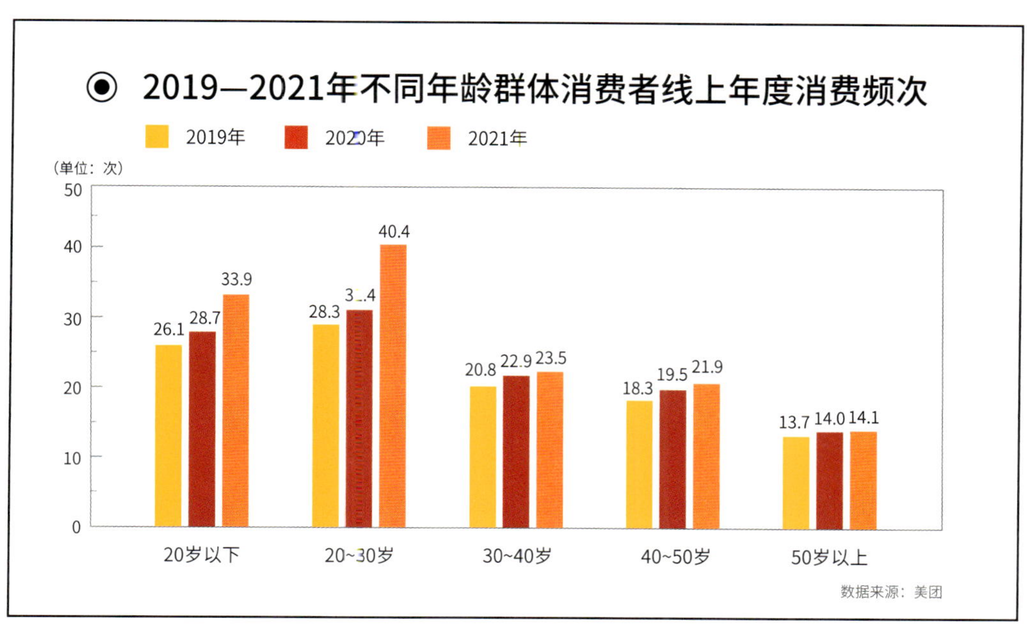

图 4-12 2019—2021 年不同年龄群体消费者线上年度消费频次

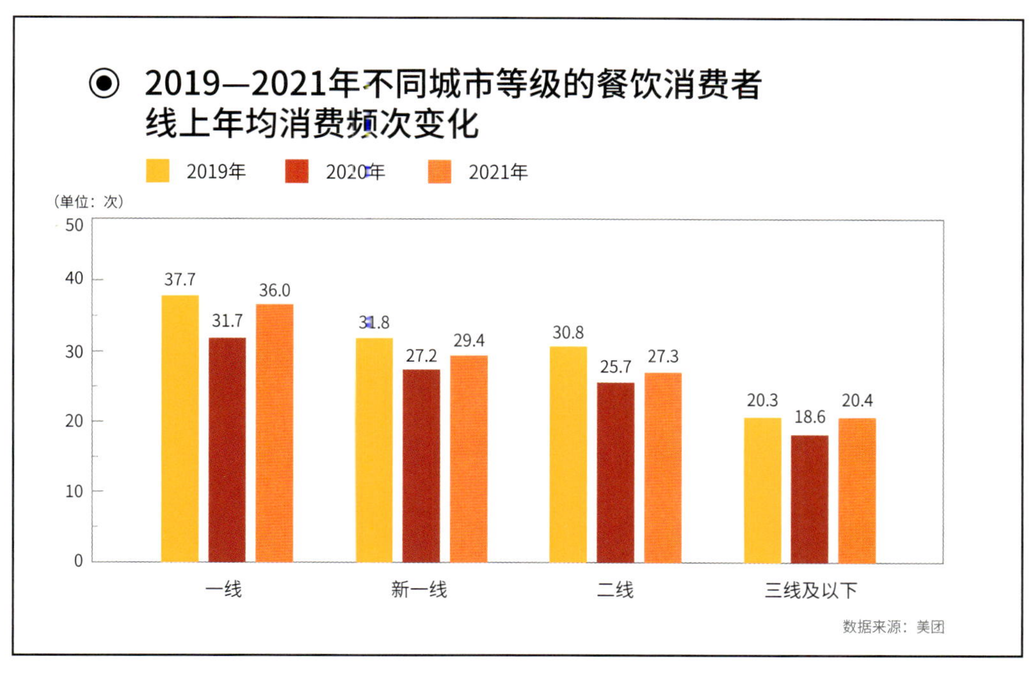

图 4-13 2019—2021 年不同城市等级的餐饮消费者线上年均消费频次变化

二、女性线上餐饮消费

1. 90 后女性成为饮品消费主力，火锅深受各年龄段喜爱

美团数据显示，在女性不同年龄群体到店消费的品类差异图表中，火锅成为各年龄段喜爱的主流消费，小吃快餐次之。20 岁以下的女性更偏爱饮品，占比达 20%（图 4-14）。火锅适用性强，食材选择面广，赢得了各年龄段女性消费者的青睐，90 后女性成为饮品主力消费人群。

2. 女性成为新时代消费的主力军，一线、新一线女性线上消费力最强

美团数据显示，在 2019—2021 年不同城市等级下女性线上消费分布中，新一线城市的女性消费力更强，2021 年的线上消费占比达 24.9%。从近两年不同城市等级下女性线上消费量年同比涨幅来看，一线、新一线同比涨幅最高，女性线上消费力日渐崛起（图 4-15、图 4-16）。

3. 90 后女性线上消费力强，中老年消费力有后来居上之势

美团数据显示，在 2019—2021 年女性不同年龄阶段线上消费订单占比中，20~30 岁占比最高，30~40 岁次之。但从近两年女性不同年龄群体线上消费订单年同比涨幅中可以看出，50 岁以上的线上消费订单年同比涨幅最高，中老年女性的消费实力不容小觑（图 4-17、图 4-18）。

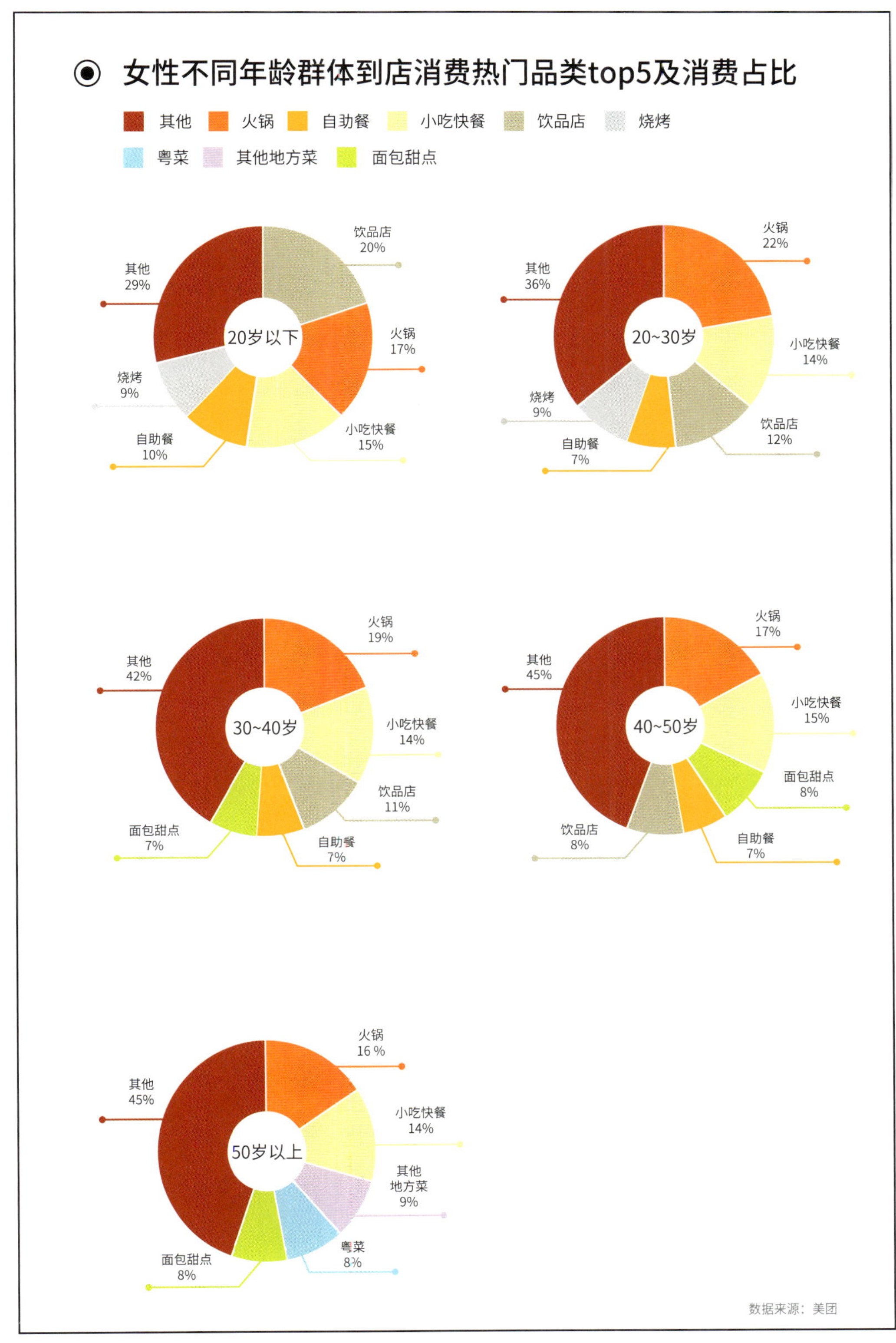

图 4-14　女性不同年龄群体到店消费热门品类 top5 及消费占比

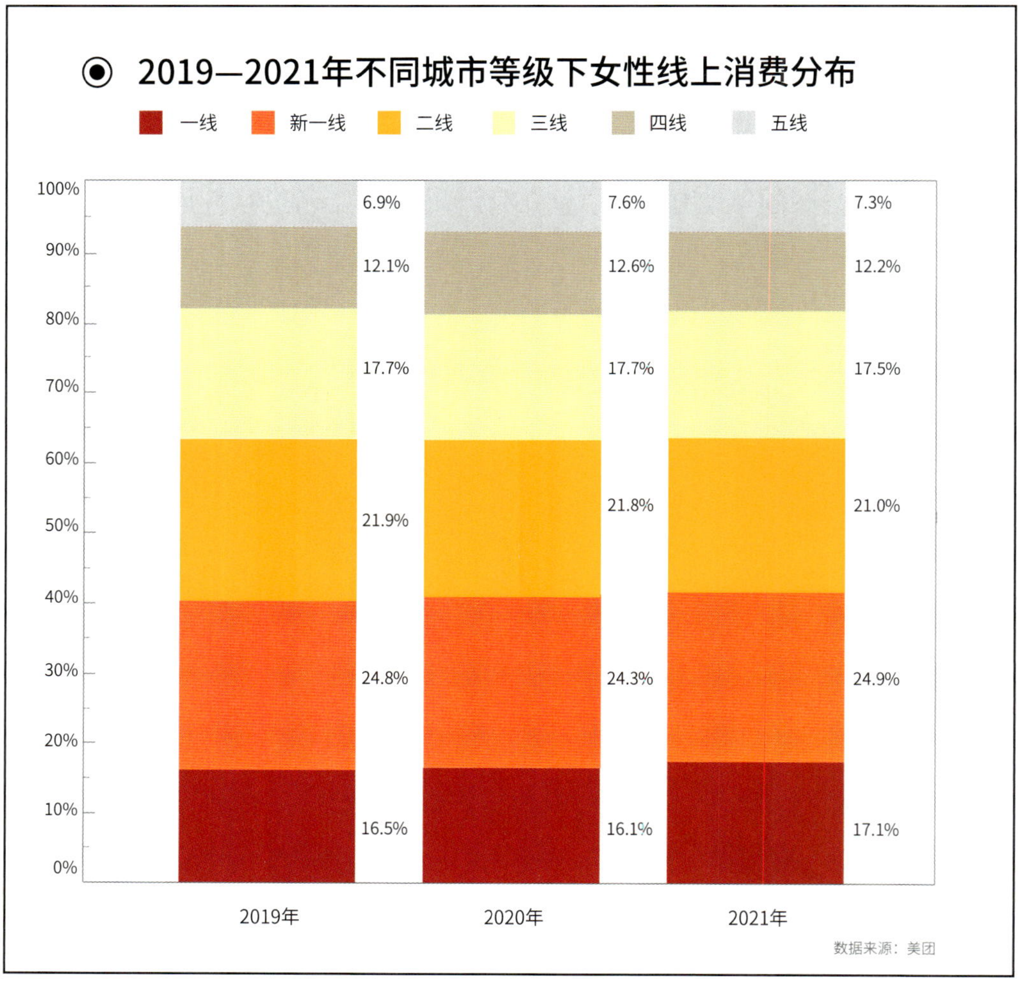

◉ 2019—2021年不同城市等级下女性线上消费分布

城市等级	2019年	2020年	2021年
五线	6.9%	7.6%	7.3%
四线	12.1%	12.6%	12.2%
三线	17.7%	17.7%	17.5%
二线	21.9%	21.8%	21.0%
新一线	24.8%	24.3%	24.9%
一线	16.5%	16.1%	17.1%

数据来源：美团

图 4-15　2019—2021 年不同城市等级下女性线上消费分布

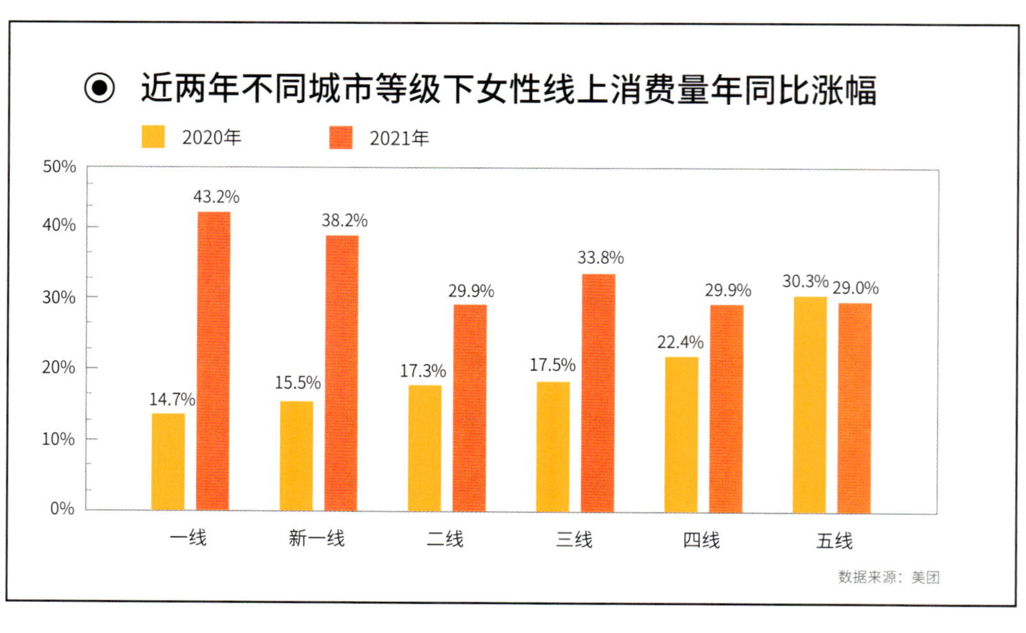

图 4-16　近两年不同城市等级下女性线上消费量年同比涨幅

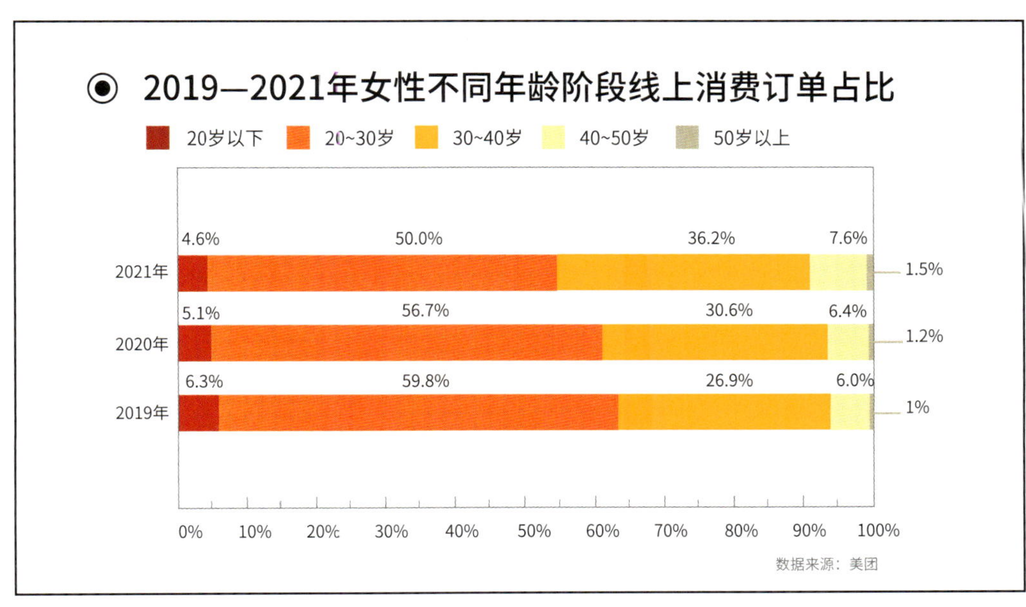

图4-17　2019—2021年女性不同年龄阶段线上消费订单占比

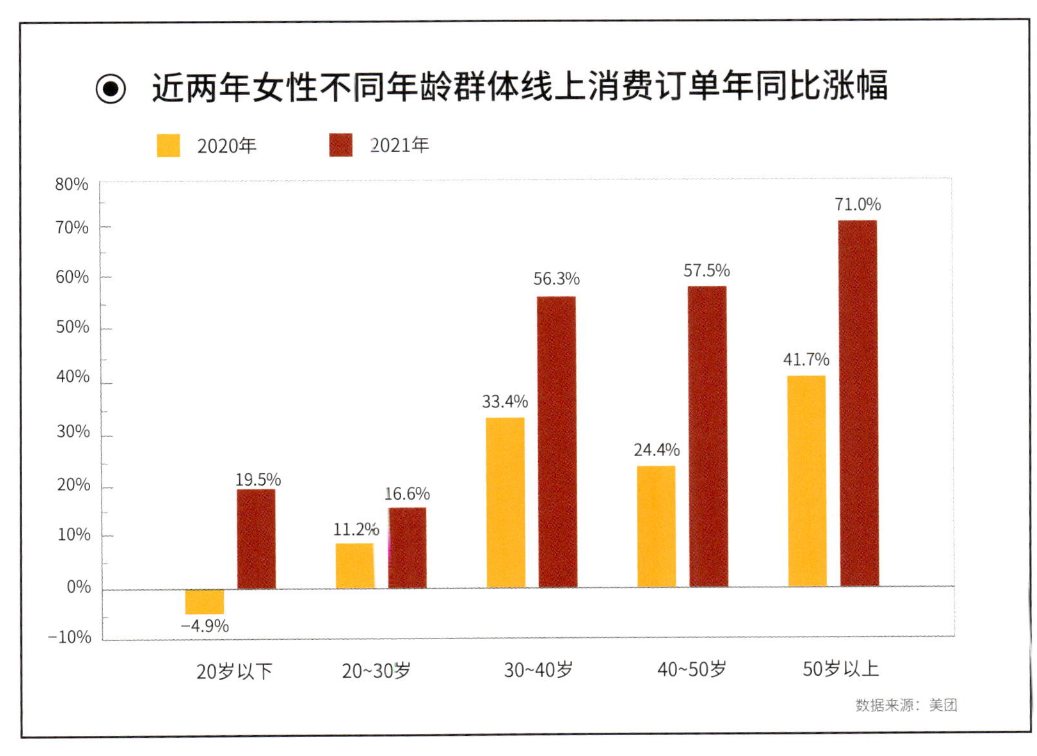

图4-18　近两年女性不同年龄群体线上消费订单年同比涨幅

4. 50 岁以上女性最能消费，到店人均消费达 74.5 元

美团数据显示，在 2019—2021 年女性不同年龄群体外卖人均消费中，外卖人均消费随着年龄的增长而呈现上升趋势，中老年群体消费需求强劲。其中，在 2021 年，50 岁以上的外卖人均消费达 35.1 元，20 岁以下的外卖人均消费达 22.0 元（图 4-19）。从 2019—2021 年女性不同年龄群体到店人均消费走势来看，到店人均消费也随着年龄的增长而上涨，在 2021 年，50 岁以上的到店人均消费达 74.5 元，20 岁以下的到店人均消费达 47.3 元（图 4-20）。

5. 一线城市外卖人均消费水平高，三四线城市成为外卖新势力城市

美团数据显示，在 2019—2021 年不同城市等级女性外卖消费人均水平中，一线城市外卖人均消费水平最高，从 2019 年的 36.8 元增长到 2021 年的 38.5 元，但从近两年不同城市等级女性外卖人均消费年同比涨幅可以看出，四线城市在 2021 年的同比涨幅最高，为 4.9%，可见新冠肺炎疫情进一步加速了产业数字化和线上化发展，线上化渠道为四五线城市服务业提供了新的发展窗口（图 4-21、图 4-22）。

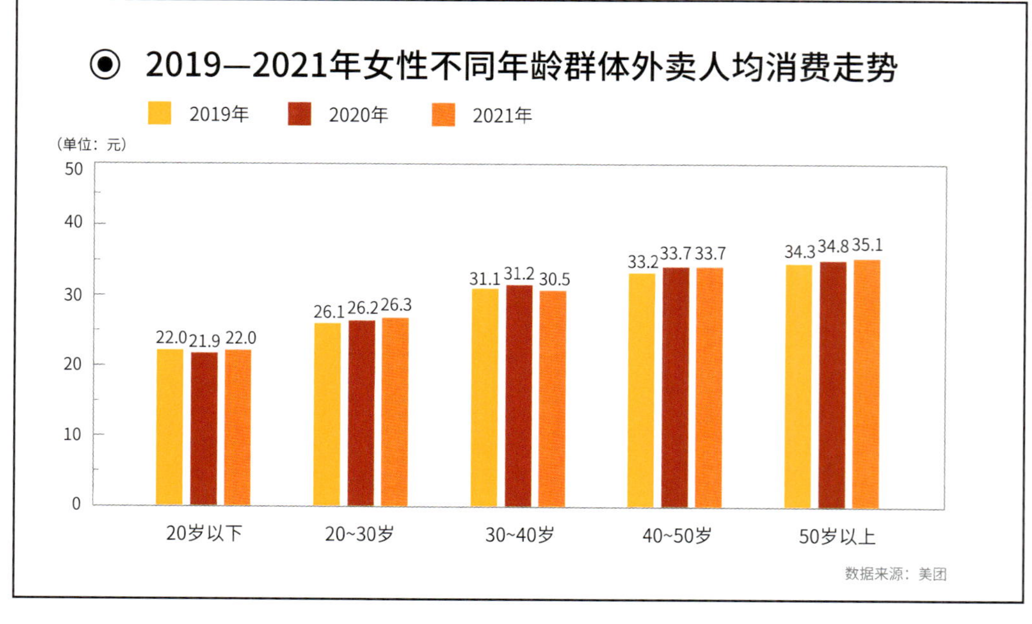

图 4-19　2019—2021 年女性不同年龄群体外卖人均消费走势

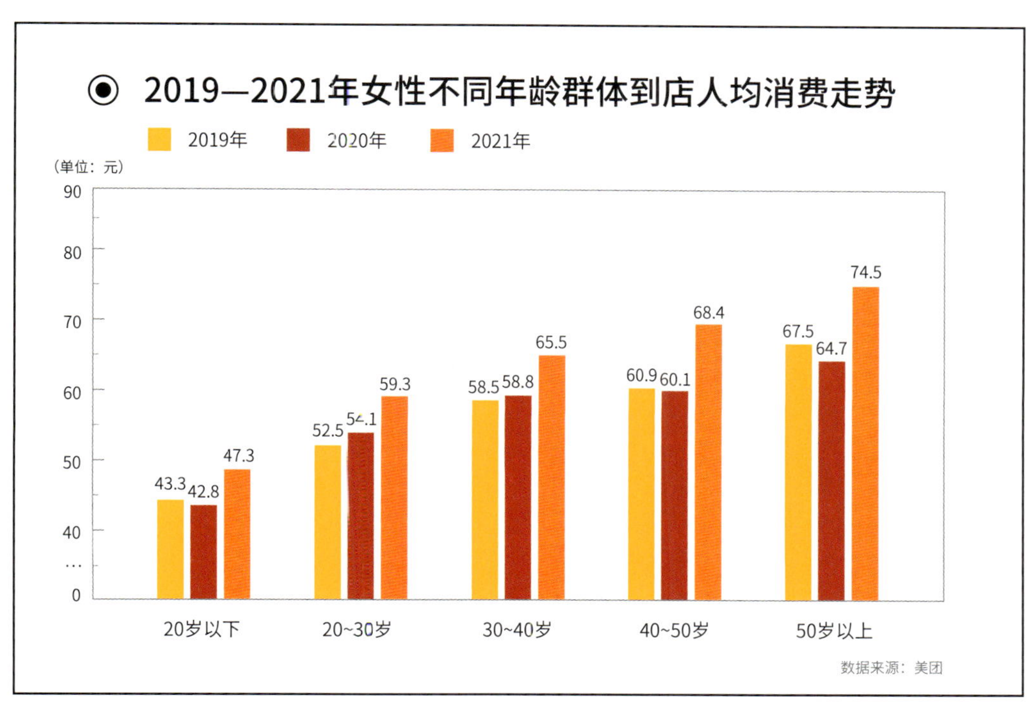

图4-20 2019—2021年女性不同年龄群体到店人均消费走势

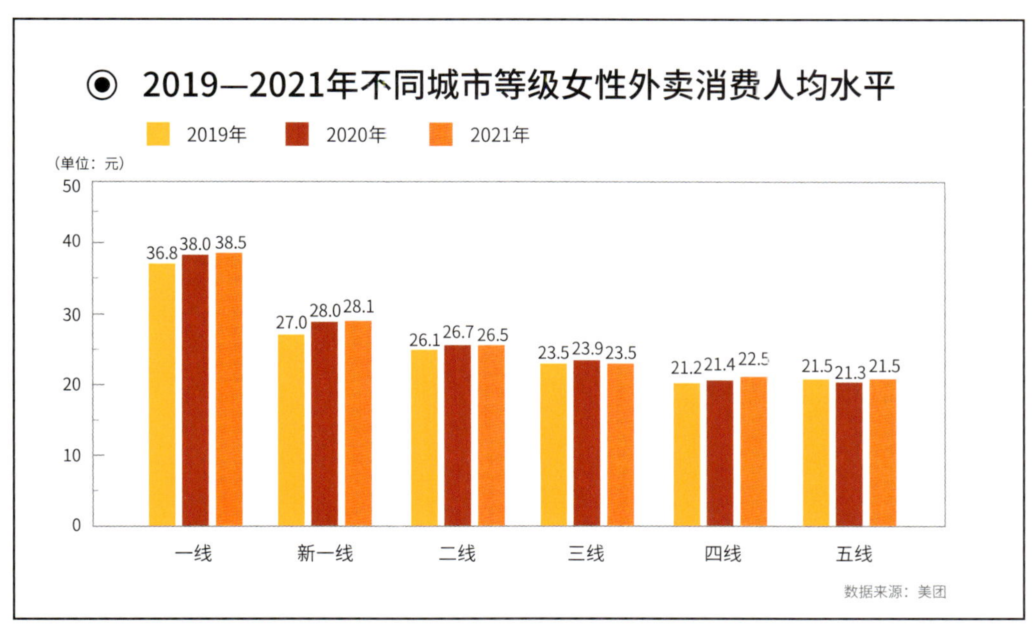

图4-21 2019—2021年不同城市等级女性外卖消费人均水平

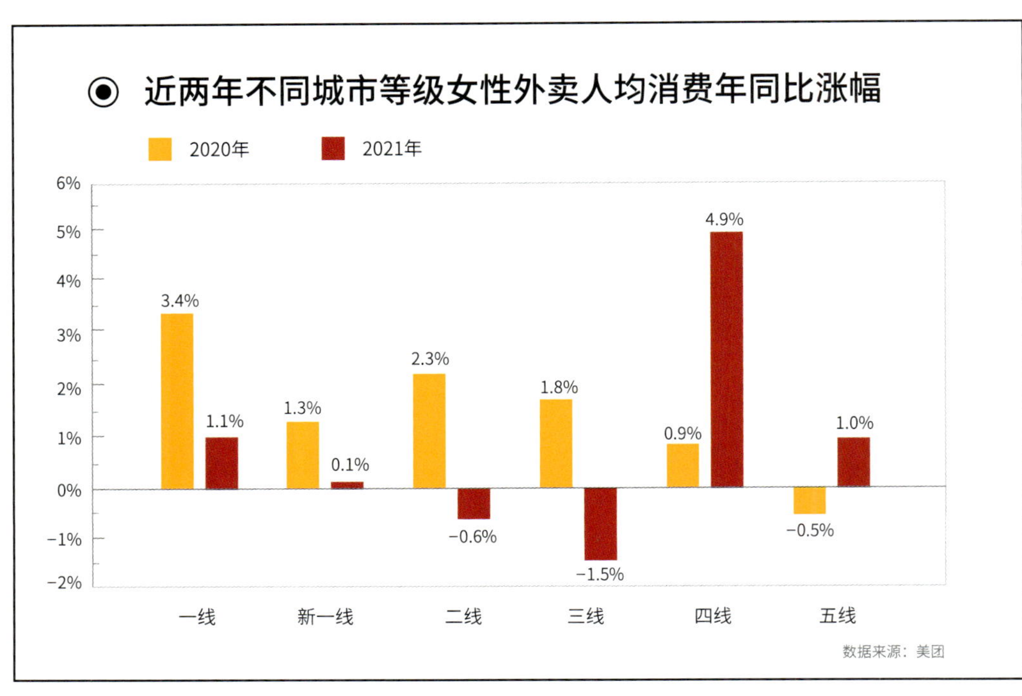

图 4-22　近两年不同城市等级女性外卖人均消费年同比涨幅

6. 三四线城市及县城的小镇青年消费潜力可观，2021 年四线城市同比涨幅为 14.8%

美团数据显示，在 2019—2021 年不同城市等级女性到店消费人均水平中，一线城市到店人均消费水平最高，从 2019 年的 78.1 元增长到 2021 年的 86.1 元，但从近两年不同城市等级女性到店人均消费年同比涨幅可以看出，四线城市在 2021 年的同比涨幅最高，为 14.8%，三线、五线城市也有显著的增长，可见三四线城市及县城的女性青年消费潜力可观（图 4-23、图 4-24）。

7. 女性消费者引领精致餐饮，更注重味觉体验

美团数据显示，在 2021 年女性评价 top20 热门关键词中，好吃、服务热情、味道赞、环境很好等位于前列，可以看出女性消费者更看重精致且对于食物本身的关注度更高（图 4-25）。

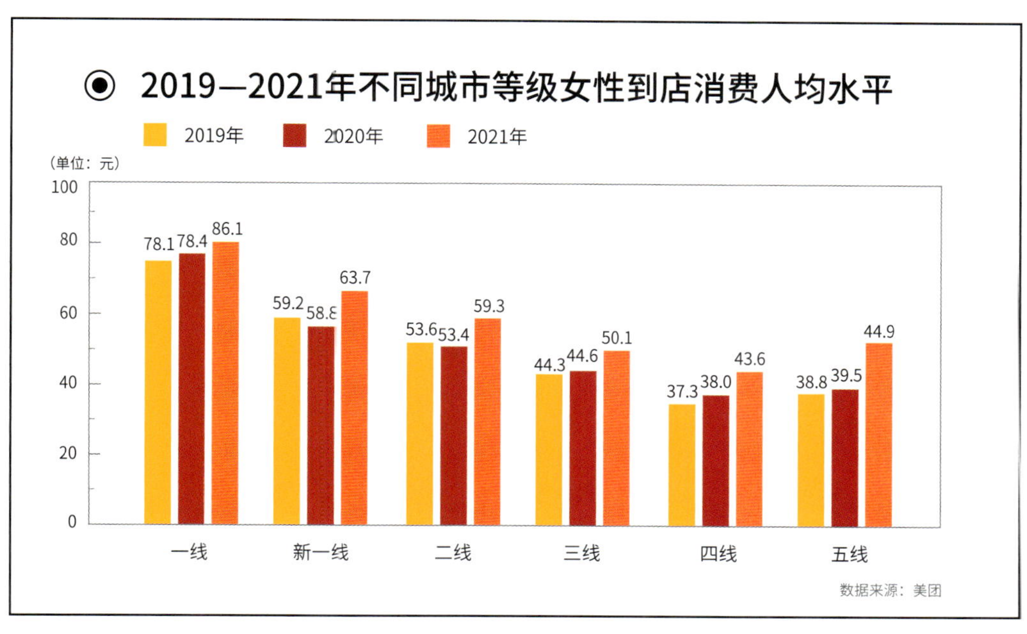

图 4-23　2019—2021 年不同城市等级女性到店消费人均水平

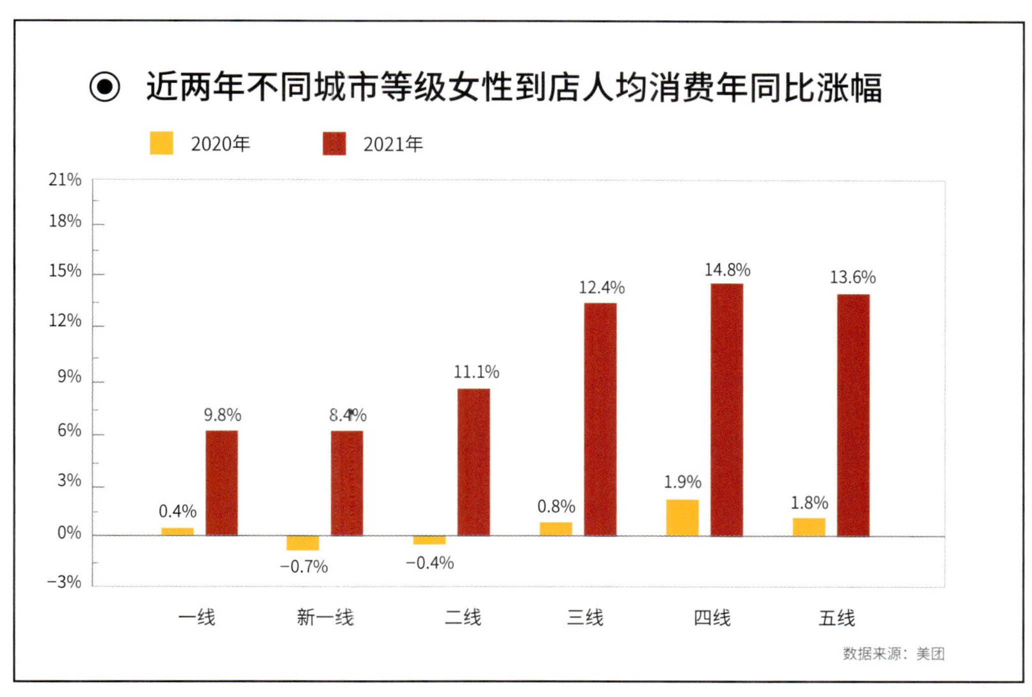

图 4-24　近两年不同城市等级女性到店人均消费年同比涨幅

◉ 2021年女性评价top20热门关键词

排名	评论关键词
1	好吃
2	服务热情
3	味道赞
4	环境很好
5	装修精美
6	食材新鲜
7	菜品不错
8	性价比高
9	排队
10	羊毛攻略
11	亲子餐厅
12	肉类好
13	火锅
14	精选餐厅
15	有套餐
16	烧烤
17	价格实惠
18	口感赞
19	有酒有肉
20	高人气

数据来源：美团

图 4-25　2021 年女性评价 top20 热门关键词

8. 立春评论指数年同比涨幅为 426.2%，节假日成为女性关注新焦点

美团数据显示，在 2021 年女性对热门日历的相关评论指数以及年涨幅中，2021 年评论指数最高的为元宵节，其次是春节、元旦，年同比涨幅最高的是立春，为 426.2%，可见女性更注重传统节日的仪式感（图 4-26）。

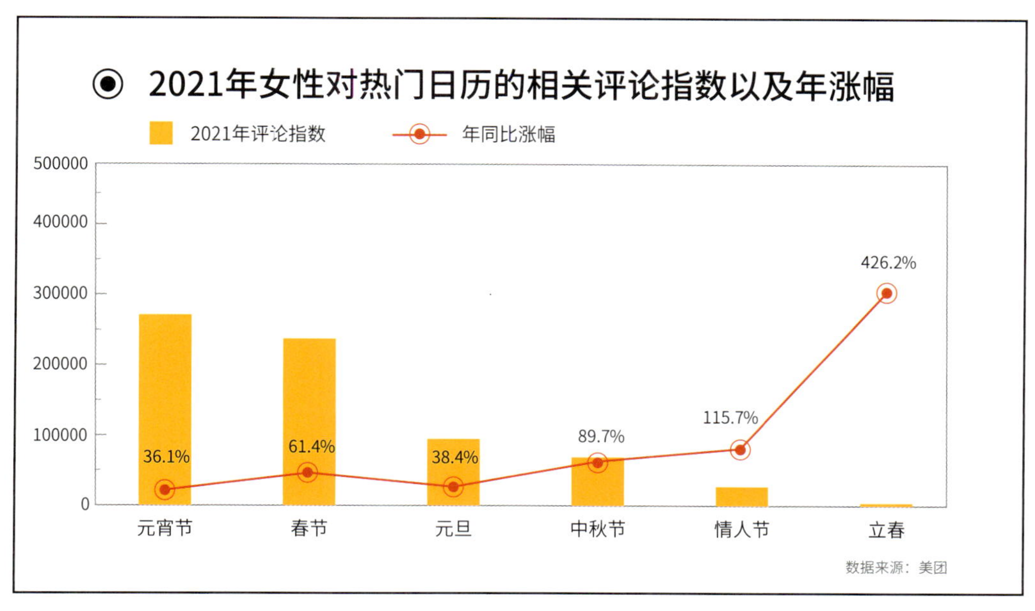

图 4-26 2021 年女性对热门日历的相关评论指数以及年涨幅

三、男性线上餐饮消费

1. 火锅赢得各年龄段喜爱，Z 世代男性偏爱自助餐

美团数据显示，在男性不同年龄群体到店消费的品类差异图表中，火锅成为各年龄段喜爱的主流消费，而 20 岁以下男性偏爱自助餐，占比达 16%，同时也是饮品主力消费人群。火锅性价比高，食材可选择性强，赢得了各年龄段男性消费者的青睐（图 4-27）。

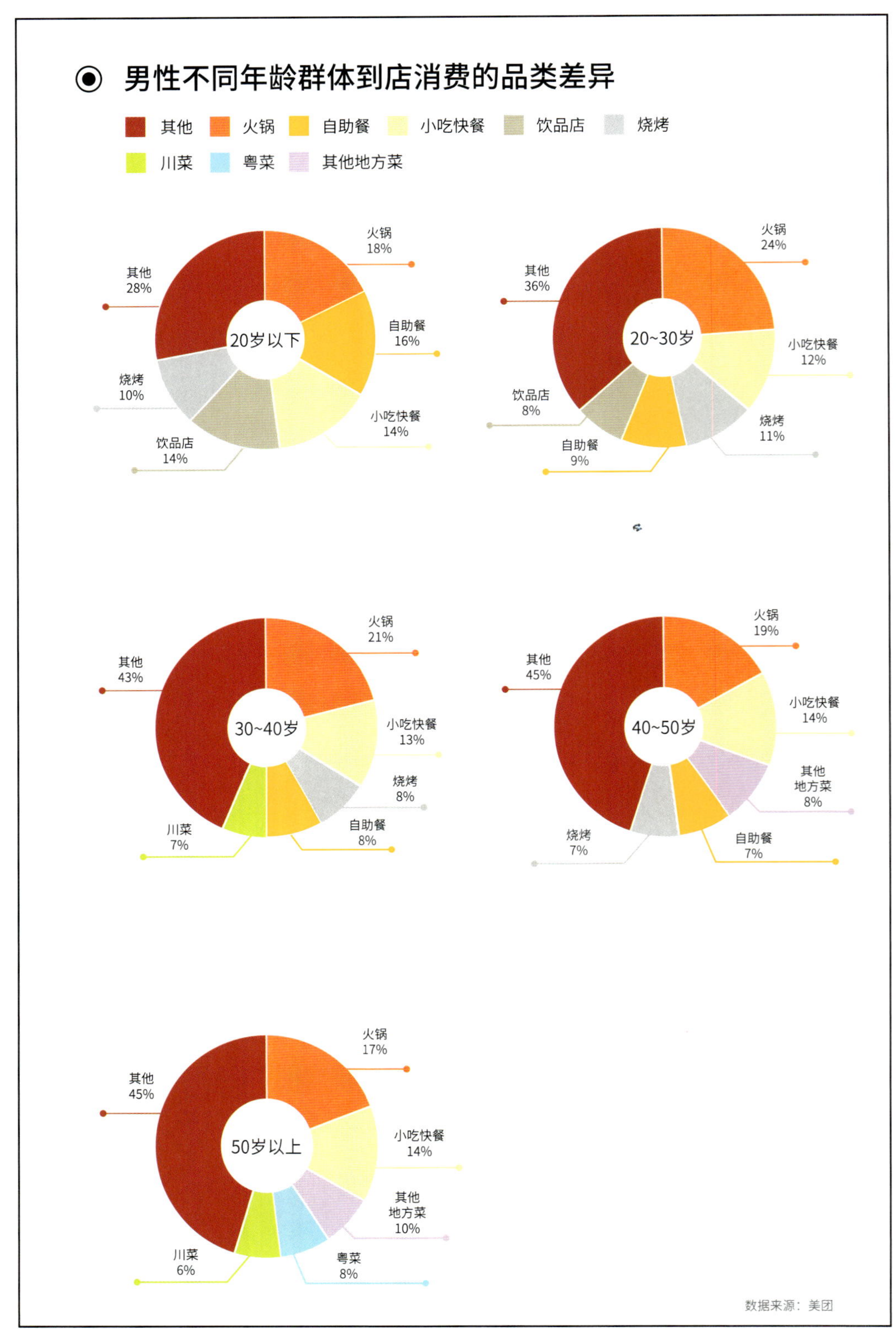

图 4-27　男性不同年龄群体到店消费的品类差异

2. 新一线城市男性线上消费增速最快，2021 年同比涨幅为 44.2%

美团数据显示，在 2019—2021 年不同城市等级下男性线上消费分布中，新一线占比最高，从 2019 年的 25.9% 稳速增长到 2021 年的 26.0%（图 4-28）。

在近两年不同城市等级下男性线上消费量年同比涨幅中，新一线在 2021 年同比涨幅最高，为 44.2%，三线城市紧随其后，同比涨幅为 43.6%，由此可以看出新一线城市男性线上消费增速最快（图 4-29）。

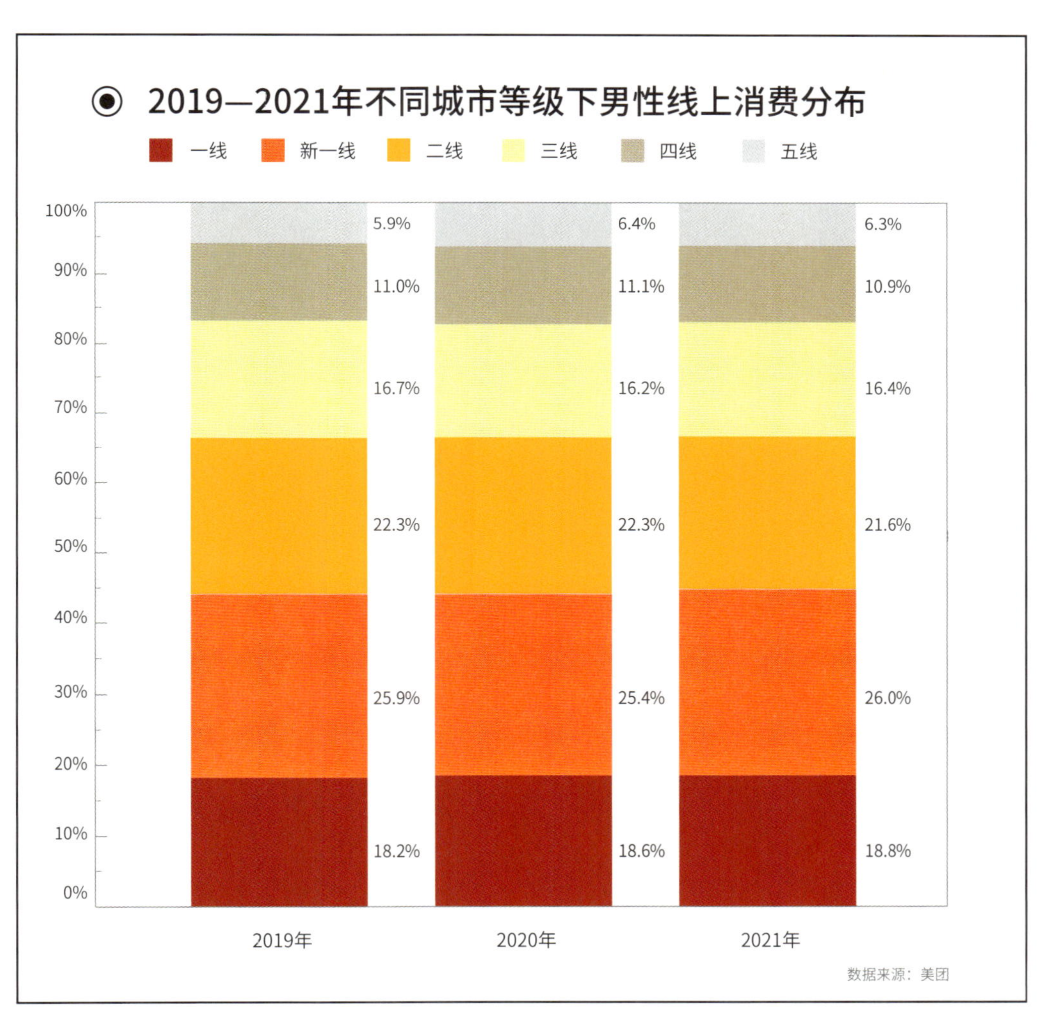

图 4-28 2019—2021 年不同城市等级下男性线上消费分布

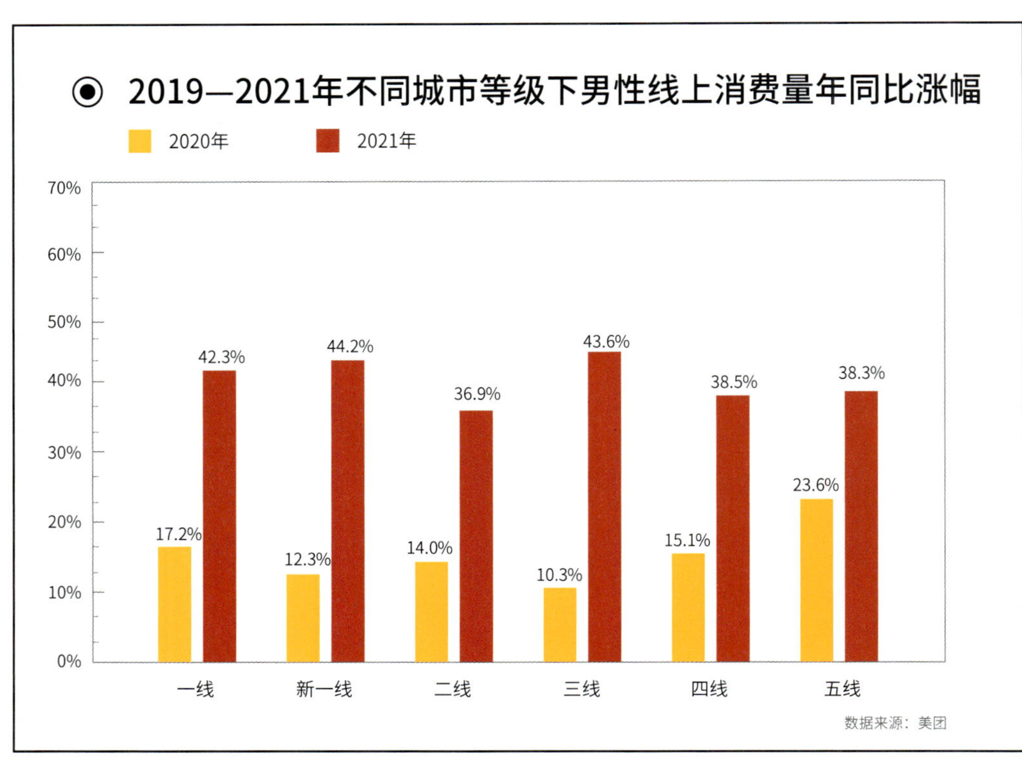

图 4-29　2019—2021 年不同城市等级下男性线上消费量年同比涨幅

3. 20~30 岁男性线上消费订单占比高，50 岁以上线上消费订单年同比涨幅最高

美团数据显示，在 2019—2021 年男性不同年龄阶段线上消费订单占比中，20~30 岁占比最高，30~40 岁次之（图 4-30）。

但从近两年男性不同年龄群体线上消费订单年同比涨幅中可以看出，50 岁以上的线上消费订单年同比涨幅最高，2021 年同比涨幅为 65.9%，中老年男性的消费实力不容小觑（图 4-31）。

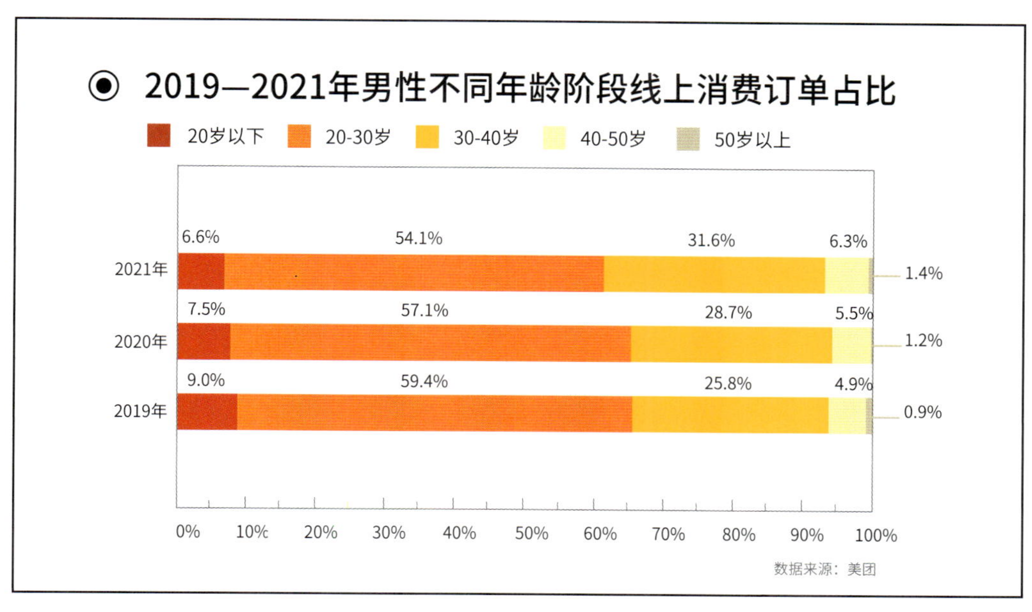

图4-30 2019—2021年男性不同年龄阶段线上消费订单占比

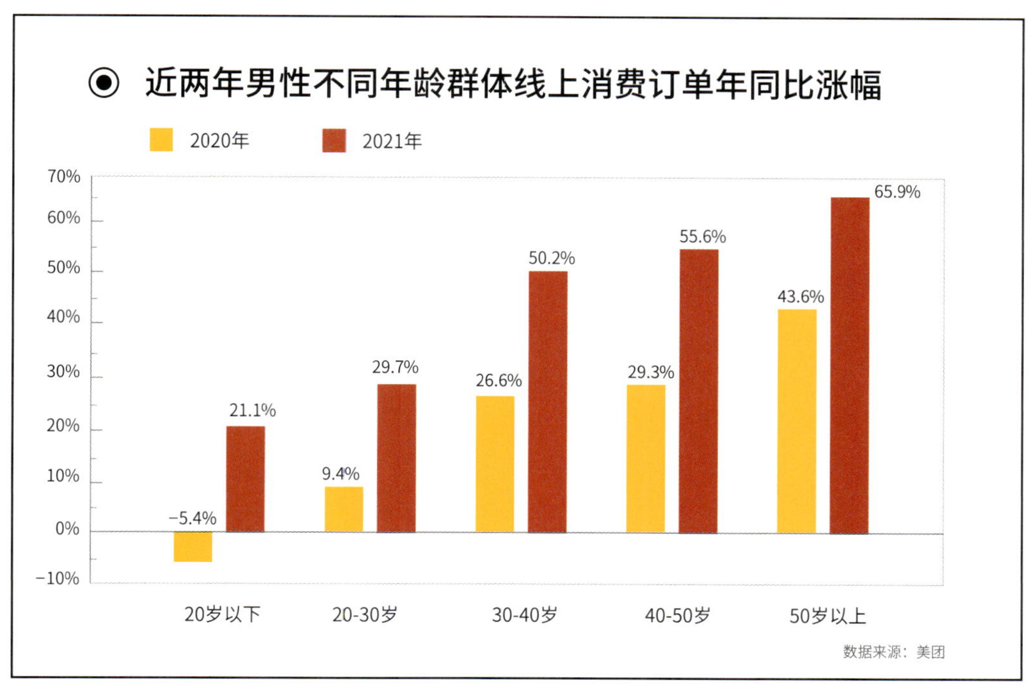

图4-31 近两年男性不同年龄群体线上消费订单年同比涨幅

4. 人均消费随年龄增长而上升，50 岁以上男性消费力强

美团数据显示，无论外卖还是到店，在 2019—2021 年男性不同年龄群体人均消费走势中，人均消费随着年龄的增长而呈现上升趋势，中老年男性成为强劲的消费点。其中，在 2021 年外卖消费中，50 岁以上的外卖人均消费达 35.2 元，20 岁以下的外卖人均消费达 22.3 元。而在 2021 年到店消费中，50 岁以上的男性到店人均消费达 78.8 元，20 岁以下的男性到店人均消费达 54.3 元（图 4-32、图 4-33）。

5. 下沉市场男性外卖消费潜力巨大，四五线城市同比涨幅最高

美团数据显示，在 2019—2021 年不同城市等级男性外卖人均消费水平中，一线城市外卖人均消费水平最高，从 2019 年的 35.2 元增长到 2021 年的 36.9 元，但从近两年不同城市等级男性外卖人均消费年同比涨幅可以看出，四线城市在 2021 年的年同比涨幅最高。可见新冠肺炎疫情进一步加速产业数字化和线上化发展，下沉市场消费潜力巨大（图 4-34、图 4-35）。

6. 一线城市男性到店人均消费水平最高，小镇青年是消费升级主力

美团数据显示，在 2019—2021 年不同城市等级男性到店人均消费水平中，一线城市到店人均消费水平最高，从 2019 年的 79.2 元增长到 2021 年的 92.6 元，但从近两年不同城市等级男性到店人均消费年同比涨幅可以看出，四线城市在 2021 年的年同比涨幅最高，为 13.7%，且三线、五线城市都有显著的增长。可见小镇男青年成了消费主力，三四线城市及县城市场潜力巨大（图 4-36、图 4-37）。

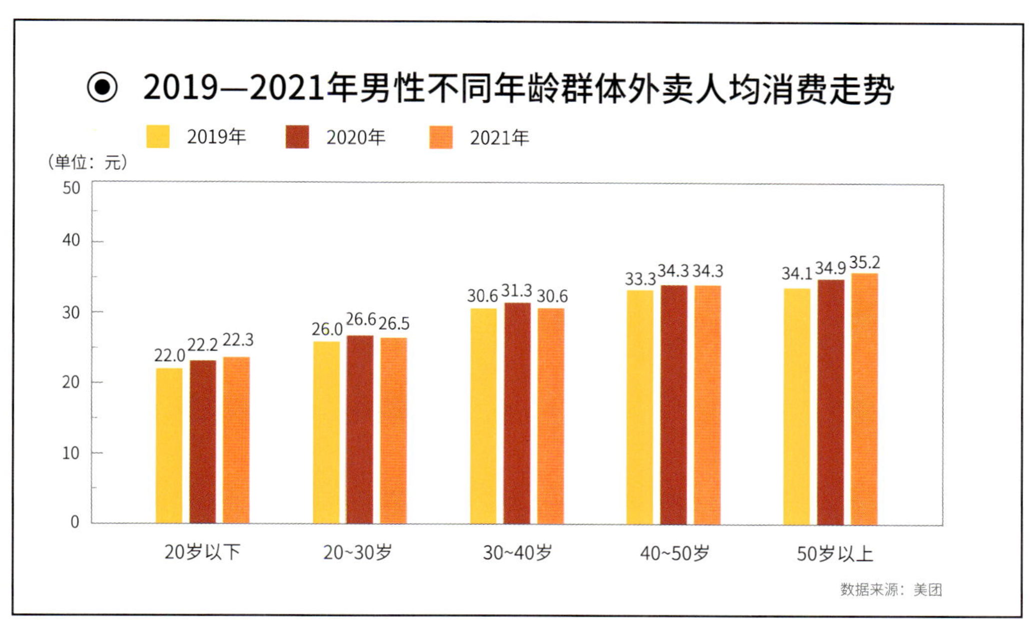

图 4-32　2019—2021 年男性不同年龄群体外卖人均消费走势

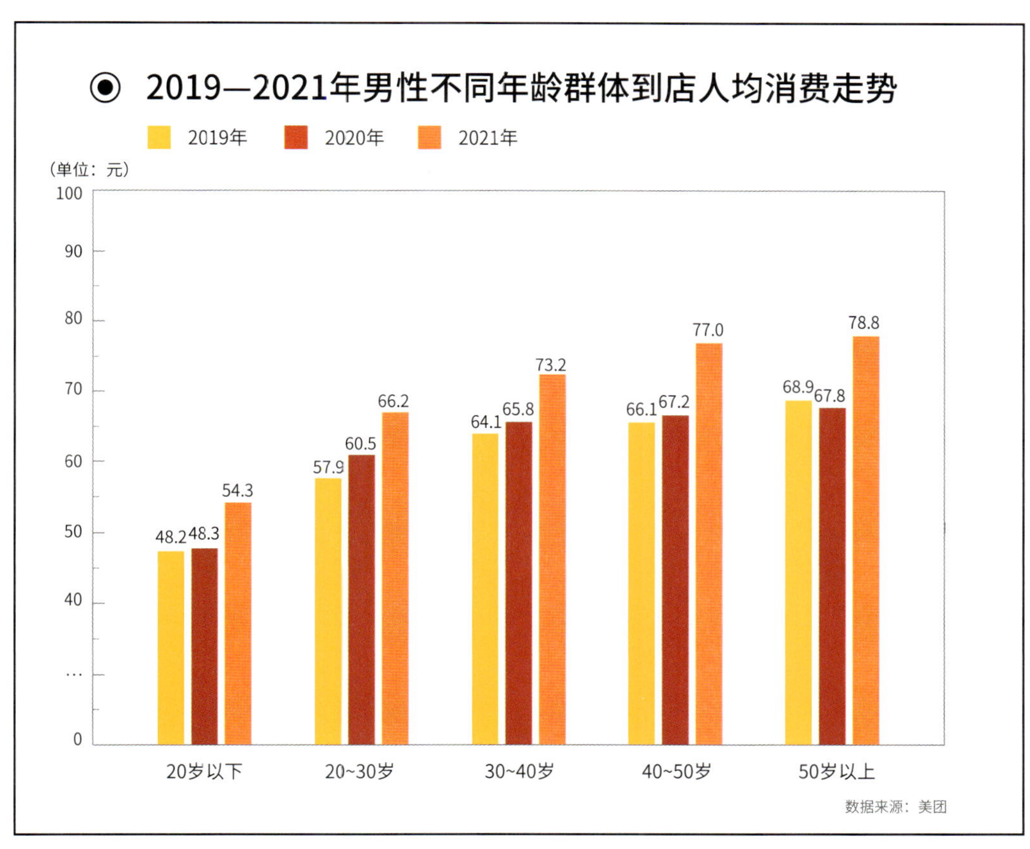

图 4-33　2019—2021 年男性不同年龄群体到店人均消费走势

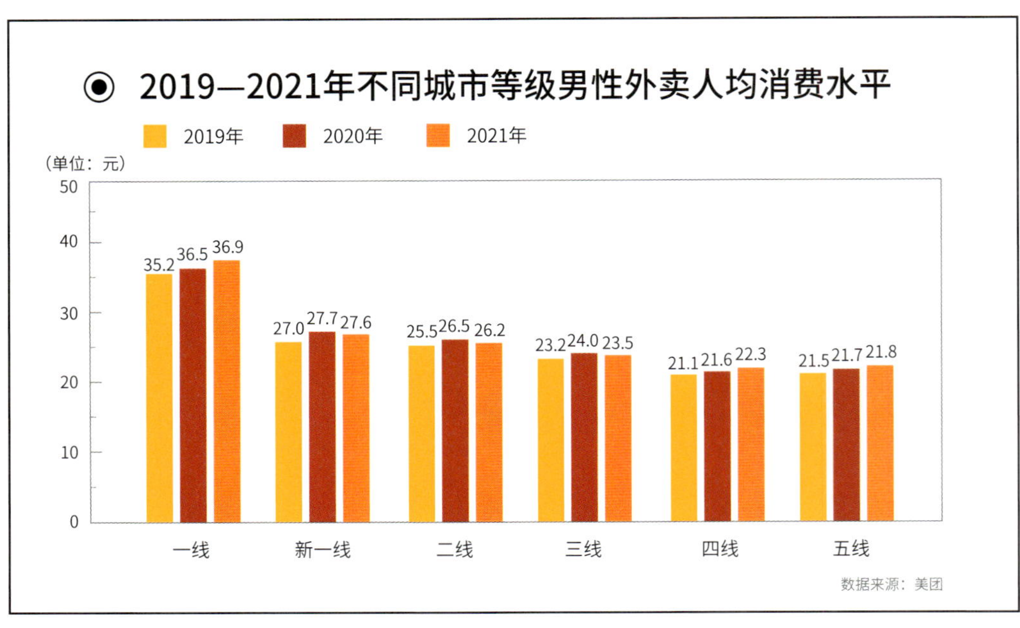

图 4-34　2019—2021 年不同城市等级男性外卖人均消费水平

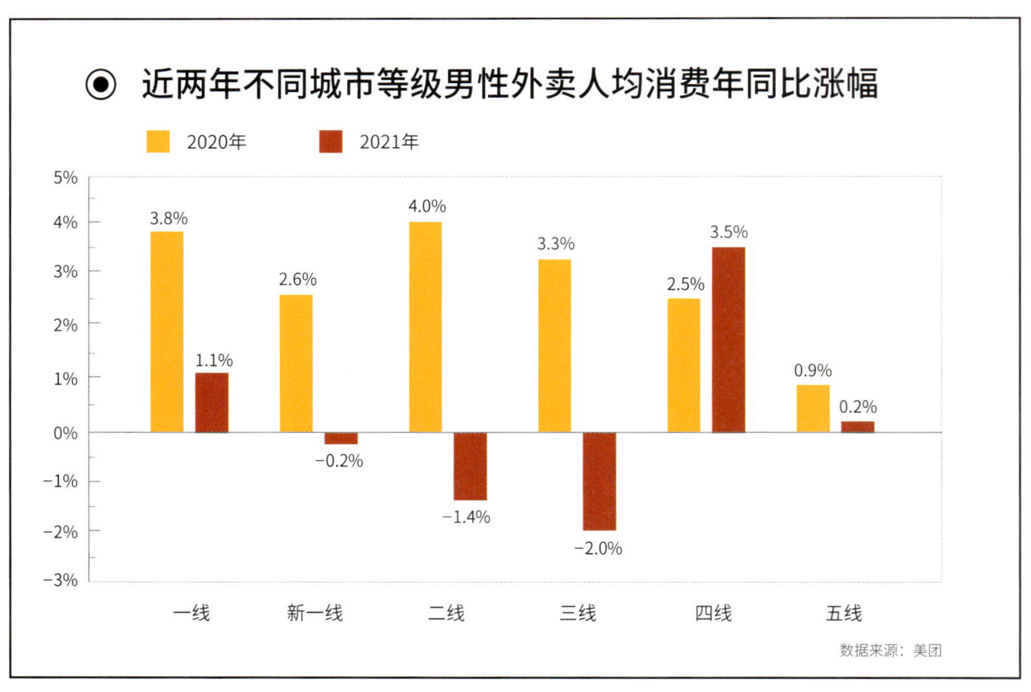

图 4-35　近两年不同城市等级男性外卖人均消费年同比涨幅

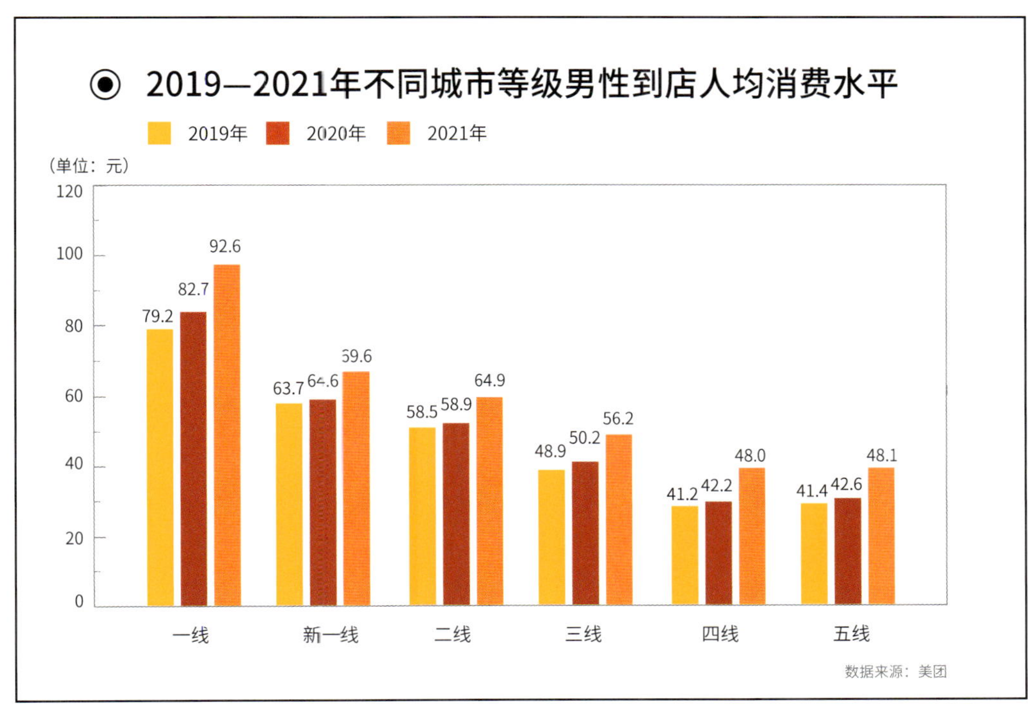

图 4-36 2019—2021 年不同城市等级男性到店人均消费水平

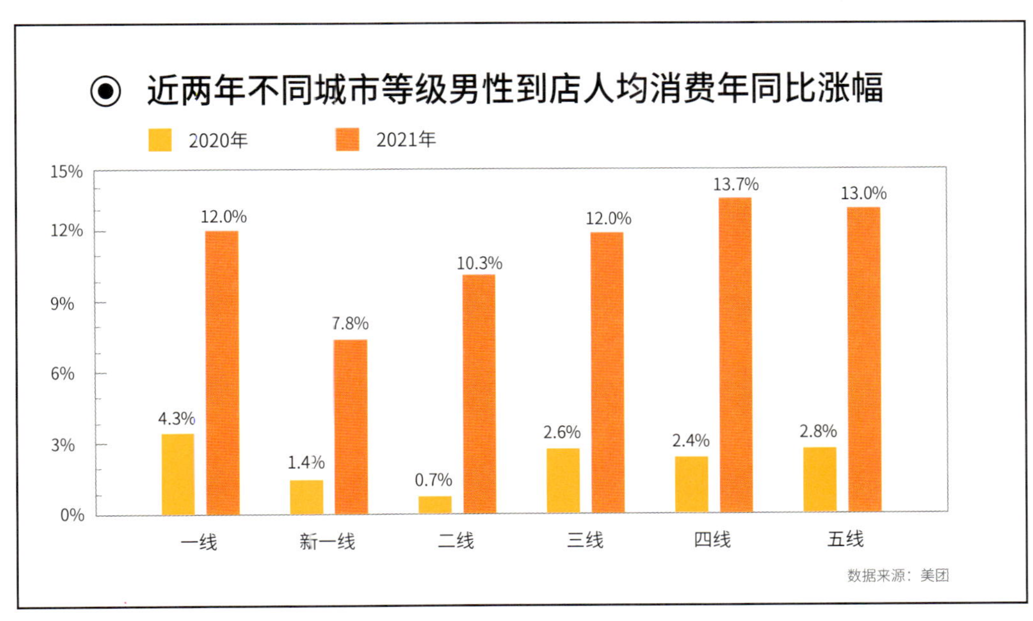

图 4-37 近两年不同城市等级男性到店人均消费年同比涨幅

7. 男性消费者更看重餐厅服务度，味道、环境是加分项

美团数据显示，在 2021 年男性评价 top20 热门关键词中，服务热情、好吃、味道赞、环境很好等位于前列，可以看出男性消费者更看重餐厅服务度，且对于食物本身的关注度很高（图 4-38）。

◉ 2021年男性评价top20热门关键词

排名	评论关键词
1	服务热情
2	好吃
3	味道赞
4	环境很好
5	装修精美
6	菜品不错
7	食材新鲜
8	性价比高
9	餐饮服务
10	亲子餐厅
11	羊毛攻略
12	价格实惠
13	精选餐厅
14	排队
15	烧烤
16	有套餐
17	火锅
18	肉类好
19	有酒有肉
20	口感赞

数据来源：美团

图 4-38　2021 年男性评价 top20 热门关键词

8. 立春评论指数年同比涨幅为 225.1%，女性对节假日的关注度高于男性

美团数据显示，在 2021 年男性对热门日历的相关评论指数以及年同比涨幅中，2021 年评论指数最高的为春节、其次是元宵节、元旦，年同比涨幅最高的立春，为 225.1%，可见男性消费者对热门日历也有一定的关注度，但整体比女性消费者低（图 4-39）。

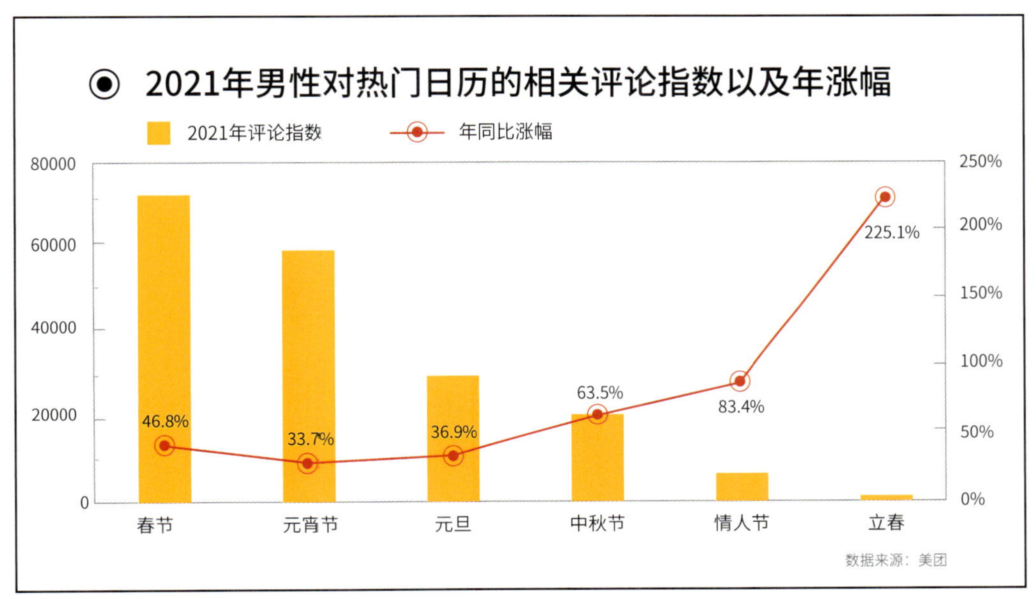

图 4-39　2021 年男性对热门日历的相关评论指数以及年涨幅

四、青少年群体的线上餐饮消费

青少年群体说明：根据世界卫生组织定义，10~19 岁群体为青少年群体。

为了便于统计研究，本部分中所说"青少年群体"为 20 岁以下群体；据产业信息网预测数据显示，2020 年中国 0~20 岁的群体人口占比预计为 22.9%，约 3.2 亿人，此章节主要研究 20 岁以下群体的线上餐饮消费状况。

1. 青少年男性群体线上消费力十足，高出女性 6 个百分点

美团数据显示，在 2020—2021 年 20 岁以下群体线上消费订单的性别分布中，男性线上消费订单分布从 2020 年的 52.6% 增长到 2021 年的 53.0%，女性线上消费订单分布从 2020 年的 47.4% 缩减到 2021 年的 47.0%，可见 20 岁以下男性的线上消费力整体略高于女性（图 4–40）。

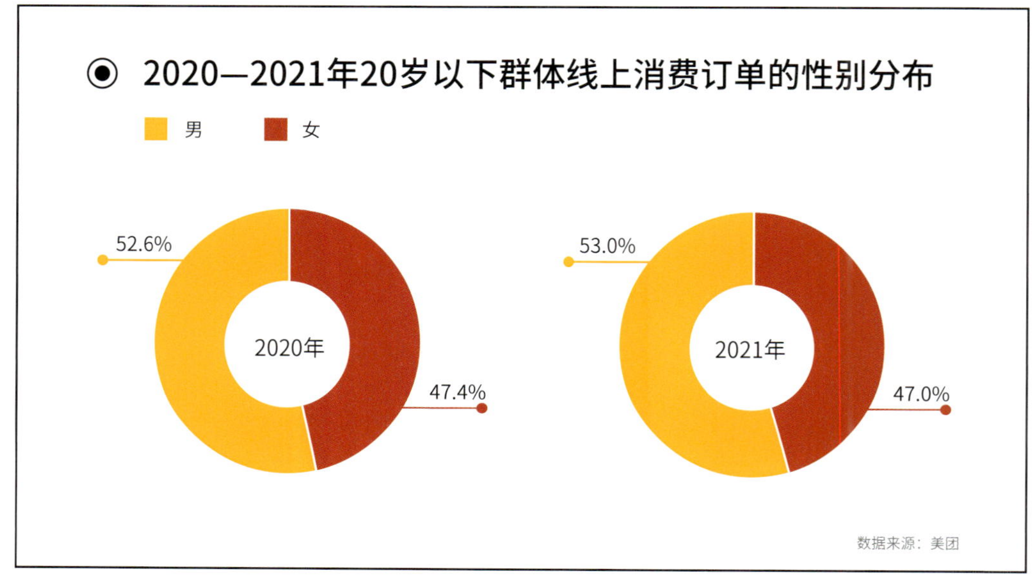

图 4–40　2020—2021 年 20 岁以下群体线上消费订单的性别分布

2. 青少年群体消费习惯不同，女性更偏向于到店消费

美团数据显示，在 2020—2021 年 20 岁以下群体外卖订单性别分布中，男性略高于女性并呈稳步上升趋势，在 2020—2021 年 20 岁以下群体到店订单性别分布中，女性略高于男性。综合来看，女性偏向于到店消费，而男性更喜爱点外卖（图 4–41、图 4–42）。

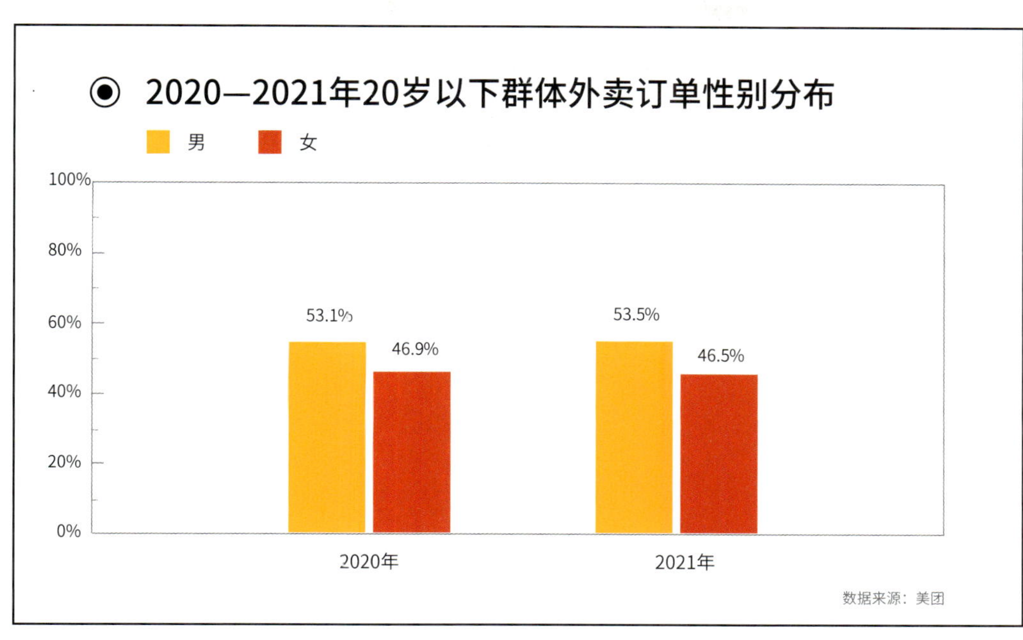

图 4-41 2020—2021 年 20 岁以下群体外卖订单性别分布

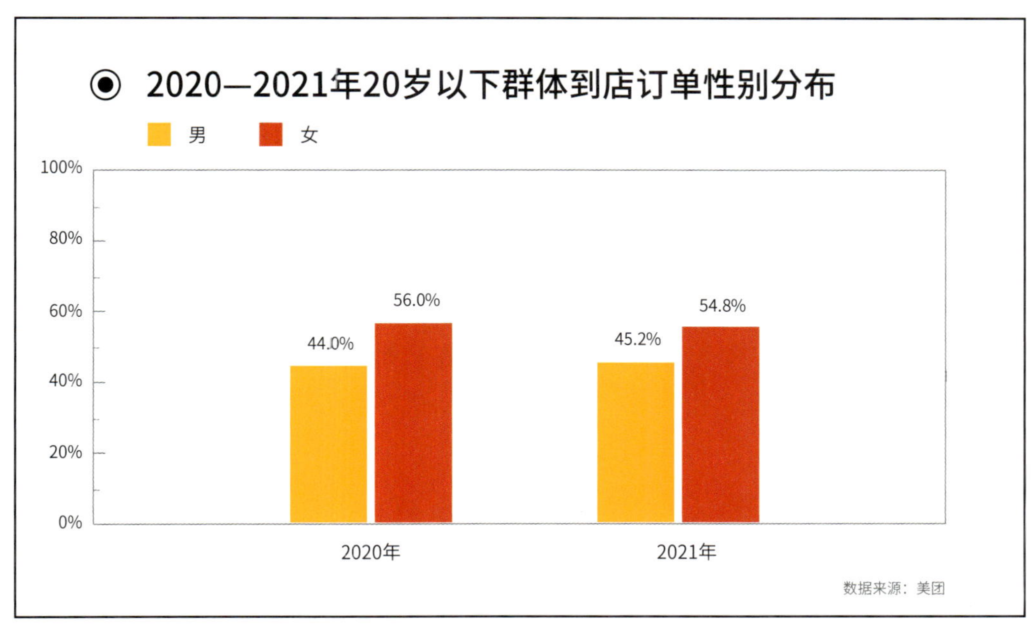

图 4-42 2020—2021 年 20 岁以下群体到店订单性别分布

3. 一线城市青少年消费力强，二三线城市市场份额猛增

美团数据显示，在 2019—2021 年 20 岁以下群体线上消费地域分布中，三线及以下城市占比更高。从不同地域 20 岁以下群体线上消费订单量及年增长来看，三线及以下城市的增速为正增长（图 4-43、图 4-44）。

反观不同地域 20 岁以下群体到店人均消费及年增长，一线城市的年增长更高，为 16.9%。综合来看，二三线城市的整体市场潜力大，一线城市到店消费力旺盛（图 4-45）。

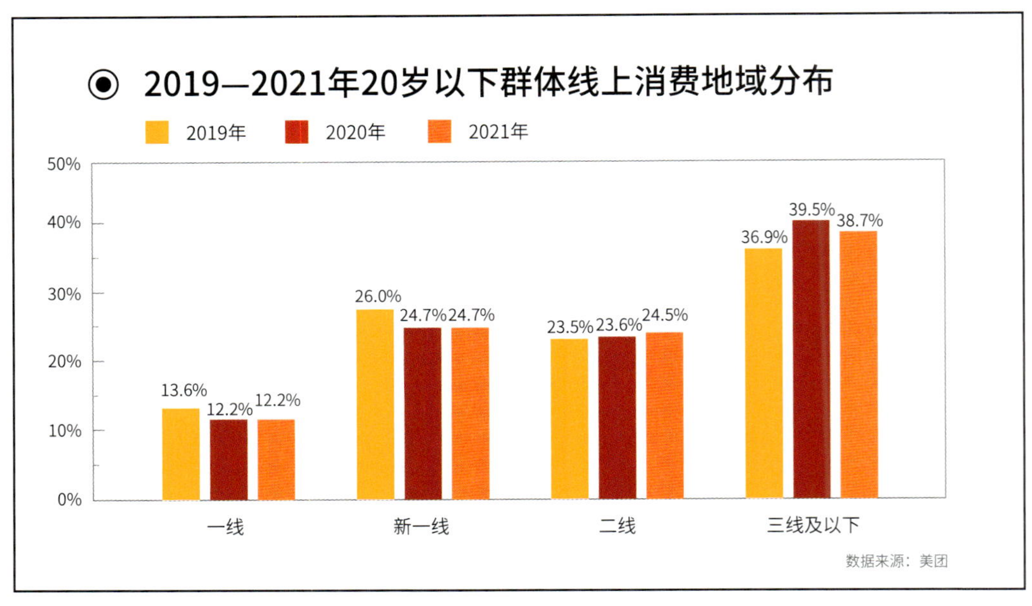

图 4-43　2019—2021 年 20 岁以下群体线上消费地域分布

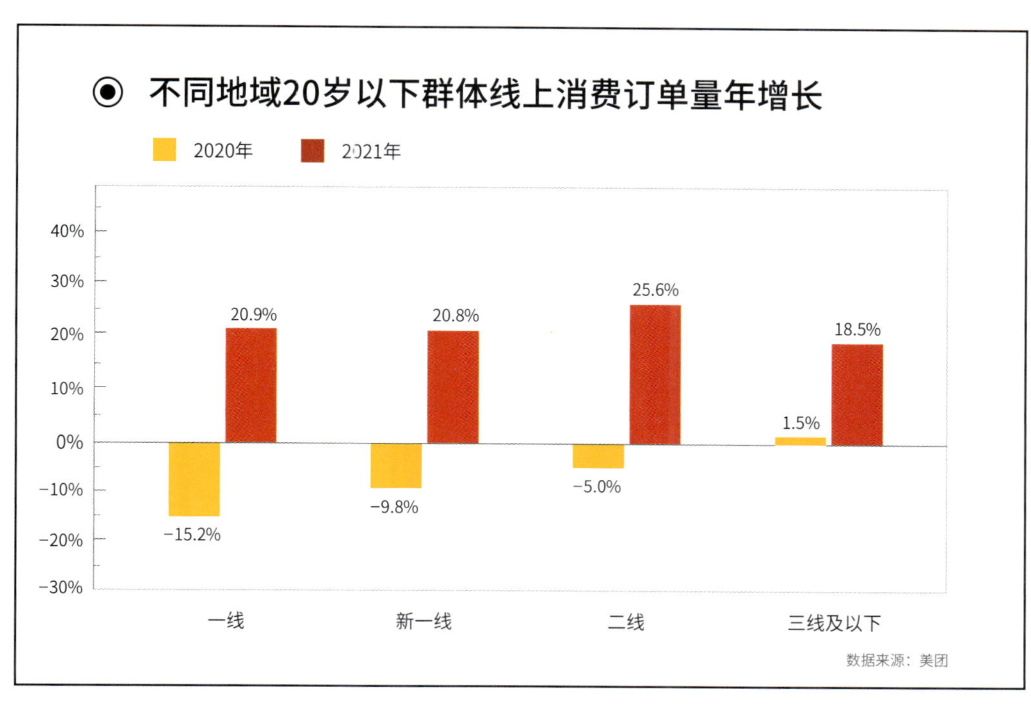

图 4-44　不同地域 20 岁以下群体线上消费订单量年增长

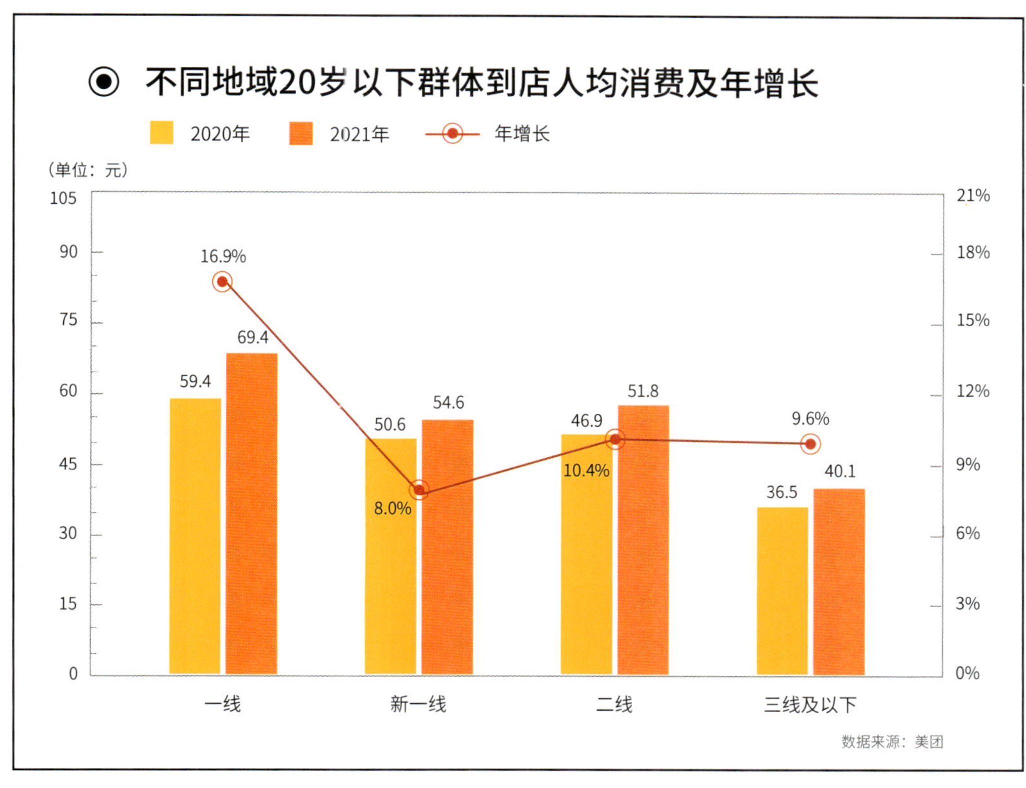

图 4-45　不同地域 20 岁以下群体到店人均消费及年增长

4. 一线城市的外卖人均消费最高，三线及以下城市的年增长最快

美团数据显示，在不同地域 20 岁以下群体外卖人均消费及年增长中，一线城市的外卖人均消费最高，2020 年人均消费为 28.8 元，2021 年人均消费为 28.9 元，新一线城市次之。从年增长来看，三线及以下城市的年增长最高，为 1.9%。综合来看，一线、新一线城市的外卖人均消费最高，三线及以下城市的人均消费年增长更快（图 4-46）。

美团数据显示，在两性 top5 消费品类中，20 岁以下女性更偏爱饮品，20 岁以下男性更偏爱火锅（图 4-47）。

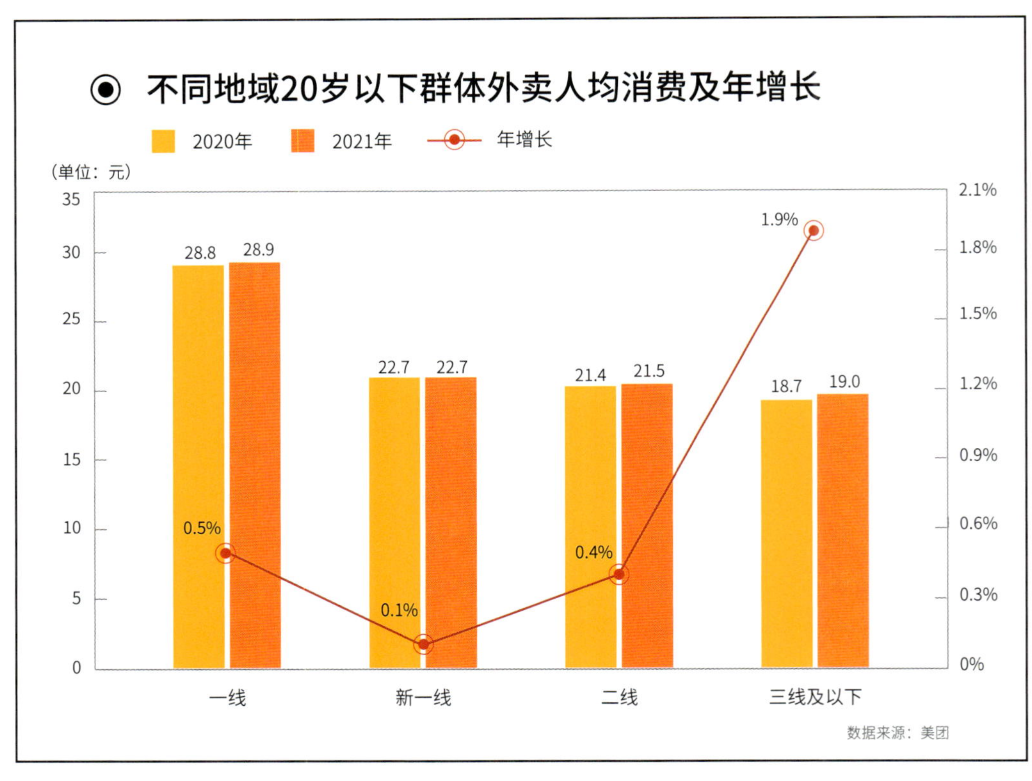

图 4-46　不同地域 20 岁以下群体外卖人均消费及年增长

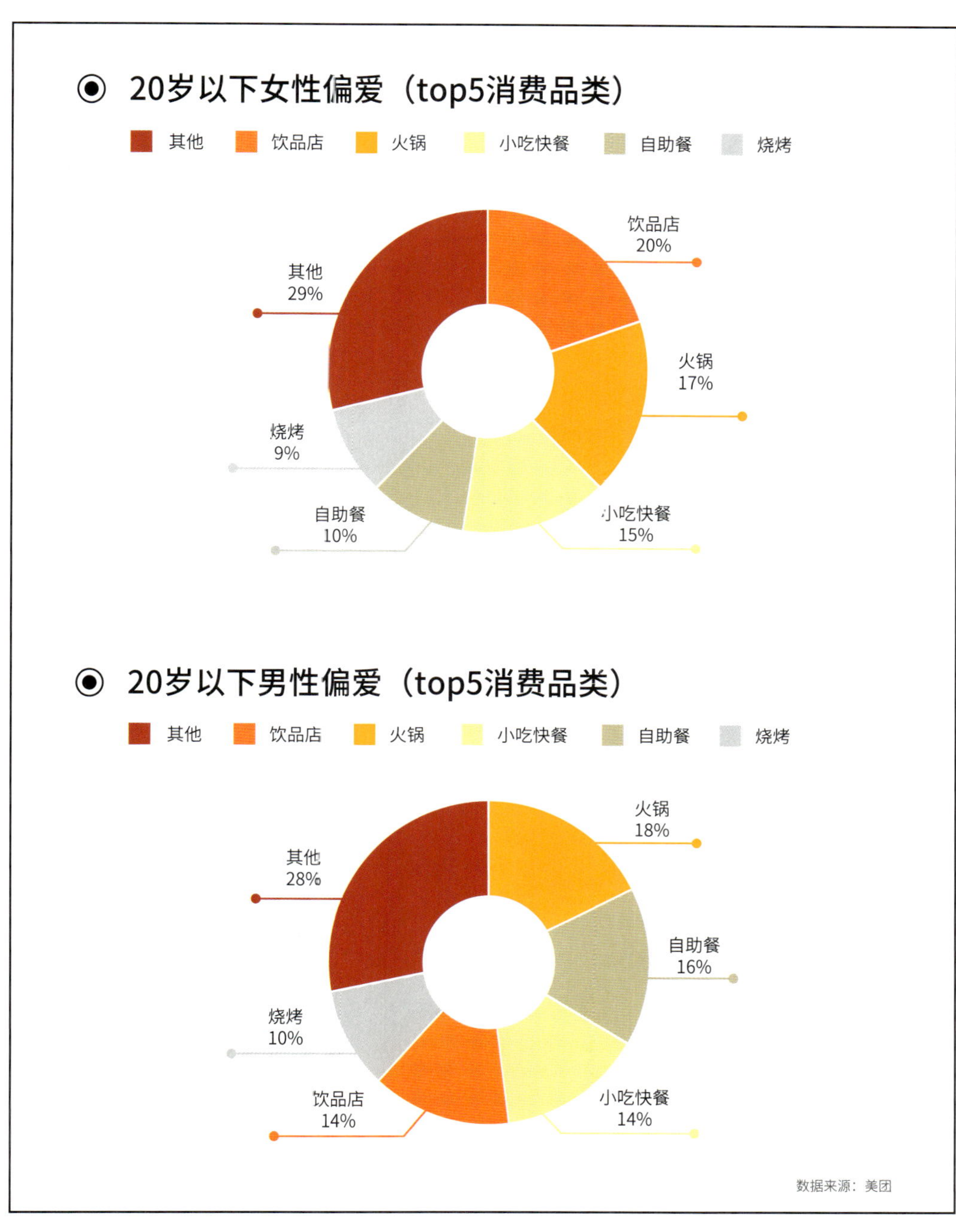

图4-47 20岁以下女性、男性偏爱（top5消费品类）

五、老龄群体的线上餐饮消费

老龄人口说明：根据世界卫生组织定义，60 岁以上的人口为老龄人口，此部分主要研究 60 岁以上群体的线上餐饮消费状况。

现阶段，我国老龄人口超 2.6 亿人，当前我国处于轻度老龄化阶段，2022 年起将进入连续 14 年的老龄化加速期。

1. 中国老龄化程度加深，60 岁以上女性线上消费高于男性

美团数据显示，60 岁以上的老龄人口逐年增加，在 2020 年 60 岁以上人口数占总人口比重的 18.7%。从 2020—2021 年 60 岁以上群体线上消费订单的性别分布来看，女性线上消费高于男性且呈现稳步上升的趋势（图 4-48、图 4-49）。

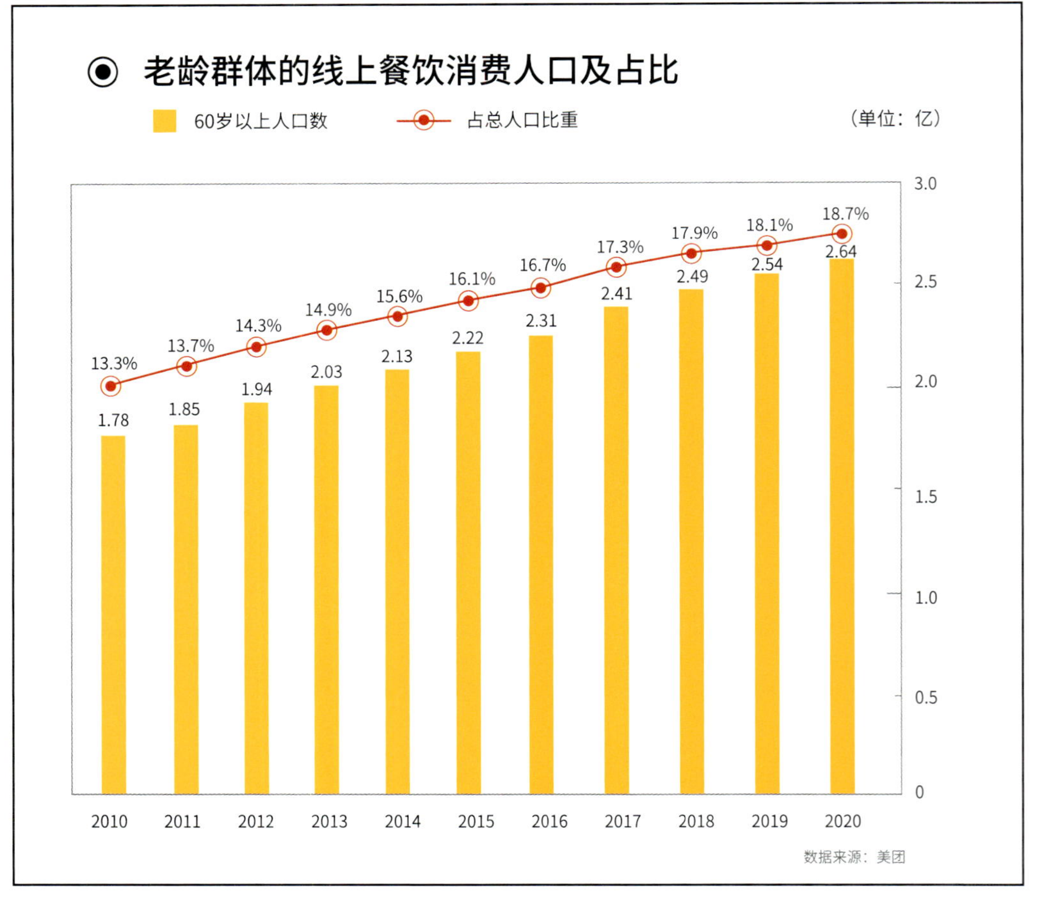

图 4-48　老龄群体的线上餐饮消费人口及占比

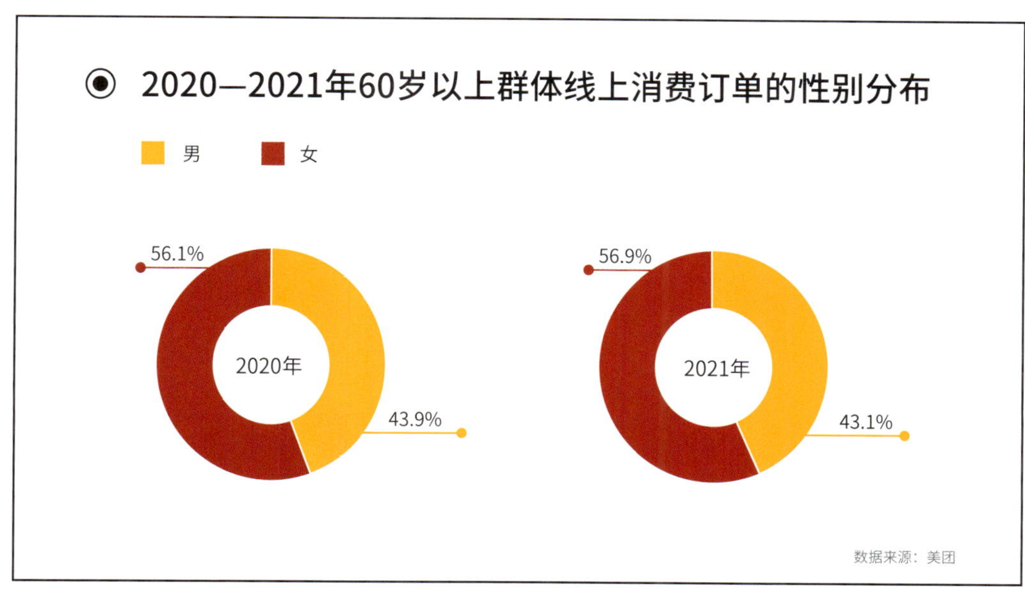

图 4-49　2020—2021 年 60 岁以上群体线上消费订单的性别分布

2. 60 岁以上群体线上消费增长强劲，男性人均消费整体高于女性

美团数据显示，对比全国平均线上消费订单年增长中，60 岁以上群体线上消费年增长呈现加速增长的趋势，年增长率从 2020 年的 40.7% 提升到 2021 年的 67.2%（图 4-50）。

无论外卖还是到店，在 2019—2021 年 60 岁以上群体消费人均水平中，男性整体高于女性并呈现逐年增加之势。其中，男性到店消费人均水平从 2019 年的 69.9 元增加到 2021 年的 77.8 元，男性外卖人均消费水平从 2019 年的 34.5 元增加到 2021 年的 35.5 元（图 4-51、图 4-52）。

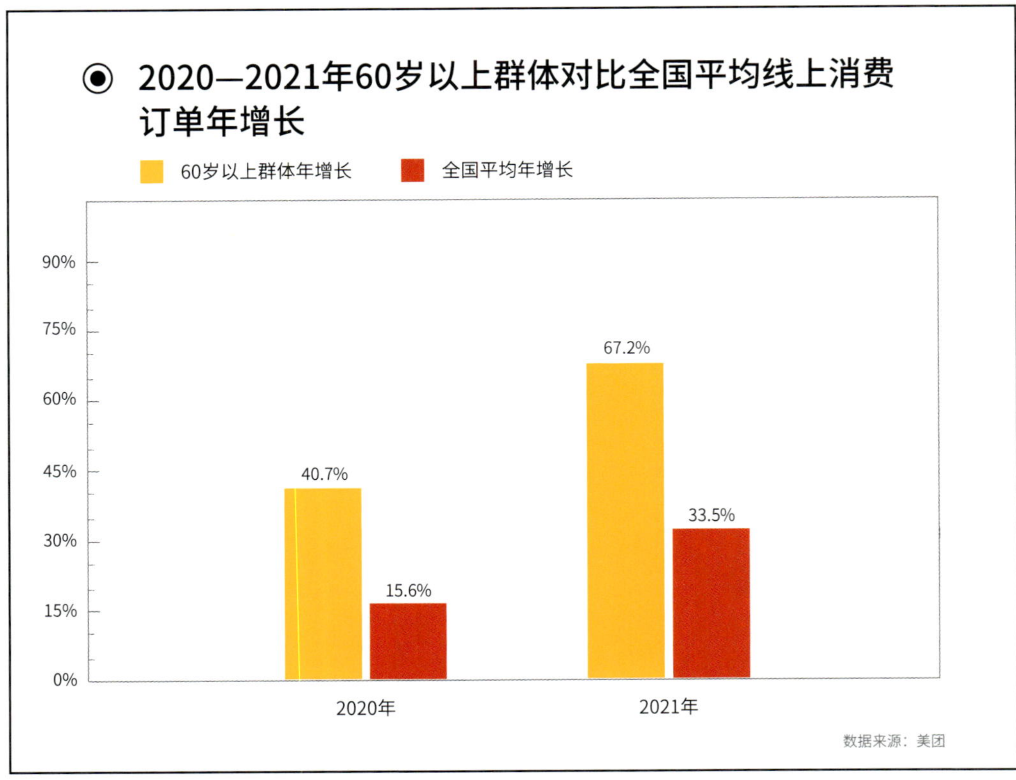

图 4-50　2020—2021 年 60 岁以上群体对比全国平均线上消费订单年增长

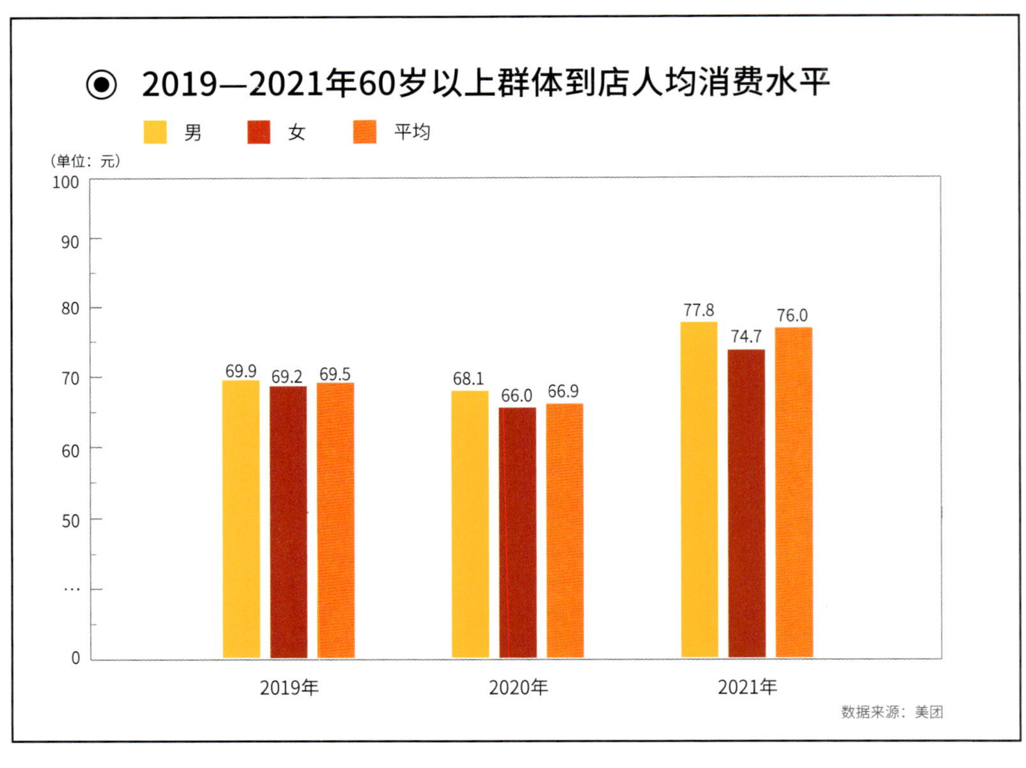

图 4-51　2019—2021 年 60 岁以上群体到店人均消费水平

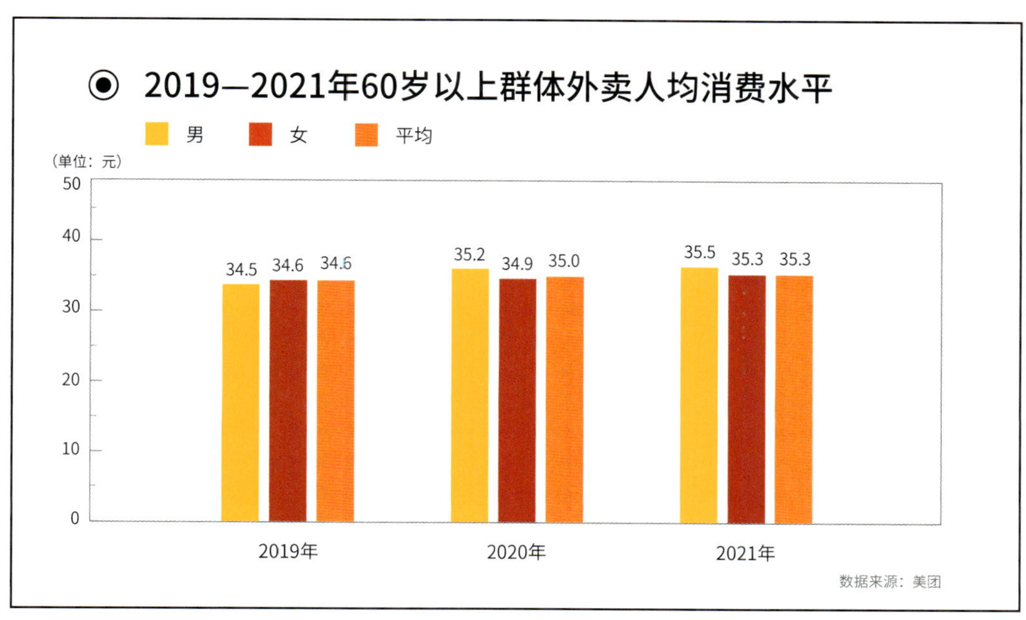

图 4-52 2019—2021 年 60 岁以上群体外卖人均消费水平

3. 银发经济：不容忽视的消费新势力

美团数据显示，在 2019—2021 年 60 岁以上群体线上消费地域分布中，一线城市线上占比最高，2021 年 60 岁以上群体线上消费订单量年增长在一线城市达 85.9%。值得注意的是，三线及以下城市也有显著的增加，小镇老人的消费能力不容忽视（图 4-53、图 4-54）。

4. 一线城市的 60 岁以上群体外卖消费潜力高，下沉市场的 60 岁以上群体到店消费潜力高

美团数据显示，无论是到店还是外卖，在不同地域 60 岁以上群体人均消费中，一线城市人均消费占比最高，但从年增长来看，不同地域 60 岁以上群体到店年增长最高的为三线及以下城市，不同地域 60 岁以上群体外卖年增长最高的为一线城市，整体可以看出三线及以下城市到店增速更快，不同城市等级的老年人对线上化工具的使用能力和普及程度以及生活习惯的不同，对不同消费场景下的诉求也存在差异（图 4-55、图 4-56）。

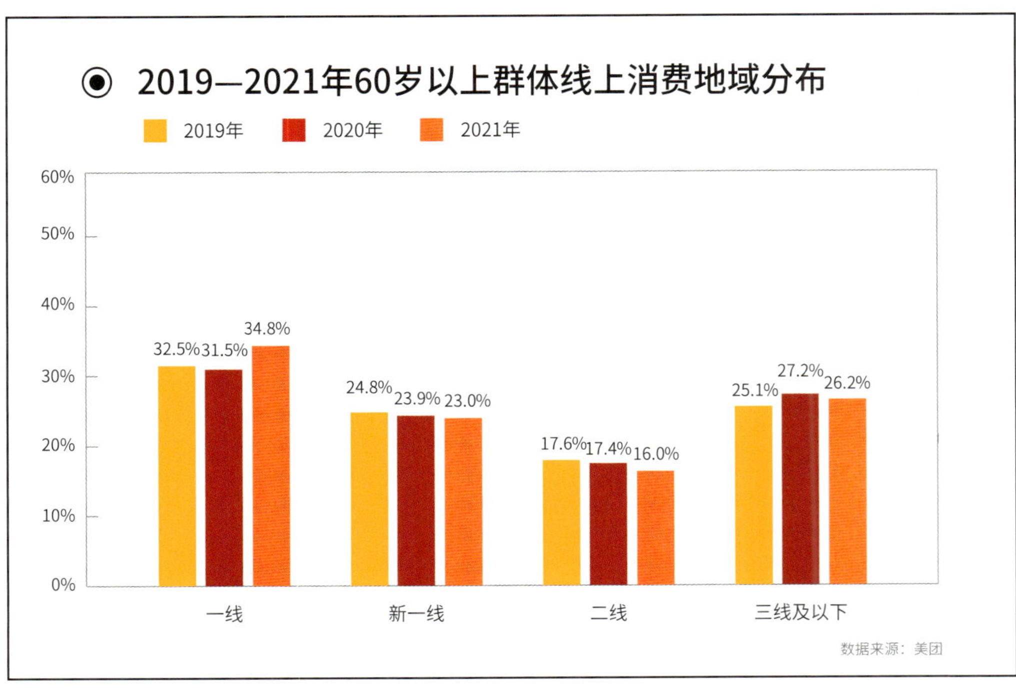

图 4-53　2019—2021 年 60 岁以上群体线上消费地域分布

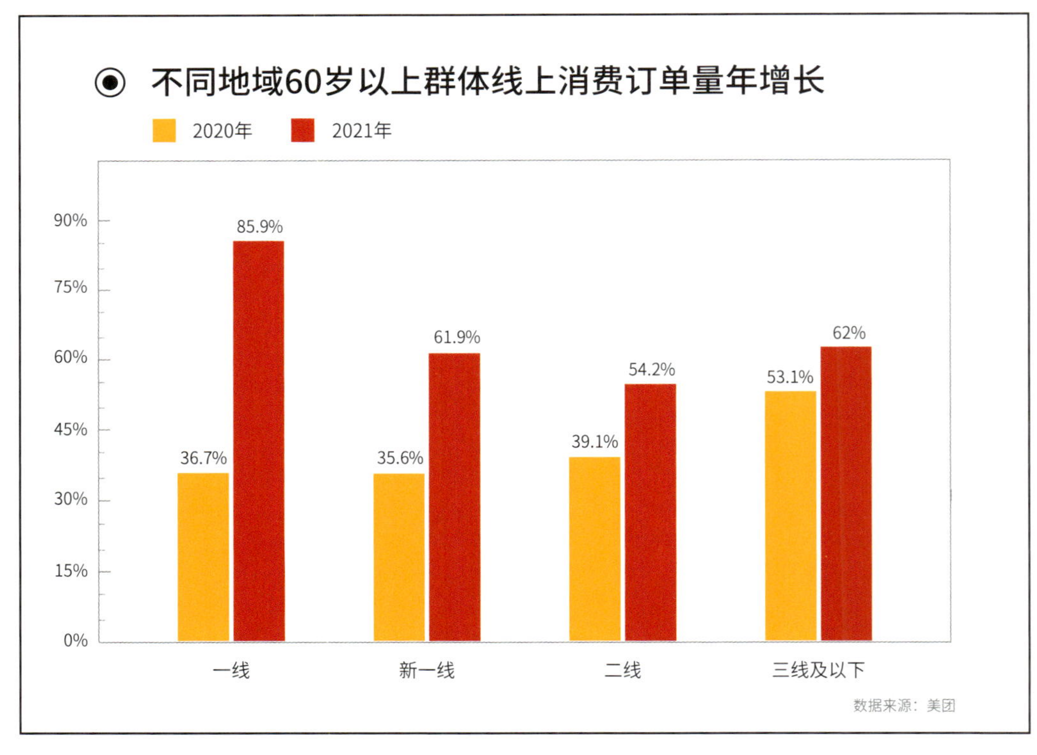

图 4-54　不同地域 60 岁以上群体线上消费订单量年增长

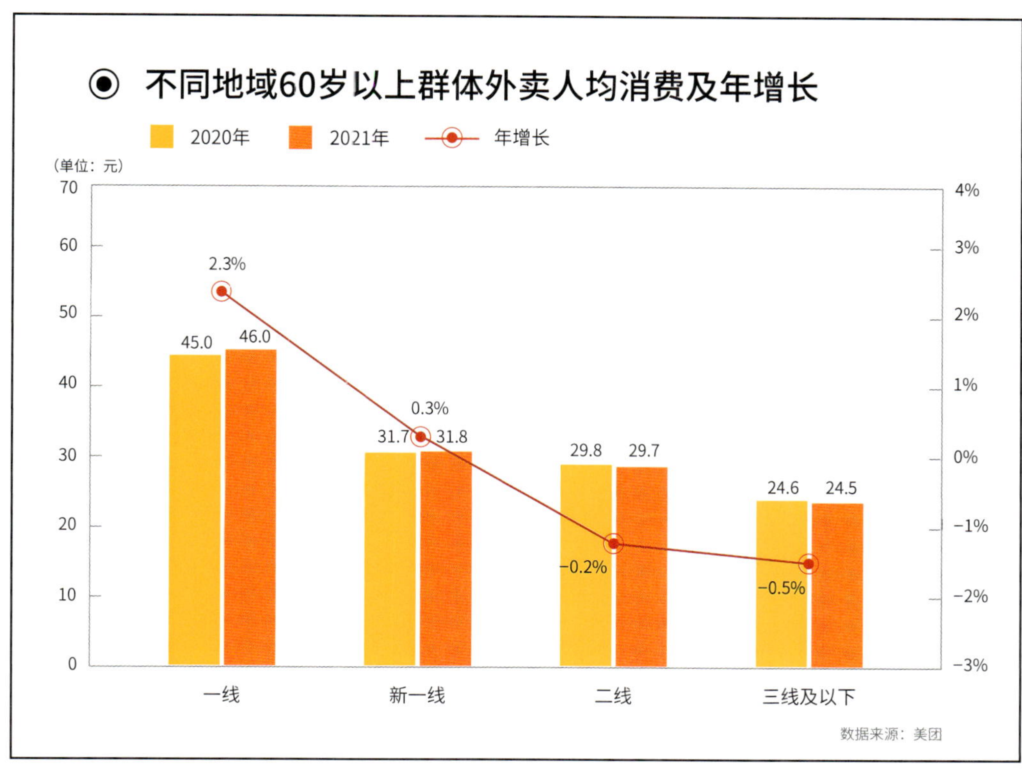

图4-55 不同地域60岁以上群体外卖人均消费及年增长

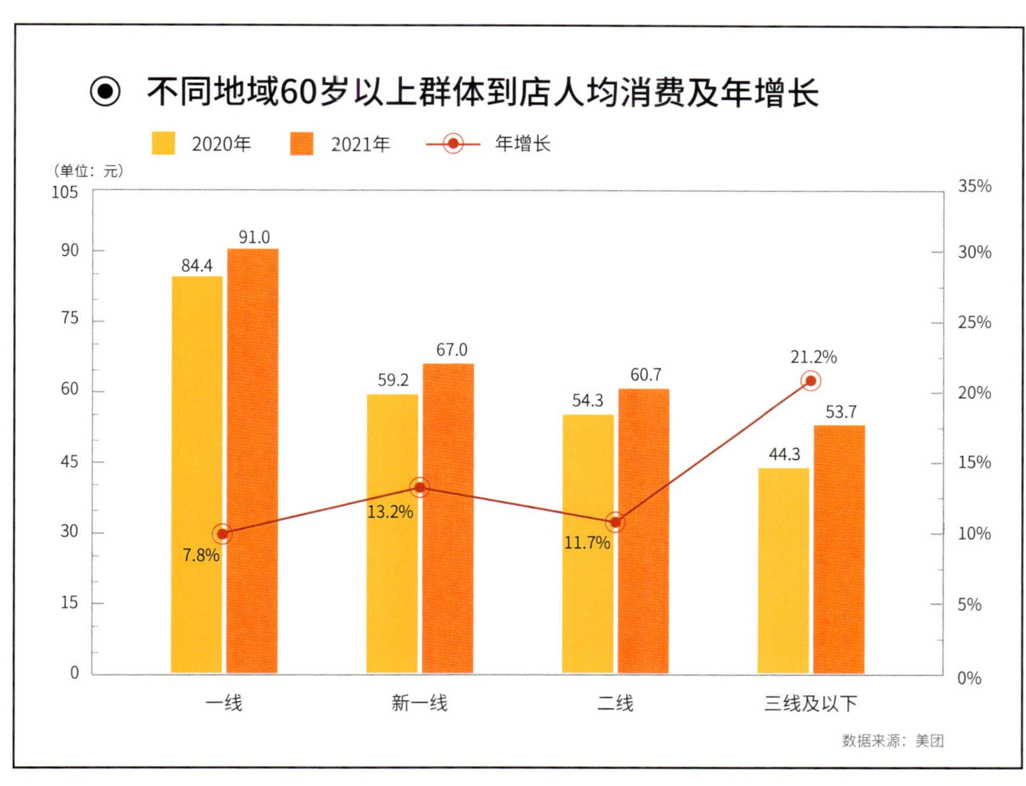

图4-56 不同地域60岁以上群体到店人均消费及年增长

5. 小吃快餐的占比居高，面包甜点到店消费占比达 9%

美团数据显示，在 60 岁以上群体到店消费 top5 品类中，小吃快餐的占比最高为 15%，火锅次之，占比为 12%。值得注意的是，面包甜点到店消费占比达 9%（图 4-57）。

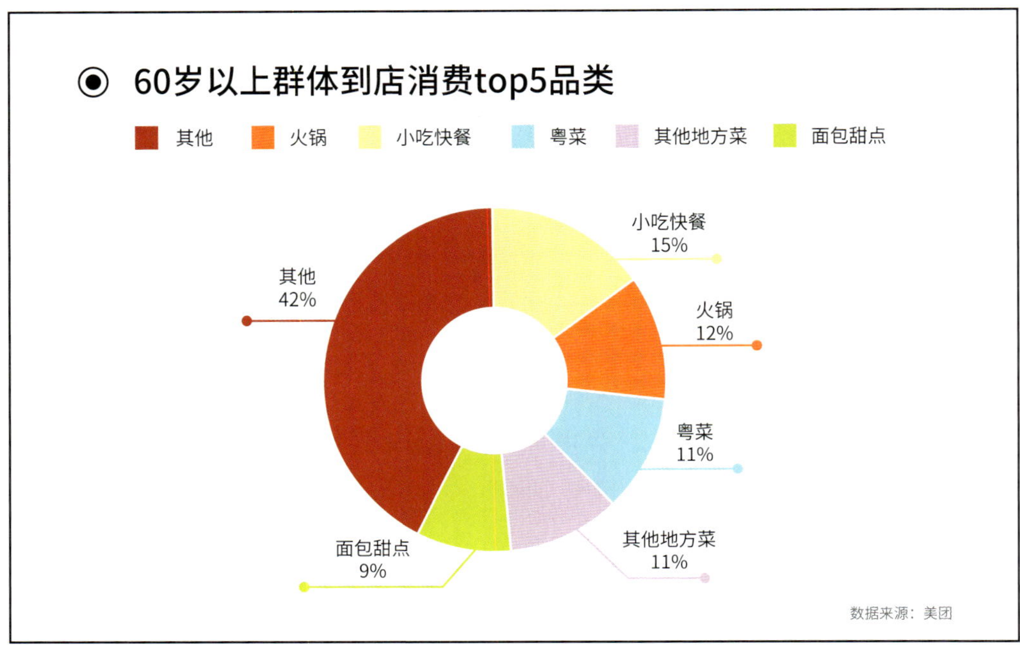

图 4-57　60 岁以上群体到店消费 top5 品类

05

城市特色篇

一、综合人均消费城市 top 10

上海市餐饮线上消费最“豪”，热门旅游城市上榜餐饮人均消费 top 10 城市

美团数据显示，在餐饮线上人均消费 top 10 城市中，排名居前的依次为上海市、三亚市、拉萨市、山南市，其中，上海市线上人均消费居首位，为75.7 元，三亚市作为典型旅游城市排名第二位，人均消费为 71.5 元。值得注意的是，拉萨市、甘南藏族自治州也上榜餐饮线上人均消费 top 10 城市，旅游业成为带动消费快速增长的引擎（图 5–1）。

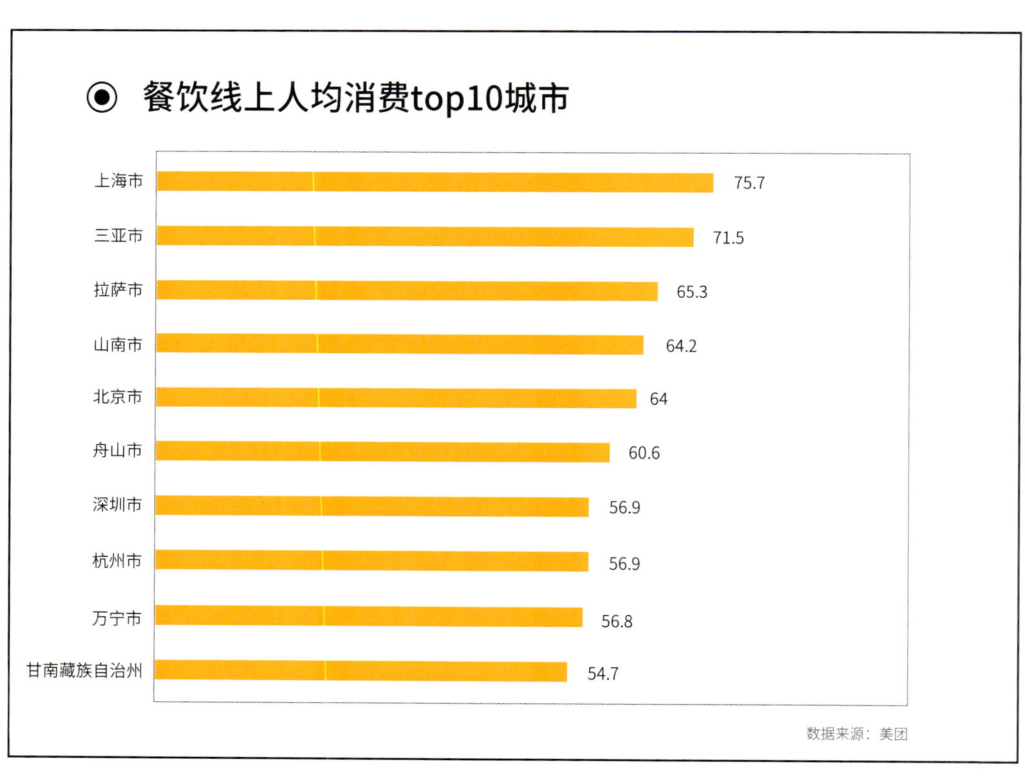

图 5–1　餐饮线上人均消费 top 10 城市

二、国际美食城市分布

上海、北京等城市入选 2021 年国际美食正餐门店数 top10 城市，辽宁省国际美食门店数多

美团数据显示，在 2021 年国际美食正餐门店数 top10 城市及年同比增长中，排名靠前的依次为上海市、北京市、广州市、深圳市、成都市等一线及新一线城市。从年同比增长来看，杭州市年同比增长为 12.5%，上海市年同比增长为 12.3%（图 5-2）。

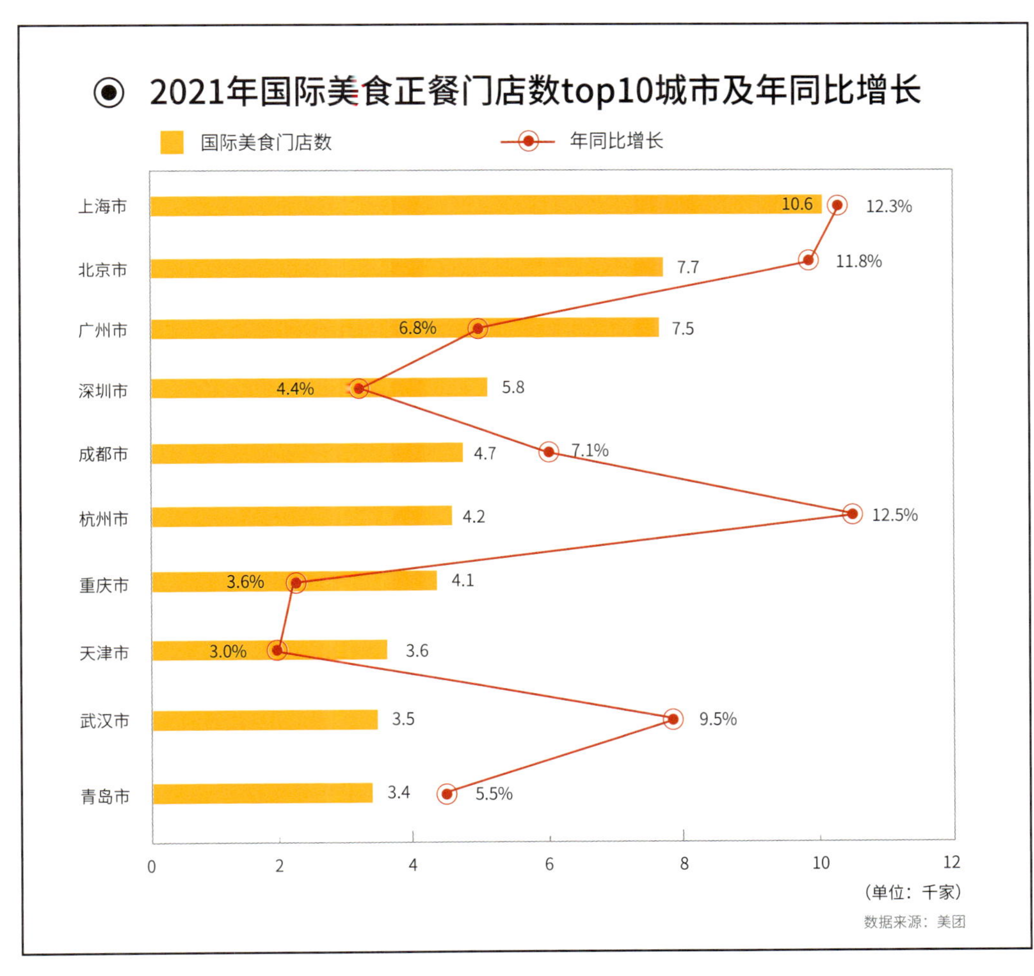

图 5-2　2021 年国际美食正餐门店数 top10 城市及年同比增长

国际美食门店占当地门店数 top 10 城市

在 2021 年国际美食正餐门店数占当地餐饮门店数的比例 top 10 城市中，延边朝鲜族自治州居首位，国际美食正餐门店数占当地餐饮门店数的比例为 8.5%。值得注意的是，辽宁省有大连市、沈阳市、本溪市 3 座城市入榜，可见辽宁作为港口大省，发达便利的交通基础为国际美食的发展提供了有利条件（图 5-3）。

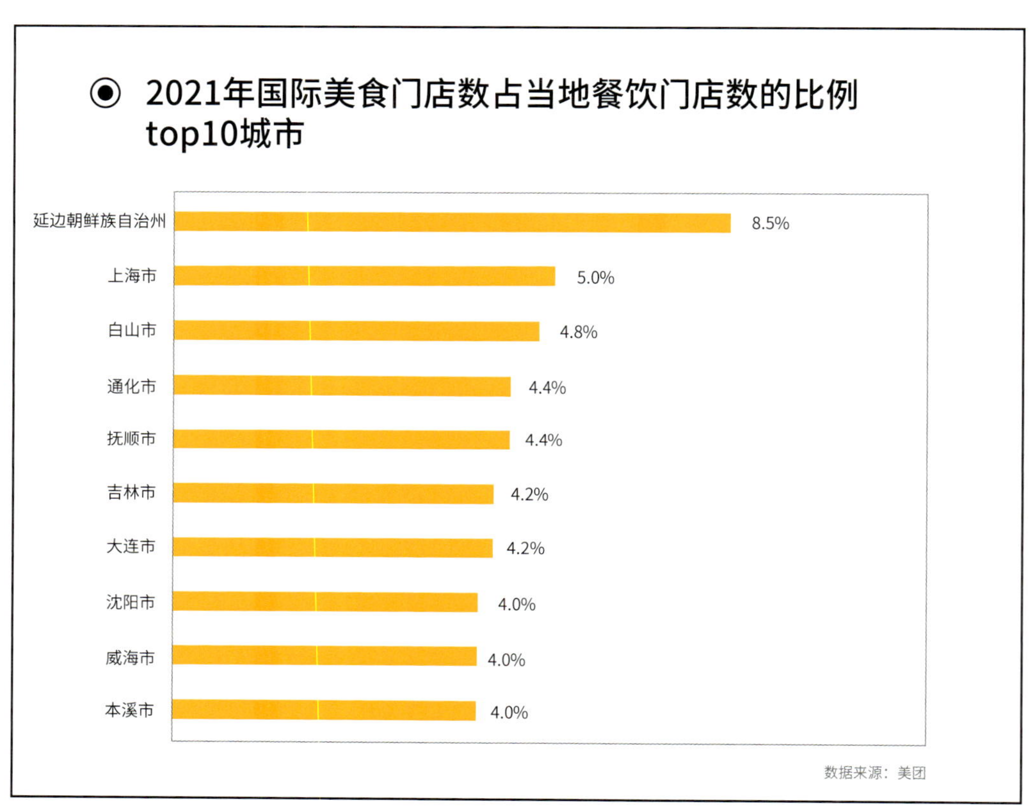

图 5-3　2021 年国际美食门店数占当地餐饮门店数的比例 top 10 城市

三、老字号城市分布

北京老字号门店数远超其他城市，上海、嘉兴、天津等城市也入榜老字号门店数 top 10

美团数据显示，在老字号门店数 top 10 城市中，北京市以近 400 家的数量赶超其他城市成为第一位，随后依次为上海市、嘉兴市、杭州市、天津市、长沙市。中国人向来注重饮食文化，带有鲜明地方特色的餐饮老字号正展现出博大精深的中华美食文化（图 5-4）。

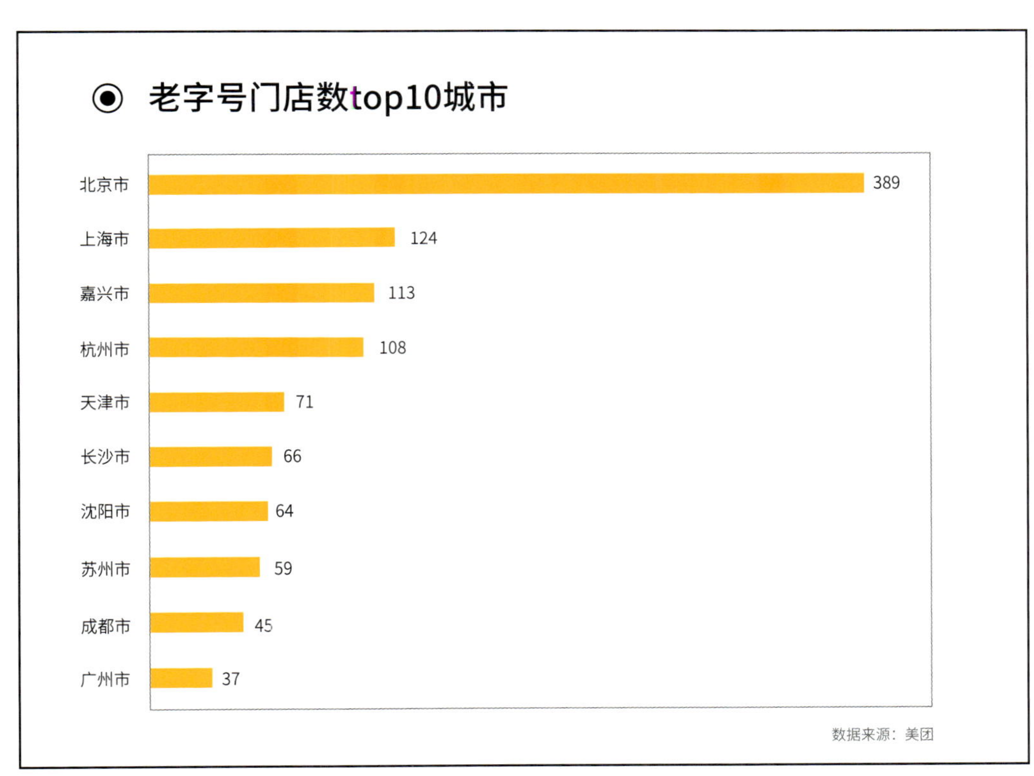

图 5-4 老字号门店数 top 10 城市

数据说明：包含中华老字号和地方老字号。

四、2021 年线上订单增速 top 10 城市

新疆维吾尔自治区有 6 座城市上榜线上订单增速 top10 城市，图木舒克市以近 600% 的增速远超其他城市位居第一

美团数据显示，在 2021 年线上订单增速 top 10 城市中，图木舒克市以近 600% 的增速远超其他城市位居第一，果洛藏族自治州、喀什地区随后。新疆维吾尔自治区有 6 座城市上榜线上订单增速 top 10 城市，可以看出新疆维吾尔自治区、青海省等西北偏远地区经济增速加快，线上订单开始活跃（图 5-5）。

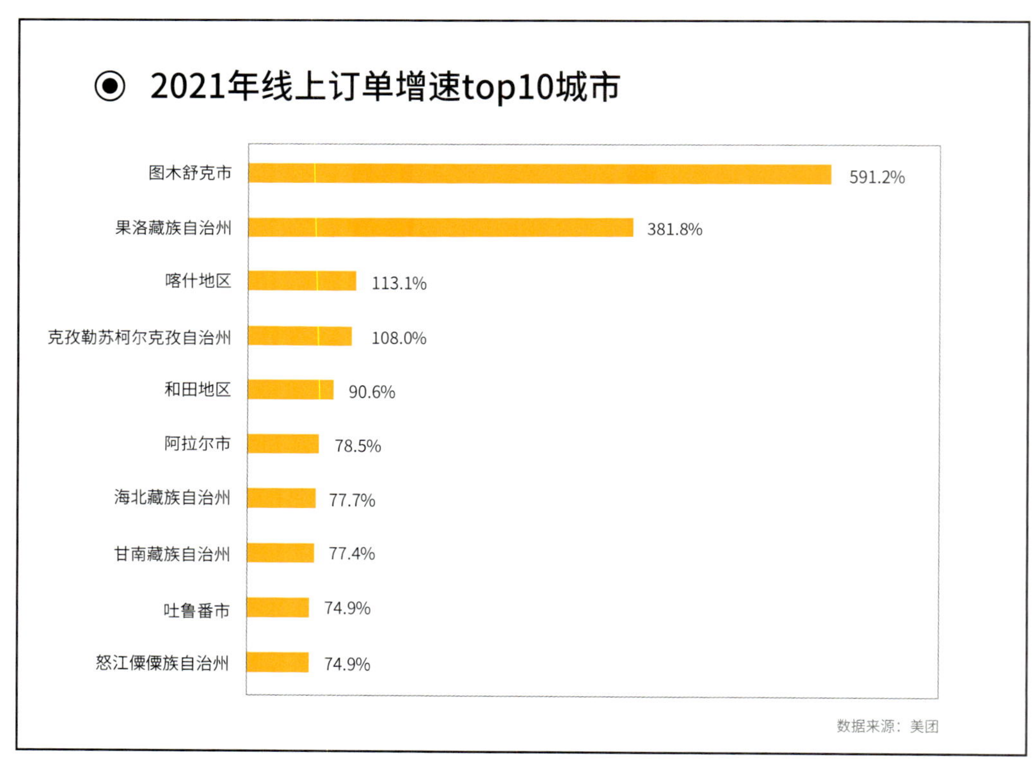

图 5-5　2021 年线上订单增速 top 10 城市

五、餐厅平均评分满意度城市排名

通过用户对城市不同类型餐厅的满意度 top 10 排名数据来看：三沙市位居小吃轻快餐餐厅平均评分 top 10 城市榜首，中式正餐、国际美食正餐口碑较好的餐厅多集中于一线与新一线城市

美团数据显示，在小吃轻快餐餐厅平均评分 top 10 城市中，海南省三沙市位居第一，天津市、南京市、北京市紧随其后。综合中式正餐餐厅平均评分 top 10 城市、国际美食正餐餐厅平均评分 top 10 城市来看，排名前四的一致是北京市、天津市、上海市、南京市，可见三沙市的小吃轻快餐餐厅领先其他城市，但中式正餐、国际美食正餐口碑较好的餐厅多集中于一线与新一线城市（图 5-6、图 5-7、图 5-8）。

小吃轻快餐餐厅平均评分top10城市

排名	城市名
1	三沙市
2	天津市
3	南京市
4	北京市
5	青岛市
6	杭州市
7	上海市
8	苏州市
9	沈阳市
10	武汉市

数据来源：美团

图 5-6 小吃轻快餐餐厅平均评分 top 10 城市

◉ 中式正餐餐厅平均评分top10城市

排名	城市名
1	北京市
2	天津市
3	上海市
4	南京市
5	沈阳市
6	青岛市
7	杭州市
8	武汉市
9	大连市
10	长沙市

数据来源：美团

图 5-7　中式正餐餐厅平均评分 top 10 城市

◉ 国际美食正餐餐厅平均评分top10城市

排名	城市名
1	北京市
2	天津市
3	上海市
4	南京市
5	杭州市
6	苏州市
7	武汉市
8	无锡市
9	宁波市
10	深圳市

数据来源：美团

图 5-8　国际美食正餐餐厅平均评分 top 10 城市